el nuevo curso 3

Das Spanisch-Lehrwerk

von
Elisabeth Graf-Riemann
Marlies Heydel
Palmira López Pernía

unter Mitarbeit von
Lourdes Gómez de Olea

Langenscheidt

Berlin · München · Wien · Zürich · New York

el nuevo curso 3

Das Spanisch-Lehrwerk

von
Elisabeth Graf-Riemann, Pfaffenhofen
Marlies Heydel, Hamburg
Palmira López Pernía, Nürnberg

unter Mitarbeit von
Lourdes Gómez de Olea, Nürnberg

Beratende Mitarbeit:
Bettina von Hauenschild, München; Natalia Romano Brandt, München

*Wir danken allen Kolleginnen und Kollegen, die **El Nuevo Curso 3** erprobt oder begutachtet und mit Kritik und wertvollen Anregungen zur Entwicklung des Lehrwerks beigetragen haben.*

Weitere Materialien zu diesem Band

CDs zum Lektionsteil	3-468-48229-9
CD zum Übungsteil	3-468-48230-2
Lehrerhandreichung	3-468-48226-4

Redaktion: Cornelia Rademacher, Elisabeth Graf-Riemann
Visuelles Konzept, Layout: Ute Weber, GrafikDesign, Geretsried
Umschlaggestaltung: Theo Scherling und Andrea Pfeifer, München, unter Verwendung eines Fotos von Getty Images
Zeichnungen: Bruno Conquet, Paris

Bei Fragen zum Lehrwerk wenden Sie sich an: el-nuevo-curso@langenscheidt.de

Umwelthinweis: gedruckt auf chlorfrei gebleichtem Papier

Printed in Austria
ISBN-13: 978-3-468-48225-0
ISBN-10: 3-468-48225-6

4. 5. 6. 7. 8. * 10 09 08 07 06

Liebe Lernerin, lieber Lerner,

der dritte und abschließende Band von *El Nuevo Curso* bietet Ihnen vielfältige Möglichkeiten, eine selbstständige Sprachverwendung im Spanischen zu erreichen und Ihre Kenntnisse der spanischsprachigen Welt weiter auszubauen.

Nach Abschluss dieses Bandes können Sie sich einfach und zusammenhängend über vertraute Themen und Interessensgebiete äußern und in Gesprächen oder Vorträgen die zentralen Aussagen dazu verstehen. Sie können über Erfahrungen berichten, Ziele beschreiben und zu Plänen und Ansichten Begründungen angeben. Sie können die meisten Situationen bewältigen, die Ihnen auf Reisen in den spanischsprachigen Ländern begegnen. Damit haben Sie das Niveau B1 des Europäischen Sprachenzertifikats erreicht.

El Nuevo Curso 3 setzt die erfolgreiche Konzeption der ersten beiden Bände fort

➤ *El Nuevo Curso 3* ist linear aufgebaut, die einzelnen Lernschritte sind gut nachvollziehbar.

➤ *El Nuevo Curso 3* bietet interessante und authentische Materialien, die Ihr Wissen über die spanischsprachige Welt erweitern und deren Themen zu lebhaften Diskussionen führen werden.

➤ *El Nuevo Curso 3* fördert verstärkt das freie Sprechen und Schreiben. In Gruppenarbeit können Sie komplexere Aufgaben und Projekte bewältigen, die die Szenarien und Kannbeschreibungen des Sprachenzertifikats berücksichtigen.

➤ *El Nuevo Curso 3* erweitert die in den Lektionen enthaltenen landeskundlichen Informationen durch Texte, Bilder und Lieder auf den *En vivo*-Seiten.

➤ *El Nuevo Curso 3* bietet Phasen zur Sicherung und Erweiterung des Gelernten durch eine Übersicht über die wichtigsten Redemittel und Grammatikstrukturen auf der *Recuerde*-Seite und in den *Repasos* mit je zwei Seiten *El mundo del trabajo* und einem Spiel.

➤ *El Nuevo Curso 3* ermöglicht Ihnen im Übungsteil eine Selbstevaluierung, damit Sie Ihre erreichten Kenntnisse besser einschätzen und für sich selbst Ziele definieren können.

Zum Aufbau von *El Nuevo Curso 3*
➤ **Der Lektionsteil**
  – Zwölf Lektionen à 8 Seiten mit den für das Zertifikat relevanten Szenarien und Themen fördern das Verstehen und die Kommunikationsfähigkeit.
  – Nach jeweils zwei Lektionen finden Sie eine Doppelseite *En vivo*.
  – Nach jeweils vier Lektionen finden Sie ein *Repaso*.

➤ **Der Serviceteil**
  – 5 Seiten Übungen pro Lektion, die durch ein Verweissystem mit dem Lektionsteil verknüpft sind und auf der letzten Seite unter «¿*Recuerda*?» ein Selbstevaluierungsangebot enthalten.
  – 2 Seiten mit ausgewählten Kannbestimmungen zum Niveau B1.
  – 6 Testseiten zum Leseverstehen, Hörverstehen, Schreiben, Sprechen zur Prüfung Ihres Kenntnisstandes und zur Vorbereitung auf die Prüfungsaufgaben des Europäischen Sprachenzertifikats.
  – Ausführlicher Anhang mit: Grammatikübersicht, Lösungen der Übungen, Transkription der Hörtexte, Wortschatz.

➤ **Internet**
  Auf der *El Nuevo Curso*-Homepage finden Sie unter www.langenscheidt.de/el-nuevo-curso aktuelle Links zu jeder Lektion.

Viel Freude und Erfolg wünschen Ihnen
Autorinnen und Verlag

Inhalt

Inhalt

Inhalt

Service-Teil

Erläuterung der Symbole

 Alle Aufgaben mit diesem Symbol werden als Hörtexte auf der Audio-CD angeboten

Landeskundliche Informationen zu Spanien

 Interaktive Projektarbeit oder Rollenspiele unter Berücksichtigung der Szenarien

Landeskundliche Informationen zu Lateinamerika

▶ Ü 4 Verweis auf den Übungsteil: Nach der entsprechenden Aufgabe im Lektionsteil können die jeweiligen Übungen bewältigt werden

Wichtige Redemittel und Grammatikstrukturen auf dieser Seite

 Verweis auf die Homepage von *El Nuevo Curso*, die Internet-Links zum jeweiligen Thema anbietet

▶ G 1.3.2 Verweis von den *Recuerde*-Seiten am Ende jeder Lektion auf die entsprechende Stelle in der Grammatikübersicht (im Anhang)

1

Un amigo es...

1

a) ¿Qué significa para ustedes la palabra *amistad*? Hagan una lluvia de ideas en clase.

b) Lea estas citas famosas sobre la amistad. ¿Cuál de ellas le gusta más?
¿Cuál es la que menos le gusta?

«Los amigos son como los melones: para encontrar uno bueno hay que probar cien.»   *(Juan Pablo Valdés R.)*

«Cada uno muestra lo que es en los amigos que tiene.»
(Baltasar Gracián)

«Un amigo es alguien con quien se puede no hacer nada y disfrutar de ello.»   *(Anónimo)*

«Un amigo es una persona con la cual se puede pensar en voz alta.»
(Ralph Waldo Emerson)

«Cualquiera puede simpatizar con las penas de un amigo; simpatizar con sus éxitos requiere una naturaleza delicadísima.»   *(Oscar Wilde)*

«Los animales son buenos amigos, no hacen preguntas y tampoco critican.»   *(George Eliot)*

«La mejor manera de mantener a tus amigos es no deberles ni prestarles nunca nada.»
(Paul de Kock)

«El victorioso tiene muchos amigos, el vencido buenos amigos.»
(Proverbio mongol)

«La amistad es un alma que habita en dos cuerpos, un corazón que habita en dos almas.»
(Aristóteles)

«No necesito amigos que cambian cuando yo cambio y asienten cuando yo asiento. Mi sombra lo hace mucho mejor.»
(Plutarco)

c) ¿Hay citas que se contradicen?

▶ **Ü 1**   **d)** Intercambien opiniones sobre sus preferencias. Averigüen si hay una cita preferida de la clase y cuál es la que menos les ha gustado.

¿Le gustaría leer más citas famosas sobre la amistad? Entre aquí.

El Centro de Investigaciones Sociológicas (CIS) ha hecho una encuesta sobre la importancia de la amistad en la sociedad española. Entreviste usted a cuatro compañeros del curso.

¿La amistad es algo muy importante en su vida, bastante importante, poco o nada importante?

	Nombre	....	....	....	....
Muy importante		☐	☐	☐	☐
Bastante importante		☐	☐	☐	☐
Poco importante		☐	☐	☐	☐

En términos generales, ¿ve a sus amigos tantas veces como le gusta, menos de lo que le gustaría o más de lo que le gustaría?

Lo que le gusta	☐	☐	☐	☐
Más de lo que le gustaría	☐	☐	☐	☐
Menos de lo que le gustaría	☐	☐	☐	☐

¿Considera que tiene muchos amigos, bastantes o pocos?

Muchos amigos	☐	☐	☐	☐
Bastantes amigos	☐	☐	☐	☐
Pocos amigos	☐	☐	☐	☐

a) Hagan una estadística de la clase y rellenen el siguiente cuadro.

¿Qué porcentaje ... ?	Población española	Clase
considera que la amistad es muy importante en su vida	53 %	
considera que la amistad es poco importante en su vida	3 %	
ve a sus amigos tantas veces como le gusta	46 %	
ve a sus amigos menos de lo que le gustaría	49 %	
tiene bastantes amigos	52 %	

(Datos del CIS del año 2002)

b) Comparen ahora los resultados de la población española con los de la clase.
¿Hay algo que les sorprenda, les extrañe o les parezca raro?

▶ **Ü 2**

▲ La mayoría de los españoles considera que la amistad es… En nuestra clase…
● Sí, es verdad. Además, a mí me sorprende que la mayoría de los / muchos españoles considere(n) / tenga(n)…

3 b) Expresar sorpresa o extrañeza
Me **sorprende que** / Me **extraña que** / Me **parece raro que** muchos españoles **consideren** / **tengan**…

4 Este texto habla de uno de los personajes de la foto. ¿Sabe de quién se trata?

Nacido en Aracataca, Colombia, en 1928, ..., «Gabo» para los amigos, consiguió en 1982 el Premio Nobel de Literatura con su obra «Cien años de soledad», convirtiéndose en el padre del *realismo mágico* y en uno de los autores de habla española más conocidos y leídos del planeta. A pesar de su éxito literario – ya sólo de su obra maestra se vendieron más de 30 millones de ejemplares, y escribió muchas novelas y *bestsellers* más – el autor colombiano siempre ha intentado aislar su vida privada, familia y amigos, de la vida pública: «Me he negado a convertirme en un espectáculo, detesto la televisión, los congresos literarios, las conferencias y la vida intelectual».

▶ **Ü 3**

5 **a)** Lea ahora un extracto de un artículo escrito con motivo del 70 cumpleaños del autor colombiano. ¿Qué título le pondría?

....

Gabriel García Márquez [dijo]: «Escribo para que me quieran más mis amigos», con lo que dejaba claro una de las prioridades de la vida: la amistad, para él un vicio como el de la literatura, el billar, la revolución cubana, las canciones de los Rolling Stones o el bolero.

De la amistad Gabo tiene un concepto mafioso, que él mismo reconoce: «Dicen que soy un mafioso, porque mi sentido de la

amistad es tal que resulta un poco el de los gánsteres: por un lado mis amigos y por el otro el resto del mundo, con el cual tengo muy poco contacto». Él, que de tantas cosas puede preciarse, se precia especialmente de no haber perdido más de dos o tres amigos a lo largo de su vida. El más conocido de ellos tal vez sea Mario Vargas Llosa, cuyo segundo hijo apadrinó y lleva, en su honor, el nombre de Gabriel.

La Revista de El Mundo, n° 124, 01/03/98

b) ¿Qué es para García Márquez la amistad? ¿Qué significa aquí la palabra *mafioso*?

c) ¿Qué le parece esta postura del escritor colombiano? ¿Le parece exagerada, neurótica o normal? Exprese su opinión.

a) Usted está en el centro de este *sistema planetario*. Dibuje cinco *planetas* y escriba los nombres de cinco personas importantes en su vida, de más cercana a más lejana.

b) Intercambie su *sistema planetario* con otro/-a compañero/-a.

▲ ¿Quién es ...? ¿Tienes un mejor amigo / una mejor amiga? ¿Cómo es (su físico)? ¿Qué tal es (el carácter)? ¿Desde cuándo lo / la conoces? ¿Dónde lo / la conociste?

● Cristina es mi mujer... Sí, mi mejor amigo/-a es... Eberhard es un vecino mío... Es una persona muy simpática / muy abierta...

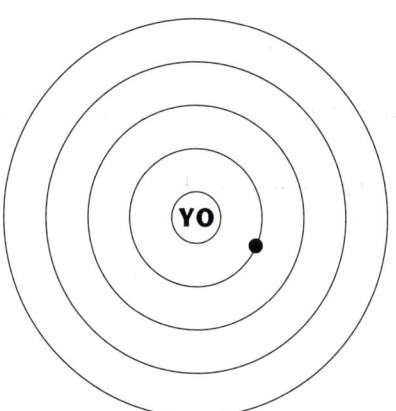

▶ Ü 4–6

7

a) Observe la foto del siguiente anuncio. ¿Qué le sugiere? ¿De qué tipo de amistad se trata aquí?

b) Lea el texto y complete los vacíos. Una palabra se repite.

Mis abuelos me regalaron un gatito, pero yo he descubierto a mi mejor amigo.

Cuando termina el cole voy siempre
corriendo a casa .... sé que me
está esperando para jugar a los tigres,
o a las panteras .... porque sabe
que vamos a compartir el jamón de
la merienda (¡psss, mamá no sabe nada!).
Nos peleamos, ... nunca nos hacemos
daño de verdad. Y .... no habla, yo lo
entiendo muy bien .... él siempre
entiende lo que digo yo.
¡Claro, porque es mi mejor amigo!

Mascota
Alimentos sanos para animales

y
pero
porque
aunque

c) ¿Tenía usted un animal de compañía en su infancia? ¿Qué y cómo era, cómo se llamaba?

▶ Ü 7

---

6 b) Hablar de relaciones
Enrique es un buen amigo **mío**.   María y Lola son unas compañeras **nuestras**.

8

a) Elena, David y Enrique discuten un poco. ¿Recuerda usted cómo se puede expresar la propia opinión en español? Haga una lista.

eigenes Meinung
Ich meine das
Opino que…
Creo que
No creo que
ich glaube nicht

ich denke das
Pienso que
A mi me parece que
mir scheint das

1.2

b) Escuche ahora la conversación de las tres personas. ¿De qué hablan? ¿Quién es Migo?

c) Vuelva a escuchar y marque las expresiones de 8 a) que se usan en el diálogo.

9

¿Para qué sirven las frases de la izquierda? Relaciónelas con las de la derecha. Hay repeticiones.

La frase…
1. Bueno, depende, ¿no?
2. (Pero…) cambiando de tema…
3. En eso tienes razón.
4. Estoy totalmente de acuerdo…
5. Perdona, pero…
6. Lo que pasa es que…
7. Pero yo personalmente creo que…
8. Es verdad.
9. Por una parte tenéis razón, pero…

sirve para…

a) mostrar acuerdo
b) ser amable al mostrar desacuerdo
c) introducir un nuevo aspecto del tema
d) cambiar de tema
e) interrumpir a la otra persona

▶ **Ü 8**

10

a) En grupos. ¿Qué importancia tienen los amigos y la amistad en sus vidas? ¿Qué es un amigo? Intercambien opiniones, muestren acuerdo, desacuerdo, interrumpan…

b) Invente una o varias nuevas citas sobre la amistad.

Un amigo es alguien que… / con el que… / La amistad es…

▶ **Ü 9**

c) Expongan sus resultados en la clase. ¿Hay una cita preferida de todos?

---

10 a) Expresar opiniones

Mostrar acuerdo
Estoy de acuerdo. / Vale. / Ya, claro.
Es verdad. Tienes razón.

Mostrar desacuerdo
Depende.
Por una parte tenéis razón, pero...

10 b) Referirse a algo o alguien
Un amigo es alguien **con quien** se puede pensar en voz alta.
Un amigo es una persona **a la cual** / **a la que** se puede llamar a cualquier hora.
La amistad es el camino **por el cual** / **por el que** voy.

En parejas. ¿A ustedes les gusta escribir? ¿Qué, a quién(es), en qué ocasiones, para qué escriben? Hagan una lista e informen después al grupo de sus resultados.

¿Qué?	Les escribimos a	¿En qué ocasiones?	¿Para qué?
-tarjetas	-amigos	-en Navidad	-para felicitar
-mensajes cortos	-hijos	-cuando alguien está	-para desearle a alguien
....	....	enfermo	una pronta mejoría
....	....	....	....

a) Lea esta carta. ¿Quién la escribe, a quién le escribe y por qué?

Aldea SOS Ibagué, Tolima, Colombia   marzo de 2003

Querida madrina:

Espero que usted y su familia se encuentren
bien de salud y que todo lo demás marche bien.

Ich schreibe ihnen
Le escribo para agradecerle de todo corazón el dinero que me ha enviado para
unterhalt
mi bienestar. Es importante saber que existe gente tan grande como usted que
piensa en nuestras vidas. Muchas gracias por todo lo bueno que hace. ¡Ojalá *hoffentlich*
podamos conocernos algún día personalmente! *persönlich*

ich schick   dicke Umarmung   liebevoll
Querida señora, reciba un fuerte abrazo y un cariñoso saludo.
Dios la bendiga, ahora y siempre.
Gott segne sie
                                            Argenis Vergara

b) Responda a estas preguntas:

– ¿Qué significa en esta carta la expresión *gente grande*?
– ¿Qué fuerte deseo tiene Argenis para el futuro? ¿Cómo lo expresa?

12 Expresar deseos	Dar las gracias	Expresar finalidad *bedanken*
Ich hoffe **Espero que** se **encuentre** bien. *ich wünsche das alles gut geht*	Gracias por tu carta.	Te escribo para agradecerte el regalo, es…
Deseo que todo **marche** bien.	Le agradezco mucho	Lo/La llamo para felicitarlo/la.
Ojalá nos **veamos** pronto.	su ayuda. *Hilfe*	*Ich rufe an um zu beglückwünschen / Glück zu wünschen*

Argenis va a cumplir 15 años en abril. Su madrina le escribe una carta para felicitarla.
Complete y compare después con su compañero/-a.

marchar = gehen laufen

Valladolid, 18 de marzo de 2003

Querida .... Argenis:

Espero de todo corazón que tú y tu familia .... *estéis bien* y que todo
.... *marche* / *te vaya* .... bien por allá. Gracias .... *por tu* .... carta, que llegó la semana pasada. Me alegró mucho saber de ti.

Te escribo .... *para* .... felicitarte por .... *tu cumpleaños* ...., *sé* que vas
a cumplir quince años el 5 de abril. ¡Ya eres toda una mujercita! ¡Felicidades!
Te deseo todo lo mejor del mundo y que .... *tengas mucho éxito en*
.... *tu futuro* ....

¡Ojalá esta carta .... *llegue* .... a tiempo!

Un beso y un .... *fuerto abrazo* ....,

Tu madrina María Isabel

ich weiß
jetzt bist du ein Fräulein

▶ Ü 10–11

---

a) Piense en una persona a la cual quiere escribir y en qué ocasión. Escríbale una carta.
Siga estas pautas:

– saludar
– preguntarle a esta persona cómo está
– indicar el motivo de la carta
– expresar un deseo para el futuro
– despedirse

b) Expongan y lean sus cartas. ¿Hay una que les guste en especial? ¿Por qué?

---

13 **Expresiones útiles para escribir cartas o postales personales**

Querido/-a...:
Nos vemos. *wir sehen uns*   ¡Que te / le vaya bien! *daß es dir gut gehen*   Un (fuerte) abrazo,
Un beso,   Un saludo cariñoso, *Einen lieben Gruß*   Con mucho cariño,

Recuerde

Überraschung, Erstaunen oder Verwunderung ausdrücken
[handschr.: Es überrascht   verbringen]
Me sorprende que los españoles pasen tanto
tiempo con la familia.

Der Gebrauch des Subjuntivo nach Verben der Verwunderung ▶ G 1.6.1

me sorprende que
[handschr.: Es erscheint mir seltsam, komisch]
me extraña que   + *Subjuntivo*
me parece raro que

Beziehungen zu Personen ausdrücken
▲ Ésta es Elena, una amiga mía.
● ¿Y quién es éste?
▲ Éste es Pablo, un colega nuestro.

Die betonten Possessivadjektive ▶ G 3

mío, mía	*mein(e)*	**nuestro, nuestra**	*unser(e)*
tuyo, tuya	*dein(e)*	**vuestro, vuestra**	*euer(e)*
	sein(e)	**suyo, suya**	*ihr(e)*
suyo, suya	*ihr(e)*		*Ihr(e)*
	Ihr(e)		

Plural: **míos, mías, tuyos, tuyas...**

Seine Meinung ausdrücken
▲ Pues, en eso tienes razón. Pero yo pienso
   que no es fácil encontrar amigos.
▶ Lo que pasa es que un perro nunca critica.

Sich auf jdn. oder etw. beziehen
– Un amigo es alguien con quien se puede
  pensar en voz alta.
– Un amigo es una persona con la cual puedo
  hablar de todo.
– La amistad es el camino por el que voy.

Relativpronomen ▶ G 4.1

(a)	**quien**	*der, die (bei Personen)*
(por)	**el que / la que**	*der, die, das*
(con)	**el cual / la cual**	*(bei Personen und Sachen)*

❗ **El que** und **el cual** bzw. **la que** und **la cual** werden synonym
verwendet. In der mündlichen Sprache überwiegt **el / la que**.

Wünsche ausdrücken

– Espero que nos veamos pronto.
– Te deseo que tengas mucha suerte.
– Ojalá nos pueda visitar este verano.

Der Gebrauch des Subjuntivo nach Verben und Ausdrücken des Wünschens und Hoffens ▶ G 1.6.2

esperar que
desear que   + *Subjuntivo*
ojalá

Jemandem danken
– Muchas gracias por tu carta.
– Le agradezco mucho su llamada.

Die Präposition *por* ▶ G 5.1

por + *Nomen*   *für*

Zweck oder Absicht angeben
– Te escribo para felicitarte.
– Le mando esta tarjeta para invitarle a mi fiesta
  de cumpleaños el próximo sábado.

Die Präposition *para* ▶ G 5.1

para + *Infinitiv*   *um … zu*

Wichtige Sätze zum Schreiben eines persönlichen Briefes
– Querido/-a...:
– Nos vemos. / ¡Que te / le vaya bien!
– Un (fuerte) abrazo, / Un beso,
– Un saludo cariñoso, / Con mucho cariño,

Wichtige Verben ▶ G 9

encontrar > encuentre
ver > vea
❗ Bei der Bildung des **Subjuntivo** verändern diejenigen Verben ihren
Stammvokal, die dies auch im Indikativ Präsens tun.

Pasión por la cultura

1

a) Observe este cartel del cine. ¿Quiénes son estas personas, dónde están, qué hacen allí? ¿Qué significado podría tener el título?

Deslumbra
LA VANGUARDIA

Divierte, emociona, libera, alcanza la genialidad
EL PAÍS

Un peliculón
CINEMANÍA

Warner Sogefilms presenta
una producción Elías Querejeta y Jaume Roures-Mediapro
En coproducción con QUO VADIS CINEMA (FRANCIA), EYESCREEN S.R.L. (ITALIA), TELEVISIÓN DE GALICIA S.A.

los lunes al sol

Javier Bardem, Luis Tosar, José Angel Egido, Nieve de Medina,
Enrique Villén, Celso Bugallo, Joaquín Climent, Aida Folch y Serge Riaboukine.
Director de fotografía **Alfredo Mayo,**
Guión **Fernando León de Aranoa e Ignacio del Moral**
Dirección **Fernando León de Aranoa.**

via EURIMAGES SOGEPAQ

b) Lea los comentarios de la prensa española que aparecen al lado del cartel.
¿Cree usted que ha tenido éxito esta película en España?

2

a) Lea este comentario sobre la película y compare con sus hipótesis.

La reconversión industrial en una ciudad del norte de España deja sin trabajo a un grupo de hombres de mediana edad. Empiezan días de búsqueda inútil, de entrevistas sin sentido, de trabajos ilegales y mal pagados. Santa y sus amigos se reúnen, a pesar de todo, cada día para hablar, para reír, para crear esperanza y no olvidar que están vivos. Para disfrutar, ahora que no tienen otra cosa que hacer, de los rayos del sol, también los lunes.
Con *Los Lunes al Sol*, el joven director Fernando León de Aranoa (Madrid, *1968) ha conseguido más que buenas críticas y cientos de miles de espectadores. En la era del paro, su película se ha convertido en un fenómeno social: la gente habla, discute, llama a la radio y escribe cartas a los periódicos porque se siente identificada con los protagonistas de la película. Por fin son ellos las estrellas, los hombres y mujeres que viven en el paro o cerca de él. Y por fin la dignidad de sus vidas sin trabajo es más importante que la compasión y el hecho de estar vivos más importante que el de no tener trabajo ni dinero.   *Revista Ocio, 2002*

b) ¿Por qué ha tenido tanto éxito esta película en España? Vuelva a leer.

▶ **Ü 1** **c)** ¿Le gustaría verla? ¿Cree que podría tener éxito en su país? ¿Por qué?

a) Y a usted, ¿le gusta ir al cine? Lea estas preguntas. En grupos de cuatro, hagan la encuesta a sus compañeros y rellenen las otras columnas con sus datos. Después, en el pleno, hagan una estadística con los datos de todos.

Consumo cultural	yo	compañero/-a 1	compañero/-a 2	compañero/-a 3
1. ¿Cuántas veces al año vas al cine?				
2. ¿Cuántos CDs compras al año?				
3. ¿Cuántos libros lees al año?				

b) Según la estadística, ¿es la clase más bien cinéfila, melómana o aficionada a la lectura?

▶ Ü 2

a) ¿Qué dice el siguiente artículo? ¿Son los españoles más cinéfilos o melómanos? Lea.

El consumo cultural de los españoles

Según el estudio anual de la SGAE* sobre el consumo cultural en España, en el 2001 cada ciudadano español fue al cine en 3,4 ocasiones, compró 2 discos y leyó un promedio de 10 libros al año, dedicando unas 5,5 horas semanales a la lectura. Los aspectos que más influyen para decidir la compra de un libro son la temática, el título, el consejo de otras personas y el autor. Los temas preferidos son novelas (83%), historia / biografías (28%), salud (16%), enciclopedias (15%), temas científicos (15%), entre otros. En comparación con nuestros vecinos europeos, vamos mucho al cine (sólo Islandia e Irlanda nos superan), tal vez por el hecho de que ir al cine en España es más barato que en el resto de Europa. Leemos tanto como la mayoría, pero gastamos poco dinero en discos.

*Fuente: *SGAE (Sociedad General de Autores y Editores), 2001*

b) ¿Qué tipos de libros se mencionan en el texto?
¿Cree usted que en su país la gente tiene las mismas preferencias de lectura que en España?

Escriba un corto texto comparando los datos del consumo cultural en España con los de la estadística de la clase.

La clase no va tan a menudo como / va más a menudo al cine que...

▶ Ü 3–4

5 **Comparar**
La clase **(no) va tan a menudo** al cine **como** en...
Los españoles leen **tanto como** los alemanes.
En España, la gente (no) lee **tantos** libros / **tantas** novelas **como**...
La clase va **más** / **menos** a menudo al cine **que** los españoles.

6

a) Mire y lea el cómic.
¿Qué le pasa a Ramón?
¿Qué servicio promociona el anuncio?

b) Cuando usted quiere leer un libro o ver una película, ¿qué aspectos le influyen más en su decisión? Marque. Puede agregar otros.

◆ la temática   ◆ el título   ◆ el consejo de otras personas

◆ el autor / director   ....

 Si quiere aprovechar un servicio de orientación de lectura en español, entre aquí.

7

¿Para qué vamos al cine o vemos una película en la tele?
Relacione el motivo con el tipo de película según su gusto y compare después con su compañero/-a.

motivos		tipos / géneros de películas	
para reír(nos)	para informarnos	de terror, de suspense	comedia
para llorar	por diversión	de acción y aventuras	erótica
para pensar	por evasión	de ciencia ficción	musical
para distraernos	....	de guerra	western
....	....	documental	histórica

▶ Ü 5

8

De estos adjetivos, ¿cuáles son en su opinión positivos, cuáles negativos cuando se refieren a películas? Marque con + o -. Compare después con su compañero/-a.

romántica	violenta	horrible	entretenida	divertida	rara
emocionante	cursi	larga	aburrida	triste	absurda

▶ Ü 6

7	**Hablar de propósitos o motivos**
Voy al cine **para** pensar, divertirme…	Voy al cine **por** diversión, evasión…

a) Mire este cartel. ¿Qué tipo de película es ésta? ¿La ha visto?

b) Escuche este anuncio de la radio sobre la película. ¿Es española?

c) ¿De qué trata la película? Vuelva a escuchar y tome notas.

1.3

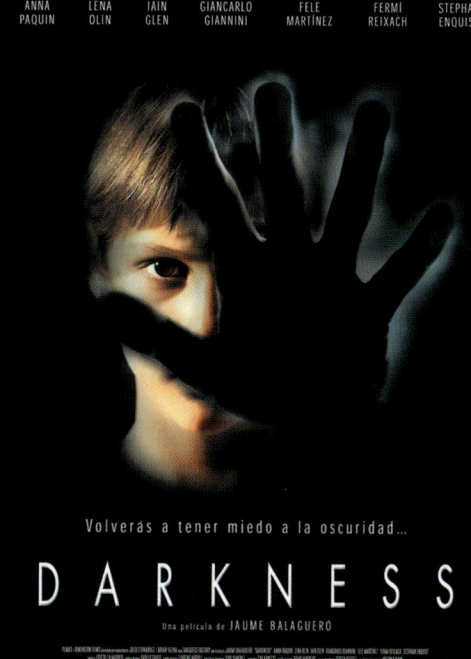

10

Piense en el último libro que ha leído o en la última película que ha visto. Lea las siguientes preguntas y comente en su grupo.

– ¿Puede imaginarse cómo es el título en español?   – ¿De que trata?
– ¿Le gustó o no le gustó y por qué?   – ¿Por qué la vio / lo leyó?

El último libro que leí / la última película que vi fue… Podría llamarse… Trata de… Me pareció…
Es uno/-a de los / las mejores / peores libros / películas que he leído / visto últimamente porque…
Lo leí / la vi porque…

▶ Ü 7

11

a) Escuche ahora una conversación entre Esperanza y Valentín. Los dos quieren ir al cine. ¿Qué tipo de película quiere ver ella? ¿Por qué? ¿Qué película le recomienda Valentín?

b) ¿Cómo se la recomienda Valentín? Vuelva a escuchar y rellene los espacios vacíos de este extracto del diálogo.

1.4

● Yo en tu lugar .... «La vida de Bryan» en la filmoteca, ¿la has visto ya?
● No…
● ...., de verdad. ¡Te mueres de la risa! Es de los Monty Python. Si quieres pasar un buen rato y reírte, ve a verla, de verdad que .... la pena.

▶ Ü 8–10

9/10 Narrar argumentos de películas o libros
La película **trata de** una familia que se instala en España…

Expresar el máximo grado de un atributo
Es uno de los **mejores** / **peores** libros que he leído.
Es el / la peor / mejor libro / película que...

11 b) Recomendar algo
el condicional, verbos regulares

	-ía
comprar	-ías
ver	-ía
ir	-íamos
	-íais
	-ían

2

12

a) Las siguientes personas necesitan un consejo. En parejas, escriban un posible diálogo, recomendando a una de ellas una película, un libro, música o un espectáculo y contando de qué trata.

– un amigo que está estresado
– un amigo que está aburrido y no sabe qué hacer
– un joven al que le gustan las películas violentas

– una señora a la que le gustan los clásicos
– una amiga que está triste

b) Encuentren a otra pareja que ha recomendado algo a la misma persona y comparen sus sugerencias.

13

a) Lea este extracto de la Guía del Ocio. ¿Qué actividades le gustaría hacer este fin de semana?

Conciertos

Locales

(Ver dirección de todos los locales en pág. 45 a 59)

Viernes 9 y sábado 10
Pop-rock
- In Fragranti Clamores
  0.45 h. 5 euros
- El resto. Luna Mulata.
  22.30 h. Libre

Flamenco
- Antorrín Heredia y E. Montoya
  0.30 h. Libre
- San Isidro: Mártires del Compás
  Las Vistillas 21 h. Libre

Locales de la A a la Z

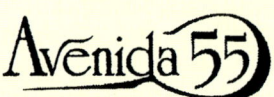

- **Avenida 55.** Discoteca. Hor.
  Juev., vier. y sáb. de 23 h a mad.
  Aparcacoches.

- **El Plaza.** Bar de copas
  Hor. todos los días de
  19 h a 3 mad. Vier. y
  sáb. hasta 3.30 mad.
  Mar. cerr. Actuaciones
  en vivo y exposiciones
  fotográficas.

Zanzíbar. Café
Hor. todos los días de 20 h a mad.
Dom.a las 21 h; Cuentacuentos

Cines

Cine Ábaco
Harry Potter y la cámara secreta
16.20, 18.10, 20.15
The Hunted (La caza)
16.10, 19.30, 22.20
Hable con ella
16, 18, 22.30

b) Queden para el fin de semana.

- ¿Qué tal si quedamos el sábado? / ¿Te gustaría ir conmigo a...? / ¿Vamos a un concierto?
- Muy bien, ¿cómo quedamos? / ¿Dónde / A qué hora quedamos?

12 a) **Recomendar algo**
(Yo) En tu / su lugar vería / leería / iría…
Yo que tú vería / leería / iría…
Te / Se lo / la recomiendo, de verdad. Vale la pena, realmente.

a) Virginia y Francisco leen la Guía del Ocio. ¿Qué piensan hacer? Escuche.

b) Marque las frases con las que Virginia intenta convencer a Francisco de ir a ver la película que ella prefiere. Escuche de nuevo y compruebe.

1.5

✗ Pues dicen que está muy bien...
✗ Que no, hombre, que ésa no quiero, de verdad.
✗ Venga, vamos a ver la de Almodóvar.
✗ Todo el mundo me ha hablado muy bien de ella.
✗ Pero si es buenísima, de verdad, lo dicen todos, que es genial, la mejor de Almodóvar.

✗ ¿Qué te gustaría hacer?
✗ Ha recibido bastantes premios.
✗ Bueno, vale.
✗ Hay que verla, en serio.

▶ **Ü 11**

a) En parejas, A y B. Ustedes quieren salir juntos, pero no están muy de acuerdo sobre lo que quieren hacer. Preparen un diálogo, el siguiente esquema les puede ayudar.

A	B
– ¿Salimos este fin de semana?	Acepta, consulta la Guía del Ocio y tiene varias propuestas: ir al cine, a un concierto, a una discoteca, ir de copas…
Acepta una de las propuestas y pide informaciones más concretas.	Da informaciones y propone algo concreto.
Muestra desacuerdo, expresa otra preferencia.	Insiste en la primera propuesta y expresa argumentos para convencer al otro.
Acepta la propuesta y pregunta cómo quedan.	Concreta la cita (hora, lugar).

b) Cambien de parejas y de papel. Negocien lo que les gustaría hacer el fin de semana. En el pleno, informen a los demás sobre cómo han quedado.

15 Hacer una propuesta ¿**Por qué no** vamos a…?	**Expresar preferencias y suavizar deseos y afirmaciones** ¿Qué te **gustaría** hacer? Yo **preferiría**…	**Expresar argumentos para convencer a alguien** **Dicen que** está muy bien. **Hay que** verla, en serio. Todo el mundo me ha hablado bien de… **Pero si es** …, lo dicen todos.
Admitir argumentos, aceptar propuestas Bueno, vale…, de acuerdo.	**Expresar desacuerdo** Ay, no, **venga**, vamos a… **Que no**, hombre, **que** …	

Y para terminar, lean las siguientes actividades y decidan cuál de las dos preferirían hacer.

a) ¡Elaboren la *filmoteca* de la clase! Sigan las instrucciones.

– Cada uno piensa en una de las películas que más le ha gustado en toda su vida y escribe una corta sinopsis sobre ella con las siguientes informaciones:

  – título
  – resumen del argumento *(¿qué, quién, cuándo, dónde?)*
  – género
  – nacionalidad
  – director
  – protagonistas
  – a quién se la recomiendan

– En grupos, hablen sobre sus películas favoritas, de qué tratan, por qué les gustaron, a quién se la recomiendan, etc. ¿Tienen alguna preferencia en común?

– Para terminar, pueden recoger todas las sinopsis, sacar fotocopias, clasificarlas según géneros y publicar una *filmoteca* de toda la clase. ¿Cuál es el género favorito de la clase?

b) ¡Publiquen la lista de los *bestsellers* de la clase! Sigan las instrucciones.

– Cada uno piensa en uno de los libros más importantes o interesantes que ha leído en toda su vida y escribe una corta sinopsis sobre él con las siguientes informaciones:

  – título
  – resumen del argumento *(¿qué, quién, cuándo, dónde?)*
  – autor
  – género (novela, cuento, biografía, libro científico, de poesía, viajes, salud, autoayuda…)
  – a quién se lo recomiendan

– En grupos, hablen sobre sus libros favoritos, de qué tratan, por qué les gustaron, o por qué fueron importantes para ustedes, a quién se los recomiendan. ¿Tienen alguna preferencia en común?

– Para terminar, pueden recoger todas las sinopsis, sacar fotocopias, clasificarlas según géneros y publicar los *bestsellers* de la clase. ¿Cuál es el género favorito de la clase?

▶ **Ü 12–13**

Recuerde

Vergleichen En España, ir al cine no cuesta tanto como en Alemania. Los alemanes no van tan a menudo al cine como los españoles.	**Der Vergleich mit** *tan / tanto* Verb + **tanto como** **tan** + Adverb + **como**	▶ G 8.1
Gründe, Absichten ausdrücken – Leo libros para pensar y para divertirme. – Leo libros por evasión o diversión.	**Die Präpositionen** *para* **und** *por* **para** + *Infinitiv* *um ... zu* **por** + *Nomen* *wegen, zu(r)*	▶ G 5.1
Die Handlung eines Films oder Buches nacherzählen – La película trata de la historia de una familia americana que se instala en España.		
Den höchsten Grad einer Eigenschaft ausdrücken – «Todo sobre mi madre» es la mejor película de Almodóvar. – Ésa es la peor película que he visto últimamente.	**Der relative Superlativ** bueno > el / la mejor malo > el / la peor	▶ G 2.1

Höfliche Formulierung eines Wunsches, einer Meinungsäußerung oder einer Empfehlung
– ¿Qué te / le gustaría hacer?
– ¿Qué película te / le gustaría ver?
– Preferiría ver la de Almodóvar.

Das Konditional ▶ G 1.3
regelmäßige Verben:

	comprar	leer	ir
(yo)	compraría	leería	iría
(tú)	comprarías	leerías	irías
(él, ella, ud.)	compraría	leería	iría
(nosotros)	compraríamos	leeríamos	iríamos
(vosotros)	compraríais	leeríais	iríais
(ellos, ellas, uds.)	comprarían	leerían	irían

! Die Konditional-Endungen sind für alle Verben gleich und werden an den Infinitiv angehängt.

– Yo que tú no iría a ver esa película.
– En su lugar leería primero la autobiografía.
– Se la recomiendo, la verdad. Vale la pena.

yo que tú, yo en tu / su lugar ▶ G 1.3.3
yo que tú   *ich an deiner Stelle*
en tu / su lugar   *an deiner / Ihrer Stelle*

Argumentieren, um jemanden zu überzeugen – Vamos a ver la nueva película de Saura. Dicen que es buenísima. Hay que verla.	**3. Person Plural des Verbs als unpersönliche Form** *man* dicen que... *man sagt, dass ...*	▶ G 1.10
Einen Vorschlag machen ¿Por qué no vamos al cine?		
Zustimmen, Vorschläge annehmen – Bueno, vale, de acuerdo.		
Nicht zustimmen, Vorschläge ablehnen – Ay, no, venga, vamos a ver otra película. – Que no, mujer, que no quiero leer ese libro.		

Amor por satélite

a) ¿Qué hacen estos jóvenes? ¿Dónde están? ¿Cree usted que esta situación también podría tener lugar en su país?

b) Una pareja de enamorados está en un bar. ¿Cómo se sienten en este momento? ¿Qué idea tiene de pronto el joven? Lea esta primera parte del artículo.

Llamada

Manuel Vicent

No había nadie en el bar salvo ellos dos, una pareja de adolescentes sentados frente a
5 frente, bebiendo refrescos de naranja. En la mesa entre los vasos estaban abiertos los teléfonos móviles, que sonaban a veces y entonces él o ella se ponía a charlar alegremente con alguien. El chico estaba muy
10 enamorado de la chica, pero era incapaz de manifestarle su pasión. Sólo se atrevía a mirarla con intensidad a los ojos y ella también le amaba, pero no podía ayudarle en nada, debido a su extremada timidez. Habla-
15 ban de cosas sin importancia. El chico necesitaba declararle su amor y la chica esperaba que lo hiciera ya de una vez, un sueño imposible, porque entre ellos había una barrera psicológica insalvable. El corazón de
20 los adolescentes tiene hoy un compartimento más. Se compone de dos ventrículos, de dos aurículas y de un teléfono móvil, que también bombea sangre. De pronto, este joven tímido y enamorado tuvo una inspiración.

c) Lea el final del artículo y compare con sus hipótesis.

25 Usó el móvil para hablar con la chica que tenía delante sin dejar de mirarla profundamente a los ojos. Cuando sonó la llamada la chica descolgó. La pareja comenzó a hablarse como si fueran invisibles. El chico le dijo que
30 la amaba. La chica contestó que todas las noches soñaba con él, pero sus expresiones de amor sin amarras tenían dos vehículos: una voz recorría el aire sobre la mesa del bar por medio de la vibración natural y sonaba
35 terriblemente vulgar; la otra bajaba desde un satélite de la estratosfera cargada de libertad e imaginación. »Te amo, te amo«- le decía el chico. »Oigo dos voces a la vez, ¿a cuál de ellas debo creer?« – preguntó ella. El chico le
40 dijo que creyera en el amor que a través de las ondas magnéticas le llegaba por la sangre hasta el corazón.

Texto adaptado de El País, 08/12/2002

¡Zafonmanía!

a) Lea el cartel de la foto. ¿Quiénes recomiendan leer la novela del escritor español Carlos Ruiz Zafón?

b) ¿De qué trata la novela? Lea el artículo. ¿Le gustaría a usted leerla?

c) Además de Ruiz Zafón, ¿qué otro escritor español ha tenido mucho éxito a causa de las críticas literarias en Alemania? ¿Lo conoce usted? Lea.

| Viernes, 17 octubre 2003 | **CULTURA** | La Vanguardia **43** |

Ruíz Zafón, número uno en las listas de superventas alemanas

☐ La exitosa «La sombra del viento» del autor barcelonés ha superado en las listas de ventas al último título de Paulo Coelho

Marc Bassets

Berlín. – Carlos Ruíz Zafón ya es número uno en Alemania. La versión alemana de su última novela, «La sombra del viento», publicada por Suhrkamp-Insel, ha saltado en una sola semana del número 23 al número 1 de la lista de los libros de ficción más vendidos, justo después de que el ministro de Exteriores, Joschka Fischer, la recomendara en televisión. «La sombra del viento» se convierte así en el libro más vendido de la semana, después de trece semanas en el ranking que publica el semanario «Der Spiegel», la lista de referencia en Alemania. «Me lo he leído en un día y medio, de un tirón», confesó el ministro de Exteriores en un programa de la segunda cadena de la televisión pública, la ZDF. «Lo leerán toda la noche y no lo podrán dejar hasta haberlo terminado», añadió admirado por las descripciones de la Barcelona de la posguerra.

Zafonmanía!
»Jetzt weiß man wieder, daß ein Buch ein herrlicher Irrgarten sein kann … rundum das, was man einen wunderbaren Schmöker nennt. Literatur und Leben vermischen sich aufs schönste.«
Elke Heidenreich, WDR 2

»Sie werden alles liegen lassen und die Nacht durch lesen!«
Joschka Fischer

El precedente Javier Marías

La literatura española tiene buenos padrinos en Alemania. A Ruíz Zafón le ha sucedido con Fischer algo parecido a lo ocurrido con el escritor madrileño Javier Marías hace unos años con Marcel Reich-Ranicki, en aquella época máximo exponente de la crítica literaria germánica, con el poder de dar el éxito o el fracaso a un libro con su simple comentario. En 1996, refiriéndose a «Corazón tan blanco», dijo en la televisión: «Es una de las novelas más importantes que he leído en los últimos años», e inmediatamente Javier Marías se convirtió en un fenómeno de crítica y de público sin precedentes, vendiendo decenas de miles de ejemplares.

Texto adaptado de La Vanguardia, 17/10/2003

Erzähl, Erzähl

¡Cuenta, cuenta!

1

a) Observe estas imágenes que cuentan cómo se conocieron Andrés y Patricia. ¿Cómo era ella, cómo era él?

b) Lea ahora la historia que cuenta Andrés y escriba el número de cada parte en la imagen correspondiente.

☐1 Yo estaba en la terraza de un café. Era un día maravilloso de primavera, recuerdo que hacía sol y calor, y me sentía libre y feliz porque estaba de vacaciones. Como era bastante temprano, casi no había gente en la terraza. De repente me fijé en una chica que estaba sentada a una mesa cercana, leyendo y fumando. No sé por qué, pero me gustó. ☐2 De pronto, sonó un móvil y ella empezó a buscarlo en su bolso, pero no estaba allí. Enseguida noté que estaba nerviosa. Entonces yo le dije: «Creo que está en tu chaqueta... » ☐3 Por fin lo encontró, se alejó de la mesa y habló unos minutos. ☐4 Cuando volvió, vi que estaba muy triste porque tenía lágrimas en los ojos. Le ofrecí un pañuelo de papel, porque no tenía nada con que limpiarse la nariz. Lo aceptó, pero estaba un poco sorprendida.

= indefinido
= imperfecto

Vuelva a leer la anécdota y rellene el cuadro con los verbos o las frases correspondientes.

Acción repentina (*Was geschah?*) *¿que paso? Indefinido*	Circunstancia (*Was war schon?*) Estado, modo, motivo *wie war die situation wie geschahes imperfecto*
De repente *me fije*	Yo estaba en *la terraza de un café.*
De pronto *sonó un movil.*	Era un día *maravilloso*
Enseguida *noté que estaba nerviosa*	Me sentía ....
	Estaba sentada ....
	Porque ....
	Como ....

3

a) Lea cómo continúa la historia y rellene los espacios vacíos. ¿Qué pasó? ¿Por qué? ¿Cómo estaba Andrés?

llamar	empezar a	tener prisa	sentarse	pedir	dejar de	estar

«Como no dejaba de llorar, le ofrecí el paquete de pañuelos entero. Después .... al camarero y le .... un coñac para la chica, porque ya .... preocupado y sabía que es bueno para el estado de shock. Enseguida se lo trajo y entonces .... a su mesa. De pronto .... llorar y sonrió. Por fin (nosotros) .... hablar y como no ...., nos quedamos allí hasta el mediodía...»

▶ Ü 1–3

b) Escuche ahora cómo Andrés le cuenta toda la historia a su amigo Daniel y compruebe.

1.6

2 / 3 Hablar de *acciones repentinas*	Describir las *circunstancias* de una acción
De pronto De repente } **vi** a la chica. Enseguida	– Describir *la situación* o el marco de los hechos **Hacía** buen tiempo. Yo **estaba** en un café. – Describir *el estado / modo* de alguien o algo (¿Cómo?) **Estaba** muy **triste / sentado/-a / leyendo**. – Expresar *el motivo* de una acción (¿Por qué?) Le pedí un coñac **porque estaba preocupado**. **Como no teníamos** prisa, nos quedamos allí hasta el mediodía.

4

a) Daniel reacciona con las siguientes frases durante la conversación. ¿Para qué cree usted que sirven estas frases?

1 ¡Ah! ¡No me digas!
2 pero, ¿qué pasó entonces?

3 Y al final, ¿cómo termina la historia?
4 ¡Pero qué historia más romántica!

b) Escuche ahora las frases y repita, poniendo especial atención a la entonación.

1.7
▶ **Ü 4**

5

a) Al día siguiente, Patricia le cuenta a su diario lo que le pasó con Andrés.
Escriba usted en su cuaderno una posible versión.

Ayer conocí a un chico muy simpático. Yo estaba en..
Era un día.. De pronto...
Me dio un pañuelo porque..................................... Al final..

▶ **Ü 5**   **b)** Intercambie su versión con su compañero/-a y comparen.

6

1.8

a) Durante el desayuno, usted escucha la siguiente noticia de la radio. Apunte las cuatro o cinco palabras más importantes y hable con su compañero/-a sobre el hecho.

b) Lea usted esta noticia del periódico y vuelva a escuchar la noticia de la radio. ¿En qué se diferencian las dos versiones?

La noticia de la radio habla de...,
en cambio, la noticia del periódico...

Madrid. Un hombre de negocios realizó ayer una falsa amenaza de bomba para no perder el avión con el que quería salir de vacaciones a Ibiza. La llamada telefónica causó dos horas de retraso pero la policía localizó al desesperado autor de la misma y lo arrestó antes de salir.

---

4 a) **Mostrar interés y animar a la otra persona a seguir contando**
¿Y? ¿Qué pasó? / ¿Y entonces? / ¿Y qué? / ¿Cómo termina? / ¿Y al final?
Mostrar sorpresa
¡No me digas! ¡No puede ser!
Hacer un comentario personal al final de una anécdota
¡Qué historia más romántica / divertida / interesante / rara…!

a) En parejas. ¿Qué vio el padre de familia de la noticia cuando llegó a su casa?
Miren la ilustración y respondan a las siguientes preguntas. Comenten y tomen notas.

– ¿Qué cosas no habían hecho todavía sus hijos y su mujer cuando llegó el padre?
– ¿Que habían hecho ya?   – ¿Dónde estaban todos ellos?
– ¿Qué estaban haciendo?   – ¿Estaban nerviosos, tranquilos, contentos…?

– Cuando llegó el padre, vio que todavía no habían recogido… Ya habían… Gabriel estaba mirando la tele… Federico estaba sentado… Su mujer…

b) Comparen sus resultados en el pleno.   ▶ **Ü 6**

8

a) Escriba una corta noticia sobre un suceso curioso, original o especial.
Las siguientes preguntas le pueden ayudar:

¿Qué pasó? / ¿Cuándo pasó? / Circunstancias importantes (situación, motivos, qué estaba/n haciendo, cómo se sentía/n, qué había pasado antes)?

b) Intercambien sus noticias, corríjanlas. Después, publíquenlas en el periódico de la clase.
¿Se pueden clasificar de alguna forma? (Por ejemplo: «De risa», «Mala suerte», «Final feliz».)

7 a) Referirse a acciones anteriores a los hechos	*el pluscuamperfecto*	
Cuando el padre **llegó,** su mujer y sus hijos **todavía /aún no**	había	
habían hecho las maletas.	habías	trabajado
Cuando **llegó, ya habían comido.**	había	comido
	habíamos	salido
	habíais	hecho
	habían	

a) Esta carta que trata de un hecho extraño va dirigida a un periódico de las Islas Canarias. La carta está desordenada. Ordene las partes numerándolas del 1 al 5.

5 Total, que fue una experiencia horrible. No creo en ovnis* ni en cosas raras, soy una persona normal y está claro que no estoy loco, ya que la pareja de la playa vio lo mismo. ¿Pero qué fue lo que vimos? Me gustaría saber qué dicen los expertos y las autoridades de la isla. Mario Barquero V., Santa Cruz de Tenerife

2 Aquel día yo había salido de mi oficina a las ocho y media y había ido a casa a buscar a mi perra para salir a pasear a la playa de Las Tejitas. Eran las nueve más o menos. Como siempre, Gusa corría por la playa mientras yo paseaba tranquilamente. De pronto,

1 Lo que voy a contar en esta carta ocurrió el 28 de agosto del año 2000 en la isla de Tenerife, donde vivo.

4 Cuando las luces se fueron, empecé a buscar a mi perra. Al cabo de un rato me encontré con una pareja joven en la otra punta de la playa y les pregunté si habían visto algo raro. Me dijeron que ellos también habían visto las luces y oído un ruido raro y que también habían visto a mi perra correr. La chica incluso dijo que ya había visto algo parecido anteriormente en el mismo lugar y que nadie sabía explicar estos fenómenos. Mi perra no apareció. La encontré al día siguiente, a 10 km. de nuestra casa. Estaba nerviosísima.

3 mi perra se quedó parada, tenía miedo de algo. Hubo un momento de silencio extraño. Unos segundos más tarde vi dos haces de luz muy fuerte que salían de alguna parte del cielo. Después de un rato, las luces empezaron a moverse en nuestra dirección. Mi perra salió corriendo. De repente noté que las luces pasaban por encima de mí con un ruido que no puedo describir.

* *Objeto volador no identificado*

▶ Ü 7   **b)** ¿Qué expresiones usa el autor para decir <u>cuándo</u> sucedieron los hechos? Subráyelas.

---

9 b) Situar los hechos en el tiempo

Aquel día yo salí / había salido a las 8 de la noche.

Cuando se fueron las luces, empecé a buscar a Gusa.

	Un rato	
	Unos minutos	**más tarde** vi dos haces de luz.
	Unas horas	

	un rato	
Después de	unos minutos	la encontré.
Al cabo de	unas horas / unos días	

	Al día	
	A la semana	**siguiente** la encontré.
	Al mes /año	

10

a) Mire este mapa. ¿Qué puede decir de la situación geográfica de las Islas Canarias?

b) Escuche esta entrevista de la radio. ¿Qué tiene en común con la carta de Mario Barquero?

c) Vuelva a escuchar la entrevista y subraye lo que dice el Sr. Pérez de la Mata.

1.9

1. La mayoría de / algunos de / todos los casos son explicables.

2. Las posibles explicaciones son: fenómenos meteorológicos / erupciones volcánicas / aviones / entrenamientos militares.

3. Un factor muy importante es la lejanía de grandes centros urbanos / el clima favorable.

4. El Sr. Pérez de la Mata cree que no somos / somos los únicos seres inteligentes en el universo.

11

¿Qué piensa usted de los sucesos supuestamente «sobrenaturales»?
¿Cree que los hay? ¿Ha visto alguna vez algo parecido?

12

Vuelva al texto de la página anterior. ¿Cómo cuenta el autor de la carta la conversación que tuvo con la pareja aquel día en la playa? Escriba las frases en su cuaderno.

1. Chico: «Sí, **hemos visto** unas luces muy fuertes y **hemos oído** un ruido muy raro.»
El chico **dijo que habían visto**…
2. Mario: «¿Habéis visto a mi perra?»
Mario **preguntó si**…
3. Chica: «Sí, sí, hemos visto a un perro, estaba muy, muy nervioso.»
4. Chica: «Yo vi algo parecido el verano pasado.»

▶ Ü 8–10

12 Transmitir lo que dijo alguien		
Estilo directo	**Estilo indirecto**	**Cambio en los tiempos**
«Nadie **sabe** explicar estos fenómenos.»	**Dijo** que nadie **sabía** explicar estos fenómenos.	presente ➜ imperfecto
«**¿Habéis visto** algo raro?»	Les **pregunté** si **habían visto**…	perfecto ➜ pluscuamperfecto
«Yo **vi** unas luces el año pasado.»	**Dijo** que **había visto**…	indefinido ➜ pluscuamperfecto
«El perro **estaba** muy nervioso.»	**Dijo** que el perro **estaba**…	imperfecto ➜ imperfecto

3

Y ahora, ¡dejen volar su imaginación! Lean primero las actividades 13 y 14 y decidan cuál de las dos prefieren hacer.

13

1.10

a) Ahora va a escuchar el comienzo de un episodio de una radionovela. ¿De qué se podría tratar? ¿Qué pasa en esta escena? ¿Cuáles son las circunstancias? Antes de escuchar, lea estas preguntas:

– ¿Qué tiempo hacía?
– ¿Qué sucedió?
– ¿Cuándo sucedió?
– ¿Cuántas personas había?
– ¿Qué habían hecho ese día antes del suceso?

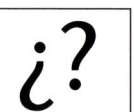

– ¿Era de día o de noche?
– ¿Dónde sucedió?
– ¿Por qué sucedió?
– ¿Cómo eran estas personas?
– ¿Que dijeron?

b) En parejas. Hablen sobre sus respuestas. ¿Pueden ponerse de acuerdo?
Escriban un texto sobre los sucesos y las circunstancias.

c) Cambien de pareja y cuéntenle su versión al nuevo compañero. ¡No olviden mostrar interés!

14

a) Lea estas preguntas. Luego, en parejas, escriban una posible historia que hay detrás de ellas. ¿Qué título le pondrían a su cuento?

1. ¿Dónde vivía el pescador Antonio?
2. ¿Por qué estaba soltero?
3. ¿Cuántos años tenía?
4. ¿Adónde iba cada noche?
5. ¿Qué vio y oyó una noche de agosto?
6. ¿Cómo era la sirena que estaba en su red?
7. ¿Adónde la llevó?
8. ¿Por qué quería volver al agua la sirena?
9. ¿Qué le prometió ella a cambio de llevarla al mar?
10. ¿Según la sirena, ¿cuántos deseos podía pedir el pescador?
11. ¿Quién estaba en casa de Antonio cuando volvió a la mañana siguiente?
12. ¿Cómo era esa persona?
13. ¿Qué dijeron los dos?
14. ¿Qué deseo le había pedido Antonio a la sirena?
15. ¿Se cumplió el deseo del pescador?

b) Si quieren, pueden dibujar un personaje o una escena en el marco vacío.

c) Cambien de pareja y cuéntenle su versión al nuevo compañero. ¡No olviden mostrar interés!

¿Le gustaría leer sobre algunos sucesos extraordinarios del mundo hispanohablante? Entre aquí.

Recuerde

Über plötzlich einsetzende Handlungen sprechen	**Gebrauch des Indefinido**	▶ G 1.1

– De pronto sonó el teléfono.
– De repente empezó a llorar.
– Enseguida lo llamó.

de pronto
de repente   + *Indefinido*
enseguida

Die Umstände einer Handlung beschreiben | **Gebrauch des Imperfekt** | ▶ G 1.1

– Aquel día hacía buen tiempo y estábamos en la terraza de un café.
– Eran las tres de la tarde y hacía mucho sol.

– Estaba sentada en la terraza, leyendo un libro.
– Era un chico guapo de pelo oscuro.
– Como lloraba tanto, le traje un coñac.
– Fui a su mesa porque estaba muy triste.

Beschreibung der Umstände einer vergangenen Handlung:
– Schilderung von Situation oder Rahmen der Handlung (z.B. Zeit und Wetter)
– Zustand, Art und Weise von etwas oder jemandem (wie?)
– Angabe von Ursachen und Motiven für Handlungen (warum?)

Interesse zeigen, jemanden zum (Weiter-) Erzählen auffordern oder ermuntern

– ¿Y? ¿Qué pasó? / ¿Y entonces? / ¿Y qué?
– ¿Cómo termina? / ¿Y al final?

Erzählen, was vor einer Handlung in der Vergangenheit stattgefunden hat | **Plusquamperfekt** | ▶ G 1.2

– Cuando el padre llegó a casa, vio que la familia todavía no había hecho las maletas.
– Cuando volví, mis hijos ya habían comido.
– Aquel día yo había salido de la oficina a las 8 y media y había ido a buscar a mi perra.

haber (Imperfekt)   + Partizip
había
habías   cenado
había   comido
habíamos   dicho
habíais   visto
habían

Zeitliche Situierung von Geschehnissen | **Zeitangaben zur Erzählung von vergangenen Geschehnissen** | ▶ G 7.1

– Aquel día había salido de casa temprano.
– Unos minutos más tarde vi las luces.
– Cuando se fueron las luces, empecé a buscar a la perra.

Aquel día…
Cuando…
Después de un rato / de unos minutos…
Al cabo de unas horas / de un rato…
Unos minutos / Unas horas más tarde…
Al día / A la semana / Al mes / Al año siguiente…

Wiedergeben, was jemand oder man selbst gesagt hat | **Indirekte Rede, Zeitenfolge (1)** | ▶ G 8.2

«Nadie sabe explicar el fenómeno.»
> Dijo que nadie sabía explicar el fenómeno.
«Mario estaba muy nervioso.»
> Dijo que Mario estaba muy nervioso.
«¿Habéis visto al perro?»
> Les pregunté si habían visto al perro.
«No, no vimos al perro.»
> Dijeron que no habían visto al perro.

Hauptsatz		Nebensatz
Indefinido		*Imperfekt*
dijo, dije	que	sabía, estaba…
Indefinido		*Plusquamperfekt*
pregunté, dije	que	(si) habían visto, comido…

! In der indirekten Rede steht im Spanischen kein Konjunktiv. Steht im Hauptsatz ein *Indefinido* so folgt im Nebensatz ein *Imperfekt*, oder, bei vorzeitigen Handlungen, ein *Plusquamperfekt*.

4 Cosas útiles

a) Observe estos inventos prácticos. Escriba los números correspondientes en las casillas de cada foto. Uno de ellos no fue inventado por un español. ¿Sabe usted cuál?*

| 1. porrón | 2. olla exprés | 3. chupa chups | 4. fregona | 5. peineta | 6. afilalápices |

☐　　　☐　　　☐　　　☐

b) ¿Para qué sirven estos inventos? Relacione cada uno con el uso correspondiente.

– El afilalápices sirve para…

- limpiar y fregar el suelo de pie.
- sujetar el peinado y adornar.
- cocer carne, verduras y legumbres muy rápidamente.
- sujetar un caramelo sin ensuciarse las manos.

- beber vino.
- afilar los lápices.

☐

c) Lea el siguiente texto informativo. ¿Sabe usted a cuál de estos inventos se refiere?

> [...] Fue inventada por el ingeniero aeronáutico español Manuel Jalón Corominas en 1956. En 1965 ya tomó la forma actual, con su cubo de plástico y su embudo agujereado. Este aparato para fregar el suelo revolucionó la vida del ama de casa facilitando mucho su trabajo. Se afirma que es el invento español que más se usa en todo el mundo.

☐

▶ Ü 1–3

* Solución 1 a): La olla exprés

¿Le interesa leer más sobre inventos españoles?

1 b) Describir la función de un objeto	**1 c)** Indicar el autor
El porrón **sirve para** beber vino.	El porrón **fue** inventado **por** un español.
	La fregona **fue** inventada **por** Manuel Jalón.

a) Piensen en cinco inventos u objetos prácticos de la vida cotidiana y comparen sus resultados en el pleno.

b) Pónganse de acuerdo. ¿Cuáles son para ustedes los cinco objetos que más han servido para mejorar nuestra vida cotidiana?

c) ¡Jueguen al tabú! Uno de ustedes escoge un objeto / aparato y lo describe o explica sin nombrarlo. Los demás deberán adivinar de qué objeto se trata. Las siguientes frases les pueden ayudar:

> Es algo así como…
> Es algo que sirve para / de…
> Es una cosa que…
> Es una especie de…
> Es algo parecido a…

▶ Ü 4–5

a) Uno de los inventos que más ha cambiado nuestras vidas es el móvil.

– ¿Cuántos compañeros de la clase tienen un móvil?
– ¿Cuántos lo usan para enviar y recibir mensajes cortos (SMS)?

b) ¿Qué ventajas y desventajas tienen los móviles y los mensajes cortos? Intercambien opiniones.

c) Comparen con las ventajas y desventajas que menciona el siguiente artículo.

Generación móvil

No salen de casa sin él y cuando están en casa no lo apagan. Es la garantía de su intimidad y el medio más importante de la comunicación entre amigos y amantes. Forma parte de su código de modas y marcas, igual que las zapatillas de deporte, los pantalones o las mochilas. El teléfono móvil, tanto con el servicio de voz como con el de mensajes cortos (SMS) se ha convertido en su asistente de comunicación, es el aparato que usan los jóvenes y adolescentes para contactar, sincerarse, discutir, ligar, declararse amor… sin tener que dar la cara.

Muchos padres regalaron a sus hijos esta maquinita «para poder localizarlos en cualquier momento». Seguramente ganaron tranquilidad, pero la perdieron pronto al recibir las primeras facturas de tres cifras: sus hijos adolescentes habían descubierto el vehículo ideal de sus sentimientos y lo usaban con pasión. Hoy la mayoría de los chicos y chicas pagan las facturas del móvil con su propio dinero, intentan ahorrar utilizando los mensajes cortos y ya han empezado a sentir que su «comunicador» no sólo tiene ventajas. «Lo mejor es que puedes llamar si tienes un problema. Lo peor es cuando estás de fiesta y llaman tus padres para que vuelvas a casa. Otra ventaja es que es más privado que usar el teléfono de casa» dice Noelia, de 17 años.

d) ¿A qué grupo de personas se refiere el título? ¿Qué significa el móvil para ellos? Subraye en el texto las expresiones que se usan para definirlo.

▶ Ü 6

– el medio más importante de la comunicación…

4 **a)** En grupos. ¿Qué tipo de mensajes cortos envían y reciben ustedes?
Escriban un mensaje a un/a compañero/-a de otro grupo que lleva su móvil.

b) Intercambien sus mensajes en el pleno. ¿Cuál es el más divertido / más común de todos?

5 **a)** El padre de Manuela la llama para pedirle algo. ¿Sabe usted qué? Escuche.

1.11

b) ¿Qué tiene que hacer el padre de Manuela primero, qué después? Escuche nuevamente y siga las instrucciones de Manuela en la ilustración del móvil. Ponga números de 1 a 4 en los círculos según el orden que menciona ella.

c) Lea ahora un extracto del diálogo y complételo con las expresiones que faltan.

(…)

● Pues aprieta el .... que está arriba a la izquierda, ¿lo ves?

● Sí, el que tiene una cosa verde...

● Sí, ése, y entonces te sale el menú en la .... y buscas «mensajes».

● Espera, espera. Ya, ya lo tengo. «Mensajes».

● ... y lo seleccionas apretando el botón...

● ¿Qué botón?

● El mismo, el de arriba, a la izquierda. Ése siempre se usa para ....

● Ah, vale. Ya está.

● ... y entonces te sale en la pantalla «escribir mensajes». Lo seleccionas y ya puedes escribir el mensaje con las .... de los números.

● Ah, ya, sí, sí, claro, eso ya lo sé...

d) Vuelva a escuchar y compruebe.

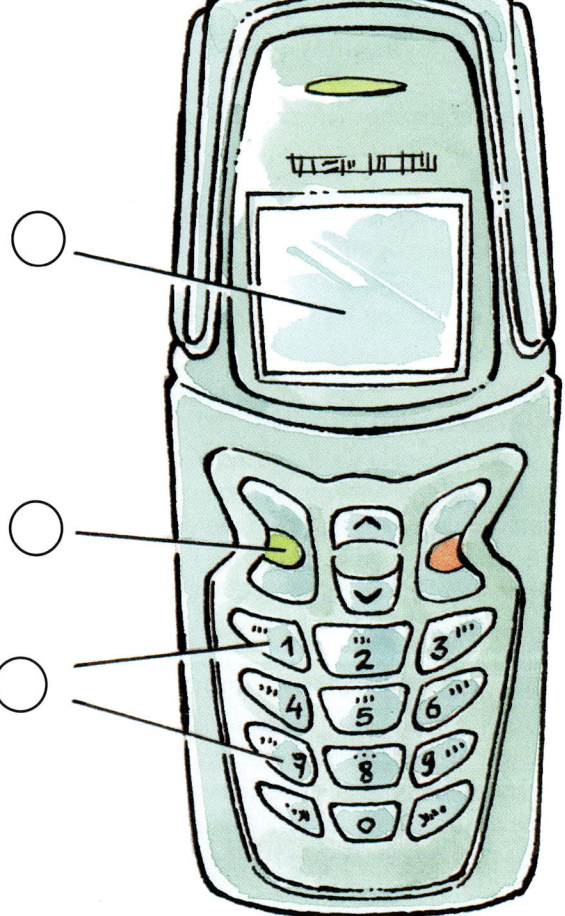

a) En un almacén. ¿Qué problema tiene este cliente? Escuche.

b) Ponga el diálogo entre cliente y dependiente en el orden correcto: A, B, C, D, E.
Después vuelva a escuchar y compruebe.

☐

- Pues prefiero que me la cambie usted por otra, pero espero que no me pase otra vez lo mismo, es un aparato caro y es una lata tener que venir…
- Claro, claro. Es una buena marca, no se preocupe… Mire, le voy a dar ésta. Vamos a probarlo todo. (…) A ver, a ver, ahá… sí, funciona. Y las pilas se las regalo.

☐

- Hola, buenos días.
- Hola.

☐

- Ahá, gracias. A ver, vamos a ver si funciona. ¿Me deja los auriculares un momento? Voy a ponerlos… Pues, no, no, no se oye nada, es verdad… A ver, voy a probar con estos otros. (…) Pues tampoco. Pues no son los auriculares, es otra cosa. A veces es un problema de las pilas. Así que le voy a poner unas pilas nuevas. (…) Mmm, pues no, tampoco es de las pilas, no sé qué le pasa. Mire, lo siento, tiene usted razón, la radio está estropeada. ¿Se la cambio por otra o prefiere que le devuelva el dinero?

☐

- Hombre, gracias.
- ¿Quiere que se lo envuelva todo?
- No, gracias. Me lo llevo así, en la mochila. Hasta luego y gracias.
- A usted. Adiós.

☐

- Mire, es que ayer compré aquí esta radio y resulta que no funciona la salida para auriculares. Parece que está estropeada.
- ¿Tiene la factura?
- Sí, mire.

c) Seleccione entre estas frases las que sirven para:

▶ Ü 7

- mostrar descontento
- explicar el problema
- expresar lo que uno quiere de forma amable

«Pues prefiero que me la cambie usted por otra.»
«Espero que no me pase otra vez lo mismo.»
«Es una lata tener que venir...»
«Es que ayer compré aquí esta radio y resulta que no funciona.»
«Parece que está estropeada.»

4

7 El dependiente de la actividad anterior le pregunta al cliente: *¿Se la cambio por otra...?* ¿A quién se refiere con *se*, a qué con *la*? ¿Y en estas frases?

– ¿Quiere que se lo envuelva todo? — ... y las pilas se las regalo.

8 **a)** Piensen en cosas, aparatos y objetos que alguna vez han tenido que devolver.

b) Practiquen ahora una parte del diálogo entre el cliente y el dependiente.

(el ordenador)
- ● ¿**Se lo** cambio por **otro** o prefiere que le devuelva el dinero?
- ● Pues prefiero que **me lo** cambie por **otro** ... / Pues prefiero que me devuelva el dinero...

(la silla)
- ● ¿Quiere que **se la** envuelva?
- ● No, gracias. **Me la** llevo así.

c) ¿Cómo serían estos diálogos si los dos se tutearan?

9   **a)** En parejas. Piensen en un aparato que han comprado hace poco y que no funciona. Preparen un diálogo que tiene lugar en el almacén.

▶ Ü 8–11 **b)** Después pueden interpretarlo en clase. ¿Saben los demás de qué aparato se trata?

---

7 / 8 Expresar un deseo
Prefiero que me la **cambie** por otra. **¿Quiere que** se lo **envuelva?**

7 / 8 b) Negociar el cambio de una cosa por otra

- Este aparato está estropeado. Prefiero que **me lo** cambie por otro.
- ¿**Te lo** envuelvo todo?
- Las pilas **se las** regalo.

me	
te	
l̶e̶ se	lo, la
nos	los, las
os	
l̶e̶s̶ se	

a) ¡Cosas útiles para aprender!
A veces resulta un poco difícil recordar y usar palabras nuevas. Discutan sobre qué hacen en y fuera de clase para aprenderlas mejor.

b) Intercambien sus ideas en la clase.
¿Qué *trucos* les parecen útiles?

a) Lea primero estas instrucciones escritas por unos estudiantes de español que explican una forma muy efectiva para aprender mejor las palabras. En parejas, sigan después las instrucciones.

> **¡Trucos para aprender palabras nuevas!**
> Número de participantes: 2
> Material: fichas DIN-A-7 *(Podéis hacerlas vosotros mismos.)*
> hojas de papel DIN-A-4
>
> **Instrucciones:**
> 1. Haced una lista de 20 palabras sobre un tema que os interese. Podéis consultar también vuestros apuntes. Por ejemplo: objetos útiles, tiempo libre, adjetivos...
> 2. Escribid cada palabra en una ficha individual. ¡Poned atención a la ortografía!
> 3. Agrupad las palabras según criterios.
> 4. Después de agrupar, haced un memo-mapa parecido a éste en una hoja de papel:
>
> playa — destinos — alojamientos — hotel
> viajar
> nadar — actividades — transporte — avión
>
> 5. Presentádselo a los demás.

b) ¿Creen que esta actividad les puede ayudar a aprender las palabras?

11 a) **Dar instrucciones**
– Intercambi**ad** vuestras fichas.
– Hac**ed** una lista de palabras.
– Escrib**id** una palabra en cada ficha.

Presentad el memo-mapa. > Presentad**lo**.
Presentad el memo-mapa a los demás. > Presentád**selo**.

a) ¡A jugar en parejas! Piensen en algún juego para memorizar vocabulario que se puede hacer con fichas, por ejemplo «tabú», «dominó» o «memory».

Dominó

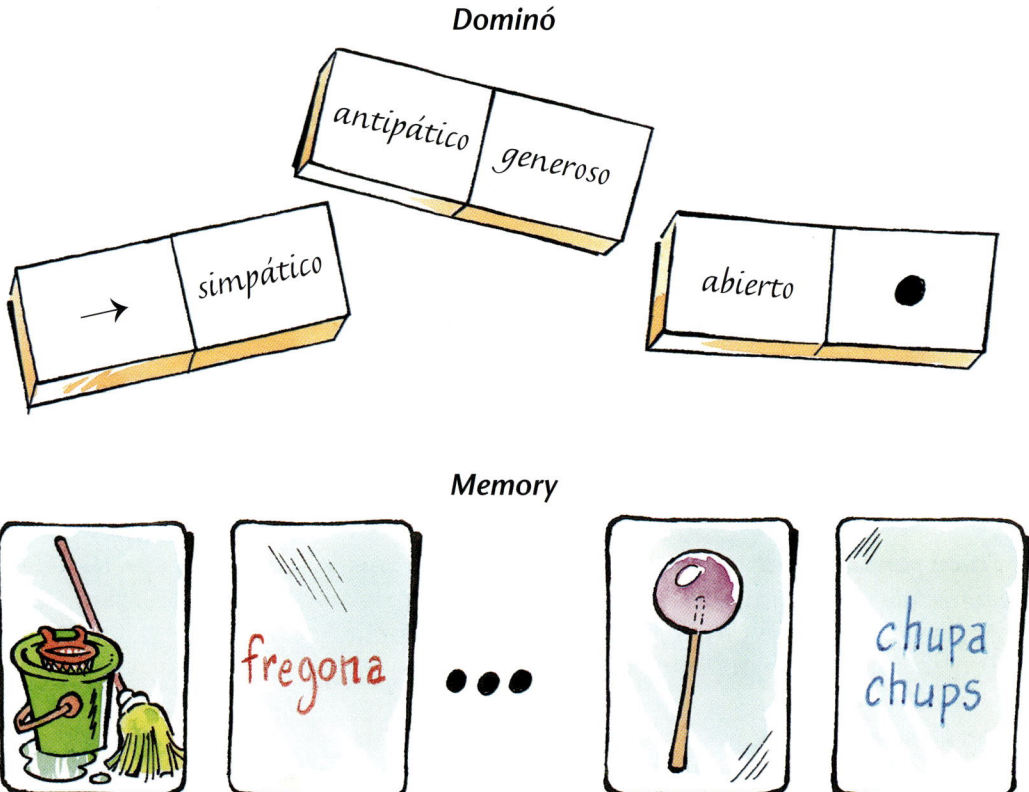

antipático | generoso

→ | simpático

abierto | ●

Memory

fregona ... chupa chups

b) ¿Saben ustedes cómo se llevan a cabo esos juegos? Escriban las instrucciones para uno de ellos siguiendo las de este modelo. Las siguientes expresiones les pueden ayudar:

¡Jugad al ....!
Objetivo: aprender palabras nuevas
Material: fichas de papel (formato DIN-A-7)

Instrucciones:
1. Haced una lista de 20 palabras que queréis aprender y usar.
2. En la primera ficha, dibujad / escribid ...
3. En la siguiente ficha ...
4. ....
....

poner boca abajo   emparejar
                                ganar
    quedarse con
escoger 2 fichas y mostrárselas a los
demás   repartir
        empezar con la ficha de la flecha

teminar con la ficha del punto
                        adivinar la palabra
formar parejas de contrarios

        explicar la palabra sin nombrarla

c) Intercambien sus instrucciones con otra pareja y lleven a cabo el juego.

● ¿A quién le toca?   ● A mí (me toca).

▶ **Ü 12–14**   **d)** ¿Han funcionado los juegos? Intercambien impresiones.

Recuerde

Die Funktion eines Gegenstandes beschreiben – El afilalápices sirve para afilar un lápiz.	*Servir para* servir para + *Infinitiv*	▶ G 5.1
Den Urheber einer Sache oder einer Handlung angeben – El teléfono fue inventado por un inglés. – La peineta fue inventada por un español.	**Das Passiv** … **ser** + *Partizip Perfekt* + **por**… … fue inventad**o**/**-a** por… … fue hech**o**/**-a** por…	▶ G 1.9
Einen Wunsch ausdrücken – Prefiero que me devuelvan el dinero. – ¿Quiere que se lo envuelva todo?	**Der Gebrauch des Subjuntivo nach Verben, die einen Wunsch oder eine Willensäußerung ausdrücken** preferir que + *Subjuntivo* querer que + *Subjuntivo*	▶ G 1.6.2

Über das Umtauschen oder Zurückgeben einer Sache verhandeln

– Esta radio no funciona. ¿Me la cambia por otra?
● Claro que se la cambio, no hay problema.

Indirektes und direktes Objektpronomen in einem Satz ▶ G 4.2

indirektes		+ direktes Objektpronomen
me		
te		
~~le~~	se	lo, la, los, las
nos		
os		
~~les~~	se	

Anweisungen geben

– Agrupad vuestras fichas.
– Haced una lista de palabras.
– Escribid cada palabra en una ficha.

Imperativ 2. Person Plural ▶ G 1.5.1

agrup**ar**	agrup**ad**
hac**er**	hac**ed**
escrib**ir**	escrib**id**

Eine Anweisung geben oder eine Aufforderung aussprechen

– Haced una lista.
– Preparad las fichas.

– Escribidme una carta desde España. Escribídmela pronto.
– Mandadle el libro a Maite, por favor.
– Mandádselo a la dirección de sus padres.

Die Stellung der Objektpronomen beim bejahten Imperativ ▶ G 4.3

Imperativ + indirektes *oder* direktes Objektpronomen
escribid**me**   (indirektes Objektpronomen, *mir*)
decid**le**   (indirektes Objektpronomen, *ihm, ihr*)
haced**la**   (direktes Objektpronomen, *sie*)
preparad**las**   (direktes Objektpronomen, *sie*)

Imperativ + indirektes *und* direktes Objektpronomen
escribíd**mela** (escribidme la carta; *schreibt ihn mir*)
mandád**selo** (mandadle el libro; *schickt es ihm /ihr /ihnen*)
! Anders als im Deutschen steht das indirekte Objekt (*wem?*) im Spanischen vor dem direkten Objekt (*wen oder was?*). Um die Betonung des Imperativs zu erhalten, muss beim Anhängen von zwei Silben ein Akzent gesetzt werden.

Wichtige Verben ▶ G 9

servir > **sí**rvo, **sí**rves, **sí**rve, servimos, servís, **sí**rven
apretar > apr**ie**ta (tú), apr**ie**te (Ud.) (*Imperativ*)
devolver, envolver > dev**ue**lva, env**ue**lva (*Imperativ Ud.*)

Cuentos de siempre

a) ¿Ha visto usted alguna vez una *telenovela*? ¿Cómo se llamaba? ¿De qué trataba?

b) Ahora va a leer una reseña sobre una telenovela llamada «Betty, la fea». ¿Se puede imaginar de qué trata?

c) ¿De qué trata esta telenovela? ¿Cómo consiguió la protagonista de esta telenovela la atención de todo el continente americano? Lea.

TELEVISIÓN | EL ÉXITO DE UNA SERIE COLOMBIANA
Betty, un fenómeno nada feo
En la era de la cirugía estética una mujer fea ha conmocionado a millones de personas en todo el mundo. ¿Triunfará la telenovela en España?
SALUD HDEZ. MORA. Bogotá

Ciento veinte millones de personas la vieron cada noche. Políticos, escritores, feministas, sociólogos y sacerdotes debatieron sobre su moralidad. La revista Sema-
5 na, la más prestigiosa del país, la declaró «Personaje del año 2000». Y eso, siendo fea, caminando como los patos, con una voz irritante, vistiendo mal y con una autoestima por los suelos. ¿Cómo consiguió Beatriz
10 Pinzón, la protagonista de la telenovela colombiana *Yo soy Betty, la Fea*, la atención de todo el continente americano?

Muy fácil. En el fondo, es el viejo argumento de cuentos de siempre, como *El patito feo,*
15 *La Bella y la Bestia*, etc. La joven Betty, brillante economista, inteligente y de noble carácter, pero nada atractiva, trabaja como

simple secretaria y está enamorada de su jefe, el atractivo y soberbio Armando. Todo
20 el mundo piensa que no hay esperanza para Betty, la fea. Pero poco a poco, su belleza interior enamora al hombre amado y Betty se transforma, también exteriormente, en una mujer hermosa y deseable. Ese argu-
25 mento y buenas dosis de humor son las claves de los 336 capítulos de *Yo soy Betty, la Fea* que ahora van emitirse en España.

Definitivamente, Yo soy Betty, la Fea ha trascendido el fenómeno tradicional de los
30 culebrones* latinos. La telenovela colombiana ha roto el patrón de una bella protagonista y ha conseguido «poner a pensar al país». Veamos si hace pensar a España también.

*telenovela

Adaptado de El Mundo Domingo, 15/07/2001

El calor del hogar, dulce hogar

a) Observe usted el dibujo técnico y lea la descripción del brasero. ¿Sabe usted para qué sirve este aparato? ¿Qué partes del dibujo puede usted identificar?

Camilla: mesa redonda con tablero móvil y una estructura en la base para colocar un **brasero**. Sobre la mesa se colocan unas «faldas» largas que hacen que se conserve el calor del **brasero** bajo la mesa.

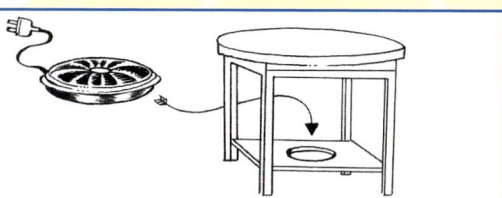

b) ¿Qué funciones tiene la mesa camilla en las casas españolas? Lea.

«Si nuestra casa tenía un corazón, ese corazón era la mesa camilla, con su obligatorio brasero eléctrico, claro. La mayoría de los pisos y casas del centro y sur de España no tenían calefacción, era lo normal en aquella época, hablo de los años setenta. Por eso, en invierno se encendía el brasero de la mesa camilla después de comer y no se apagaba hasta que el último se iba a la cama. Mi madre, sentada en un sillón, dormía su siesta de quince minutos tapada con las faldas de la camilla, mientras nosotros, con los pies bien calientes cerca del brasero, hacíamos los deberes, leíamos cómics o veíamos la tele. Recuerdo cómo nos reíamos cuando el olor de la suela quemada de nuestras zapatillas la despertaba con un susto. El cálido interior de la mesa camilla estaba siempre lleno de cosas: a veces ropa que se había secado, otras zapatos mojados por la lluvia. Y a mi hermano le encantaba colocar unos segundos su bocadillo de queso sobre el brasero para comérselo calentito. Ya de mayores, cuando venían amigos por casa (o sea, todos los días) nos sentábamos todos alrededor de la camilla a tomar café y a charlar o a jugar a las cartas o al parchís. Igual que hacemos hoy, ya con nuestras propias familias, cuando vamos a casa de mi madre. Porque en su casa, como en muchas que incluso ya tienen calefacción, la mesa camilla sigue siendo el corazón del hogar.»

Tere Ávila, 35 años

Una comida de trabajo

1

El Sr. Manuel Bermejo de la Empresa Cidexa, de Madrid, quiere invitar a unos clientes alemanes a una comida de trabajo típicamente española. Berta, su secretaria, le recomienda un restaurante. ¿Sabe usted cuál? Escuche.

1.13

Ven a probar los mejores
Arroces de Madrid

marina ventura
arrocería   restaurante

Carnes   Pescados
14 Variedades de Arroces • Comidas para grupos
Haz tu reserva con antelación
• 2 horas Parking gratuito (Plaza de las Cortes)
Ventura de la Vega, 13 • Tel. 91 429 38 10

RESTAURANTE ARGENTINO
LA DOMA
Lopez de Hoyos, 10
(entre Serrano y Castellana)
Tel. 91 564 16 16   **LA CASA DE LAS PARRILLAS**
Menús especiales para grupos
Gran Variedad de Carnes Importadas

• • •
Restaurante
La Fragata
Meliá Castilla

Saboree las carnes más sabrosas,
el pescado más fresco y el cocido
más exquisito de Madrid.
Compruébelo.

Avenida de América 43–45
Telf.: 91 567 51 96
• • •

2

a) Lea estos extractos de la carta del restaurante y subraye las expresiones que explican la forma de preparar los alimentos.

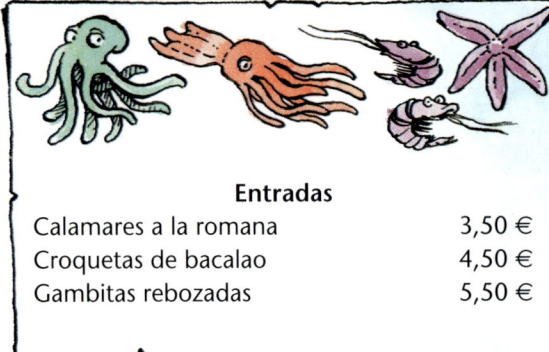

Entradas	
Calamares a la romana	3,50 €
Croquetas de bacalao	4,50 €
Gambitas rebozadas	5,50 €

Pescados y mariscos	
Dorada a la plancha	12 €
Dorada o Lubina a la sal (dos personas)	35 €
Merluza a la romana	13,50 €

1.14

b) Los clientes alemanes leen la carta y tienen algunas preguntas. ¿Qué significan estas expresiones? Lea las siguientes frases, escuche y relacione.

1. a la romana
2. a la plancha
3. rebozadas

a. freír un alimento sobre una plancha muy caliente, con poco aceite
b. freír un alimento rebozado en huevo y harina en aceite caliente

c) ¿Cómo preguntan los clientes alemanes por platos o alimentos que no conocen? Lea las siguientes frases, vuelva a escuchar y marque.

◆ ¿Qué es?   ◆ ¿Cómo se dice?   ◆ ¿Cómo se prepara?

3

1.15

a) Los comensales conversan sobre la comida. ¿Cómo preguntan por el gusto de los diferentes platos? Escuche.

b) Vuelva a escuchar y relacione los elementos de las tres columnas.

las croquetas	está	muy sabrosa , riquísima
el pescado	es	un poco duro, pero está bueno
la dorada	son	un poco saladas, pero muy ricas
las gambas	están	buenísimas, deliciosas

La comida es un momento de placer y de relax durante el cual en España no se suele hablar de negocios o de trabajo con los socios o clientes. El tema de conversación más usual es la comida misma, los vinos que se están tomando y otras «aventuras culinarias» de los comensales. También se charla sobre temas personales, se cuentan anécdotas… O sea, se trata de conocerse mejor y de establecer un contacto personal como base para el trabajo conjunto. Servido el café, ya se puede pasar a hablar de proyectos laborales y de dinero.

4

Un juego de rol. Unos ejecutivos de la empresa *Ex und Hop* situada en Alemania invitan a unos clientes españoles a una comida de trabajo típicamente alemana. Sigan las instrucciones.

– En grupos. Elaboren una carta de un restaurante típico de su región. ¿Saben explicar en español cómo se preparan los diferentes platos?
– Intercámbienla con la de otro grupo.
– Durante la comida, los *españoles* preguntan por platos y alimentos que no conocen, los *alemanes* responden y recomiendan comidas típicas de su región.
– ¿Qué tal la comida? ¿Les gusta?
– En el pleno. ¿Qué tal el restaurante? ¿Lo recomiendan o no? ¿Por qué?

Frases útiles en el restaurante
2 c) **Preguntar por platos desconocidos o la forma de prepararlos**
¿Qué es lubina / a la plancha / a la romana (…)? ¿Cómo se prepara?

3 **Preguntar por el gusto de la comida**
¿Qué tal la sopa / el pescado?
¿Te / Le gusta/n la dorada / las croquetas?

Valorar la comida mientras se come
La sopa está fría. El pescado está sabrosísimo.
Los calamares están un poco salados / duros / crudos.

38 Al / En el día siguiente encontré el móvil debajo del periódico.	**37** Julia dijo que su novio estuvo / estaba muy triste cuando recibió la carta.	**36** Vendedora: «Las pilas no cuestan nada. Se los / las regalo.»	**35** Yo en tu lugar no compraré / compraría este coche. Es muy viejo.
31 Aquel día Irene ha / había salido muy temprano de casa.	**32** 	**33** Cuando Carmen volvió del trabajo, Pepe ya se fue / se había ido.	**34** Espero que esto no me pasa / pase otra vez. Es un aparato tan caro.
28 El porrón fue inventado por / para un español y sirve para beber vino.	**27**	**26** Esta película trata a / de un grupo de hombres que están en paro.	**25** Espero que usted y su familia se encuentran / se encuentren bien de salud.
LLEGADA	**21** 	**22** Mis hijos van más a menudo al cine como / que yo.	**23** Ayer compré esta radio y resulta que es / está estropeada.
30 Luis dijo que Ana estuvo / estaba muy nerviosa antes del examen.	**29**	**20** Me parece raro que Rosa no nos llama / llame por teléfono.	**24** Me gustan las comedias. Voy al cine por / para reírme.

15 — En España ir al cine no / cuesta tanto _que_ / _como_ en Alemania.

14 — Cuando el señor Gómez / llegó a su casa, vio que / su mujer no _ha_ / _había_ / hecho las maletas.

5 — Me sorprende mucho / que Carlos no _está_ / _esté_ en casa.

4 — Siempre me alegro / mucho saber de ti. / ¡Ojalá nos _vemos_ / _veamos_ pronto!

16 — Éste es el _más bueno_ / _mejor_ libro que he leído / últimamente.

13 — Vendedor: «¿Quiere / que _le_ / _se_ lo envuelva / todo?»

6

3

17 — Mónica, ¿qué te _guste_ / _gustaría_ hacer el / sábado por la noche?

12 — Chicos, _hacen_ / _haced_ / una lista de 20 / palabras sobre / el tema «viajar».

7 — Juan y Pablo son unos / buenos amigos _mis_ / _míos_.

2 — Ah, sí, ¡qué gracioso! / ¿Y entonces, / cuéntame, qué / _pasaba_ / _pasó_?

18 — Querida madrina: / Muchas gracias _por_ / _para_ su linda carta.

11 — Pues prefiero que me / _lo_ / _la_ cambie por / otro jersey.

8 — _Aunque_ / _Cuando_ mi / gato no sabe hablar, lo / entiendo muy bien / y él me entiende a mí.

1 — María estaba en el bar. / De pronto _sonó_ / _sonaba_ su móvil.

SALIDA

19 — Te escribo _por_ / _para_ / felicitarte. Sé que / vas a cumplir años / el 21 de noviembre.

10

9

¿Cómo jugar? En grupos de máx. 4, con un dado y fichas de colores, una por participante. Por turnos, en el sentido de las agujas del reloj, tire el dado, avance tantas casillas como corresponda y elija una de las palabras subrayadas para formar una frase correcta. Si su frase no es correcta, retroceda a la casilla de donde partió. Las escaleras le ayudan a avanzar casillas. Si cae en un pozo, tiene que retroceder.

5

¡Cuídate!

1

a) Observe la foto de este artículo. ¿Qué se celebra? ¿Qué relación hay entre las personas, dónde están?

b) Lea ahora el artículo. ¿Ha acertado?

Una mujer centenaria

Agripina Blanco fue homenajeada en su pueblo, Roales de Campos, por cumplir cien años

Texto y fotografía de Pablo Crespo

Roales de Campos, en la provincia de Valladolid, ha homenajeado a Agripina Fernández , que se convirtió ayer en la primera persona centenaria de la localidad.

En presencia de sus familiares, convecinos y corporación municipal, el alcalde, José María Moreno Fermoso, le entregó una placa conmemorativa. «Me han hecho mucha ilusión todos los regalos que he recibido, pero especialmente esta placa, que colocaré en el lugar más visible de mi casa», dijo la homenajeada. Agripina nació en Roales de Campos el 14 de agosto de 1902, a los veinte años se casó con Teodosio, muerto hace 27 años. Se ha dedicado siempre a las tareas del hogar. Del matrimonio nacieron cinco hijos y una hija, de los que sobreviven cinco, que le han

dado 16 nietos y éstos 14 biznietos. Hasta el pasado mes de enero, en que sufrió la amputación de su pierna izquierda, esta centenaria se valía por sí misma, pero a partir de entonces, utiliza una silla de ruedas y precisa la atención y compañía que le prestan tres de sus hijos. Una particularidad en su forma de vida es que

desde hace más de veinte años no prueba la carne, se ha convertido en vegetariana. «Me alimento principalmente con ensaladas, verdura, algo de queso y frutas».

Afición por la medicina

Agripina tuvo siempre afición por la medicina, y es experta en curar heridas mediante compresas de agua fría y barro. «En una ocasión ayudé a mi nieta Eva, que estudia medicina, en una asignatura, mandándole por carta diferentes tratamientos basados en el uso de plantas medicinales, indicándole para qué servía cada planta. Le gustó tanto al profesor que premió a mi nieta con una nota extraordinaria».

El Norte de Castilla,
18/08/2002

2

a) ¿Qué posibles motivos para la longevidad de doña Agripina menciona el texto? Marque. Escriba después todas las informaciones que ofrece el artículo sobre

- los hijos de Agripina
- su pueblo
- sus nietos
- su alimentación
- su marido
- sus aficiones

▶ Ü 1–2   **b)** Compare y complete sus notas con uno o varios compañeros.

a) Lea estos consejos para llegar a viejo y ser feliz. ¿Está de acuerdo con ellos?

CALENDARIO 2004 DE LA SALUD

22
agosto

Si quieres llegar a viejo y ser feliz ...

▌ no pienses en tu pasado, cuéntalo.
▌ no vivas en el futuro, disfruta el presente.
▌ no sueñes con el amor, vívelo.
▌ no comas demasiado, disfruta comiendo poco.
▌ no te quedes sentado, muévete.
▌ no creas que has terminado de aprender, sigue.

Imperativo	tú	usted
positivo	mira	mire
	bebe	beba
	vive	viva
negativo	no mires	no mire
	no bebas	no beba
	no vivas	no viva

b) Para dar consejos, muchas veces se usa el imperativo negativo y positivo. Observe usted el siguiente cuadro. ¿Qué tienen en común las partes sombreadas?

4

a) En grupos. Escriban tres o cuatro recomendaciones más para llegar a viejo y ser feliz.

Si quieres llegar a viejo y ser feliz...

b) Escojan juntos las cinco recomendaciones más útiles y originales de la clase.

▶ **Ü 3–4**

4 b) Expresar condiciones	Dar consejos
Si quieres vivir muchos años,	**lleva** una vida sana, **duerme** suficiente, **no bebas** mucho alcohol.

1.16

5

a) Escuche esta noticia de la radio sobre la esperanza de vida en diferentes países del mundo. ¿Cuáles son los factores más importantes para una mayor esperanza de vida? Numérelos del 1 al 6 según el orden en que los nombra el locutor de radio.

☐ la alimentación

☐ la asistencia médica

☐ el control del estrés

☐ la herencia genética

☐ el optimismo

☐ el movimiento

b) Vuelva a escuchar y rellene el cuadro de la derecha con las informaciones que ofrece la noticia.

c) En grupos. ¿Hay algo que les sorprenda? ¿Cuáles creen ustedes que son las causas de las diferencias?

País	La esperanza de vida al nacer (años)
Alemania	70,2
Austria	71
Bolivia	51,4
Cuba	65,9
Chile	65,5
España	
EE. UU.	67,6
Japón	
Sierra Leona	
Suiza	72,1

Datos: Organización Mundial de la Salud (2001), Sociedad Española de Medicina Antienvejecimiento y Longevidad (SEMAL) (2003)

6

Lea este texto informativo sobre la esperanza de vida en Latinoamérica y mire la foto que lo acompaña. ¿A qué aspecto del texto se refiere esta imagen?

La esperanza de vida de los países latinoamericanos varía hasta 10 años de unos a otros según el nivel de su sistema sanitario, económico, aspectos geográficos (altura, sequía, zonas desiertas) y sociales (política, costumbres, creencias) etc. Así, Cuba, famosa en toda Hispanoamérica por su sistema de salud y por sus médicos, así como por su estilo de vida relajado, tiene la esperanza de vida más alta de Latinoamérica (66,6 años), por encima de países más avanzados como Chile (66,1), Uruguay (64,7) o Argentina (63,1). Largas guerras, catástrofes climáticas y sistemas políticos injustos han influido en la baja esperanza de vida de Centroamérica: Nicaragua (57,8), El Salvador (57,4), Honduras (55,9). Los países andinos, cuya población tiene que soportar un clima y una altura extremos, tienen la esperanza de vida más baja: Perú (57,3) y Bolivia (51,4).

Fuente: The World Health Report 2002

Miguel Aliaga Orellana, 45 años, Bolivia

a) Esta ilustración se refiere a un poema llamado «Desafío* a la vejez» que va a leer. ¿Qué palabras del cuadro de abajo puede usted identificar en la ilustración? De ser necesario, consulte el diccionario.

* desafío: *Herausforderung*

| arrugas | rodillas enmohecidas* | | lágrimas | ojeras | |
| | cabellera | espejo | | anchos horizontes | corazón rebelde |

* enmohecidas: (fig.) *eingerostet*

b) Lea ahora el poema. ¿Es un poema optimista o pesimista?
¿Habla la autora de su presente o de su futuro? ¿Qué se lo indica?

Desafío a la vejez

Cuando yo llegue a vieja
– si es que llego –
y me mire al espejo
y me cuente las arrugas
como una delicada orografía[1]
de distendida[2] piel.
Cuando pueda contar las marcas
que han dejado las lágrimas
y las preocupaciones,
y ya mi cuerpo responda despacio
a mis deseos,
cuando vea mi vida envuelta[3]
en venas azules,

en profundas ojeras,
y suelte[4] blanca mi cabellera
para dormirme temprano
– como corresponde –
cuando vengan mis nietos
a sentarse sobre mis rodillas
enmohecidas por el paso de muchos inviernos,
sé que todavía mi corazón
estará – rebelde – tictaqueando
y las dudas y los anchos horizontes
también saludarán
mis mañanas.

Gioconda Belli, Nicaragua

[1] *Gebirgslandschaft,* [2] *erschlafft,* [3] *eingehüllt,* [4] *soltar: öffnen, loslassen*

¿Qué hará usted cuando sea viejo o vieja? Escriba un poema paralelo al anterior.
Expongan después sus poemas y disfrútenlos.

▶ Ü 5–7

¿Quiere saber más de la escritora nicaragüense Gioconda Belli? Entre aquí.

8 Hablar del futuro
Cuando sea vieja, **tendré** más tiempo para mí.

5

9 En grupos. ¿En qué situaciones se pone nerviosa la gente? Intercambien opiniones y expongan después sus resultados a los demás. ¿En cuántas cosas y situaciones diferentes han pensado entre todos?

▶ **Ü 8** – Mucha gente se pone nerviosa cuando / en…

10 **a)** Lea estas cartas. ¿Qué tienen en común?

Buzón

....

La veo todos los días, nos sentamos a mesas vecinas para desayunar, comer y cenar. Cuando la saludo me pongo rojo, mi corazón galopa como loco, pienso en ella día y noche, pero no me atrevo a hablar con ella porque, a mis 85 años, tengo miedo de que las monjas y los demás viejos sepan que estoy enamorado de esa señora. Me gustaría saber su opinión.

David Gallardo (León)

....

Mi jefe me ha pedido que lo informe de lo que hace mi compañera durante su trabajo porque sospecha que dedica parte de su tiempo a chatear por Internet, pero yo no quiero hacerlo, me parece una falta de compañerismo. Me siento presionada por él, y me pongo nerviosa porque no me atrevo a decirle la verdad ni a él ni a mi compañera. Mi jefe se ha convertido en una obsesión y no me puedo concentrar en nada. ¿Cómo puedo salir de este aprieto?

Noelia Santos Ferrán (La Coruña)

....

Tengo un amigo al que aprecio mucho, nos conocemos desde hace mucho tiempo y en los últimos años, desde que ambos nos separamos de nuestras mujeres, salimos más juntos y nos visitamos muy a menudo. En los últimos meses me han desaparecido bastantes cosas, de mi bolsillo y de casa, también dinero. Al principio pensé que las había perdido, pero ahora he empezado a sospechar que es él quien me roba e incluso lo he visto abrir cajones mientras yo iba al servicio o a la cocina. No sé qué hacer, me duele mucho acusarlo de robo, pero tampoco puedo seguir así. ¿Podría darme un consejo?

José Marín (Salamanca)

b) Escriba un título para cada una de las cartas en los espacios vacíos.

c) ¿Con qué frases piden estas personas un consejo o ayuda por escrito? Subráyelas.

9 **Hablar de cambios de estado rápidos y pasajeros**
Mucha gente **se pone** nerviosa cuando / en…
Me pongo nervioso/-a, rojo/-a, enfermo/-a, furioso/-a, cuando…

a) ¿A cuáles de las cartas anteriores se refieren los siguientes consejos? Lea y escriba el nombre del destinatario en el espacio correspondiente.

Querid.a...... Noelia ....:
La tuya es una situación realmente difícil pero, desgraciadamente, muy común.
Deberías hablar con tu jefe de forma clara y *Du musst sprechen* pararle los pies. Si no te enfrentas a él, todo seguirá igual. Si eso no da resultado, te aconsejo que consultes a un abogado laboralista y *Suche die Unterstützung* busques el apoyo de amigos y familiares e incluso te recomendaría hablar con un psicólogo. El riesgo de perder el puesto de trabajo es grande, pero el riesgo de perderse el respeto a sí mismo es también muy grave y *Angst Beklemmung* puede producir ansiedad, miedo e incluso depresión. ¡Cuídate!

Estimado.... Jose Marin ....: *sich versichern*
Deberías tomarte algún tiempo para asegu- *Verdacht* rarte de que tus sospechas son fundadas.
Si se confirma que tu amigo te ha robado realmente, habla abiertamente con él y no ocultes tu dolor por lo ocurrido. No olvides que, a veces, una amistad debe superar malos momentos. Si ha robado es porque tiene motivos muy poderosos o porque sufre de cleptomanía, una enfermedad que se puede tratar. No lo dejes solo, te necesita.

b) En parejas. ¿Están ustedes de acuerdo con los consejos de la psicóloga?

c) Subraye las frases que a usted le parecen importantes para dar consejos.

▶ Ü 9–11

12

En parejas. Escriban una carta aconsejando a David Gallardo. Intercambien su carta con otra pareja. ¿Están de acuerdo con lo que dicen sus compañeros?

a) Usted está preocupado/-a por algo. Escriba de forma anónima un texto corto en una hoja expresando su preocupación y pidiendo consejo.

b) Intercambien sus textos entre todos. Cada uno escribe dos o tres frases anónimas dando consejo.

c) Vuelvan a intercambiar las frases, léanlas en voz alta. ¿Qué les parecen los consejos que han recibido? ¿Hay preocupaciones o consejos parecidos?

▶ Ü 12

---

12 Dar consejos
Du sollst
Deberías hablar con tu jefe.
Ich würde dir empfehlen
Te **recomendaría** hablar con un psicólogo.
Ich rate dir
Te aconsejo que **consultes** a un abogado.

13 Expresar preocupaciones
Tengo miedo de que **sepan**…
Marco **tiene miedo** de **ir** en avión.

5

14

1.17

a) Begoña llama por teléfono a Juan. ¿Por qué? ¿Qué le pasa? Escuche.

◆ Está preocupada por el futuro.   ◆ Tiene problemas en el trabajo.   ◆ Se ha enamorado.

b) Responda a las siguientes preguntas y marque las frases correspondientes del diálogo con A, B, C.

A ¿Cómo expresa Begoña que tiene un problema o una preocupación?
B ¿Cómo la tranquiliza Juan?
C ¿Cómo expresa Juan sus consejos?

● Estoy bien, pero hecha un lío. ☐

● ¿Pues qué pasa?

● Es por lo de ese trabajo en Barcelona, ¿te acuerdas?

● ¡Claro! (…) ¡Pero qué maravilla!

● Ya, por un lado sí, pero por otro no sé qué hacer. Si me voy a Barcelona, seguramente Luis y yo nos podremos ver sólo los fines de semana, perderemos el contacto, nos olvidaremos… ☐

● Bueno, pero podéis probar, por ejemplo, seis meses, ¿no crees?

● No sé, tengo miedo de que nos perdamos de vista, ¿sabes? ☐

● Ya, claro. Pero mira, yo creo que vuestra relación puede ganar, a veces está muy bien vivir un tiempo de forma diferente, conocer nuevas personas… ☐

● Ya, eso, él conocerá a una chica, le dirá que se siente muy solo, se harán amigos…

● Y no pasará nada más, porque Luis te quiere, yo lo sé. ☐

● Sí. ¡Qué tontería!,¿no?

● No, no es ninguna tontería, es normal. Yo lo comprendo, de verdad. ☐ Pero si lo piensas bien, te darás cuenta de que eso sólo pasa si uno quiere, y da igual si tú estás aquí o en Barcelona. Mira, ¿por qué no hablas de esto con Luis? Cuéntale todo y no te preocupes, ya verás cómo todo saldrá bien. ☐

▶ **Ü 13**

15

1.18

a) ¿Cómo enumera Begoña sus preocupaciones sobre el futuro? Escuche y siga la entonación de su voz dibujando flechas donde correspondan.

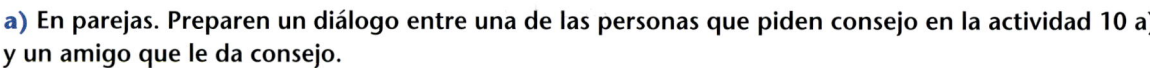

«(…) nos podremos ver sólo los fines de semana, perderemos el contacto, nos olvidaremos…»

«Ya, eso, él conocerá a una chica, le dirá que se siente muy solo, se harán amigos…»

b) En parejas. Lean este extracto del diálogo, poniendo atención a la entonación.

16

a) En parejas. Preparen un diálogo entre una de las personas que piden consejo en la actividad 10 a) y un amigo que le da consejo.

b) Interprétenlo en grupos. ¿Saben los demás a qué carta de la actividad se refiere?

14 b) Expresar probabilidad o hipótesis sobre el futuro	Tranquilizar
Si me voy a Barcelona, seguramente **nos olvidaremos**.	**No te preocupes, ya verás cómo…**

Recuerde

Ratschläge erteilen
- Habla con él, cuéntale todo.
- Si quieres llevar una vida sana, haz deporte, no comas mucha carne y no duermas demasiado.
- Oye chico, no fumes tanto.

- No deberías beber tanto.
- Le recomendaría ir al médico.

- Te aconsejo que consultes a un abogado.

Bedingungen ausdrücken
- Si quieres vivir muchos años, lleva una vida sana, no comas ni bebas demasiado.

Über die Zukunft sprechen

- Cuando sea mayor, viajaré por el mundo entero.
- Cuando venga Manuel, hablaré con él sobre este asunto.

- Seguramente nos olvidaremos.
- Ya verás cómo todo saldrá bien.

Über vorübergehende Zustandsänderungen sprechen
- Yo me pongo nervioso cuando tengo un examen.

Gefühle, Sorge ausdrücken
- Tengo miedo de que no venga hoy.
- ¿Tienes miedo de ir en avión?

Verneinter Imperativ ▶ G 1.5.2

	mirar	comer	vivir
(tú)	no mires	no comas	no vivas
(él, ella, ud.)	no mire	no coma	no viva
(nosotros)	no miremos	no comamos	no vivamos
(vosotros)	no miréis	no comáis	no viváis
(ellos, ellas, uds.)	no miren	no coman	no vivan

! Die Formen des verneinten Imperativs sind identisch mit den Formen des *Subjuntivo*.

Der Gebrauch des Subjuntivo nach Verben, die einen Rat oder eine Empfehlung ausdrücken ▶ G 1.6.4
aconsejar que + *Subjuntivo*

si + Indikativ ▶ G 6.5

si- Satz	Hauptsatz
Indikativ Präsens	Imperativ

Der Gebrauch des subjuntivo nach der Konjunktion *cuando* ▶ G 1.6.3
cuando + *Subjuntivo*

! Wenn sich **cuando**, *wenn* im Sinne von *sobald*, auf die Zukunft bezieht, folgt ein *Subjuntivo* im Nebensatz, im Hauptsatz steht Futur.

Verwendung des Futur ▶ G 1.4
- Wahrscheinlichkeit ausdrücken
- Jemanden beruhigen

tener miedo ▶ G 1.6.1
tener miedo de que + *Subjuntivo*
tener miedo de + *Infinitiv*

Wichtige Verben ▶ G 9
dormir > **duerme** (tú), **duerma** (Ud.) (*Imperativ*)

saber > **sepa, sepas, sepa**… (*Subjuntivo*)

hacer > **haré, harás, hará** … (*Futuro simple*)
decir > **diré, dirás, dirá** …
salir > **saldré, saldrás, saldrá** …

6

Sabor, aroma y comercio justo

1

a) ¿Qué asocian ustedes con la palabra *chocolate*? ¿Saben cuál es su origen?
Hagan una lluvia de ideas en el pleno.

b) Ahora va a leer un artículo sobre el cacao. Lea primero estas frases, después el texto y escriba
después a qué siglo, época o año se refieren estas informaciones.

Siglo / época / año

1. Los mayas tomaban chocolate en casi todas las comidas: con agua,
   maíz, miel e incluso chile. ....

2. Cuando Hernán Cortés y sus tropas llegaron al México de hoy, el emperador
   Moctezuma los recibió como a dioses y les dio «tchocolatl» para beber. ....

3. Las semillas del cacao tenían más valor que el oro y se utilizaban
   como moneda. ....

4. Cuando Hernán Cortés volvió a España, el consumo de chocolate
   empezó a extenderse por toda Europa. ....

5. A inicios de este siglo se empezó a fabricar el chocolate en forma
   de tabletas, tal y como lo conocemos hoy en día. ....

El alimento de los dioses

1 Científicos estadounidenses han descubierto residuos de cacao en vasijas que datan del siglo VI antes de Cristo en un yacimiento maya al norte de Belice, en América Central.
5 Las vasijas se encontraban en las tumbas de personas importantes y se utilizaban para pasar el chocolate de una vasija a otra para producir espuma, su forma preferida de tomarlo. Se consumía en casi todas las comidas
10 en combinación con agua, maíz, miel e incluso chile. También para los aztecas, que lo consideraban un regalo de los dioses, eran muy importantes las semillas del cacao: con ellas preparaban una bebida amarga y concentrada,
15 el «tchocolatl», reservada al emperador, a los nobles y a los guerreros. Cuando Hernán Cortés y sus tropas, en el año 1519, desembarcaron en el país del emperador Moctezuma, el pueblo azteca los recibió como a dioses y les
20 dio «tchocolatl» para beber. En aquella época las semillas del cacao tenían más valor que el oro y se utilizaban como elemento de trueque, es decir, como moneda. Los soldados y las religiosas instalados en México mejoraron la rece-
25 ta con azúcar, vainilla, canela y anís. Hernán Cortés se dio cuenta de que esta bebida nutritiva permitía a sus soldados estar todo el día de marcha sin ningún alimento más y favoreció y extendió su cultivo. En 1528, volvió a España
30 con cacao, recetas y los utensilios necesarios para su preparación. Esta bebida fascinó a los europeos,
35 que la utilizaron como medicamento, reconstituyente y hasta como elixir de
40 amor con efectos afrodisíacos. Su consumo se extendió por to-
45 da Europa, en las principales ciudades se abrieron salones en los que
50 beber chocolate era un signo de distinción y elegancia. A finales del siglo XVIII las damas francesas inventaron los «bon bon», trocitos de chocola-
55 te para degustar a cualquier hora. Fue solamente a partir de inicios del siglo XIX cuando se empezó a fabricar el chocolate en forma de tabletas, tal y como lo conocemos hoy en día.

Fuentes: Revista Quo, Sept. 2002. Instituto del Cacao y del Chocolate, Barcelona

Códice o texto jeroglífico precolombino, ilustrado por un sacerdote maya

6

2

¿Qué significan estas palabras que salen en el artículo sobre el cacao? Relacione.

1. semilla
2. cultivo
3. tumba
4. trocitos
5. trueque
6. nutritivo

a) pequeñas partes o raciones de algo
b) lugar donde está enterrada una persona
c) intercambio de mercancías, comercio
d) parte del fruto que se convierte en una nueva planta
e) que alimenta mucho, con muchas calorías, minerales, etc.
f) acción de trabajar la tierra para que produzca plantas y frutos

3

a) De las informaciones que ofrece el artículo sobre el cacao, ¿cuáles sabía ya, cuáles no sabía todavía? Tome notas en su cuaderno.

b) En grupos de tres, intercambien sus resultados.

● Yo sabía que Moctezuma recibió a los españoles como a dioses.
● Sí, yo también, pero no sabía que fue Hernán Cortés el que llevó el cacao a Europa.
◆ Yo tampoco sabía eso, pero sí sabía que en aquella época usaban el cacao…

▶ Ü 1–2

4

En grupos, respondan a las siguientes preguntas e informen después a los demás.

– ¿Qué significado tiene el chocolate en su país? ¿Podrían vivir sin él?
– ¿Cómo se suele tomar en su país? ¿Y ustedes, cómo lo toman?
– ¿En qué ocasiones toman ustedes cacao y chocolate?

▶ Ü 3

5

Mire la imagen. ¿Qué significa para usted beber café?

▶ Ü 4

6

a) En esta entrevista, unos profesores de español hablan sobre lo que asocian con el café. ¿Cuántos países se mencionan? Escuche.

b) ¿Qué significa para ellos el café? Vuelva a escuchar y tome notas.

c) En el pleno. ¿Qué diferencias y qué semejanzas hay entre lo que asocian los hispanohablantes y ustedes con la palabra *café*?

1.19

3 b) Expresar (des)conocimiento
(No) sabía que Moctezuma **recibió** a los españoles como a dioses / que **usaban** el cacao…

6

a) Observe la foto. ¿Qué le sugiere? ¿Dónde están y qué hacen estas personas? ¿Cómo se imagina usted la vida de estos campesinos?

b) ¿Qué sabe usted sobre el café y la coca? Lea las siguientes frases, elija la palabra que le parezca adecuada. Compare después con su compañero/-a.

1. El precio del café ha *bajado / subido* mucho en los últimos años.
2. En el mercado hay *demasiado / demasiado poco* café.
3. Los agricultores del café se han *enriquecido / empobrecido* mucho a causa de los precios.
4. El precio del café y el cultivo de la coca *están / no están* relacionados.

c) Lea el siguiente texto y compruebe. ¿Qué nuevas informaciones le ofrece?

La coca amenaza los cafetales de Colombia

1 Pequeñas plantaciones de coca, la materia prima para la elaboración de la cocaína, crecen entre los brillantes cafetales verdes, en las afueras del
5 pueblo montañoso de Samaná, en la zona cafetalera de Colombia. Totalmente empobrecidos por los bajos precios internacionales, algunos cafi-
10 cultores del segundo mayor productor del mundo de café cultivan hoja de coca para sobrevivir. «Mi familia siempre ha vivido del café. El café
15 daba buena plata para comprar comida y mandar a los niños al colegio», dice el caficultor Gustavo Menchaca.
20 «Con los precios tan bajos, la gente está abandonando el café y sembrando coca para vivir». Y como consecuencia del cultivo de la coca, llegó la
25 violencia a una región conocida como un oasis de paz: rebeldes izquierdistas y paramilitares de derecha llegaron a Samaná y aterrorizaron a los
30 habitantes con su lucha por el control del tráfico de cocaína. Al igual que los caficultores de Samaná, millones de familias en América Latina, África
35 y Asia se convirtieron en víctimas de un nuevo mercado globalizado del café. A causa de un acuerdo comercial entre productores y compradores
40 en 1989 y la aparición de nuevos productores como Vietnam, los mercados se llenaron de café. Desde entonces, los precios han caído
45 más de un 50% en cuatro años y el café ha llegado al valor que tenía hace 50 años. Gracias a ello, para el consumidor, el café ya no es un
50 artículo de lujo. Además, el consumo en Europa y en Estados Unidos ha aumentado enormemente, por lo que los tostadores y grandes marcas
55 de café han obtenido grandes beneficios. Pero según un estudio de la ONG Oxfam Internacional, de los beneficios que obtienen estas em-
60 presas sólo un 7% llega a manos de los agricultores, que ya no pueden sobrevivir con su trabajo y por lo tanto tienen que buscar otras formas
65 de ganar dinero. Frente a esta situación, Oxfam Internacional junto con otras ONGs han puesto en marcha una campaña internacional
70 para que las grandes empresas que dominan por completo esta industria de 70.000 millones de dólares anuales paguen un precio justo a los
75 agricultores, destruyan los excedentes para subir los precios y se comprometan a ayudar a los campesinos. La próxima vez que bebamos
80 una taza de café ya sabremos lo que hay detrás.

Boletín de Información Solidaria, 09/02/2003

58 cincuenta y ocho

a) Rellene usted este esquema que resume y estructura las informaciones que ofrece el texto argumentativo de la página anterior y comparen sus resultados en el pleno.

Causas del problema

1. Acuerdo comercial de 1989 entre .... y ....
2. Aparición de nuevos .... como Vietnam.

Problema

Bajos .... internacionales del café.

Consecuencias

En Colombia:
1. Los caficultores siembran .... para sobrevivir.
2. Llega la .... a la región: Los rebeldes izquierdistas y paramilitares luchan por el control del tráfico de la cocaína.

En Europa y EE. UU.:
1. El café ya no es un artículo de ....
2. El consumo ha .... enormemente, y los tostadores y las grandes marcas de café han obtenidos grandes ....

Solución

Oxfam Internacional y unas ONGs han puesto en marcha una campaña internacional de presión para que las grandes empresas...
– .... a los agricultores,
– .... para subir los precios,
– .... a ayudar a los campesinos.

---

b) Subraye en el texto las siguientes expresiones. ¿Qué significan en su lengua?

como consecuencia de   por lo tanto   a causa de   por lo que   gracias a

c) Escriba tres frases relacionadas con el café y la coca, utilizando tres de estas expresiones.   ▶ Ü 5

9

¿Están de acuerdo con las soluciones que propone el artículo? ¿Hay otras soluciones?

● Pues yo creo que es importante / necesario que suban los precios del café...
● Sí, tienes razón, y también es fundamental que...   ▶ Ü 6–7

---

8 a) Expresar finalidad
... **para que** las empresas **paguen** un precio justo.
8 c) Expresar causas
A causa de / Gracias a...
Expresar consecuencias
Como / A consecuencia de / por lo tanto / por lo que...

9 Expresar necesidad
Es importante / necesario / fundamental que suban los precios...

10

a) ¿Qué tipo de productos promociona esta publicidad?
¿Cómo se describe la calidad de los productos?

b) Un amigo suyo que no sabe español quiere saber cuáles son, según este anuncio, los principios del *comercio justo*. Lea y piense cómo se los puede explicar. Compare después lo que ha entendido con su compañero/-a.

¿TE HAN HABLADO DE COMERCIO JUSTO?

PRINCIPIOS DE COMERCIO JUSTO

- Productos naturales de calidad.
- Respetuosos con el medio ambiente en su producción.
- Iguales condiciones de trabajo entre hombres y mujeres.
- Salarios dignos para los productores.
- Beneficios reinvertidos en las cooperativas productoras.

QUINCENA DE COMERCIO JUSTO

Fundación Grupo Eroski ha organizado, **del 11 al 23 de marzo**, la "Quincena de Comercio Justo". Acércate a nuestro stand en tu hipermercado Eroski y **PARTICIPA**. Tenemos para ti postales, tazos, ginkanas, juegos…

En Eroski puedes encontrar estos productos, chocolates, galletas, cremas de cacao, café… de la línea EQUITA.

FUNDACIÓN GRUPO EROSKI
PARA EL CONSUMIDOR

www.fundaciongrupoeroski.es

▶ Ü 8

© *Fundación Grupo Eroski*

11

Los anuncios publicitarios tratan de convencer al consumidor de comprar algo.
¿Les parece convincente este anuncio? ¿Por qué?

- ● A mí este anuncio me convence porque…
- ● Pues yo no creo que convenza porque…
▶ Ü 9 ◆ Yo dudo que el mensaje llegue a la gente porque…

Observe y lea esta etiqueta. Compárela con el anuncio de la página anterior.
¿Cumple Zaculeu con las premisas del comercio justo? ¿Qué aspectos se mencionan?

Disfrute de Zaculeu Maya Coffee de Huehuetenango, porque Huehuetenango es el lugar der Guatemala en donde se cultiva el mejor café del mundo. Este café es cultivado por manos laboriosas de pequeños y medianos productores entre hombres y mujeres que conforman la asociación «El Esfuerzo» de San Pedro Necta, dedicados al cultivo del mejor café de Huehuetenango, café cultivado bajo principios ecológicos que permiten la conservación de nuestros suelos y el cuidado del Medio Ambiente.

Este café ha sido clasificado dentro de los mejores en la segunda competencia Internacional de cafés excepcionales de Guatemala y subasta por internet.

13

a) Marco Antonio, un gerente de Zaculeu, está en su *stand* en una feria de muestras de productos orgánicos. Piense en tres preguntas que le haría sobre su producto.

b) Escuche ahora una conversación entre Marco Antonio y un visitante de la feria.
¿Contesta Marco Antonio a las preguntas que usted ha formulado?

1.20

c) Marco Antonio trata de convencer al visitante de los beneficios de su producto.
Vuelva a escuchar y marque como él describe su café.

◆ Tiene un aroma delicado y mucho sabor, es redondo.

◆ No produce acidez de estómago. ◆ Es un café excepcional, extraordinario.

◆ Es bueno para la salud. ◆ Tiene un precio justo y competitivo.

◆ Es para un público determinado. ◆ No se puede comparar con otros.

¿Le gustaría saber más sobre proyectos de comercio justo? Entre aquí.

a) Observe esta foto. Unos estudiantes de español han elaborado un cartel para dar a conocer un producto a la clase. ¿Sabe usted de qué producto se trata?

b) En grupos de tres. Ahora, ustedes pueden presentar un producto o un servicio a la clase. Sigan estas instrucciones.

– Piensen en un producto o servicio que quieren promocionar: el nombre, el tamaño, el color, cómo es, de dónde es, cuánto cuesta, sus funciones, qué beneficios puede traer al comprador, etc.

– Elaboren un cartel publicitario presentando su producto. Decidan qué quieren hacer, qué necesitan y quién quiere hacer qué. Pueden escribir un texto, dibujar y/o buscar informaciones o material visual en revistas o en Internet.

– Piensen en qué preguntas les podrían hacer sus compañeros y preparen las respuestas.

– Una parte de los grupos presenta sus productos y trata de convencer a sus compañeros de que los compren. Cambien después de papel.

– Sus compañeros preguntan y toman notas sobre las características de los productos.

c) En el pleno, cada uno dice qué producto le ha convencido más y por qué.

▶ **Ü 10–11** ● A mí, el producto que más me ha convencido es… porque…

Recuerde

Kenntnis oder Unkenntnis formulieren
– (No) Sabía que los aztecas vivían en
  México y que recibieron a los españoles
  como a dioses.

**Zweck oder Bestimmung einer Handlung
angeben**
– Hay una campaña internacional para que las
  grandes empresas paguen un precio justo a los
  agricultores.

**Der Gebrauch des Subjuntivo nach der
Konjunktion *para que***   ▶ G 1.6.3
para que   + *Subjuntivo*

**Notwendigkeit oder Wichtigkeit
ausdrücken**
– Es importante que suban los precios del
  café.
– Es necesario que los campesinos puedan vivir
  del cultivo del café.
– Es fundamental que nosotros paguemos un
  precio justo por el café.

**Der Gebrauch des Subjuntivo nach
unpersönlichen Stellungnahmen**   ▶ G 1.6.5
es importante que
es necesario que   + *Subjuntivo*
es fundamental que

Ursachen und Konsequenzen angeben
– A causa de un acuerdo comercial los mercados
  se llenaron de café.
– Gracias al bajo precio, el café ya no es un
  artículo de lujo.
– A consecuencia del cultivo de la coca llegó la
  violencia.
– Los agricultores ya no pueden sobrevivir y por
  lo tanto buscan otras formas de ganar dinero.

Konnektoren, präpositionale Ausdrücke   ▶ G 5.2
a causa de   *wegen, aufgrund von*
gracias a   *dank, wegen*
como /
a consecuencia de   *als Folge von, folglich*

por lo tanto   *deshalb*   ▶ G 6.3
por lo que   *weshalb, weswegen*

Wichtige Verben   ▶ G 9
convencer > convenza (*Subjuntivo*)

3 En vivo

Mira que te mira

a) ¿Conoce usted a las Hijas del Sol? ¿Se acuerda de ellas?

1.21

b) ¿Qué tres mensajes transmite esta canción? Escuche la canción, lea la letra y marque.

◆ Hay que mirar hacia adelante, hacia el futuro.

◆ Piensa mucho en tu pasado.

◆ Si tú das, siempre recibirás algo a cambio, tus sueños se harán realidad.

◆ Confía en la vida, no tengas miedo.

LAS HIJAS DEL SOL

COLORES DEL AMOR

Mira que te mira, mira la vida,
mira el silencio que ronda tu corazón.
(bis)

Ya no lo pienses, no esperes más.
Mira el futuro, no mires atrás.
Deja las cosas, que no te dejan avanzar[1],
también las sombras que te llevan hacia atrás.
Pisándo[2] fuerte, dejando tus huellas[3]:
así se sabrá que pasaste por ellas.

Mira que te mira, mira la vida,
mira el silencio que ronda tu corazón.
(bis)

Ábrete al mundo sin remordimientos[4],
no, no te bloquees, busca soluciones. (bis)
¿Tu mano llega lejos, tu mano llega lejos?

Tu mente puede navegar
Si te quedas dormido, a la sombra estarás[5].

Mira que te mira, mira la vida,
mira el silencio que ronda tu corazón.
(bis)

Haz de tu vida todo lo mejor.
Sobre tu angustia[6], tu verdad.
(bis)

Pisa fuerte y vuela alto, amigo.
Árbol caído en leña[7] se convierte[8]. (bis)

Mira que te mira, mira la vida,
mira el silencio que ronda tu corazón.
(bis)

[1] *(fig.)fortschreiten;* [2] *pisar: (drauf)treten;* [3] *Spuren;* [4] *Gewissensbisse;* [5] *(fig.) geschützt;* [6] *Angst;* [7] *(Brenn)holz,*
[8] *convertirse: werden zu*

c) ¿Le ha gustado la canción? ¿Está usted de acuerdo con los mensajes que transmite? ¿Por qué?

Si usted quiere saber más de Las Hijas del Sol y de su música, entre aquí.

Sabores especiales

a) ¿Sabe usted qué es *mole*? ¿Qué ingredientes de esta receta mexicana puede usted identificar en la foto? De ser necesario, consulte un diccionario.

Mole poblano

Ingredientes:
– 10 chiles poblanos, secos
– 2 tazas de agua hirviendo
– 5 cucharadas de almendras molidas y tostadas
– 2 cebollas picadas
– 2 dientes de ajo, triturados
– 3 jitomates pelados y triturados
– $^1/_2$ taza de pasas
– 1 tortilla frita, cortada en trocitos
– 2 cucharadas de ajonjolí
– $^1/_2$ cucharadita de canela en polvo
– $^1/_2$ cucharadita de cilantro en polvo
– 2 tazas de caldo de pollo
– $^1/_4$ de tablilla de chocolate amargo
– sal

Procedimiento:
Se remojan los chiles en agua hirviendo durante 1 hora, se les quitan las semillas. Se muelen en una licuadora junto con las cebollas, los jitomates, las pasas, los clavos de olor, el ajo, el ajonjolí, la canela, el cilantro, la sal, la tortilla y unas cucharadas del caldo de pollo. De ser necesario, puede agregar unas cucharadas de agua. Se calienta la manteca en una sartén, se agrega la mezcla molida y se cuece 2 ó 3 minutos, revolviendo constantemente. Se agrega poco a poco el caldo de pollo, después el chocolate y se revuelve hasta que éste se derrita. Esta salsa se puede comer con tortillas, pavo o pollo.

b) ¿Qué palabras de la receta expresan ingredientes, medidas, utensilios? Agrúpelas por escrito en su cuaderno. ¿Cómo se explica el proceso en sí?

Para ver más recetas de la cocina mexicana, consulte estas páginas.

7

Es de lo más normal

1

a) Mire estas imágenes de los indígenas shuar que viven en una parte del territorio amazónico del Ecuador. ¿Qué informaciones de la vida y cultura de esta tribu transmiten?

b) ¿Cuáles de las siguientes descripciones corresponden a las fotos? Numere las imágenes.

1. Shuar con su cerbatana, cazando pájaros
2. Chamán curando a una joven paciente, acompañada por su madre
3. Mujer shuar cultivando yuca en su huerta
4. Baño ritual bajo una catarata
5. Vivienda tradicional de los shuar
▶ **Ü 1**   6. Hombres shuar preparando sus flechas antes de salir de caza

a) Lea usted estos extractos de una conferencia del Dr. Romero, un famoso etnólogo español, sobre el pueblo shuar. ¿A cuáles de estas tres partes de la conferencia corresponden? Escriba la letra correspondiente en cada texto.

a. apertura o saludo   **b.** cuerpo o tema de la conferencia   **c.** cierre o despedida

Buenas tardes, estimado público, señoras y señores. Antes que nada, me gustaría darles la bienvenida a todos ustedes. También quisiera decirles que para mí es un honor y un gran placer estar aquí… ☐

¿Tienen alguna pregunta o algún comentario? Bien, pues entonces, muchísimas gracias por haber venido y por su atención. Para mí ha sido un placer estar aquí con ustedes. Espero que la conferencia les haya gustado. Hasta la próxima. ¡Que les vaya bien! ☐

b) En parejas. Sigan estas instrucciones.

– Lean los textos en voz alta, haciendo pausas donde correspondan.
– Vuelvan a leerlos, variando la entonación: de forma monótona, con muchísimo énfasis, y finalmente, con la entonación más natural posible.
– También pueden variar su actitud. ¿Cómo lee una persona tranquila? ¿Y una que está nerviosa?

c) Escuche ahora la apertura de la conferencia y compare la entonación y las pausas del Dr. Romero con lo que habían practicado ustedes. ¿Está nervioso o más bien tranquilo el conferenciante?

2.1

▶ Ü 2–3

3

Lea primero las siguientes frases sobre los shuar. Después, escuche al Dr. Romero y marque si son verdaderas o falsas.

	V	F
1. El pueblo shuar es conocido como un pueblo guerrero.	◆	◆
2. Antes tenían la costumbre de reducir la cabeza de los monos que cazaban.	◆	◆
3. El nombre *jíbaro*, que significa *salvaje*, les parece racista a los shuar.	◆	◆
4. *Shuar* significa «gente», «persona».	◆	◆
5. Hoy en día, los shuar están en guerra con sus vecinos.	◆	◆

2.2

▶ Ü 4

2 Expresar sentimientos con respecto a una acción del pasado	*Perfecto de subjuntivo*	
Espero que / Me alegro de que la conferencia les **haya gustado**.	haya	
	hayas	gustado
	haya	tenido
	hayamos	venido
	hayáis	
	hayan	

7

4

a) Lea este extracto de las notas de la conferencia del Dr. Romero. ¿Qué tema trata?

La vivienda

Materiales → ~~........~~ , palmeras, paja

2 ambientes diferentes:
tankámash → espacio masculino: espacio ~~........~~

   → reunión, conversación
      dormitorio visitantes

eként eként → espacio femenino : espacio ~~........~~

   → cocina
      dormitorio mujeres / niños

Hoy en día → fuerte influencia de la ~~........~~ occidental

2.3

b) Escuche el extracto correspondiente de la conferencia y complete las partes ilegibles de las notas del conferenciante.

c) ¿Qué significan en su lengua estas expresiones que usa el Dr. Romero durante la conferencia? Relacione y vuelva a escuchar el extracto. Hay repeticiones.

1. es decir
2. en cuanto a
3. o sea (que)
4. y para terminar
▶ **Ü 5**   5. por ejemplo

a. was … betrifft
b. das heißt
c. abschließend
d. zum Beispiel

5

a) En parejas. Ustedes están de visita en una lejana cultura hispanohablante y quieren dar a conocer cómo se vive en su país. Preparen y estructuren una corta conferencia sobre los siguientes temas:

– Las diferencias de la vivienda entre el campo y la ciudad
– Los nombres de las diferentes partes de las viviendas
– Descripción del tamaño medio de las habitaciones
– Descripción de la función de las partes de las casas

b) Cada pareja decide quién quiere dar la conferencia en el pleno.

---

5   Estructurar una conferencia

Explicar algo con otras palabras
Es decir… / O sea (que)…

Indicar que se va a cerrar el tema
Y para terminar…
Un punto más y termino.
Sólo me falta decir que…

Referirse a algo concreto
En cuanto a…

Dar un ejemplo concreto
Por ejemplo…

6

a) Este dibujo ilustra «Un viejo que leía novelas de amor», obra del autor chileno Luis Sepúlveda. ¿Qué le sugiere?

b) El autor describe las experiencias de un «hombre blanco» que vivió algún tiempo entre los shuar y aprendió mucho de ellos. ¿Se puede imaginar qué?

7

a) Las siguientes palabras forman parte de una sinopsis de la novela de Sepúlveda. Intente aclarar su significado.

destruir	soledad	enfrentarse	amenazar	fiera	desterrado	abandonar

b) ¿Qué informaciones ofrece la sinopsis de la novela sobre los siguientes temas? Lea y resuma después por escrito.

El protagonista: ....
El lugar: ....
El pasado: ....
La situación actual: ....
La nueva tarea: ....

Esta novela, traducida a 14 lenguas, premiada internacionalmente y convertida en un best-seller, cuenta la historia de Antonio José Bolívar Proaño y su vida en una región amazónica del Ecuador. Ya viejo, mientras observa cómo los colonos destruyen la selva en busca de oro y maderas preciosas, lee novelas de amor para escaparse de su soledad. Recuerda su vida como miembro de los shuar, de quienes había aprendido a cazar, a conocer sus leyes y costumbres, a respetar la selva y a los animales. Había vivido con ellos hasta que un día fue desterrado por un error cometido por él y tuvo que abandonar la tribu. El viejo no volvió a su pueblo natal de la sierra, sino que decidió quedarse en El Idilio, un pueblo a orillas del Amazonas. Un buen día tiene que interrumpir su lectura y sus recuerdos: El Gobierno lo obliga a participar en una peligrosa expedición para enfrentarse a una fiera, una tigrilla que amenaza a los colonos de la región.

▶ Ü 6–7

Para más información sobre los shuar o si quiere ver fotos de la película que se basa en la novela de Sepúlveda, entre aquí.

8

Lea este extracto de la novela que describe una conversación que mantuvo Antonio, *el viejo*, con los shuar. ¿Cómo describiría usted la situación? ¿Es más bien peligrosa, tensa, agresiva o divertida?

Al caer la noche, si deseaba estar solo se tumbaba bajo una canoa, y si en cambio precisaba compañía buscaba a los shuar.

Éstos lo recibían complacidos. Compartían su comida, sus cigarros de hoja, y charlaban largas horas escupiendo[1] (…) en torno a la eterna fogata de tres palos.

– ¿Cómo somos? – le preguntaban.

– Simpáticos como una manada de micos[2], habladores como los papagayos borrachos y gritones[3] como los diablos.

Los shuar recibían las comparaciones con carcajadas[4] (…)

– Allá, de donde vienes, ¿cómo es?

– Frío. Las mañanas y las tardes son muy heladas. Hay que usar ponchos largos, de lana, y sombreros.

– Por eso apestan[5]. (…)

– No. (…) Lo que ocurre es que con el frío no podemos bañarnos como ustedes, cuando quieren.

– ¿Los monos de ustedes también llevan poncho?

– No hay monos en la sierra. Tampoco saínos[6]. No cazan las gentes de la sierra.

– ¿Y qué comen, entonces?

– Lo que se puede. Papas, maíz. A veces un puerco o una gallina, para las fiestas. O un cuy[7] en los días de mercado.

– ¿Y qué hacen, si no cazan?

– Trabajar. Desde que sale el sol hasta que se oculta.

– ¡Qué tontos!, ¡qué tontos! – sentenciaban los shuar.

[1]escupir: *spucken;* [2]*Affen;* [3]*laut;* [4]*Lachsalven;* [5]*stinken;* [6]*Wildschweine;* [7]*Meerschweinchen*

Luis Sepúlveda, Un viejo que leía novelas de amor, Tusquets Editores, Barcelona, 1989, pág. 45–46

9

¿Qué informaciones le ofrece el extracto de la novela sobre los shuar? ¿Cómo son? ¿A qué se dedican? ¿Qué comen?

10

a) ¿Quién o quiénes expresa/n estos sentimientos y valoraciones? Relacione.

1. Los shuar no pueden creer que en la sierra
2. Al viejo le gusta que los shuar
3. A los shuar les parece tonto que
4. A los shuar les gusta que el viejo

a. sean tan alegres y divertidos.
b. la gente no coma carne de mono.
c. los visite, fume y charle con ellos.
d. la gente de la sierra trabaje todo el día.

b) ¿Sabe cómo se expresan los sentimientos y las valoraciones? Vuelva a leer las frases.

---

10 **Expresar sentimientos y valoraciones subjetivas**

A los shuar **les parece tonto / raro / horrible que** los serranos **trabajen** todo el día.

A mí **me parece interesante que** hagan baños rituales bajo las cataratas.

Al viejo le gusta / le encanta que los shuar **sean** tan divertidos.

Los shuar **no pueden creer que** los serranos no **coman** carne de mono.

a) Observe esta foto. ¿Dónde tiene lugar esta escena? ¿Qué hace la gente?

b) ¿Qué le parece a usted esta situación?
(No) me parece raro que...
(No) me gusta que...

a) ¿En qué países o regiones son *normales* estos comportamientos? Lea estas frases y trate de llegar a un acuerdo con los demás.

1. En la parada del autobús hay una ordenada fila de 10 personas esperando. ....
2. La gente llega a sus citas personales con unos 15 minutos de retraso. ....
3. Después de la pausa del mediodía, los empleados empiezan a trabajar a las 5 de la tarde. ....
4. A las 10 de la noche, un bar está lleno de familias con niños que juegan. ....

● Yo creo que en... es normal que la gente haga una fila ordenada cuando esperan el autobús.
● Sí, y en... es normal que empiecen a trabajar a las 5 de la tarde...

b) ¿Se pueden imaginar ustedes el porqué de algunos de estos típicos comportamientos?

● ¿Por qué empiezan a trabajar en... a las cinco de la tarde? ● Pues, no sé... Puede ser que allí haga mucho calor por la tarde y por eso empiezan... ▲ Quizás vayan a casa a comer...

▶ Ü 8–9

¿Qué otros comportamientos *normales* en otras regiones o países conoce usted? ¿Puede explicar por qué existen? ¿Qué sentimientos le provocan?

12 a) Expresar sentimientos o valoraciones
En... **es normal que** la gente **haga** una fila para esperar el autobús.

12 b) Expresar hipótesis o probabilidad
Quizás / Tal vez / Posiblemente hayan aprendido esa costumbre de los ingleses / **haga** mucho calor por la tarde.
Es probable / puede ser que sean muy diplomáticos al expresar sus opiniones.
Introducir una razón o causa
Por eso empiezan a trabajar muy tarde.

14

a) Y para terminar: ¡Preparen una minipresentación de 2 a 3 minutos sobre una costumbre o una tradición!

Sigan estas instrucciones.

– En parejas, piensen en una costumbre o tradición de su propio país (o de otro) que quieran presentar a los demás.

– Decidan quién de ustedes va a dar la mini-conferencia.

diapositivas y proyector de diapositivas   *beamer*

– Piensen en qué soporte técnico y visual van a necesitar.

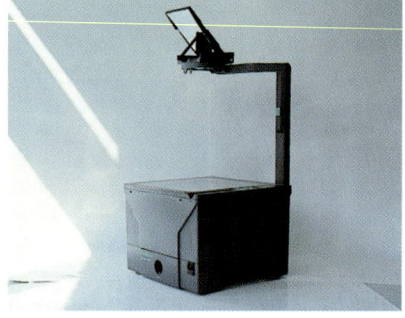

– Preparen la apertura y el cierre de la conferencia.

– Preparen el contenido o cuerpo de la conferencia y las notas del conferenciante.

aparato retroproyector   *ordenador portátil*

b) Durante las conferencias, el *público* toma notas.

c) Después de cada conferencia, comparen sus notas con su compañero/-a. ¿Saben el porqué de estas tradiciones o costumbres?

▶ **Ü 10–11**

15

En el pleno. Al final, expresen sus sentimientos y valoraciones sobre estas tradiciones o costumbres.

---

14 b) Abrir una conferencia, dirigirse al público	Cerrar una conferencia, despedirse

14 b) Abrir una conferencia, dirigirse al público
Buenas tardes, estimado público, señoras y señores.
Me gustaría darles la bienvenida a todos ustedes.
Para mí es un gran placer estar aquí.

Cerrar una conferencia, despedirse
Muchísimas gracias por haber venido.
Muchas gracias por su atención.
Para mí ha sido un placer estar aquí con ustedes.
Espero que la conferencia les haya gustado.
Hasta la próxima, ¡que les vaya bien!

Recuerde

Gefühle in Bezug auf eine vergangene Handlung ausdrücken Espero que te haya gustado. Me alegro de que hayan venido.	**Der Subjuntivo Perfekt** Subjuntivo von *haber* + *Partizip*	▶ G 1.7

haya
hayas
haya   gustado
hayamos   tenido
hayáis   venido
hayan

Einen Vortrag strukturieren En cuanto a la vivienda, se usa la paja como material de construcción. Éste es el *tankámash*, es decir, el espacio de los hombres. En el valle del Upano, por ejemplo, construyen casas de madera. Muchos ya no viven en casas tradicionales, o sea que se nota la influencia de la cultura occidental. Un punto más y termino. Y para terminar este tema, quisiera mostrarles una última diapositiva.	**Konnektoren (Satzverbindungen)**	▶ G 6.1

es decir / o sea (que)	*das heißt*
en cuanto a	*was … betrifft*
por ejemplo	*zum Beispiel*
y para terminar	*und zum Schluss, abschließend*

Einen Vortrag beginnen und beenden
Buenas tardes, estimado público, señoras y señores.
Me gustaría darles la bienvenida a todos.
Muchísimas gracias por haber venido.
Muchas gracias por su atención.
Para mí ha sido un placer estar aquí con ustedes.
Espero que la conferencia les haya gustado.
Hasta la próxima, ¡que les vaya bien!

Gefühle und subjektive Bewertungen ausdrücken Es divertido que se rían tanto. Me parece horrible que coman carne de vaca. Es interesante que se bañen tan a menudo. Me gusta que estén contentos con su vida. No puedo creer que coman carne de mono.	**Der Gebrauch des Subjuntivo nach Gefühlsäußerungen und subjektiven Bewertungen** es interesante / divertido que me parece horrible que (no) me gusta que + *Subjuntivo* no puedo creer que (no) es normal que	▶ G 1.6.1

Eine Möglichkeit oder Wahrscheinlichkeit ausdrücken Tal vez trabajen hasta las ocho. Posiblemente haga mucho calor por la tarde. Puede ser que hayan aprendido esa costumbre de los ingleses.	**Der Gebrauch des subjuntivo nach Ausdrücken der Möglichkeit oder Wahrscheinlichkeit** tal vez / quizá(s) posiblemente + *Subjuntivo* / es probable que *Subjuntivo Perfekt* puede ser que	▶ G 1.6.6

Einen Grund oder eine Ursache angeben Por eso hacen una fila ordenada.	***por eso*** por eso *deshalb, deswegen*	▶ G 6.3

Nosotros, los niños...

1

a) Mire estas fotos. ¿Qué puede decir sobre estos niños?

b) Lea después el texto. ¿En qué se parecen y en qué se diferencian las vidas de estos niños?

Emilio Franco, Bogotá

Sergio y Marta Martínez, Madrid

EL MUNDO A LOS DIEZ AÑOS

Uno de cada tres habitantes del planeta tiene menos de 14 años. Pero los niños del mundo tienen pocas cosas en común. Su presente y su futuro depende del lugar y de la familia donde tuvieron la suerte de nacer. Niños de entre nueve y diez años, de diferentes países, cuentan cómo es un día de su vida.

Me llamo Emilio Franco y vivo en Bogotá. Tengo nueve años. Mi papá se llama Alfredo y trabaja en la Universidad. Mi mamá se llama Gladys. Trabaja en la casa haciendo arte-
5 sanías. Me despierta todos los días a las seis de la mañana, me da chocolate, huevo y pan de desayuno y me acompaña a la escuela. Tengo que estar a las siete menos cuarto. En la clase somos 44. A las doce vamos a la casa a pie.
10 Almuerzo, descanso y hago las tareas. Mi mejor amiga Naskia y yo pensamos igual: la guerrilla y los paramilitares son más o menos lo mismo; matan y secuestran. Tengo una hermana de 14 años. No veo mucha televi-
15 sión. Me gustan los noticieros, para saber qué pasa en otras partes, como eso que pasó en Nueva York.
Me gusta jugar Atari y Play Station. Y montar en bicicleta. El fútbol no me gusta mucho.
20 Quiero conocer el mar. Sé que tiene olas, arena, conchas, caracoles...

Yo soy Sergio Martínez Garrido. Mi padre se llama Jesús Martínez Sánchez. Me gustan mucho los animales. Quiero ser aventurero.
25 Así conoceré países como Australia, Francia o una selva. También me gustaría ir a Egipto. Mi padre es comercial de una imprenta y mi madre nos cuida a Marta y a mí. Marta es mi hermana. Tiene 6 años y a veces nos pelea-
30 mos. Tengo nueve años y vivo en Madrid.
Un día normal, me levanto a las 8.30 y desayuno Nesquik y galletas Fontaneda. En mi clase somos 26 niños. Mi mejor amigo se llama Manu. Jugamos al fútbol y con el mo-
35 nopatín. Antes hablábamos de lo que pasó el 11 de septiembre. No lo entiendo bien. Tampoco entiendo qué es ETA y la droga.
Me encanta leer y escribir. También hago natación, ajedrez y veo la tele. Como tenemos
40 televisión por cable, veo muchos dibujos. Mi juguete preferido es la Play Station.

▶ Ü 1

2

En parejas. ¿Pueden imaginarse qué preguntas les hicieron en la entrevista a estos niños? Escriban cuatro posibles preguntas. Pregunten después a otra pareja.

3

a) Observe esta ilustración. ¿A qué jugaba usted cuando era niño/-a? ¿Qué le gustaba hacer? ¿Cree que hay juegos típiccos de niños y de niñas?

jugar a las canicas

jugar a la rayuela

hacer Hula-Hop

saltar la cuerda

jugar a las muñecas

jugar al fútbol

jugar al yoyo

correr en patines

b) En el pleno. Encuentre al compañero o a la compañera que tenía las preferencias más parecidas a las suyas en su infancia.

● ¿A qué jugabas de niño/-a? ¿Qué te gustaba hacer? ● Pues yo jugaba a las canicas y me gustaba…   ▶ **Ü 2–3**

c) Comparen su infancia con la de los niños de hoy. ¿Han cambiado mucho los tiempos o no?   ▶ **Ü 4**

● Antes, los niños… En cambio, hoy en día…

a) Lea esta viñeta y responda a las siguientes preguntas.

– ¿Qué le pasa al niño?
– ¿Por qué está triste?
– ¿Dónde están sus padres?
– ¿Qué había hecho antes el niño?

b) El padre vuelve a casa. ¿Qué le pide el niño a él? Lea lo que le dice y termine las frases.

Le pide que juegue…
Le dice que no trabaje…
…

c) En parejas. ¿Qué otras cosas les pide el niño al padre y a la madre?

Les pide que / les dice que…
…

4 Transmitir órdenes o ruegos		
Estilo directo	**Estilo indirecto**	**Cambio en los modos**
«**Llévame** al parque.»	(Le/s) **pide / dice que** lo / la **lleve/n**…	Imperativo → subjuntivo
«**No trabajes** los domingos.»	(Le/s) **pide / dice que** no **trabaje/n**…	

▶ Ü 5

5

a) La página web de un periódico español ha iniciado un debate sobre el tema de la baja natalidad *[handwritten: Geburtsrate]* en España. Busque estas palabras en los *e-mails* de los lectores y tradúzcalas.

Schwangerschaft, Kindertagesstätte, Maßnahmen ergreifen, Gesellschaft, Steuern, Kündigungsschutz
[handwritten: embarazo   guardería   tomar medidas   sociedad   impuesto   protección contra el despido]

b) ¿Con cuál(es) de las opiniones se identifica usted más? Lea.

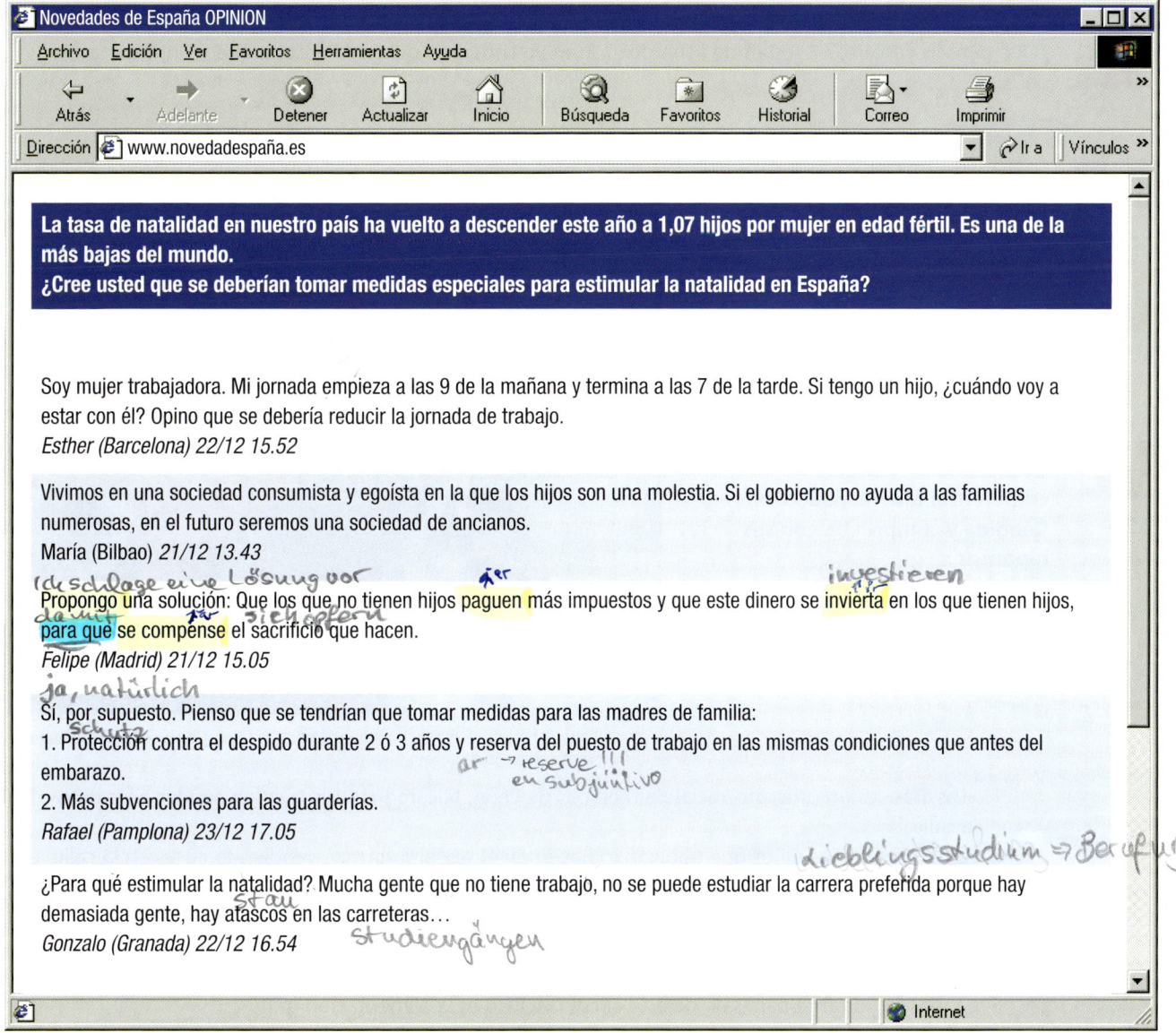

Novedades de España OPINION

Archivo   Edición   Ver   Favoritos   Herramientas   Ayuda

Atrás   Adelante   Detener   Actualizar   Inicio   Búsqueda   Favoritos   Historial   Correo   Imprimir

Dirección | www.novedadespaña.es | Ir a | Vínculos

La tasa de natalidad en nuestro país ha vuelto a descender este año a 1,07 hijos por mujer en edad fértil. Es una de la más bajas del mundo.
¿Cree usted que se deberían tomar medidas especiales para estimular la natalidad en España?

Soy mujer trabajadora. Mi jornada empieza a las 9 de la mañana y termina a las 7 de la tarde. Si tengo un hijo, ¿cuándo voy a estar con él? Opino que se debería reducir la jornada de trabajo.
Esther (Barcelona) 22/12 15.52

Vivimos en una sociedad consumista y egoísta en la que los hijos son una molestia. Si el gobierno no ayuda a las familias numerosas, en el futuro seremos una sociedad de ancianos.
María (Bilbao) *21/12 13.43*

[handwritten: Ich schlage eine Lösung vor] *[handwritten: er]* *[handwritten: investieren]*
Propongo una solución: Que los que no tienen hijos paguen más impuestos y que este dinero se invierta en los que tienen hijos, *[handwritten: damit   sich opfern]* para que se compense el sacrificio que hacen.
Felipe (Madrid) 21/12 15.05

[handwritten: ja, natürlich]
Sí, por supuesto. Pienso que se tendrían que tomar medidas para las madres de familia:
[handwritten: Schutz]
1. Protección contra el despido durante 2 ó 3 años y reserva del puesto de trabajo en las mismas condiciones que antes del embarazo.
[handwritten: ar → reserve!!! en subjuntivo]
2. Más subvenciones para las guarderías.
Rafael (Pamplona) 23/12 17.05

[handwritten: Lieblingsstudium → Berufung]
¿Para qué estimular la natalidad? Mucha gente que no tiene trabajo, no se puede estudiar la carrera preferida porque hay demasiada gente, hay atascos en las carreteras… *[handwritten: Stau]*
Gonzalo (Granada) 22/12 16.54 *[handwritten: Studiengängen]*

Internet

[handwritten: → Subjuntivo   para que ⇒ + Subjuntivo   damit]

c) Vuelva a leer los correos electrónicos y busque las causas, consecuencias y posibles soluciones de la baja natalidad en España que se mencionan.

▶ Ü 6–7

6

¿Hay un fenómeno parecido en su país?

7

Y ahora, ¡preparen un debate en clase!

a) En grupos. ¿Creen ustedes que se debería estimular la natalidad en su país? Pónganse de acuerdo y escriban sus argumentos a favor o en contra.

Ja man müßte etwas machen

Yo estoy a favor de que se estimule… / Sí, habría que… / Yo no estoy de acuerdo con que…

b) Formen dos grupos: Los que están a favor de estimular la natalidad y los que están en contra. Hagan un debate en el pleno.

¿Qué pensáis vosotros? / ¿Estáis de acuerdo? / Pues yo (no) creo que… / Perdona que te interrumpa,

▶ **Ü 8–9** pero…

8

a) En parejas. Observen la imagen y respondan a las preguntas.

– ¿En qué país podría tener lugar esta escena?
– ¿A qué se dedican estas personas?
– ¿Qué les dice la señora a las niñas?

*Texto 2.4
207*

b) Escuche un extracto de una conferencia que ha dado Doña Cándida y compruebe con sus hipótesis.

c) Lea las siguientes frases, vuelva a escuchar y marque las verdaderas.

Doña Cándida Méndez

◆ 1. «Las Tías» es un proyecto social de médicos de León, Nicaragua, que quieren ayudar a los niños de la calle.

◆ 2. La mayoría de los niños que trabajan lo hacen en el sector informal: vendiendo cosas en la calle, en el campo o trabajando en casas donde realizan tareas domésticas.

◆ 3. En las familias hay mucha violencia y por eso muchos niños prefieren quedarse en la calle.

◆ 4. Muchos padres de familia se van a otros países para buscar un futuro mejor y abandonan a sus hijos.

◆ 5. Lo más importante para salir de este círculo vicioso es la alimentación gratuita.

---

7 Expresar (des)acuerdo

(No) **estoy de acuerdo con (lo de) que se estimule** la natalidad.
(Yo) **estoy completamente en contra / a favor de eso / de que se reduzca** la jornada laboral.
Hacer propuestas
Habría que estimular la natalidad. **Se tendrían que / Se deberían** tomar medidas para ayudar a las madres.

a) Las siguientes frases y palabras forman parte de una canción llamada «Pobre la María».
¿De qué se podría tratar?

fantasía	Se fue del campo a la ciudad.	miseria	alquila su cuerpo
	Sus chavalos* deambulan por las calles.		para salir de pobre

Kinder (España: chavales)

b) Escuche la canción y lea la letra. ¿Cómo es el día a día de María y de sus hijos?

POBRE LA MARÍA
Luis Enrique Mejía Godoy, Nicaragua 1993

2.5

Olorosa a tabaco y a ron,
en un cuarto de una cuartería[1]
llora la María ay, ay, ay
su melancolía,
y en la roconola[2] se oye una canción
de la Sonora[3].

Se vino del campo a la ciudad,
una noche Terencio la dejó.
Por él ya cocina, lava y plancha ajeno,
vende lotería allí por Metrocentro[4]
y todas las noches, al mejor postor[5],
alquila su cuerpo.

Estribillo:
Pobre la María, ay, ay, ay…
y su fantasía, ay, ay, ay…
que la capital era lo mejor
pa' salir de pobre.

Frente al espejo que compró en el Oriental[6]
se pone su vestido y su collar,
tal vez esta noche no le va tan mal.
Baja por Tiscapa[7] hacia el Lobo Jack[8],
y en la madrugada, un día más vieja,
regresa a su casa.

(Estribillo)

Sus chavalos cuidan carros, venden agua,
nada comen, huelen pega[9]
y deambulan por las calles de Managua.
La María se lamenta que su vida nunca
va a salir de la miseria.

[1]*pensión de habitaciones muy modestas;* [2]*máquina tocadiscos;*
[3]*famoso conjunto musical cubano;* [4]*Centro de compras;*
[5]*persona que ofrece el mejor precio;* [6]*Mercado;* [7]*Laguna;*
[8]*Discoteca de gente rica;* [9]*oler pegamento*

10

¿Con qué podrían soñar los hijos de María? Termine las siguientes frases por escrito.

Sueño con una familia que… Quiero una madre / un padre que…
Mi sueño es que…

▶ Ü 10

11

¿Hay niños de la calle en su ciudad? ¿Cómo será su día a día, por qué viven allí?

10	**Expresar deseos**

Sueño con una familia que me dé un poco de amor.
Quiero una madre / un padre **que me proteja, que sea** buena/ -o conmigo.

a) En Sevilla tiene lugar una manifestación bajo el lema «Un mundo justo para los niños». En parejas, escriban ustedes pancartas expresando algunas demandas de los niños.

¡No! a la violencia

Un mundo justo para los niños

Educar a todos los niños

b) Comparen sus pancartas en el pleno. ¿Han pensado en demandas parecidas?

13

a) ¿Conocen ustedes proyectos sociales u ONGs que se dedican a mejorar las condiciones de vida de los niños? Para mayor información, pueden consultar Internet. Informen después a los demás.

b) ¿Cuáles de los proyectos mencionados por la clase les parecen buenos y beneficiosos a largo plazo para los niños? ¿Les gustaría participar en uno de ellos? ¿Se pueden imaginar que los proyectos sociales puedan tener también riesgos y/o consecuencias negativas? Discutan.

¿Le interesa saber lo que hace UNICEF a favor de los niños? Entre aquí.

Recuerde

8

Forderungen wiedergeben
Le dice / pide que juegue con él.
Les dice / pide que lo lleven al zoo.
Le dice / pide que pase el fin de semana con sus hijos y la familia.

Indirekte Rede (2)   ▶ G 8.2

direkte Rede	indirekte Rede
Imperativ	Subjuntivo

Zustimmung oder Meinungsverschiedenheit ausdrücken
(No) Estoy de acuerdo con que la gente sin hijos pague más impuestos.
(No) Estamos a favor de que se estimule la natalidad en los países occidentales. *westliche Länder*

Der Gebrauch des Subjuntivo nach Verben, die Zustimmung oder Meinungsverschiedenheit ausdrücken   ▶ G 1.6.7
(no) estar de acuerdo con que… *einverstanden*
(no) estar a favor de que… *dafür*   + Subjuntivo
(no) estar en contra de que… *dagegen*
es justo que ....

Vorschläge machen
Se deberían subvencionar las guarderías.
Se tendrían que tomar medidas para ayudar a las madres.
Habría que reducir la jornada de trabajo.

Der Gebrauch des Konditionals zur Formulierung einer Forderung oder eines Vorschlags   ▶ G 1.3.3
se deberían   *man sollte*
se tendrían que   *man müsste*
habría que   *man müsste*
se ⇒ man !!!

Wünsche und Träume ausdrücken
Sueño con una familia que me dé amor y cariño.
Quiero padres que me protejan y que sean buenos conmigo.

Der Gebrauch des Subjuntivo in Relativsätzen, die einen Wunsch enthalten   ▶ G 1.6.2
soñar con… que…   + Subjuntivo
querer… que…

Wichtige Verben   ▶ G 9
reducir → reduzca (Subjuntivo)
proteger → proteja (Subjuntivo)
dar → dé, des, dé… (Subjuntivo)

mi opinión (siempre Subjuntivo)

ar - pagar ⇒ (pague)
trabajar ⇒ (trabaje) } e

er - despedir ⇒ (despida)
ir - deber (deba) } a

condicional

ar / er / ir
trabajar + ía } trabajaría
deber + ía } debería
pagar + ía } pagaría
despedir + ía despedería

ochenta y uno **81**

Entrevista con Luis Sepúlveda

a) ¿Qué sabe usted del escritor Luis Sepúlveda?

2.6

b) Lea las siguientes preguntas, escuche y lea después la entrevista y responda.

1. ¿En qué año estuvo Sepúlveda en una región de la Amazonía?

2. ¿Quién patrocinó la expedición a esa región?

3. ¿Cuál era el objetivo de esa expedición?

4. ¿Por qué fue un fracaso?

5. ¿Cuánto tiempo se quedó el escritor con los shuar?

■ Bueno ésta es la historia que desarrolla la novela de la que ahora vamos a hablarles: «Un viejo que leía novelas de amor», de Luis Sepúlveda. Buenas noches, Luis Sepúlveda.

■ Buenas noches.

■ [...] Una novela que transcurre en la Amazonía y ése es un territorio que usted conoce a fondo, porque ha vivido allí.

■ Sí, sí, tuve la suerte de participar en el año 1977 en una expedición patrocinada por la UNESCO para medir los efectos de la colonización en un sector de la Amazonía, una expedición integrada por cien personas que terminó en un fracaso a una semana, pues la selva es muy dura y muy rigurosa. Soy el único, digamos, que sobrevivió, eso no significa que los otros hayan muerto, pero se enfermaron, sobre todo la malaria les hizo imposible la vida y bueno me quedé solo viviendo seis meses entre los shuar que son una de las etnias más representativas de la Amazonía, mal llamados jíbaros, cazadores de cabezas. Y bueno, vivir con ellos fue una experiencia que cambió totalmente incluso mi percepción del mundo y me hizo comprender que era parte de un enorme continente cuya riqueza fundamental es la diferencia.

■ De esa experiencia surge esta novela [...]

■ Digamos que la novela surge de recuerdos de algunos hechos que vi, situaciones asombrosas de las que fui testigo y también participante. Pero como toda novela, es ficción, la trama es una trama ficticia, es una mezcla de lo que es real pero visto a través de esa visión mágica que tienen las cosas en la Amazonía. [...]

Niños de la calle

Lea estos testimonios auténticos de dos niños nicaragüenses sobre su participación en un proyecto social en León, Nicaragua. ¿Tienen las dos historias un *final feliz*?

Yasmina a la edad de 12 años

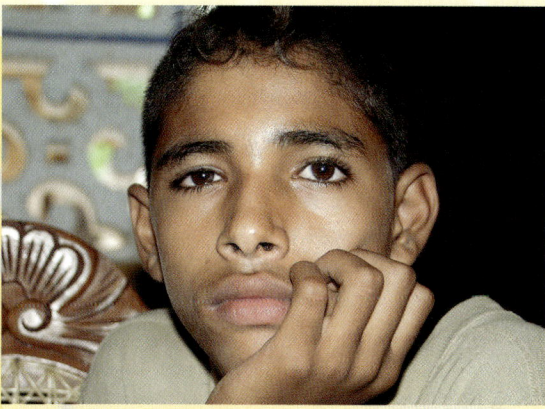

René a la edad de 12 años

Yasmina Lisseth Medina Olivas

Fecha de Nacimiento: 31-10-85
No. de Hermanos: 7 (3 mujeres, 4 varones)

Yo me acuerdo que tenía 12 años cuando empecé a
5 ir al Basurero para ayudar con la economía familiar.
El Basurero es un lugar horrible. Allí conocí a un joven
que me habló sobre el Proyecto. Con el tiempo comprendí que trabajar en el Basurero era un trabajo rechazado por la sociedad. Y entonces dejé de ir allí y
10 empecé a asistir a talleres de costura y a estudiar. Con
el apoyo del Proyecto Las Tías, hoy me encuentro en un
colegio de secundaria, estudiando 1er año, eso para
mí es importante, porque nuestros padres no tienen
posibilidad de darnos el apoyo que nos da el proyecto y
15 me siento muy agradecida por esto.

Me siento agradecida por el apoyo que me ha
brindado hasta hoy mi madre. Sin ella esto no sería
posible, y también con mi educador.

Ahora tengo sueños y metas que me gustaría llegar
20 a realizar. Una de ellas es terminar mi bachillerato y
luego ingresar en la universidad, un sueño que todo
joven desea y esto puede ser posible, si las organizaciones que nos apoyan hasta hoy, están con nosotros
hasta concluir nuestras metas.

25 Le doy gracias a Dios por brindarme esta magnífica oportunidad y gracias a todos los que hacen posible
que yo mantenga esta esperanza. Yasmina.
Dos años más tarde: Yasmina todavía está en el
programa de becas y en clases.

René Antonio Ortiz Madrigal

Fecha de nacimiento: 07-06-84
No. de hermanos: 8 (4 mujeres, 4 varones)

Desde la edad de 7 años, yo vendía tortillas en la
5 calle. Cuando no las vendía mi madre me pegaba, y
entonces yo reaccionaba y me miraba obligado a
irme a la calle a dormir, porque ahí me sentía feliz,
pero después mi mamá me salía a buscar y cuando
me agarraba me pegaba otra vez.

10 Cuando tenía 9 años me iba a la Terminal de
Buses a pedir o a robar cualquier cosa y después me
iba dormir a la gasolinera. A las 10.00 p.m. me iba a
lavar carros en la gasolinera. A las 12 de la noche me
iba a dormir o si no, me iba con otros.

15 Cuando tenía 11 años, me ingresé al Proyecto Las
Tías, pero algunas veces me escapaba. Cuando entré a
clases en la Escuela, me dieron todos los útiles escolares
y me ayudaron en todo lo que pudieron. Cuando
ingresé a la Escuela Zela Zediles, fue cuando mi vida
20 cambió más y mejor. Entré a estudiar 6to. grado.
Ahora estoy en 1er año de Secundaria y formo parte
del grupo de becarios. René.
Dos años más tarde: Rene fue detenido por la
policía por robo. Cuando regresó al proyecto y a
25 casa de su madre, tuvo problemas con ella, que es
drogadicta y traficante de drogas. A pesar de toda
la ayuda y los esfuerzos de todos dejó las clases y se
salió del proyecto. Hoy trabaja en el mercado y
vive con un hombre de mayor edad.

Mi empresa

1

a) «Baño Azteca, S.A.» se presenta hoy a una empresa española con la que quiere colaborar. Mire este logotipo. ¿Qué tipo de empresa podría ser? ¿A qué se dedica?

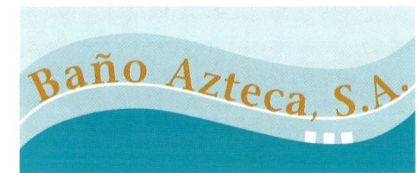

2.7

b) Escuche la primera parte de la presentación del Sr. Carvajal. ¿Qué tipo de productos diseña y fabrica esta empresa? ¿Qué simboliza el logotipo?

2

a) Durante su presentación, el Sr. Carvajal explica el organigrama de su empresa. Escuche y rellene los espacios vacíos.

2.8

Dirección general
Luis Enrique Carvajal

Departamento de	Departamento de ventas y de	Departamento financiero y	Departamento de . . . .
Alfonso Marín	Mariluz Moncada	Julián Ortega	Eulalia Méndez

b) ¿Son verdaderas o falsas estas informaciones sobre la empresa? Lea, vuelva a escuchar y marque.

	V	F
1. La empresa Baño Azteca, S.A., es una PYME[1].	◆	◆
2. La empresa tiene 45 empleados en total.	◆	◆
3. La empresa está especializada en el diseño, el comercio y la fabricación de productos sanitarios y del baño de un estilo muy conservador.	◆	◆
4. El departamento de ventas y márketing se encarga de la investigación de mercados, la promoción de ventas, de la publicidad y las relaciones públicas.	◆	◆
5. El departamento financiero y administrativo se encarga de la contabilidad[2].	◆	◆

[1] (Pymes) Pequeñas y Medianas Empresas: *Kleine und mittelständische Betriebe;* [2] *Buchführung*

3

¡Y ahora, elaboren un cartel presentando *su* empresa a la clase! Sigan las instrucciones.

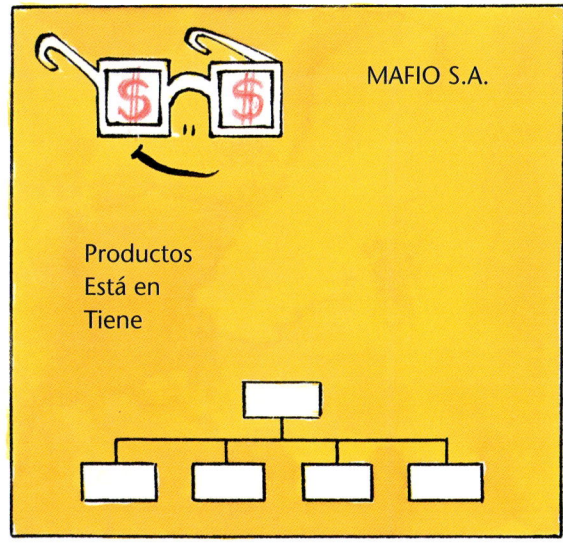

1. En grupos, decidan qué tipo de empresa les gustaría presentar a los demás.

Ejemplos:
– *la empresa ideal*
– *la mejor empresa de su vida laboral*
– *su empresa actual*

Las siguientes preguntas les pueden ayudar a describirla:
– *¿Cómo se llama la empresa? ¿Tiene un logo? ¿Qué simboliza?*
– *¿Qué servicios presta o qué productos fabrica / vende / compra / importa / exporta?*
– *¿Cómo son esos productos? ¿Para qué sirven?*
– *¿Dónde está situada la empresa?*
– *¿Cuántos empleados tiene?*
– *¿Cómo es el organigrama de la empresa? ¿Cuáles son las funciones de los diferentes departamentos?*
– *¿Qué tipos de puestos o profesiones hay en la empresa?*

2. Elaboren un cartel publicitario presentando las informaciones que han recogido.

3. En el «mercado de empresas» de la clase, unos grupos presentan su empresa, los demás muestran interés y hacen preguntas. Después cambian de papel.

3   **Frases útiles para hablar de una empresa**
El departamento (de) … se encarga / es responsable de la publicidad / investigar el mercado.

¿Cómo jugar?

En grupos de tres, con un dado y fichas de colores, una por participante.

Por turnos, tire el dado, avance tantas casillas como corresponda y responda a la pregunta.

9 Devuelva este jersey estropeado y diga si prefiere el dinero u otro jersey.

10 En España se come entre las 2 y las 4 y se cena entre las 9 y las 10 de la noche. ¿Qué le parece?

11 Sus amigos le ayudaron mucho a renovar su nuevo piso. Déles las gracias.

8 Describa la situación del dibujo desde la perspectiva de Andrés.

22

21 «Mamá, juega conmigo.» Transmita lo que le pide el niño a su madre.

20 Usted compró ayer esta silla. Explique el problema que tiene en la tienda de muebles.

19 ¿Cómo trata de convencer a su marido / mujer de leer su novela favorita?

7 Hable del futuro: «Cuando sea viejo,-a...»

6 ¿Cómo se despide usted de sus padres y familiares en una postal?

5 Usted le escribe una carta a su novio/-a. ¿Cómo expresa su deseo de verlo/-a pronto?

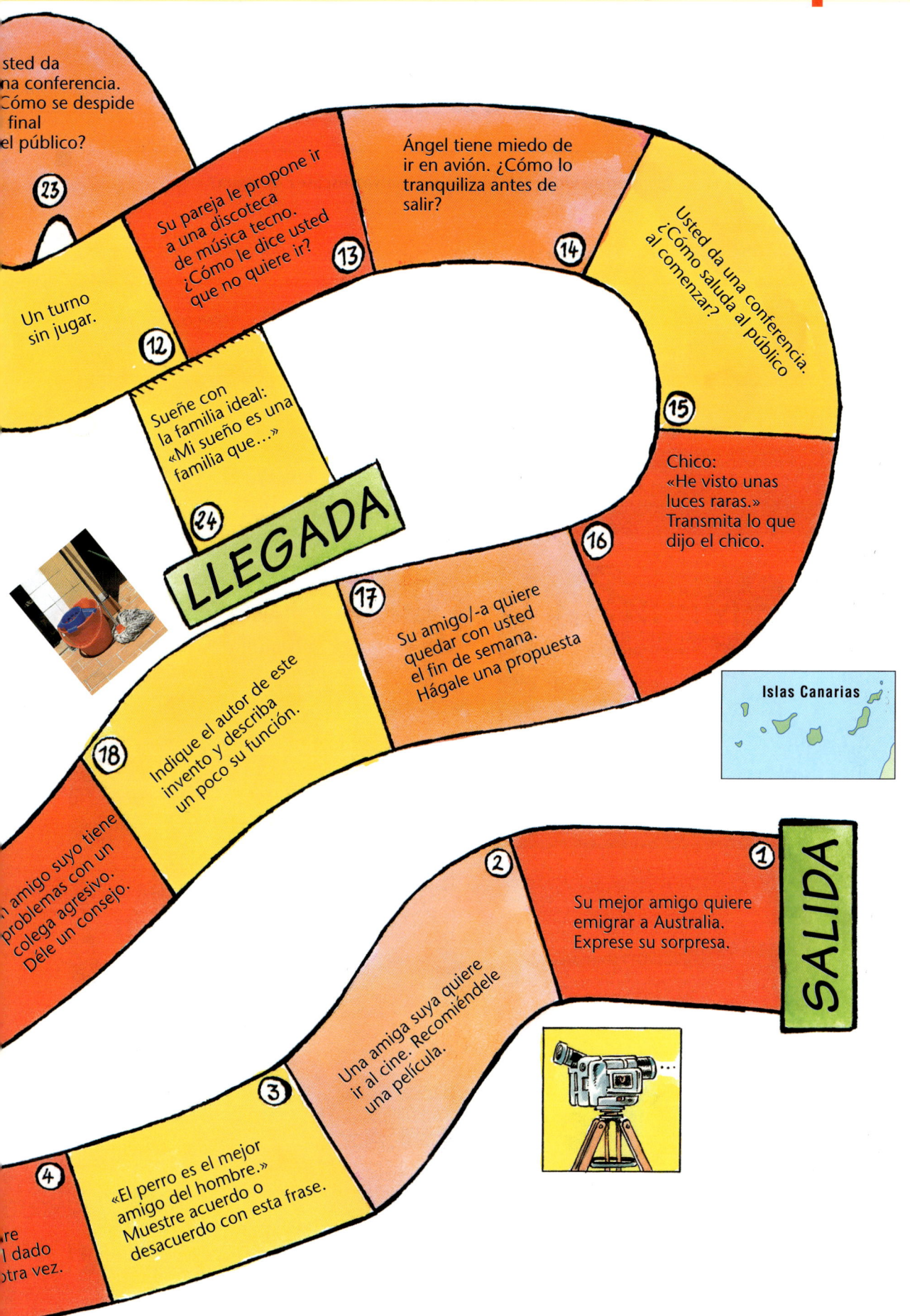

sted da
na conferencia.
Cómo se despide
final
el público?

23

12 Un turno
sin jugar.

13 Su pareja le propone ir
a una discoteca
de música tecno.
¿Cómo le dice usted
que no quiere ir?

Ángel tiene miedo de
ir en avión. ¿Cómo lo
tranquiliza antes de
salir?

14

Usted da una conferencia.
¿Cómo saluda al público
al comenzar?

15

24 Sueñe con
la familia ideal:
«Mi sueño es una
familia que…»

LLEGADA

Chico:
«He visto unas
luces raras.»
Transmita lo que
dijo el chico.

16

17 Su amigo/-a quiere
quedar con usted
el fin de semana.
Hágale una propuesta

Islas Canarias

18 Indique el autor de este
invento y describa
un poco su función.

n amigo suyo tiene
problemas con un
colega agresivo.
Déle un consejo.

2 Una amiga suya quiere
ir al cine. Recomiéndele
una película.

1 Su mejor amigo quiere
emigrar a Australia.
Exprese su sorpresa.

SALIDA

3

4

«El perro es el mejor
amigo del hombre.»
Muestre acuerdo o
desacuerdo con esta frase.

re
l dado
tra vez.

Nuestro planeta azul

1

a) ¿Qué significado tiene *el agua* en su vida? ¿Ha vivido alguna vez escasez de agua? ¿En qué país?

b) ¿Sabe ustede qué significan estas palabras?

> agua potable   sequía   agua salada   agua corriente   abundancia   agua contaminada
>
> escasez   agua limpia   desertización   inundación   agua dulce

c) ¿Qué le sugieren estas imágenes?

▶ Ü 1–2

a) Las Naciones Unidas han declarado el 2003 «Año Internacional del Agua Dulce». Lea estas palabras y encuentre sus correspondencias en el texto.

> natürliche Ressource   Zugang   Bewässerungssysteme   Entwicklungsländer
>   unentbehrlich   Grundwasser

Agua: cuestión de vida o muerte

¿Sabía usted que...?

1. Más de mil millones de personas no tienen acceso a agua potable.

2. A pesar de que el agua dulce es un recurso natural e imprescindible, su distribución no es equitativa:
– Mientras que el 70% de la superficie mundial está cubierta por agua, el 97,5% de ella es agua salada.
– Del restante 2,5% que es agua dulce, casi las tres cuartas partes se encuentran congeladas en forma de capas de hielo.

3. Cerca del 70% de toda el agua dulce disponible se utiliza para la agricultura. Sin embargo, debido a los sistemas de riego ineficientes, sobre todo en los países en vías de desarrollo, el 60% de esta agua se pierde al evaporarse o al volver a los ríos y a las aguas subterráneas.

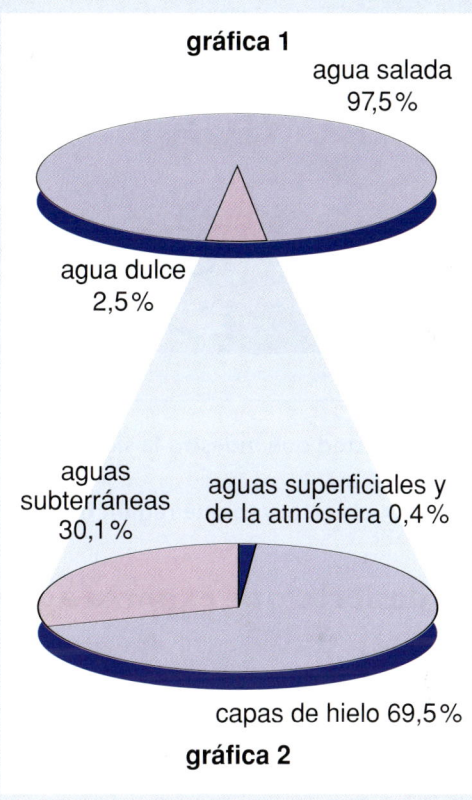

gráfica 1
agua salada 97,5%
agua dulce 2,5%

aguas subterráneas 30,1%
aguas superficiales y de la atmósfera 0,4%
capas de hielo 69,5%
gráfica 2

b) Vuelva a leer el texto, averigüe lo que significan las siguientes palabras y relacione.

1. a pesar de (que)
2. sin embargo
3. mientras que

a. jedoch, trotzdem
b. obgleich, trotz, obwohl
c. während

c) Subraye las informaciones que usted ya conocía. Compare después con su compañero/-a.

● Yo ya sabía que … , ¿y tú? ● Yo, eso no lo sabía todavía, pero sabía que…

▶ **Ü 3–4**

2 b) **Expresar contraste**
A pesar de ser un recurso natural muy escaso, gastamos demasiada agua.
Sabemos que hay muy poca agua dulce en el planeta y **sin embargo**, no la ahorramos.
Mientras que el 70% de la superficie mundial está cubierta por agua, el 97,5% de ella es agua salada.

3

Según esta foto de satélite de la Península Ibérica, ¿qué regiones de España son zonas húmedas, cuáles son secas?

● Pues yo veo que el norte / sur / este / oeste es más bien una zona…

zonas húmedas

zonas secas

4

a) ¿Sabe usted qué muestra la siguiente foto? ¿Ha visto alguna vez algo parecido? ¿Dónde?

b) Según el texto, ¿en qué región de España se sitúa la foto? Lea.

El desierto que exporta agua

«España es el exportador de agua más importante de la Unión Europea». A esta conclusión se puede llegar si se tiene en cuenta la cantidad de agua que contienen los miles de toneladas de naranjas, mandarinas, tomates y hortalizas que exporta el sur de España, una de las regiones más secas de nuestro continente, a todo el mundo. La agricultura española «se bebe» un 80% del agua que consume el país. Algunas regiones del Levante español, especialmente de la costa murciana, se han convertido en auténticos «mares» de plástico bajo el cual, gracias al calor característico de la zona y al riego intensivo, se pueden conseguir varias cosechas de hortalizas al año. La vegetación autóctona, en cambio, está desapareciendo. Debido a la explotación descontrolada de las reservas de aguas subterráneas y fluviales, ha empezado ya un grave proceso de erosión y desertización en muchas zonas. Así, aunque llueva a veces, no se solucionará el problema; el agua no entra en la tierra dura y seca, sino que sólo la arrastra, provocando nueva erosión y desastres.

Aunque España está empezando a poner en práctica importantes medidas para luchar contra la desertización, como nuevos sistemas de riego que ahorran agua, reforestación e incluso el uso de agua del mar desalada, la situación empeora cada año. Mientras no se invierta tanto en explotar la tierra como en mantener su equilibrio natural, en España crecerá el desierto inevitablemente.

Revista Mundo Ecológico, 22/03/2004

▶ Ü 5–6

5

a) Según el artículo, ¿cuál es el problema que preocupa a los españoles, cuáles son las posibles causas y soluciones? Haga usted un esquema resumiendo las informaciones en su cuaderno. Compare después con los demás.

b) ¿Existen problemas parecidos en su país?

6

a) ¿Sabe qué significan *aunque, mientras* y *mientras que*? Relacione las frases.

1. Mientras no se invierta en la protección del
2. Aunque se racione el agua, en el sur de
3. Aunque llueva
4. Aunque España está empezando a buscar
5. Mientras que España exporta agua, los países
6. Mientras no la ahorremos y no la protejamos, España no

a. a veces, no terminará la sequía.
b. tendrá suficiente agua para todos.
c. del norte, donde llueve mucho, la importan.
d. medio ambiente, el desierto crecerá.
e. España continuará la escasez.
f. soluciones, la situación empeora.

b) *Aunque* y *mientras* pueden aparecer junto con un verbo en indicativo o en subjuntivo. Vuelva a leer las frases. ¿Cuál cree que es la diferencia?

7

a) Lea algunas recomendaciones de la UNESCO para ahorrar agua y compárelas con la estadística de la derecha. ¿Cree usted que hay contradicciones?

- Cierra el agua mientras te cepillas los dientes, te afeitas, etc.
- Llena de agua una botella de plástico y colócala en la cisterna del wáter.
- Al fregar los platos, no permitas que el agua corra mientras los enjuagas. Llena un lado del fregadero con agua para lavar y el otro con agua para aclarar.
- ¡Toma duchas cortas!
- Recoge agua de lluvia para regar tus plantas.

Consumo del agua en la vida diaria de Alemania (litros aprox.)	
lavarse los dientes	1
ducharse	90
bañarse	180
fregar los platos	40
la descarga del wáter	9
regar el jardín	15

b) Compare los resultados con su compañero/-a.

- Aunque la Unesco recomienda tomar duchas cortas, la gente consume 90 litros de agua al ducharse.
- Sí, es verdad, mientras la gente consuma tanta agua, no se solucionará el problema. Sabemos que hay escasez de agua y sin embargo, no la ahorramos.

▶ Ü 7–9

Si quiere saber qué otros consejos da la UNESCO para ahorrar y proteger el agua, entre aquí.

> **7** **Expresar acciones simultáneas**
> **Cierra** el agua **mientras te cepillas** los dientes.
> La gente consume 90 litros de agua **al ducharse**.
> **Expresar contraste o contradicción**
> **Aunque hay** escasez de agua, la gente la **malgasta**.
> **Aunque llueva** a veces, no **se solucionará** el problema.
> **Expresar una condición**
> **Mientras** no **ahorremos** el agua, no **se solucionará** el problema.

8

a) El Ayuntamiento de Zaragoza está realizando una campaña llamada *Plan de recogida selectiva de residuos sólidos urbanos**. Lea este folleto e identifique los objetos que se mencionan.

Y HACERLO, ES MUY FÁCIL.
SEPARA TUS ENVASES DE PLÁSTICO,
LATAS Y ENVASES TIPO BRICK,
Y DEPOSÍTALOS JUNTOS
EN EL CONTENEDOR AMARILLO
QUE ENCONTRARÁS
MUY CERCA DE TU CASA.

SEPARA TUS ENVASES DE CARTÓN,
PAPEL, REVISTAS Y PERIÓDICOS,
Y DEPOSÍTALOS JUNTOS EN EL
CONTENEDOR AZUL QUE TAMBIÉN
ENCONTRARÁS MUY CERCA
DE TU CASA.

CONTENEDOR AMARILLO

CONTENEDOR AZUL

TAN FÁCIL COMO UN JUEGO

* Getrennte Erfassung von Hausmüll

▶ Ü 10   **b)** ¿Qué hacen ustedes con todos estos envases, con la basura?

La recogida selectiva de basuras todavía es muy «joven» en España y no está todavía tan enraizada en las costumbres españolas como en las de otros países europeos. Por eso, el papel de los ayuntamientos en la sensibilización del ciudadano hacia temas como la ecología y el reciclaje es cada vez más importante. Las campañas de concienciación suelen ser bien recibidas por los ciudadanos.

a) Lea esta carta de queja dirigida al Ayuntamiento de Ciudad Verde. ¿Qué problema tiene el Sr. Machado?

Felipe Antonio Machado G.	**Ayuntamiento de Ciudad Verde**
Carrera de la Herradura, 7	c/ Plaza del Pilar, 18
50003 Ciudad Verde	50002 Ciudad Verde
	Aragón (España)

Asunto: Contenedores de basura   3/11/03

Estimados Señores:

Últimamente han realizado ustedes una campaña de información a favor de separar la basura. Quisiera comunicarles que, aunque quiera, me será imposible hacerlo porque en todo el barrio El Cañón no hay ni un solo contenedor amarillo ni azul. A pesar de que los ciudadanos vemos la necesidad de proteger el medio ambiente, no podemos hacer lo que nos pide el Ayuntamiento, porque mientras no pongan los contenedores apropiados, no podremos separar la basura.

¿Quieren ustedes que vaya de turista con mi basura por Ciudad Verde? No, señores, esto no puede ser. Me parece indispensable que empecemos a separarla como lo hacen nuestros vecinos europeos, pero por favor, el Ayuntamiento tiene que poner los medios para ello. Les ruego pongan lo más pronto posible los contenedores apropiados en nuestro barrio.

En espera de su respuesta, les saluda atentamente,

Felipe Antonio Machado G.

b) En parejas. De los siguientes problemas, escojan uno y escriban una carta de queja al Ayuntamiento de Ciudad Verde.

– ruidos de los bares de abajo por la noche
– contenedores tan llenos que no se pueden cerrar y apestan
– excrementos de perros por las calles y aceras
– ruidos del camión de la basura, que pasa a las 2 de la madrugada

c) Expongan sus cartas. ¿Cuál es el problema que más molesta a la clase?   ▶ Ü 11

9 b) Pedir o exigir algo
Le/s **ruego (que) / exijo / pido (que) pongan/n** un contenedor.
Es / Me parece indispensable / conveniente que empecemos a separar la basura.
Escribir cartas en el registro formal
Quisiera comunicarles que… / En espera de su respuesta…

10

a) ¿Qué problema refleja esta foto?

2.9

b) Un portavoz de la organización Ecologistas en Acción participa en un coloquio de la radio. ¿De qué tema se trata? Escuche.

c) Lea las siguientes frases, vuelva a escuchar y marque si son verdaderas o falsas.

	V	F
1. El actual sistema de recogida selectiva de basura funciona muy bien.	◆	◆
2. Entre el 50 y el 60% de la ciudadanía separa la basura y usa los contenedores apropiados.	◆	◆
3. No hay incentivos para separar la basura.	◆	◆
4. Las empresas industriales no hacen nada para evitar basura, como por ejemplo, fomentar el sistema de envases retornables.	◆	◆
5. El ecologista propone crear un sistema para que pague más el que produce más basura y sugiere que la gente no compre tantas cosas innecesarias.	◆	◆

▶ Ü 12   **d)** En grupos. ¿Están de acuerdo con las propuestas de esta organización ecologista?

11

a) Y para terminar, piensen en algunas recomendaciones para evitar y reducir la basura. Sigan las instrucciones.

– En parejas. Piensen en tres cosas que hacen ustedes para evitar y reducir la basura. En caso necesario, consulten el diccionario.
– Trabajen con otra pareja y comparen sus recomendaciones. Informen a la clase de sus resultados.

b) En el pleno, discutan sobre las recomendaciones de la clase y sobre las siguientes preguntas.

– ¿Cómo ven ustedes el tema de la basura en su país?
– ¿Qué cosas funcionan bien? ¿Qué cosas se podrían mejorar?
– ¿Qué pasará con la basura en el futuro?

● Pues yo creo que aunque la gente sepa que es importante evitar la basura, no podremos reducirla porque consumimos muchas cosas que no necesitamos… ▲ Sí, tienes razón, mientras la gente no evite… ● Perdona que te interrumpa, pero yo creo que sí hay mucha gente que evita la basura, lo que pasa es que la industria… ● Ya, pero, sin embargo,… mientras no se invierta en la reducción de basura… ▲ Pues yo sugiero que se recicle…

Recuerde

Argumente in einem Text verknüpfen und einen Gegensatz ausdrücken	**Konjunktionen, die einen Gegensatz ausdrücken** ▶ G 6.2
A pesar de que el agua dulce es un recurso natural e imprescindible, su distribución no es equitativa. Hay escasez de agua en muchas regiones del mundo y sin embargo, no la ahorramos. Mientras que en algunas partes de la tierra hay indundaciones, en otras no llueve nunca.	a pesar de (que) *obwohl, trotz, obgleich* sin embargo *aber, dennoch, jedoch, trotzdem* mientras que *während*

Gleichzeitigkeit von Handlungen ausdrücken	*mientras* **+ Indikativ** ▶ G 6.4
Cierra el agua mientras te cepillas los dientes. La gente consume 90 litros de agua al ducharse. Al fregar los platos, no permitas que el agua corra.	mientras + *Indikativ* *während* *al* **+ Infinitiv** ▶ G 1.11 al + *Infinitiv* *als, beim*

Gegensatz oder Widerspruch thematisieren	*aunque* ▶ G 6.2
Aunque España está empezando a buscar soluciones, la situación empeora. Aunque llueva a veces, no terminará la sequía.	*aunque* **+ Indikativ** aunque + *Indikativ* *obwohl* *aunque* **+ Subjuntivo** aunque + *Subjuntivo* *selbst wenn*

Eine Bedingung ausdrücken	*mientras* **+ Subjuntivo** ▶ G 6.5
Mientras no se invierta en la protección del medio ambiente, el desierto crecerá.	mientras + *Subjuntivo* *solange* ❗ **Mientras** und **aunque** stehen mit dem **Subjuntivo**, wenn sich der thematisierte Gegensatz oder die Bedingung auf ein in der Zukunft liegendes Geschehen bezieht oder nur eine Möglichkeit andeutet. Im Hauptsatz steht ein Verb im Futur.

In einem formellen Kontext um etwas bitten, etwas fordern	**Der Gebrauch des Subjuntivo zum Ausdruck einer Bitte oder Forderung** ▶ G 1.6.8
Les ruego (que) pongan lo más pronto posible los contenedores apropiados en nuestro barrio. Exijo que los contenedores se vacíen más a menudo porque cuando están llenos, no se pueden cerrar y apestan. Les pido (que) me contesten lo más pronto posible. Me parece indispensable que empecemos a separar la basura. Es indispensable que haya suficientes contenedores en todos los barrios.	(le, les) ruego (que) exijo que (le, les) pido (que) + *Subjuntivo* es / me parece indispensable que es conveniente que ❗ Im formellen Kontext kann das **que** nach **rogar** und **pedir** auch weggelassen werden.

Wichtige Redemittel zum Verfassen eines formellen Briefes
Quisiera comunicarles que… En espera de su respuesta…

No hay atajo sin trabajo

1

a) Observe estas fotos. ¿Sabe usted a qué se dedican estas dos personas?

b) ¿Qué tienen en común las profesiones de estas dos personas? ¿Hay una que le parezca más interesante? ¿Por qué? Lea y explíquele su decisión a su compañero/-a.

Germán Córdoba

Edad: 59 años. **Profesión:** portero de coches de la puerta de un hotel de lujo. **Jornada:** ocho horas al día. **Ingresos:** 1550 euros más propinas

«Llevo 40 años trabajando en el Hotel Tres Escudos. Las temperaturas no me hacen sufrir, es que con los años me he acostumbrado. Fíjese que nunca he faltado al trabajo, ni una gripe ni un resfriado. Una vez me ofrecieron cambiar de trabajo a un puesto en la recepción, con mejores condiciones laborales, pero no quise. Si me ofrecieran otro trabajo, no lo aceptaría, aunque ganara más. Pienso seguir en mi puesto hasta la jubilación. Lo que más me gusta de este trabajo es conocer a gente famosa.»

Consuelo Morales

Edad: 58 años. **Profesión:** vendedora de la ONCE*. **Jornada:** unas 10 horas al día. **Ingresos:** de 1.200 a 1.800 euros al mes.

«Vendo cupones desde hace 34 años y nunca me han molestado demasiado el frío ni la lluvia. Lo peor de este trabajo es la delincuencia. Ya me han robado tres veces. Una vez hasta la radio portátil se llevaron. Saben que soy ciega y para ellos es trabajo fácil, ¡qué desalmados! Lo mejor de todo es el trato con la gente. Muchos me compran los cupones desde que empecé. Y ya he repartido muchos premios, eso es muy bonito. No cambiaría este trabajo por otro ni aunque fuera más cómodo, ni aunque estuviera mejor pagado.»

* Organizacción Nacional de Ciegos de España

Revista Ocio, 2003

▶ Ü 1–2   **c)** Según estas personas, ¿qué es lo mejor y lo peor de su trabajo? ¿Y del suyo?

a) ¿Cambiarían de trabajo estas dos personas si les ofrecieran otro? Subraye las frases que hablan de eso.

b) Rellene el siguiente cuadro con las formas que faltan.

Imperfecto de subjuntivo Formas regulares			Formas irregulares	
-ar	-er	-ir		
ganar	**ofrecer**	**subir**	**estar**	**ser**
ganara	ofreciera	subiera	estuviera	fuera
ganaras	ofrecieras	subieras	estuvieras	fueras
....	ofreciera	subiera	....	....
ganáramos	ofreciéramos	subiéramos	estuviéramos	fuéramos
ganarais	ofrecierais	subierais	estuvierais	fuerais
ganaran	....	subieran	estuvieran	fueran

c) Observe usted el siguiente cuadro que presenta un truco para recordar el imperfecto de subjuntivo. ¿Sabe de qué forma verbal procede la raíz?

ganar~~on~~	+	**ra**	→	ganara, ganaras …
ofrecier~~on~~	+	**ra**	→	ofreciera, ofrecieras …
fuer~~on~~	+	**ra**	→	fuera, fueras …

a) ¿Y ustedes? ¿Están contentos con su trabajo? ¿Cambiarían de trabajo si les ofrecieran otro? ¿Por qué o por qué no?

● Si te ofrecieran otro trabajo mejor pagado o más cómodo, ¿lo aceptarías o no?
● No, no lo aceptaría, aunque estuviera mejor pagado. ▲ Yo sí, lo aceptaría. ¿Y tú?

b) Lea las siguientes frases y marque cuáles de estas cosas haría y cuáles no. Discuta después con su compañero/-a.

◆ Cambiar de lugar de residencia por un trabajo mejor.

◆ Prestar una importante suma de dinero a un amigo con problemas.

◆ Viajar solo/-a por un país lejano cuya lengua habla bastante bien.

◆ En un caso de emergencia, pedirle a un desconocido usar su teléfono móvil.

◆ Participar en un famoso concurso de la tele.

● ¿Cambiarías de lugar de residencia por un trabajo mejor?
● Sí, si me pagaran… / No, aunque me pagaran…

▶ Ü 3–5

---

3 **Expresar hipótesis o condiciones respecto al futuro**
Si me **ofrecieran** un buen trabajo en otra ciudad, (no) lo **aceptaría**.
No lo **aceptaría, aunque** me **pagaran** muy bien.

4

Estefanía busca trabajo. Lea su currículum vitae y escriba los títulos de los diferentes apartados en los espacios vacíos correspondientes.

Experiencia profesional   Formación académica   Datos personales   Otros datos de interés

ESTEFANÍA SÁENZ DE SANTAMARÍA SÁEZ

....

Nombre y apellidos: Estefanía Sáenz de Santamaría Sáez
Lugar y fecha de nacimiento: Valladolid, 5/08/1972
Dirección: C/ Simón Aranda 9, 2° Izq. 47002 Valladolid
Teléfono: 983 308714 / 636 442863

....

1998–2003   Academia Lavera   Valladolid
Profesora de recuperación de matemáticas
1995–98   Radio Velio   Valladolid
Cajera Dependienta
Venta y asesoramiento de productos y servicios de
telefonía móvil, imagen / sonido y complementos
1991–94   Decoración Santiago Rey   Valladolid
Dibujante técnica (en prácticas)

....

1987. Instituto de Formación Profesional Núñez de Arce   Valladolid
Formación Profesional 2 Dibujo Técnico
1979. Colegio Nicolás Salmerón   Valladolid
Graduado Escolar
FORMACIÓN COMPLEMENTARIA
CAD* y otros programas actuales de dibujo
Tratamiento de texto en el entorno Windows

....

Inglés a nivel medio, hablado y escrito
Facilidad de trato con el público

▶ **Ü 6**   *Computer Assisted Design*

5

¿Qué le aconsejarían a Estefanía para encontrar trabajo, qué debería hacer primero, qué después? ¿Pueden agregar otras posibilidades?

☐ apuntarse al paro
☐ hacer cursos del INEM*
☐ estar atenta a los anuncios de la prensa

☐ escribir a la empresa que le interesa
☐ ....
☐ ....

Instituto Nacional de Empleo de España

● Pues, no sé, yo, en su lugar, primero me apuntaría al paro y después… ● Sí, también podría…

a) Lea esta oferta de trabajo del periódico y resuma las informaciones.

– ¿Quién busca?

....

– Funciones:

....

– ¿Qué busca esta empresa?

Busca gente que tenga, sea... /

Necesita personas que sepan...

....
....
....
....
....
....

b) Busque en el anuncio un sinónimo de las siguientes palabras.

1. Jornada laboral
2. Salario
3. (Se) necesita / (Se) precisa
4. Perfil del candidato / Se requiere

MOBILÍNEA S.A.
Mobiliario de oficina

BUSCA
Dibujante Técnico /a
para su **departamento de diseño** en Valladolid

REQUISITOS
– Formación Profesional (FP2) de Dibujo Técnico
  o Diplomatura de Diseño
– Dominio de CAD y programas actuales de dibujo
– Experiencia mínima de un año como dibujante
– Flexibilidad de horarios de trabajo
– Capacidad de trabajo en equipo
– Inglés a nivel medio, escrito

SE OFRECE
– Remuneración adecuada al puesto
– Clima de trabajo agradable

Interesados enviar CV con fotografía reciente a:
Avda. Santander, 56
47010 Valladolid. Ref. MQ-1199

---

c) ¿Cree usted que este puesto podría ser de interés para Estefanía? ¿Por qué? Explíquele su decisión a su compañero/-a.

▶ Ü 7

7

Al buscar un nuevo trabajo, ¿qué esperan ustedes del puesto, de la empresa y de sus futuros compañeros?

– Espero que mi trabajo / la empresa sea / tenga…
– Espero que mis compañeros sean…

▶ Ü 8–10

---

a) En un programa de la radio se habla sobre un fenómeno de la sociedad española. ¿Sabe usted cuál? Escuche.

2.10

b) En las siguientes frases se mencionan algunas de las causas de este fenómeno. Lea, vuelva a escuchar y marque las que Pilar menciona.

◆ Mientras no tienen un trabajo estable, para las parejas jóvenes es demasiado caro pagar un piso alquilado.
◆ En España es normal que los jóvenes se queden en casa mientras estudian.
◆ Algunos se van de casa pero vuelven porque no tienen trabajo estable.
◆ Muchos jóvenes prefieren gastar el dinero en vacaciones o en un coche nuevo.

c) ¿Existe este fenómeno en su país?

Estefanía ha escrito una carta de presentación. Rellénela con las siguientes expresiones.

| concierten | Atentamente | Les envío adjunto | Estimados señores | Espero consideren |

Estefanía Sáenz de Santamaría S.
C/ Simón Aranda 9, 2° Izq. 47002
Teléfono: 983 308714 / 636 442863

Valladolid, 09/12/2003

Mobilínea S.A.
Avda. Santander, 56
47010 Valladolid.
Ref. MQ-1199

....:

.... mi currículum vitae con motivo del anuncio aparecido en el periódico El Norte de Castilla con fecha del 06/12/2003 en el que solicitaban un/a dibujante técnico/-a. Considero que mi candidatura les puede resultar interesante porque reúno todos los requisitos del puesto. Además, quisiera añadir que me interesa mucho el diseño de muebles y que sus productos me parecen muy atractivos.

.... mi currículum vitae y .... una entrevista próximamente.

....,

Estefanía Sáenz de Santamaría S.

▶ **Ü 11**

10

2.11

a) Varias personas han llamado a Estefanía. Como ella no estaba en casa, han hablado con su madre. ¿Quién de estas personas ha dicho qué? Escuche y relacione.

1. Elena
2. Empleada de la Oficina de Empleo
3. Jesús Sánchez de la empresa Línea
4. El servicio técnico de Nokia

a. Dígale que llame urgentemente.
b. No podré ir al cine. (...) Llamaré el lunes.
c. (...) que pase a recoger su teléfono móvil.
d. ¿Puede decirle que pase por nuestras oficinas el lunes entre las diez y las dos para la entrevista?

b) ¿En cuál de estas frases se transmite una información, en cuáles una orden / un ruego? ¿Cómo reconoce usted la diferencia?

> **9** Escribir una carta de presentación / una carta comercial
> **Saludo:** Estimado/-a Sr./Sra.; Estimados señores; Señor; Señora; Señores
> **Despedida:** (Le/s saluda) Atentamente, Un cordial saludo,
> **Otras fórmulas:** Les envío adjunto...   Espero consideren mi currículum...
> Espero concierten una entrevista próximamente.

Éstos son los recados que ha escrito la madre de Estefanía. En dos de ellos hay errores. ¿Sabe usted en cuáles? Lea.

Ha llamado una señora de la Oficina de Empleo. Dice que llames urgentemente.

El servicio técnico de Nokia dice que pases a recoger tu móvil. ¡Menos mal!

Jesús Sánchez, de la empresa Línea, ha dicho que pases por su oficina el lunes, entre las 10 y 12, para hacer la entrevista. Y que si no puedes ir, que lo llames.

Ha llamado Elena. Dice que no podrá ir el miércoles al cine contigo, pero que te llamará el lunes.

a) Al día siguiente, Estefanía llama a su madre. ¿Sabe usted por qué? Escuche.

2.12

b) La madre le cuenta a Estefanía lo que dijeron las personas que llamaron ayer. Lea estas frases y compare con las notas de arriba. ¿Qué cambios nota usted?

– Por cierto, ayer llamó el señor del servicio técnico de Nokia y dijo que pasaras a recoger tu móvil.

– Llamó Elena y dijo que no podría ir al cine contigo y que te llamaría el lunes.

– El Sr. Jesús Sánchez dijo que pasaras el lunes entre 10 y 2 por su oficina y que lo llamaras si no podías ir.

– Y también llamaron de la Oficina de Empleo. La señora dijo que la llamaras urgentemente.

▶ **Ü 12**

12 b) Transmitir recados	**Estilo directo**	**Estilo indirecto**	**Cambio en los tiempos / modos**
Informaciones	«No podré ir al cine.»	Dijo que no podría ir al cine.	futuro simple → condicional
Órdenes, ruegos, peticiones	«Dígale que me llame cuando llegue.» «Llámame cuando llegues.»	Dijo que (lo / la) llamara/s cuando llegara/s.	imperativo / subjuntivo → imperfecto de subjuntivo

13

a) Jaime, un compañero de trabajo, le deja a usted la siguiente nota. ¿Qué le pasa? Lea.

b) El jefe no tiene tiempo para hablar con usted. Escríbale una nota con el recado de Jaime.

«Sr. González:
Jaime me comunicó ayer que hoy…»

c) Intercambien sus mensajes y corríjanlos en parejas.

▶ Ü 13

> ¡Hola!
>
> Mañana no podré venir a trabajar por motivos de salud. Por favor, dile al jefe que me disculpe y que lo llamaré por la tarde. Y que no se preocupe por el contrato del cliente alemán, que ya está todo solucionado. Y por favor, contesta a mi teléfono y a mi correo electrónico. ¡Gracias!
>
> Jaime

14

Y ahora, ¡publiquen una *bolsa de trabajo* de la clase! Sigan estas instrucciones.

– En parejas. Entre los siguientes trabajos, escojan uno que les parezca interesante, raro o divertido. Pueden agregar otro.

paseador/a de perros	político/-a	afinador/a de pianos	peluquero/-a de perros
presentador/a de la tele		....	

– ¿Qué requisitos se necesitan para un trabajo como ése? Escriban una oferta de trabajo siguiendo el modelo de la derecha.
– Publiquen sus ofertas en la *bolsa de trabajo* de la clase.
– En parejas, lean las ofertas y decidan a cuál de ellas quieren enviar un currículum y una carta de presentación.
– Escriban un currículum y una carta. De ser necesario, consulten el diccionario.
– Intercambien sus cartas y sus currículums con otra pareja.
– Léanlos y respondan a las siguientes preguntas:
  1. ¿Saben ustedes a qué oferta han escrito sus compañeros?
  2. ¿Creen que el perfil reúne los requisitos de la oferta de trabajo? ¿Por qué?
– Informen después a los demás. ¿Ha habido una oferta favorita de la clase? ¿Por qué?

SE BUSCA

SE BUSCA

REQUISITOS

SE BUSCA

REQUISITOS

REQUISITOS

SE OFRECE

SE OFRECE

SE OFRECE

Interesados enviar CV a:
Ref. ....

¿Le interesa saber la correspondencia alemán-español de formaciones y profesiones? Entre aquí.

Recuerde

Hypothesen oder Bedingungen für einen Sachverhalt in der Zukunft ausdrücken

Si me ofrecieran un puesto mejor pagado en otra ciudad, lo aceptaría.

No lo aceptaría, aunque me pagaran muy bien.
Si tuviera un buen trabajo, no buscaría más.

Der irreale Bedingungssatz ▶ G 1.8.3

Nebensatz	Hauptsatz
si + Subjuntivo Imperfekt	*Konditional*
si me ofrecieran…	aceptaría
aunque + Subjuntivo Imperfekt	*Konditional*
aunque me pagaran…	no lo aceptaría

Der *Subjuntivo Imperfekt* ▶ G 1.8.1
– regelmäßige Verben:

-ar	-er	-ir
gan**ara**	ofrec**iera**	sub**iera**
gan**aras**	ofrec**ieras**	sub**ieras**
gan**ara**	ofrec**iera**	sub**iera**
gan**áramos**	ofrec**iéramos**	sub**iéramos**
gan**arais**	ofrec**ierais**	sub**ierais**
gan**aran**	ofrec**ieran**	sub**ieran**

– unregelmäßige Verben: ▶ G 1.8.2

estar	**ser**
estuviera	fuera
estuvieras	fueras
estuviera	fuera
estuviéramos	fuéramos
estuvierais	fuerais
estuvieran	fueran

Wichtige Redemittel zum Verfassen eines Bewerbungsschreibens oder eines formellen Briefes
Estimado Señor: / Estimada Señora:
Estimados señores:
Señor: / Señora: / Señores:
Atentamente, / Le(s) saluda atentamente,
Un cordial saludo,
Les envío adjunto…
Espero consideren mi currículum.
Espero concierten una entrevista próximamente.

Eine telefonische oder schriftliche Nachricht wiedergeben
– Informationen über ein zukünftiges Geschehen:
«No podré ir a trabajar mañana.»
> Dijo que no podría ir a trabajar hoy.

– Bitten und Aufforderungen:
«Dígale que me llame.»
«Dile que me llame cuando llegue.»
«Llámame cuando vuelvas.»

Indirekte Rede, Zeitenfolge (3) ▶ G 8.2

Hauptsatz		Nebensatz
Indefinido		*Konditional*
dijo, dije	que	podría, llamaría…
Indefinido		*Subjuntivo Imperfekt*
dijo, dije	que	lo/la llamara(s)
		lo/la llamaras cuando volvieras

⚠ Steht im Hauptsatz der indirekten Rede ein *Indefinido*, so folgt im Nebensatz ein *Konditional*, wenn in der direkten Rede Futur verwendet wird. Bei Bitten und Aufforderungen, die in der direkten Rede im Imperativ oder *Subjuntivo Präsens* formuliert werden, steht in der indirekten Rede der *Subjuntivo Imperfekt*.

Gota a gota

a) Observe usted esta foto. ¿Se puede imaginar para qué sirve este *aparato*?

b) Lea este artículo, subraye las informaciones más importantes y escriba después un corto resumen en su cuaderno.

Atrapanieblas en Chile:

A la caza de las gotas de agua

Los atrapanieblas de Chile son un invento simple y muy efectivo. ¿Qué hace un atrapanieblas? Atrapar las microscópicas gotas de agua que contiene la denominada «camanchaca» o niebla característica de la costa. Algo no despreciable cuando se trata de facilitar la vida en comunidades que no tienen acceso al agua potable y que ven impotentes cómo crece contínuamente el desierto.

El aprovechamiento de las nieblas costeras data de hace unos 5 mil años. Ya en aquella época se recolectaban las gotas de agua que dejaba la niebla en árboles y plantas.

¿Cómo funciona un atrapanieblas?
El panel de un atrapanieblas está formado por una malla muy tupida. Cuando hay camanchaca, cada metro de malla puede atrapar de 4 a 15 litros diarios.

Chungungo, un pueblo que revivió
Cuenta la historia que Chungungo era uno de esos típicos poblados de pescadores que hay en el norte chileno, donde es característica la falta de acceso al agua potable. Cerca de un tercio de sus habitantes había abandonado el pueblo buscando mejores perspectivas de vida. Era lógico, porque la vida diaria se hacía difícil, dependiendo sólo del agua transportada por un camión municipal que establecía una cuota semanal de 200 litros por familia.
En 1980 se instalaron los primeros atrapanieblas en este pueblo. Actualmente existen 85 y su »producción« llega a los 300 mil litros mensuales de agua (equivalentes al transporte de 30 camiones). Con el agua llegó la electricidad, y mucha de la gente que se había ido del pueblo regresó porque existían las condiciones para tener una mejor calidad de vida en él: las mujeres pueden salir a trabajar, hay mejores estándares de higiene y los habitantes pueden comer sus propias verduras.

Texto adaptado de Patricia Peña, Organización de Estados Iberoamericanos (OEI) para la Educación, la Ciencia y la Cultura: Servicio Informativo Iberoamericano

Empresas excepcionales

a) ¿Conoce usted los zapatos de la empresa Camper? ¿Sabe cómo son?

b) El siguiente artículo dice que la conocida empresa expañola es excepcional.
¿Por qué? ¿Cuál es su secreto? Lea.

Camper, zapateros con alma

Desde su pequeña sede en el pueblo de Inca, al pie de la sierra mallorquina, Camper, empresa internacionalmente conocida en el reino del calzado, suministra de zapatos inno-
5 vadores a todo el mundo.

La personalidad del producto, su éxito, es que está ligado a la tierra que le vio nacer, en 1975, en pleno comienzo de la democracia española, en el seno de una familia mallor-
10 quina de larga tradición zapatera. Lorenzo Fluxá decidió romper con la línea clásica familiar y crear algo totalmente nuevo: lanzar al mercado una línea de diseño inspirada en el calzado del campo.

15 «Somos campesinos», que es la traducción de 'camper' del mallorquín al castellano, «somos una empresa del mundo rural dirigida al mundo urbano y global», dice Fluxá. El 60% de la producción de Camper se realiza en
20 fábricas de Mallorca, y el resto en otras fábricas de la Península, o en empresas italianas, portuguesas y marroquíes.

En Camper, todo es español. El logotipo, los diseños de las tiendas (fueron las primeras
25 zapaterías que introdujeron el autoservicio como forma de venta), las campañas publicitarias, la producción y hasta las bolsas y cajas decoradas tienen sello local. «Nosotros no adaptamos nuestros productos a los gustos
30 específicos de cada país», dice Fluxá. «Nos dirigimos a gente que, aun siendo de diferentes países, tienen los mismos intereses, gente que aprecia la libertad, la estética, la comodidad…».

35 En el mundo matemático y frío de los negocios, la filosofía de esta empresa es una excepción. El presidente, Fluxá, es un «hippy» admirado por los suyos. Todos los directivos de esta empresa tienen prohibido ser imperti-
40 nentes con los subordinados. Creen que cuanto más contentos estén los empleados, mejor será su labor y más rentable resultará el negocio.

«El secreto de Camper es que tiene alma y un
45 gran equipo humano», resume Lorenzo Fluxá. Casi 30 años después de su fundación, un equipo de diseño, economía, producción y publicidad compuesto por unas 80 personas trabaja sin descanso para seguir creciendo en
50 un mercado exterior, que ya supone el 70% de sus ventas.

Muchos modelos de zapatos Camper son unisex y los tacones de los zapatos de mujer nunca superan los cinco centímetros. Y es que
55 «los zapatos son la cama del cuerpo y ante todo tienen que ser confortables».

c) Formule usted cinco preguntas sobre el contenido de este artículo.

d) ¿Conoce usted una empresa que tenga un *espíritu* parecido? ¿Cómo se llama?

11 Sonrían, por favor...

1

a) ¿Qué importancia tiene la risa en su vida? ¿En qué situaciones se ríe usted?

b) ¿Dónde cree usted que están estas personas? ¿Qué hacen?

2.13

c) Escuche y compruebe.

2

a) Lea este anuncio. ¿Le gustaría a usted participar en un curso de risoterapia?

INFÓRMATE

SOMOS LA PRIMERA Y ÚNICA ESCUELA DE DINÁMICA - TERAPIA DE LA RISA

SALUD INTELIGENTE

SALUD INTELIGENTE
c/ Vallirana 15
08006 BARCELONA
Tel. 93 415 37 48

- Sesiones y talleres semanales
- Convivencias de fin de semana
- Nos desplazamos por toda España para grupos concertados

FORMACIÓN DE MONITORES
- Cursos en 4 fines de semana (1 al mes)
- Intensivo de verano (del 15 al 29 de julio)

No tenemos ninguna sucursal

www.risa-saludinteligente.com ● info@risa-saludinteligente.com

b) Usted desea informaciones adicionales sobre la *risoterapia* y los cursos que ofrece la escuela. Prepare sus preguntas por escrito.

▶ Ü 1–2

3

2.14

a) Un interesado ha leído el anuncio de la página anterior y llama por teléfono para informarse. ¿Hace él las mismas preguntas que las de la clase? Escuche y compare.

b) Lea estas frases, vuelva a escuchar y marque lo que dice Mari Cruz sobre la importancia de la risa en la vida.

◆ 1. Si la gente se riera más, vería la vida de otra forma, todos estaríamos a gusto y seguro que nadie querría irse a la guerra.

◆ 2. Lo más importante es reírse: da igual si nos reímos de alguien o con alguien.

▶ **Ü 3–4**

c) ¿Está usted de acuerdo con lo que dice Mari Cruz? Discutan.

● Pues yo (no) estoy de acuerdo con lo que dice… ● Yo sí / no / también / tampoco…

4

¿Cuáles de estas preguntas sirven para pedir información de forma amable? Marque.

◆ ¿Sabe usted / sabes si…?
◆ Me gustaría saber cuánto…

◆ Podría usted / podrías decirme si…
◆ Quiero saber a qué hora empieza el curso.

▶ **Ü 5**

5

a) En parejas, *A/B. A* llama por teléfono a una escuela de lenguas en Sevilla para informarse. *B* le da las informaciones.

A

Usted quiere hacer un curso de español de dos semanas en Sevilla. Llame y pida información sobre…

– el precio según temporadas (alta / baja)
– qué servicios están incluidos en el precio
– el horario de las clases
– el tamaño de los grupos
– el tipo de alojamiento
– el programa cultural

B

Usted trabaja en la Escuela de Idiomas «Hispania» en Sevilla. Los cursos de español de dos semanas cuestan 350 € en la temporada baja (de octubre a abril) y 400 € en la alta (de mayo a septiembre). El vuelo no está incluido. El horario de las clases es de lunes a viernes, de 9:30 h a 13 h. Los grupos son pequeños (máximo 8 participantes). El alojamiento puede ser en una familia o en una pensión que está cerca de la escuela. Una habitación individual cuesta 5 € extra al día. Por las tardes y los fines de semana hay un programa cultural incluido en el precio: museo, cine, flamenco.

b) Informen después a los demás si al que ha pedido información le gustaría hacer un curso en esa escuela y por qué.

---

5 Pedir información de forma amable

Quisiera / Me gustaría saber si / a qué hora / cuándo / cuánto / dónde…

¿Podría/s decirme
¿Puede/s decirme } si / a qué hora / cuándo / cuánto / dónde…?
¿Sabe/s

6

2.15

a) ¿Les gustaría moverse y reírse un poco? Pónganse todos de pie, escuchen las instrucciones y hagan mímica.

b) ¿Qué otras cosas se les ocurren? Terminen las siguientes frases, léanselas a los demás y éstos harán mímica.

Haz como si estuvieras muy *nervioso/-a.*
Habla como si fueras / estuvieras…

▶ **Ü 6–7** Camina como si…

7

a) Otra forma de hacer reír a alguien es contarle un chiste. ¿Cuál/es de éstos entiende? ¿Hay uno que ya conoce? ¿Cuál le parece más gracioso? Lea.

● ¡Camarero, ya le he pedido cien veces un vaso de agua!
● ¡Cien vasos de agua para el señor!

● Oye, ¿sabes cómo se llaman los habitantes de San Francisco?
● Hombre, pues todos no.

? ¿Que hay peor que encontrarse un gusano* en una manzana?
! Encontrarse medio.

* *Wurm*

Dos colegas hablando:
● ¡Mira Manolo! ¡Una mujer con bigote!
● Calla, estúpido, que es mi madre.
● Pues, qué bien le queda, tío*.

* *Mann, Junge*

? ¿Qué le dice Tarzán a un ratón[1]?
! ¡Tan pequeño y con bigote!
? ¿Y qué le dice el ratón a Tarzán?
! ¡Tan grandote y con pañal[2]!

[1] *Maus* [2] *Windel*

b) ¿Sabe algún chiste corto en su lengua? En parejas, intenten escribir uno en español. Publiquen después los chistes en una *página del humor* de la clase.

¿Le gustaría leer otros chistes en español? Entre aquí.

6 b) Expresar una comparación irreal
Habla (tú) **como si estuvieras** nervioso/-a. El chico camina **como si tuviera** mucha prisa.

a) En parejas. Miren las viñetas de este cómic. ¿Qué relación hay entre estos dos hombres?

la tos convulsa: *Keuchhusten*; la viruela: *Windpocken*

© *Joaquín S. Lavado, Quino*

b) ¿Dónde va a comenzar a trabajar el señor de la derecha? ¿Qué puesto cree usted que tendrá a partir de mañana?

● Pues puede ser que / tal vez / quizás…

9   Ésta es la última viñeta del cómic. ¿Qué le parece este final?

© Joaquín S. Lavado, Quino

Quino (Joaquín Salvador Lavado, *1932) es uno de los humoristas más queridos del mundo hispanohablante. El dibujante argentino, que según cuenta él, descubrió su vocación cuando tenía 3 años viendo dibujar a su tío, ha sabido analizar su tiempo y la naturaleza humana de una forma muy crítica y a la vez tierna, ganándose el corazón de millones de lectores en todo el mundo. Quino, que siempre ha defendido al pueblo, critica sutilmente las estructuras del poder con sus viñetas y siempre ha trabajado «con la ilusión de que sirvan para cambiar algo, aunque sea un poco.»

▶ Ü 8–9

¿Desea saber más sobre Quino, su vida y su obra? Entre aquí.

10   **a)** Si pudiera usted vivir nuevamente su vida, ¿qué haría, qué cambiaría? ¿Se tomaría las cosas con más o con menos seriedad? Agregue dos frases por escrito.

Si pudiera vivir nuevamente mi vida,
me tomaría las cosas con más calma,
y con menos seriedad,
trabajaría menos,

...

b) Recojan todas las frases de la clase y escriban un poema entre todos. ¿Es un poema triste o más bien alegre? ¿Qué título le pondrían?

a) Lea el siguiente poema. ¿Le gusta? ¿Con qué cosas se identifica usted? ¿Por qué?

Instantes

Si pudiera vivir nuevamente mi vida,
en la próxima trataría de cometer más errores.
No intentaría ser tan perfecto, me relajaría
más.
Sería más tonto de lo que he sido,
de hecho tomaría muy pocas cosas con
seriedad.
Sería menos higiénico.

Correría más riesgos,
haría más viajes,
contemplaría más atardeceres[1],
subiría más montañas,
nadaría más ríos.

Iría a lugares adonde nunca he ido,
comería más helados y menos habas[2],
tendría más problemas reales y menos
imaginarios.

Yo fui una de esas personas que vivió sensata[3]
y prolíficamente[4] cada minuto de su vida;
claro que tuve momentos de alegría.

Pero si pudiera volver atrás trataría
de tener solamente buenos momentos.
Por si no lo saben, de eso está hecha la vida,
sólo de momentos; no te pierdas el ahora.

Yo era uno de esos que nunca
iban a ninguna parte sin un termómetro,
una bolsa de agua caliente,
un paraguas y un paracaídas[5];
si pudiera volver a vivir, viajaría más liviano.

Si pudiera volver a vivir
comenzaría a andar descalzo a principios
de la primavera
y seguiría así hasta concluir el otoño.

Daría más vueltas en calesita[6],
contemplaría más amaneceres[7]
y jugaría con más niños,
si tuviera otra vez la vida por delante.

Pero ya ven, tengo 85 años y sé que me estoy
muriendo.

[1] *Abenddämmerung;* [2] *Bohnen;* [3] *vernünftig;* [4] *fruchtbar, produktiv;* [5] *Fallschirm;* [6] *Karussell;* [7] *Dämmerung, Tagesanbruch*

b) ¿En qué se parecen o se diferencian los sueños de la clase y los del poeta? ¿Qué partes del poema le hacen sonreír a usted? ¿Y a su compañero/-a?

▶ **Ü 10–13**

a) De las pintadas de este *muro*, ¿cuál es la que más le gusta? Lea.

Revista Ragazza, 03/2003

b) ¿Dónde se pueden leer pintadas como éstas? ¿Recuerda alguna que le haya gustado mucho o preferiría inventar una? Escríbala. De ser necesario, consulte el diccionario.

▶ **Ü 14**

c) Recojan las pintadas de la clase y publíquenlas en un *muro* parecido al de esta página.

Recuerde

Höflich um eine Information bitten

Me gustaría saber si hay cursos intensivos en su escuela.
Quisiera saber cuánto cuestan los cursos.
¿Podría decirme a qué hora empiezan las clases?
¿Sabes dónde tengo que informarme?

Verwendung des Konditional zur Äußerung einer höflichen Bitte ▶ G 1.3.3

Me gustaría saber…
¿Podría/s…?
Quisiera saber…

! Die Form **quisiera**, *Subjuntivo Imperfekt* des Verbs **querer**, ersetzt in den meisten Fällen die Konditionalform **querría**.

Einen irrealen Vergleich ausdrücken

Gasta el dinero como si fuera rico.
Habla como si estuviera muy nerviosa.
Haz como si tuvieras mucha prisa.

como si + Subjuntivo Imperfekt ▶ G 1.8.3

como si   als ob

! Nach **como si** steht immer der *Subjuntivo Imperfekt*, weil die Handlung des Nebensatzes als nicht wirklich angesehen wird.

Wichtige Verben ▶ G 9

tener > tuviera, tuvieras … (*Subjuntivo Imperfekt*)

Un paseo por Granada

1

a) Hay un refrán que dice «Quien no ha visto Granada, no ha visto nada». ¿Conoce usted esta ciudad? ¿Sabe por qué dice eso el refrán?

b) Esta página web ofrece información sobre La Alhambra de Granada. ¿A qué época histórica se refiere?

c) Lea estas frases, después el texto y escriba entonces a qué año o época se refieren cada una de estas informaciones.

Año(s)

1. Boabdil, el último gobernante musulmán, nació en la Alhambra. ....

2. El sultán luchó diez años contra los cristianos, sin esperanza de éxito. ....

3. Boabdil firmó la capitulación en esta fecha, después de ocho siglos de ....
   presencia árabe en España.

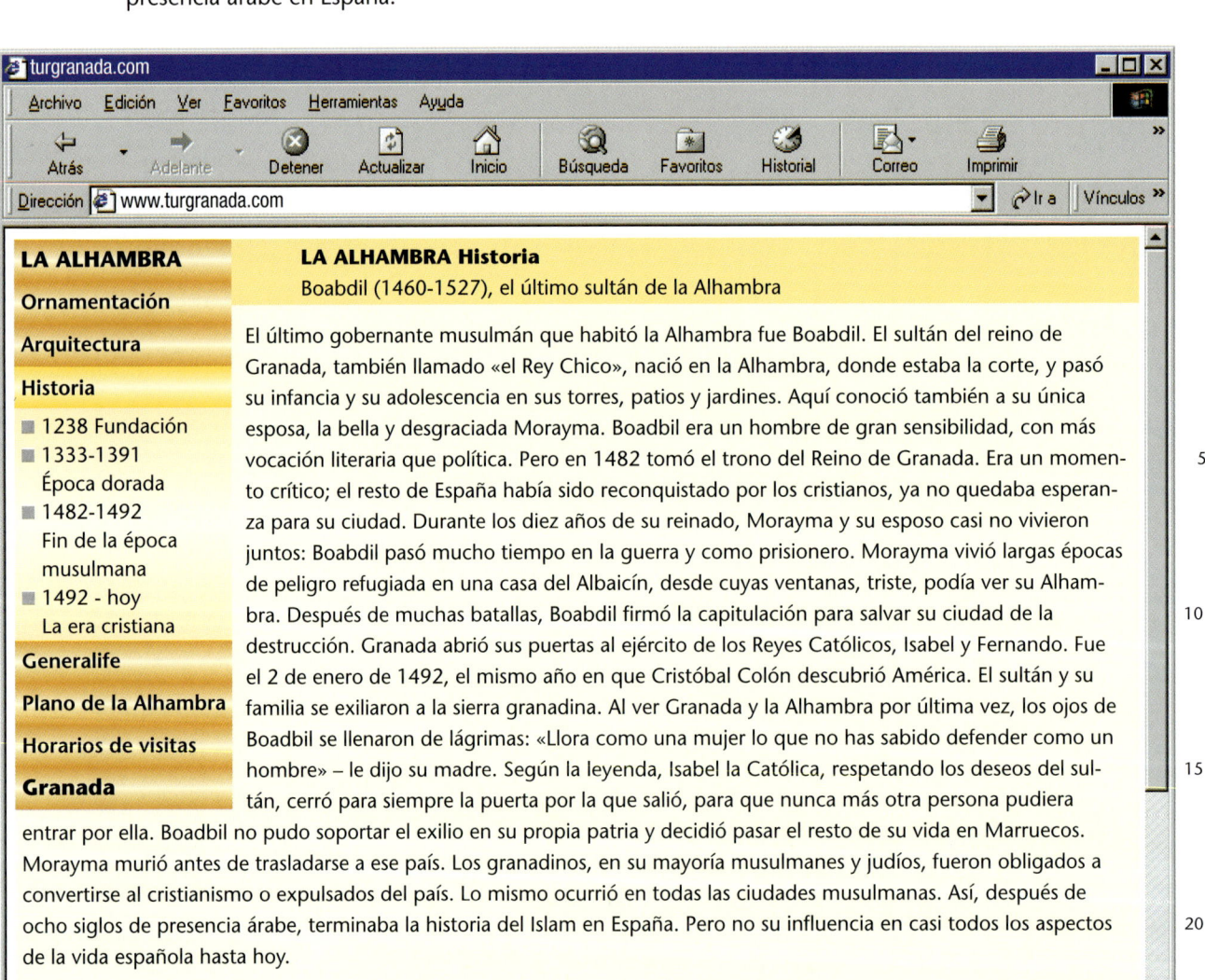

turgranada.com

Archivo   Edición   Ver   Favoritos   Herramientas   Ayuda

Atrás   Adelante   Detener   Actualizar   Inicio   Búsqueda   Favoritos   Historial   Correo   Imprimir

Dirección www.turgranada.com   Ir a   Vínculos »

LA ALHAMBRA

Ornamentación

Arquitectura

Historia

■ 1238 Fundación
■ 1333-1391
  Época dorada
■ 1482-1492
  Fin de la época
  musulmana
■ 1492 - hoy
  La era cristiana

Generalife

Plano de la Alhambra

Horarios de visitas

Granada

LA ALHAMBRA Historia

Boabdil (1460-1527), el último sultán de la Alhambra

El último gobernante musulmán que habitó la Alhambra fue Boabdil. El sultán del reino de Granada, también llamado «el Rey Chico», nació en la Alhambra, donde estaba la corte, y pasó su infancia y su adolescencia en sus torres, patios y jardines. Aquí conoció también a su única esposa, la bella y desgraciada Morayma. Boabdil era un hombre de gran sensibilidad, con más vocación literaria que política. Pero en 1482 tomó el trono del Reino de Granada. Era un momento crítico; el resto de España había sido reconquistado por los cristianos, ya no quedaba esperanza para su ciudad. Durante los diez años de su reinado, Morayma y su esposo casi no vivieron juntos: Boabdil pasó mucho tiempo en la guerra y como prisionero. Morayma vivió largas épocas de peligro refugiada en una casa del Albaicín, desde cuyas ventanas, triste, podía ver su Alhambra. Después de muchas batallas, Boabdil firmó la capitulación para salvar su ciudad de la destrucción. Granada abrió sus puertas al ejército de los Reyes Católicos, Isabel y Fernando. Fue el 2 de enero de 1492, el mismo año en que Cristóbal Colón descubrió América. El sultán y su familia se exiliaron a la sierra granadina. Al ver Granada y la Alhambra por última vez, los ojos de Boabdil se llenaron de lágrimas: «Llora como una mujer lo que no has sabido defender como un hombre» – le dijo su madre. Según la leyenda, Isabel la Católica, respetando los deseos del sultán, cerró para siempre la puerta por la que salió, para que nunca más otra persona pudiera entrar por ella. Boabdil no pudo soportar el exilio en su propia patria y decidió pasar el resto de su vida en Marruecos. Morayma murió antes de trasladarse a ese país. Los granadinos, en su mayoría musulmanes y judíos, fueron obligados a convertirse al cristianismo o expulsados del país. Lo mismo ocurrió en todas las ciudades musulmanas. Así, después de ocho siglos de presencia árabe, terminaba la historia del Islam en España. Pero no su influencia en casi todos los aspectos de la vida española hasta hoy.

5

10

15

20

2

¿A qué parte del texto se refiere esta foto?

Vista de La Alhambra desde el Barrio Albaicín

3

a) ¿Qué significan estas palabras? Lea de nuevo el texto anterior y relacione.

☐ gobernante ☐ desgraciado/-a ☐ infancia ☐ vocación ☐ adolescencia
☐ batalla ☐ refugiado/-a ☐ soportar ☐ defender

a. verteidigen   b. aushalten   c. Jugend   d. Berufung, Bestimmung   e. Kindheit
f. unglücklich   g. Schlacht   h. Herrscher   i. geflüchtet, Schutz suchend

b) En parejas. ¿En qué contexto aparecen estas palabras en la página web? Formulen frases.

El sultán Boabdil fue el último *gobernante* del reino musulmán. Morayma, su esposa, era una mujer triste y *desgraciada*…

4

Escriba dos frases verdaderas y dos falsas sobre el texto de Boabdil. Léaselas a su compañero/-a. ¿Sabe él o ella cuáles son correctas y cuáles incorrectas?

▶ Ü 1–3

La Alhambra, denominada así por sus muros de color rojizo («al-Hamra'», «la roja»), está situada en lo alto de una colina desde la que se divisa la ciudad de Granada. La época de esplendor de esta ciudad amurallada, dentro de la que se encuentran varios palacios de diferentes épocas, fueron los siglos XII-XV, durante los que habitaron en ella los gobernantes de la dinastía nazarí. Boadbil fue el último rey nazarí de España. La Alhambra ha sido declarada Patrimonio de la Humanidad por la UNESCO.

¿Quiere conocer mejor la Alhambra? Entre aquí.

5 ¿Sabe usted qué cosas, conocimientos, palabras, etc. heredó el mundo occidental de la cultura árabe? ¿Y España en concreto?

6 **a)** En este fragmento de un folleto informativo se habla sobre la influencia de la cultura árabe en el mundo. Léalo y escriba las siguientes palabras donde correspondan.

> bibliotecas   concepción urbanística   buenos modales   poesía   sistemas de riego
> obras   frutas   matemáticas

La herencia árabe

Ciencias

Los gobernantes de Al–Ándalus eran amantes del saber. En sus cortes se tradujeron las .... de los filósofos griegos, sobre todo de Aristóteles, que empezaron así a difundirse en Europa. También crearon .... privadas y públicas y construyeron mezquitas y madrazas, es decir, escuelas superiores. Los tratados de historia y geografía, de música, de ...., botánica, astronomía y medicina, mucho más avanzados que los europeos de la época, siguieron siendo material de estudio hasta el siglo XVII para sabios como Miguel Servet, Copérnico o Galileo.

Urbanismo, técnica y agricultura

La infraestructura de las ciudades árabes, con un alumbrado y un alcantarillado bien organizados (hablamos de los siglos IX y X) influyeron mucho en la .... de los siglos posteriores en Europa, mucho más atrasada. También la agricultura se desarrolló enormemente gracias a los nuevos .... y a la introducción de nuevas plantas y .... como la berenjena, la alcachofa, la endibia, el espárrago, el melón, la granada y muchas más.

Arte y estética

La prosa y la .... fueron dos disciplinas altamente valoradas por los andalusíes.
Los .... en la mesa, la comodidad, la decoración refinada de las habitaciones con bellísimos azulejos y alfombras, la costumbre del baño, influyeron en Europa a través de España.

b) ¿Qué informaciones del artículo son nuevas para usted? ¿Qué sabía ya?

c) ¿Qué palabra de origen árabe ilustra la foto?

a) ¿Cuáles de estas palabras de origen árabe conoce usted? Subráyelas. ¿Qué tienen en común la mayoría de ellas?

☐ almanaque ☐ cero ☐ alfombra ☐ algodón ☐ baño

☐ naranja ☐ café ☐ aceite / aceituna ☐ alcantarillado

☐ azafrán ☐ alcachofa ☐ azulejo ☐ álgebra

b) ¿A cuál de los tres campos de influencia árabe corresponde cada una de estas palabras? Escriba el número, según corresponda. (Puede haber repeticiones.)

1. Ciencias   2. Urbanismo, técnica y agricultura   3. Arte y estética   ▶ Ü 4

a) Hay algunas cosas de Granada que no han cambiado con los años. ¿Cuáles? Lea otro extracto del folleto informativo y elija las frases que faltan.

1. que siguen habitando hoy el Sacromonte y también otros barrios de la ciudad
2. que sigue ofreciendo en sus bares las mejores tapas de Andalucía
3. que sigue siendo un ejemplo de convivencia

Granada, vocación multicultural ◆◆◆◆◆◆◆◆◆◆◆◆◆◆◆◆◆◆◆◆◆◆

Granada, con su población, su arquitectura y su particular forma de vida, es el resultado de la mezcla de las culturas que florecieron en ella a lo largo de la historia: los pobladores ibéricos, el sofisticado imperio romano, los visigodos, los musulmanes de diferentes razas y pueblos, que convivieron más o menos pacíficamente con judíos y cristianos durante ocho siglos. A todos ellos se sumaron en el siglo XVI, procedentes de la India, los gitanos, ☐ sin cuyo más importante aporte cultural, el flamenco, no podemos ya imaginar Granada ni Andalucía. Y no termina ahí la historia multicultural de esta ciudad, ☐. Granada es una de las ciudades de España que más turistas recibe al año y, además, una ciudad eminentemente universitaria, en la que cursan estudios miles de estudiantes de todo el mundo. Muchos de estos extranjeros, cariñosamente llamados *guiris* por los granadinos, se quedan a vivir y pasan a formar parte de la mágica diversidad de Granada.

b) ¿Cómo se expresan las frases de arriba en su lengua?

c) ¿Qué características de su ciudad / pueblo natal siguen siendo iguales a través de los años?

pequeño   metrópolis   centro cultural   contaminado   universitario
turístico   grande   tranquilo   multicultural   industrial

● Mi pueblo sigue siendo muy tranquilo…   ● Ah, ¿sí? Pues mi ciudad sigue siendo muy turística …   ▶ Ü 5–7
◆ Y la mía sigue teniendo un puerto muy importante…

8 **Expresar continuidad**
Hamburgo **sigue siendo** una ciudad multicultural / **sigue teniendo** un puerto muy…

9

2.16

a) Mire estas fotos hechas por un grupo de visitantes durante una ruta guiada por el barrio granadino de El Albaicín. ¿Qué le sugieren?

b) Escuche lo que dice el guía durante la ruta guiada y escriba en cada casilla del plano el número de la foto correspondiente.

1. *Jardines del Generalife*

2. *Monumento de Isabel la Católica*

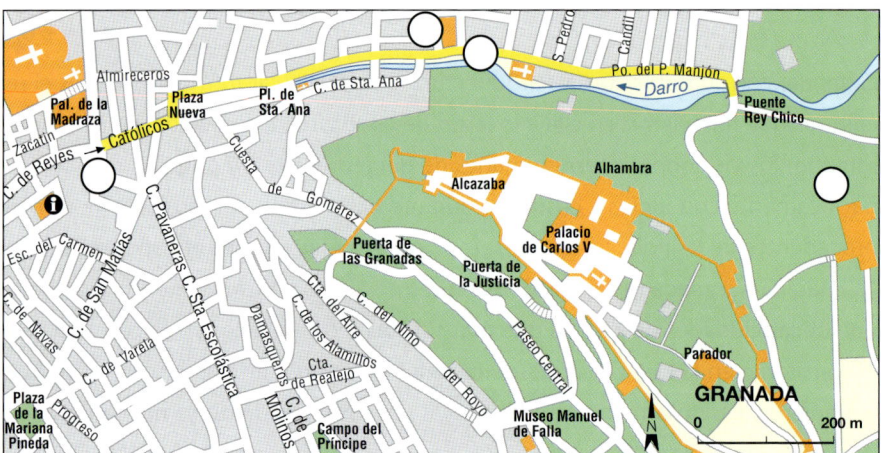

3. *Bañuelo*

4. *Carrera del Darro*

c) **¿Qué dice el guía sobre estos famosos sitios de interés granadinos? Vuelva a escuchar y relacione.**

1. La carrera del Darro
2. El Puente árabe del Cadí
3. El Bañuelo
4. El Generalife
5. El Puente del Rey Chico

a. unía la Alhambra con el barrio Albaicín.
b. es un paseo con casas antiguas de los siglos XVI y XVII.
c. se llama así en honor al sultán Boabdil.
d. son los baños árabes más viejos e importantes de España.
e. es uno de los jardines más bellos del mundo, en el que el agua es el elemento arquitectónico más importante.

d) **¿Cuál de estos sitios le interesa más? ¿Por qué?**

10

2.17

a) **Lea este extracto de la ruta guiada, vuelva a escuchar y rellene los espacios vacíos.**

Guía: Aunque hace frío, si ustedes quieren, pueden comprarse un helado para el camino, pero sólo muy brevemente porque tenemos que terminar nuestra ruta ……………………………… a anochecer…

Turista: Pues entonces, nosotros vamos a comprarnos un helado. ¿Nos espera usted aquí?

Guía: Sí, sí, yo espero …………………………… ustedes, pero no más de cinco minutitos, por favor, ¿eh?

Turista: Sí, sí, tranquilo.

b) **El guía recomienda lo siguiente a los turistas. Forme frases como la del ejemplo.**

Comprar un helado / antes de empezar la ruta
«Cómprense un helado antes de que empiece la ruta.»

Mirar el recorrido de la ruta en el plano / antes de empezar la ruta
Ver la Alhambra / antes de anochecer
Visitar los baños / después de terminar la ruta
Quedarse en los Jardines del Generalife / hasta que cerrar la Alhambra
Conservar la entrada / hasta terminar la ruta
Visitar la zona peatonal / antes de cerrar las tiendas

▶ Ü 8

11

2.18

a) **La ruta guiada ha terminado. Dos de los turistas que han participado en ella conversan en la calle. Lea estas frases, escuche y marque la correcta.**

☐ Cada uno tiene su idea clara de lo que quiere hacer y por eso no se ponen de acuerdo.

☐ Los dos están abiertos a las preferencias del otro.

☐ Uno de los dos intenta convencer al otro, pero éste no acepta sus sugerencias.

---

10 **Expresar el momento en el que ocurre algo en el futuro**
Vuelvan (ustedes) **antes de que** / **después de que anochezca** / **termine** la ruta.
(Yo) Espero **hasta que** (ustedes) **vuelvan.**

b) Escriba usted dos de las siguientes expresiones donde correspondan en el diálogo.

lo que quieras	como quieras	donde quieras	a la hora que quieras

- Bueno, ¿y qué hacemos ahora?
- Los demás van a visitar los baños…
- Sí, ya, pero yo estoy cansadísimo, la verdad es que preferiría visitarlos mañana, …
- ...., tenemos tres días, no hay prisa. Entonces podríamos ir a algún sitio y sentarnos y tomar algo.
- Sí, sí, eso. El guía ha dicho que las tapas de Granada son famosas…
- Sí, pero a las seis de la tarde… La verdad es que no me apetecen las tapas. Pero me han hablado de unas teterías árabes donde se pueden tomar infusiones muy especiales y que tienen un ambiente muy agradable, así como oriental, ¿sabes?
- Ah, qué bien.
- ¿Qué hacemos entonces? ¿Tapas o tetería?
- Mira ...., a mí me da igual.
- Vale, entonces vamos a una tetería. Voy a preguntar a esta chica a ver si sabe dónde hay una… Oye, perdona…

c) Vuelva a escuchar y compruebe. ¿Para qué sirven estas expresiones? ¿Con qué otra expresión del diálogo se expresa lo mismo? Subráyela.

▶ **Ü 9–10**

12

Y para terminar, ¡hagan planes para un viaje!

a) Usted está planeando un viaje y busca a alguien que lo / la acompañe. Escriba un *anuncio* basándose en este modelo.

b) Se recogen los *anuncios* de todos y se juntan los que tengan las preferencias más parecidas.

c) Lleguen a un acuerdo sobre las siguientes cosas:

- ¿Quieren viajar en grupos o en parejas?
- ¿Adónde, cómo, cuándo quieren viajar, qué tipo de alojamiento y actividades prefieren, cuánto dinero pueden o quieren gastar?

d) En el pleno, informen a los demás de sus planes.

> *¿Quién me acompaña en mi viaje?*
>
> *Destino: Pueblos Blancos*
> *Actividades / gustos: trekking*
> *Costo de las vacaciones: 900 euros en total por persona*
>
> *Martin*

---

11 b) / 12 Dejar abierta la opción, expresar indiferencia
Como / Cuando / Lo que / Donde / Adonde (tú / usted) **quiera/s**.
(A mí) Me da igual.

Recuerde

Eine andauernde Handlung ausdrücken
La herencia árabe sigue siendo un factor importante en la historia de Andalucía.
Granada seguirá siendo una ciudad multicultural.
Los árabes siguieron desarrollando las ciencias y el arte en Andalucía.

seguir + Gerund ▶ G 1.12
sigue(n)
seguirá(n)   + Gerund
siguió / siguieron

! **Seguir** + Gerund drückt eine andauernde, sich fortsetzende Handlung aus.

Einen Zeitpunkt in der Zukunft bestimmen

Tienen que volver antes de que anochezca.
Nos encontramos después de que termine la ruta.
Esperamos hasta que venga Manuel.

Der Gebrauch des Subjuntivo nach bestimmten Konjunktionen ▶ G 1.6.3
antes de que
después de que   + Subjuntivo
hasta que

! Nach **antes de que** wird immer der Subjuntivo verwendet, nach **después de que** und **hasta que** nur dann, wenn die Handlung in der Zukunft liegt.

Einer / Einem anderen die Entscheidung überlassen, Gleichgültigkeit ausdrücken
● ¿Cuándo vamos al cine? ¿El sábado?
♦ Cuando (tú) quieras.
● ¿Qué tomamos? ¿Café o té?
♦ Lo que (tú) quieras. A mí me da igual.

Der Gebrauch des Subjuntivo bei como / cuando… quiera(s) ▶ G 1.6.3
como
cuando   (tú) quieras
donde   (Vd.) quiera
adonde
lo que
a la hora que…

Wichtige Verben ▶ G 9
anochecer > anochezca (*Subjuntivo*)

6 En vivo

Para reírse un poco

En esta narración tradicional española llena de humor hay un malentendido. ¿Sabe usted cuál? Lea.

Yo dos y tú uno

Dicen que era un matrimonio que no tenía familia. Ya llevaban muchos años de casados. Una noche se pusieron a cenar y, como siempre, ella había preparado tres huevos pasados por agua: uno para ella y dos para su marido. Pero aquella noche la mujer le dijo:

– Mira, ya estoy harta de que todas las noches te comas tú dos huevos y yo uno. Esta noche va a ser al revés: tú uno y yo dos.

– Ni hablar. Yo dos y tú uno. Como siempre.

– ¿Y eso por qué?

– Porque lo digo yo y en la casa la autoridad la tiene el marido.

– Pues ni hablar. Esta noche, tú uno y yo dos.

– Que no.

– Que sí.

Bueno, pues estuvieron discutiendo un rato y ninguno dio su brazo a torcer[1] . Ya cansado, el marido dijo:

– Si insistes, me muero.

– Pues muérete.

Entonces él se hizo el muerto y la mujer salió a la calle gritando:

– ¡Ay, que mi maridito se ha muerto! ¡Ay, que se me ha muerto!

Vino el cura y le prepararon el entierro. Mientras lo llevaban hacia el cementerio, la mujer se acercó y dijo:

– ¡Dejadme que lo bese por última vez!

Y con este pretexto se le acercó a la cara y le dijo al oído:

– Tú uno y yo dos.

Y el otro contestó muy bajito:

– Yo dos y tú uno.

Y el entierro seguía. Poco antes de llegar al cementerio, ella se acercó y le dijo:

– Mira que voy a dejar que te entierren.

– La autoridad es la autoridad: yo dos y tú uno.

Llegaron al cementerio. Lo bajaron de las andas[2] y ya iban a ponerlo en la sepultura[3]. Otra vez ella, gritando, se le echó encima y le dijo al oído:

– Por última vez: Tú uno y yo dos.

– Ni hablar. Que me entierren.

Y como ya lo iban bajando, dijo ella:

– ¡Está bien, cómete los tres, pedazo de animal[4]!

Y entonces él se incorporó de un salto y gritó también:

– ¡Me como tres, que me como tres!

¡Me como tres!

La gente, que no sabía lo que estaba pasando, echó a correr atemorizada, y un cojo[5] que iba en la comitiva[6] dijo:

– ¡No corráis tanto, hombre, que por lo menos pueda escoger!

[1] dar su brazo a torcer: *nachgeben;* [2] *Bahre;* [3] *Grab;* [4] *Rindvieh, blöder Kerl;* [5] *Hinkender;* [6] *Trauerzug*

Texto adaptado de Antonio Rodríguez Almodóvar, Anaya

El hombre que fusiona culturas

a) ¿Conoce usted a Joaquín Cortés?
¿Sabe por qué es famoso?

b) ¿De qué manera ha revolucionado
Cortés el baile flamenco? Lea.

Es andaluz, de Córdoba y tiene 35 años. Nació en
una familia mixta gitana y *mora*, de origen marroquí.
Ingresó a los 15 años en el Ballet Nacional y desde
entonces ha dedicado su vida exclusivamente al
baile flamenco. Y lo ha revolucionado. En su espectáculo *Soul* se mezcla el flamenco con elementos de
los más variados estilos musicales. Y Joaquín baila con el torso desnudo. Ambas cosas han provocado crítica
en el mundo del flamenco clásico.

c) Lea estas preguntas y relaciónelas con las respuestas del famoso *bailarín*.

1. Cuando vas de gira a otros países, ¿cómo ves que el público entiende el flamenco?
2. ¿El flamenco puro no gusta?
3. ¿Qué es Soul?
4. ¿En qué ha cambiado tu concepto de la danza desde que estrenaste Cibayí* hasta ahora?

*el primer espectáculo propio de Cortés

Entrevista con Joaquín Cortés

◼ ....

🟥 Es la radiografía de mi personalidad, que se refleja en el escenario a través de mis diecinueve años de
trabajo. *Soul* es mi alma, mi forma de ver la danza y la música, esa fusión de culturas que intento
plasmar en mis coreografías.

◼ ....

🟥 Más que cambiar se ha ido matizando. *Cibayí* fue un poco una revolución dentro del flamenco, porque
dábamos un aire más cinematográfico, un espectáculo de hora y media sin pausas, donde había todo
tipo de variedad dentro del flamenco. *Pasión Gitana* fue esa búsqueda ansiada, deseada, de fusión, de
mezclar el ballet clásico con la danza contemporánea y, a nivel musical, mezclar el flamenco con otras
culturas musicales. *Soul* es un trabajo total de fusión, un mestizaje tanto en danza como de música.
[...]

◼ ....

🟥 Creo que no hay que entender. Es como cuando vas a un museo y miras un cuadro. No tienes por qué
entender de pintura, te gusta un cuadro o no. En los espectáculos es lo mismo. En menos de un mes y
medio, nosotros hemos ido desde Pekín a Alemania, al Líbano y de pronto a Londres. De momento, la
respuesta ha sido muy buena, creo que el público ha entendido el mensaje que he querido dar.

◼ ....

🟥 El flamenco puro es para minorías, para una élite más ortodoxa, más clásica. Lo del purismo es muy
relativo. Yo soy puro cien por cien Joaquín Cortés. Respeto muchísimo el flamenco, son mis raíces, pero
creo que es bueno que se abra, que se fusione con otras culturas, que es lo que lo hace un poquito
más universal.
[...]

Belén Sánchez. Entrevista publicada en www.terra.es, 09/08/2000

Un pedido y una reclamación

1

a) Lea el membrete* de esta carta de pedido. ¿Dónde está situada la empresa «Olé»? ¿A qué se dedica esta empresa? ¿Qué le sugiere el logotipo?
* *Briefkopf*

b) Lea usted la carta y rellene los espacios vacíos con las siguientes palabras.

pedido	almacén	mercancía	tome nota	oferta

Olé Hauptstr. 3 ⊙ D-79365 Rheinhausen

Técnicas Agrícolas Ecológicas S.L.*
Carretera de Úbeda-Iznalloz, Km 86
23568 Bélmez de la Moraleda
Jaén
España

Spezialitäten aus Spanien
Heidi Maurer
Hauptstr. 3
79365 Rheinhausen
Alemania

Teléfono: 00 49 7643 40846
Fax: 00 49 7643 40858
e-mail: oléspanien@webmaster.de

Rheinhausen, 08.03.04

Asunto: Pedido Nº 04687

Estimado Sr. Gallardo:

Antes de nada quiero agradecerle la agradable conversación en la Feria de Muestras de Núremberg. Espero que la próxima vez mi español sea más fluido. Muchas gracias por su .... del 26.02.04. Por favor .... del siguiente .... y comuníquenos lo antes posible el precio del transporte, así como la fecha aproximada de llegada de la .... a nuestro .... en la dirección que puede usted ver arriba.

Verde Mágina Aceite de oliva ecológico virgen extra				
Referencia	Descripción	Precio	Unidades	Cajas
8421517130059 / V-02	Botella cristal $^1/_2$ l	3,75 €	1200	100
8421517135009 / V-03	Lata 5 L. Verde	22 €	80	20

Sin otro particular, reciba un cordial saludo

Heidi Maurer
Gerente

* Sociedad (de responsabilidad) Limitada: *GmbH*

a) Antes de leer la siguiente carta de reclamación de la Sra. Maurer, relacione estas palabras con la traducción correspondiente.

1. plazo de entrega previsto
2. latas abolladas
3. embalaje
4. reclamar (el pago por) daños y perjuicios
5. latas embaladas
6. el envío

a. Schadensersatz beanspruchen
b. vorgesehene Lieferfrist
c. zerbeuelte Dosen
d. die verpackten Dosen
e. Verpackung
f. Sendung

b) ¿Qué ha pasado? ¿Por qué reclama ella? Haga hipótesis.

* Es probable que / Puede ser que el envío haya llegado … o que las latas …

c) Lea la carta y compare con sus hipótesis.

Técnicas Agrícolas Ecológicas S.L.
Carretera de Úbeda-Iznalloz, Km 86
23568 Bélmez de la Moraleda
Jaén
España

79365 Rheinhau
Alemania

Teléfono: 00 49 7643 40846
Fax: 00 49 7643 40858
e-mail: oléspanien@webmaster.de

Rheinhausen, 24.03.04

Asunto: Reclamación de nuestro pedido n° 04687 del 08.03.04

Estimado Sr. Gallardo:

Ayer, 23.03.2004, dentro del plazo de entrega previsto, recibimos en nuestro almacén la mercancía que les pedimos. Aunque la puntualidad de la empresa de transportes que contrataron para el envío nos complace mucho, tenemos que comunicarle que 26 de las 80 latas de cinco litros llegaron abolladas, por lo que no podemos venderlas, y perdemos 572 euros. En nuestra opinión, este accidente se debe a que las cajas en las que están embaladas las latas no son adecuadas, ya que no son de cartón doble. El embalaje adecuado de sus productos es responsabilidad suya, por lo que nos vemos obligados a reclamar a su empresa daños y perjuicios por la suma de 572 euros. Además, quisiéramos tener la seguridad de que, en el futuro, utilizarán cajas de cartón doble para las latas.

Esperando su pronta respuesta, le saluda cordialmente,

Heidi Maurer
Gerente

¿Cómo jugar? En grupos de máx. 4, con un dado y fichas de colores, una por participante. Por turnos, en el sentido de las agujas del reloj, tire el dado, avance tantas casillas como corresponda y responda a la pregunta. Si no sabe responder, retroceda a la casilla de donde partió.

16 Un OVNI es...
a. una comida cubana muy rica
b. un perro muy pequeño
c. un objeto volador no identificado

14 Los shuar son una tribu...
a. mexicana
b. amazónica
c. andina

15 Para la UNESCO, el 2003 fue el Año Internacional
a. de la Mujer
b. del Agua Dulce
c. de la Reforestación

5 Usted está muerto/-a de risa.
Un turno sin jugar

13 La ONCE es...
a. una compañía aérea
b. un programa de radio
c. una organización de ciegos de España

4 En la risoterapia la gente se reúne para...
a. perder peso
b. aprender el inglés
c. reírse juntos

SALIDA

12 Una sirena es...
a. un instrumento musical
b. una mujer-pez
c. una cantante de ópera

3 España es un país en el que crece
a. el desierto
b. el hambre
c. el analfabetismo

2 Antonio José Bolívar es el viejo que...
a. cantaba boleros
b. tocaba la guitarra
c. leía novelas de amor

11 El invento español que más se vende en todo el mundo es...
a. el porrón
b. la olla exprés
c. la fregona

10 ¿En qué región de España se encuentran los «mares de plástico»? En...
a. Galicia
b. la Mancha
c. el Levante

17
El último rey musulmán de España fue
a. Maimonides
b. Boabdil
c. Yusuf I

18
La Alhambra lleva ese nombre por…
a. sus jardines verdes
b. sus muros de tonos rojos
c. sus baños lujosos

6
¿De qué país es la escritora y poetisa Gioconda Belli? De…
a. San Salvador
b. Nicaragua
c. Guatemala

7
El Albaicín es…
a. un barrio típico de Buenos Aires
b. un castillo árabe en Sevilla
c. un barrio de Granada

19
La tasa de natalidad en España es…
a. un poco baja
b. muy alta
c. una de las más bajas del mundo

1
Las Islas Canarias están muy cerca de…
a. España
b. Portugal
c. Marruecos

8
El humorista y dibujante argentino más famoso se llama…
a. Quino
b. Borges
c. Pelé

20
Gabriel García Márquez ganó el Premio Nobel con la novela…
a. «Cien años de alegría»
b. «Cien años de tristeza»
c. «Cien años de soledad»

9
Le acompaña una sirena. Avance tres casillas

21
Huehuetenango es…
a. una provincia cafetalera de Guatemala
b. un alimento dulce mexicano
c. un pueblo maya de Yucatán

LLEGADA

1

1 El sociólogo Francesco Alberoni define en su libro *La amistad* varios tipos de relaciones amistosas. Relacione cada definición con el tipo de amistad al que se refiere.

1 Los conocidos son personas...

2 El amigo temporal es alguien...

3 La amistad en internet es una relación...

A ☐ a las que nos referimos a menudo con la palabra «amigo», aunque sabemos bien que no lo son.

B ☐ en la que podemos expresar nuestros sentimientos de forma muy abierta y directa.

C ☐ con quien nos gusta estar durante una época determinada.

D ☐ por quien sentimos afinidad[1] y curiosidad[2], a veces intensamente, pero sólo cierto tiempo.

E ☐ sobre la que se está investigando mucho, porque cada vez es más importante en nuestras vidas.

F ☐ con las que tenemos un contacto más o menos regular, pero una relación sin mucha confianza ni profundidad.

[1] *Affinität;* [2] *Neugier*

Extractos del libro «La amistad» de Francesco Alberoni, Barcelona, Editorial Gedisa, 1985

2 Exprese sorpresa o extrañeza ante estas noticias del periódico.

> **La vivienda en España es tan cara como en Alemania, pero el 90% de los españoles compra su piso o casa.**

> España es el país europeo en el que menos niños vienen al mundo.

> **Los andaluces son gente nostálgica. Muchos tienen tendencia a la depresión.**

Me extraña / Me sorprende que la vivienda en España...

1. ....

....

2. ....

....

3. ....

....

3 a) Lea el texto sobre García Márquez en la página 10, Act. 4.
¿Cuántas palabras relacionadas con el tema «libros y literatura» puede encontrar? Apunte.

....

....

....

b) Este texto habla de otro de los personajes más importantes de la literatura de la lengua española. ¿Sabe quién es? Complételo con seis de las palabras de 3a) sin repetir ninguna.

El ...., más famoso de la literatura española y creador de la novela moderna nació cerca de Madrid en 1547 y tuvo una vida difícil: guerra[1], prisión[2], dificultades económicas... Escribió obras de teatro, de poesía y , sobre todo, muchas .... Su ...., «El ingenioso hidalgo Don Quijote de la Mancha», fue ya en el siglo XVII un .... del que se vendieron todos los .... rapidísimamente. Se puede decir que es, después de la Biblia, la .... más leída y traducida de todos los tiempos: desde 1605 hasta hoy se ha traducido a más de 80 lenguas, vivas y muertas.

[1] *Krieg;* [2] *Gefängnis*

Escriba los nombres de cinco personas que ha visto hoy. ¿Qué relación tiene con cada una de ellas?

Hoy he visto al Sr. Müller, que es un colega mío. He visto a María, que es mi profesora de español.

1. ....
2. ....
3. ....
4. ....
5. ....

Transforme estas frases poniendo el adjetivo posesivo adecuado.

(yo)   *Celia es <u>mi</u> profesora . Mario es un colega <u>mío</u>.*

(nosotros)   *Celia es <u>nuestra</u> profesora.*

	Celia es .... profesora.	Son .... hijos/-as	Mario es un colega	Ana y José son unos amigos ....
yo	mi		mío	
tú			tuyo	
él, ella				
usted				suyos
nosotros/-as	nuestra			
vosotros/-as		vuestros/-as		
ellos/-as				
ustedes				

2

a) Mire la foto y escuche lo que dice Guiomar. ¿Dónde están las personas de la foto?¿Qué hacen allí?

b) Escuche otra vez. ¿Puede usted escribir los nombres de los demás participantes de la excursión en los espacios vacíos?

....

....

Guiomar

....

....

....

....

....

c) Complete la conversación entre Guiomar y Gloria con los adjetivos posesivos correspondientes (mi, tu, su... / mío/-a, tuyo/-a, etc.) y compruebe después con la cassette o CD.

● Oye, Guiomar, ¿quiénes son éstos de la foto? ¿Son parientes ....*tuyos*......?

● No, no. Bueno, sólo ....*mis*..... hijos. El resto son todos amigos ...*míos, nuestros*
    Hicimos juntos un viaje por Nicaragua, ahí estamos en la selva, fue una excursión muy emocionante.
    ¿Pero no conoces a nadie?

● Pues... no. Sólo a ti y a .... hijo Félix, que es éste de las gafas, ¿no?

● Sí, ése. Pues mira: ésta, la que está en el centro, con la botella de agua, es Susy, una vieja amiga
    .... Y ésta que está a mi lado, la del anorak blanco y negro, ¿la ves?, es .... hija
    Fanny, siempre van juntas las dos.

● ¿Y esta chica joven, la rubia bajita?

● Es Ana, ... hija, la que vive en Alemania, ¿no ves que se parece mucho a mí? Y la muchacha alta
    y rubia es Katrin, una amiga y compañera .... de la universidad, que vino con ella. Y el
    muchacho que está a su lado es Daniel, su novio.

● ¿De tu hija o de .... amiga?

● De la amiga, mujer. Y mira, éste, el que está entre mi hija y yo, es Emiliano, ... guía, y el
    señor de la camisa azul, él que está al lado de Félix, es un primo .... que vino para
    ayudarle y que se llama Heriberto. Gracias a ellos no nos perdimos y no nos comieron los animales.
    ¡Qué selva! ¡Es totalmente salvaje!

Lea este fragmento de un artículo sobre la amistad. En una segunda lectura tache la palabra que no le parece adecuada.

porque / ~~pero~~

«El significado de la amistad varía según la edad porque / pero evoluciona con la persona, cambia con ella. En la adolescencia, por ejemplo, es fundamental para la formación de nuestra identidad, más tarde es importante para nuestro enriquecimiento[1] personal.

Pero también para hombres y mujeres tiene a menudo un significado y valor diferente. En general, las mujeres tienen más facilidad para hacer amistades que los hombres y / como más dificultad para romperlas. Ellas esperan de la relación con sus amigos sensibilidad y comprensión. A los hombres, aunque / en cambio, les suele costar más trabajo hacer amigos, y menos distanciarse de ellos cuando / como hay conflictos. Cuando / Aunque tienen amigos les interesa sobre todo compartir con ellos actividades como hobbys o deportes, la ayuda práctica y la diversión. Para los científicos, la causa de estas diferencias son las hormonas específicas de cada sexo, aunque / porque reconocen[2] que no siempre es así y que además estos comportamientos[3] cambian con la edad y con la experiencia.»

[1] *Bereicherung;* [2] *anerkennen;* [3] *Verhaltensweise*

«El poder de la amistad», texto adaptado de Cuerpomente, n° 131, marzo 2003

8

Escuche estos fragmentos de discusiones entre Pedro y Silvia y marque con una cruz cuándo Silvia está de acuerdo y cuándo no.

3

	Diálogo 1	Diálogo 2	Diálogo 3
sí			
no			

ausfüllen

a) Lea lo que dice Ismael sobre una nueva forma de comunicarse con otras personas y rellene los espacios vacíos con las preposiciones, artículos y pronombres relativos adecuados.

a los que	con el que	con la que *mit welcher*	con los que	a quien

«Para mí, la comunicación por internet fue un gran descubrimiento[1] que hice poco a poco. Al principio no me gustaba: ¿Por qué sentarte delante del ordenador para comunicarte con una persona ...con... ...la..... ...que.. puedes hablar por teléfono? ¿Por qué enviar un e-mail a alguien ..a... ...quien... puedes escribir una carta normal, con sobre y sello? Pero en mi trabajo (soy traductor) empecé a corresponder con clientes por e-mail y también con el servicio de mensajes instantáneos[2], ...con... ...el............ ....que... se puede conversar por escrito pero a tiempo real, como en un chat. Muy práctico sobre todo para clientes de otros países, ..con... ...los....... ...que.... hablar por teléfono es bastante caro. Ahora uso mucho las dos cosas, también con amigos y conocidos ..a..... ....los..... ....que.... veo poco. Me ayuda mucho a mantener[3] el contacto con esas personas y he descubierto que me gusta escribir, antes lo odiaba[4]».

[1] *Entdeckung;* [2] *Messenger (-Funktion);* [3] *erhalten;* [4] *odiar: hassen*

b) Escuche a Ismael y compruebe.

4

10

a) **Cuando escribimos tarjetas breves, usamos expresiones típicas de cada ocasión.**
¿Para qué ocasiones le parecen adecuadas estas expresiones? Relacione.

friedlich

«Os deseo que tengáis una relación feliz y armónica.» ———————————— Año Nuevo
«Ojalá te mejores pronto. ¡Te echamos de menos!» ———————————— Boda
«Espero de todo corazón que este año os traiga salud, dinero y amor» ———— Cumpleaños
«¡Que cumplas muchos más!» ———————————— Enfermedad

freundliche Sätze   *Gelegenheiten*

b) **Escriba usted ahora unas frases amables para estas ocasiones expresando sus buenos deseos con**
Espero que… / (Te/os) deseo que… / ¡Ojalá …! /¡Que …!

umziehen
– Sus vecinos se trasladan a otra ciudad.
¡Que tengáis mucha suerte ....

– Un compañero de trabajo extranjero vuelve a su país.
¡Que te vaya bien! ....

– En Navidad. Usted escribe a una familia que conoce en Latinoamérica o España.
Que tengáis unas fiestas tranquilas en familia y un feliz y
prospeto Año Nuevo.

11

Roberto no es muy educado y está de mal humor. ¡Ayúdele a expresarse de forma amable y educada, con felicitaciones y buenos deseos para su amigo José Luis!

José Luis:
Hoy cumples 43 años, qué viejo, lo siento. La vida es corta, ya sabes. Bueno, aquí tienes este libro. Si no te gusta, tíralo a la basura, no importa. Me llegó la invitación para la fiesta, pero no puedo ir. Será igual que todas, supongo. Qué aburrido para los invitados…
Adiós   *Berto*

Querido José Luis:

¡Feliz cumpleaños! ....
....
....

¿Recuerda?

Autoevaluación. Piense en lo que ha aprendido en esta lección y evalúe su progreso.

☺ = bien   ☺ = más o menos   ☹ = no muy bien

Sé cómo…
◯ describir mi relación con otras personas.
◯ mostrar acuerdo y desacuerdo en una conversación.
◯ expresar sorpresa o extrañeza sobre una información.
◯ escribir una carta personal a amigos y conocidos con expresiones típicas de agradecimiento, buenos deseos, interés, etc.

Entiendo…
◯ cartas personales de amigos o conocidos.

Conozco…
◯ algunos datos importantes sobre el escritor Gabriel García Márquez.

Lea una vez más el comentario a la película «Los Lunes al Sol» en la página 16.
¿Qué dice el texto? Marque con una cruz.

◆ Los protagonistas son varios hombres de entre 35 y 55 años.
◆ Perdieron su trabajo.
◆ Ahora sólo se dedican a tomar el sol todo el día.
◆ Buscan un trabajo normal pero sólo encuentran «trabajillos».
◆ La película ha dado mucho que hablar en España.
◆ La gente protesta por la visión del paro que presenta el director.
◆ La película da esperanza a los parados.

¿Con qué frecuencia hace usted estas cosas? Formule frases como la del ejemplo.

Veo la tele dos o tres horas a la semana.

– Escuchar las noticias de la radio

– ....

– Ver la tele

– ....

– Practicar deporte

– ....

– Salir a cenar o a comer

– ....

Combine estos elementos para expresar comparaciones.

Estoy cansado de		dinero como otros europeos, pero salimos más.
Los españoles leen	tan	televisión, quiero salir un poco.
No tenemos		como otra gente, tengo menos tiempo.
No compramos	tantos	discos como los ingleses.
Yo no puedo leer		al cine como en España, porque es caro.
Aquí no se puede ir	tanta	como el resto de los europeos.
¿Por qué vas		rápido? ¡No tenemos prisa!
La historia es	tanto	misteriosa que no puedo cerrar el libro.

**Compare sus propias costumbres con las de esta persona. Utilice las expresiones
«más/menos a menudo que», «tan a menudo como», «tanto como», «menos/más que».**

Yo leo más libros al año que Mari Fe.

Mari Fe López
Libros: 1 al año
Cine: 1 vez a la semana
Discos: 6/7 al año
Periódico: cada día
Teatro : 1 vez al mes

....
....
....
....
....
....
....

5

5

a) Escuche lo que dicen estas personas. ¿Tienen algo en común?

**b) Escuche de nuevo. ¿Para qué y cuánto van al cine? ¿Qué películas les gustan?
Escriba el número de la audición donde corresponda.**

¿Para qué va al cine?	¿Con qué frecuencia (aprox.)?	¿Qué películas le gustan?
3 para reírse	3 una vez al mes	2 terror
1 para relajarse	1 dos veces al mes	1 drama
1 para distraerse	2 una vez a la semana	3 comedia
para pasar miedo *sich fürchten*		2 ciencia ficción
2 para pasar un rato emocionante *bewegender Augenblick*		2 acción
1 para llorar		
3 por diversión		

6

¿Cómo son? Encuentre adjetivos adecuados.

1. Es una película en la que mueren todos menos uno, que es el malo. Es muy ..... violenta .
2. Es una novela que si empiezas ya no la puedes dejar. ¡Es tan ..... emocionante .....!
3. En esa obra de teatro casi me duermo. ¡Qué ..... *so wie* abburi aburrida es!
4. Moncho Monda es un humorista genial. Vete a verlo, te mueres de risa. Es muy ..... gracioso .
5. Fui a la exposición de Fernando López, pero no entiendo su pintura, es muy ..... rara .
6. Si estás deprimido no vayas a ver hoy «El pianista», es muy ..... triste .
7. Y al final se enamoran y se casan otra vez. Es una de esas historias ..... románticas .
8. No es genial, pero se te pasa el tiempo muy rápido, es una película bastante ..... entretenida .

7

Complete esta entrevista con un periodista conocido.

- ¿ Cual es el ultimo libro que has leído .....?
- «El Lápiz del carpintero» de Manuel Rivas. Lo terminé ayer.
- ¿ De que trata?   o   ¿ Sobre que trata? .....?
- Es la historia de unos prisioneros republicanos en la Guerra Civil. *Bürgerkrieg*
- ¿ Te gustó / Le gusto .....?
- Sí, mucho.
- ¿ Cual es el mejor libro que has leido .....?
- ¿El mejor? Bueno, es difícil de decir. «Cien años de soledad», de García Márquez, fue muy importante para mí, influyó mucho en mi trabajo. *beeinflussen* Pero creo que nunca he leído nada tan genial como El Quijote, la verdad.
- ¿ Y el peor .....?
- No me acuerdo. Los libros malos no los termino y tampoco recuerdo sus nombres.
- Gracias.

8

Marque en esta «ensalada de verbos» todas las formas que pueden servir para completar esta frase:
«Yo en tu lugar .... con Pilar.»

hablando   fuiste   sería   hemos estado   te casas   pongo   me casaría

==iría==   ==hablaría==   vinimos   ==bailaría==   llamaba   hablaríamos   preguntarías   voy

9

Este hombre ha llegado a su ciudad para dar una conferencia y necesita ayuda. Déle consejos explicándole lo que haría usted en su lugar.

– Tengo que dar una conferencia dentro de una hora, pero no conozco la ciudad y no sé cómo llegar al lugar.
Yo en su lugar ...tomaría un taxi...............................
....

– Quiero ir a algún sitio interesante después de la conferencia.
Yo en su lugar la gran de fiesta de calle.

Me gustaría llevarles algo típico a mi mujer y a mis hijos.
Yo en su lugar ....
....

10

Unos amigos están juntos en la sección de vídeos de unos grandes almacenes. Complete con las formas verbales y los pronombres que faltan.

● Estoy buscando un vídeo bonito para regalarle a Susana, ya sabes que los colecciona...
● Ah, pues mira, aquí hay algunos clásicos. Yo en tu lugar *(regalar)* ...le... ...regalaría... esta colección de Alfred Hitchcock, tiene todas las películas importantes.
● Es que ya las tiene. Además, le gustan las de terror.
● Uf, de terror ni idea, chico. Yo en tu lugar *(preguntar)* ...preguntaría........... al dependiente.
● Sí, muy bien. Perdone, ¿podría recomendarme una buena película de terror?
▲ ¿Conoce *Darkness*?
● No, pero he oído hablar de ella.
▲ Yo *(recomendar)* ...se... ...la... ...recomendaría / recomiendo. Cuesta 19,90 € porque es bastante nueva, pero vale la pena.
● Ah, vale, pues *(llevar)* ...me... ...la... ...llevo..........

11

¿Qué expresiones utilizaría usted para intentar convencer a alguien de que compre un libro que usted conoce y que le parece bueno?

Ich an deiner Stelle
Yo en tu lugar lo compraría. ....   Yo en tu lugar jugaría con las hijas.
Yo en tu lugar tomaría personal.   Yo en tu lugar cantería en DSDS.
Yo en tu lugar comería muchas   Yo en tu lugar saldría en la noche.
frutas.

a) Alguien ha leído este artículo durante el desayuno y ha derramado un poco de café sobre el texto. Complételo con las palabras de abajo para que se pueda leer.

El tradicional «Día del Libro» que celebran desde hace cientos de años los libreros catalanes en conmemoración[1] de la muerte de Cervantes y de Shakespeare (23.04.1660), se extendió al mundo entero para convertirse en el «Día Internacional del Libro». Pero en ningún lugar del mundo es

este día tan importante y tan festivo como en Barcelona. El 23 de abril, «Día del libro y de la rosa», sale toda la ciudad a las calles en busca de un libro y de una rosa para r _____ a su amante, a su mujer, a un amigo o a uno mismo. Ningún otro día del año se venden tantas n _____, tantos libros de poesía, ta _____ guías de viaje. Y nunca se habla _____ de libros y de autores, ni se escuchan y se leen tantas re _____. Las li _____ están llenas, los e _____ firman dedicatorias[2] y leen sus obras, las calles, rojas por las r _____ que lleva todo el mundo en la mano, están llenas de puestos de libros y de flores. Quien lo vive por primera vez no olvida la magia que tiene esta fiesta: por un día, el libro y la f _____, la _____ y el amor, son los regalos más deseados, más importantes que la joya[3] y el móvil, que el caro perfume y el diseño exclusivo. Increíble.

[1]*Gedenken;* [2]*Widmungen;* [3]*Schmuck*   *Revista Ocio, 2004*

librerías	tanto	rosas	regalar	flor
tantas	cultura	novelas	escritores	recomendaciones

b) Busque un título adecuado para este artículo.

a) Complete el comentario de este *bestseller* con las palabras que faltan.

argumento	género	páginas	crítica	autor

El más vendido en El Día del Libro y la Rosa 2003

La sombra del viento

...................................:	Carlos Ruiz Zafón (Barcelona, 1964)
...................................:	novela
Editorial:	Planeta
Primera edición:	2001
...................................:	598
...................................:	El protagonista, Daniel Sempert, hijo de

un librero barcelonés, descubre en un misterioso Cementerio
de Libros Olvidados la novela *La sombra del viento*, de un tal
Julián Carax. La búsqueda de este escritor desconocido en
los duros tiempos de la Posguerra Española lleva a Daniel
por caminos que no esperaba.
Nuestra ....: una novela que enamora a los amantes
de la ficción, dentro y fuera de España, como le pasó al Ministro
alemán de Exteriores, Fischer. Fue un enorme éxito en la Feria
del Libro de Frankfurt 2003. Léanlo si quieren saber por qué.

b) Lea el argumento y la crítica. ¿Le gustaría leer este libro? ¿Por qué?

¿Recuerda?

Autoevaluación. Piense en lo que ha aprendido en esta lección y evalúe su progreso.

😊 = bien   😐 = más o menos   🙁 = no muy bien

Sé cómo...
- ○ ... hablar del tipo de películas y de libros que me gustan.
- ○ ... explicar la frecuencia con la que hago cosas como ir al cine.
- ○ ... hablar sobre libros o películas que he leído o he visto y expresar mi opinión.
- ○ ... recomendar algo, por ejemplo un libro, a alguien.
- ○ ... hacer y rechazar sugerencias amablemente.
- ○ ... convencer a alguien de algo, como ir a ver una determinada película.
- ○ ... contradecir amablemente a alguien que quiere convencerme.

Entiendo...
- ○ ... las informaciones más importantes de la oferta cultural de una ciudad, por ejemplo la cartelera o una guía del ocio.
- ○ ... lo básico de las críticas o recomendaciones de películas o de libros.

Conozco...
- ○ ... algunas películas españolas de los últimos años.
- ○ ... algunos datos sobre el consumo de cultura en España.

1

a) Mire este cómic. ¿Le gusta?

b) Escriba la historia del cómic. ¿Qué estaban haciendo los dos? ¿Qué pasó entonces?
¿Cómo terminó? Las expresiones de las cajitas le pueden ayudar.

Aquel día

Aquella tarde

ser las 7 de la tarde

estar sentados

estar viendo una película

entonces
de repente
de pronto
enseguida
al final
total

mirar el reloj   salir de la sala

ir a casa de unos amigos   sentarse

quedarse para ver una película

pintarse

ponerse ropa elegante   entrar

ser una tarde muy interesante

salir de la casa   abrir la puerta

c) ¿Qué título le pondría a este cómic?

2

Combine principio y fin de estas frases.

1. Me fui a casa
2. Como no quería estudiar más
3. Le ofrecí un vino
4. Como no llevaba dinero
5. Pedí un coñac para la chica
6. Como no tenía prisa

porque la cerveza no le gustaba.
pagué con tarjeta.
porque no me sentía bien.
me fui al bar a tomar un café.
se quedó hasta muy tarde.
porque estaba triste.

a) Lea estos extractos de un diario de viaje y decida cuáles son las formas correctas de los verbos para cada frase. Subráyelas.

1 Empezamos a sentir el calor ya cuando llegamos al aeropuerto de Santiago. ¡Y todavía eran las 10 de la mañana! En Chile era época de verano, *hizo / hacía* sol y mucho calor, hasta 35 grados. Tomamos un taxi porque las maletas *pesaron / pesaban* mucho. El taxi nos *llevó / llevaba* directamente a un hotel del centro.

2 El centro de Santiago es al mismo tiempo antiguo y moderno. Hay edificios muy modernos y altos, y casas e iglesias coloniales. Primero *fuimos / íbamos* a dar un paseo por la ciudad e hicimos muchas fotos. Al final *encontramos / encontrábamos* un restaurante muy bonito y *entramos / entrábamos* a comer una «cazuela», una sopa con carne y verduras, típica del país.

3 A la mañana siguiente nos *levantamos / nos levantábamos* pronto para hacer algunas compras. Como no *tuvimos / teníamos* mucha prisa, fuimos de tienda en tienda, mirando esto y aquello y pensando ya en los regalos que queríamos comprar para la familia y los amigos.

4 Queríamos continuar nuestro viaje hacia el sur de Chile al día siguiente, así que nos *fuimos / íbamos* a la estación de autobuses para comprar ya los billetes. La última noche en Santiago *estuvimos / estábamos* en un teatro de la zona universitaria. No entendimos todo, pero la obra *nos gustó / gustaba* mucho. Al final *regresamos / regresábamos* contentos a nuestro hotel.

b) Mire la foto. ¿A qué parte del diario corresponde?

a) Escuche este diálogo. ¿De qué hablan las personas?

4

6

b) Lea estas frases. Vuelva a escuchar y ponga atención a las reacciones de Marisa. Decida si las frases son verdaderas o falsas.

	V	F
1. A Marisa le interesa lo que le cuenta Roberto.	◆	◆
2. Marisa no tiene muchas ganas de hablar con Paco.	◆	◆
3. A Marisa le encanta que Paco quiera verla.	◆	◆
4. Marisa piensa que Paco es el mismo de siempre.	◆	◆

5 Forme ocho frases completas con elementos de las cuatro cajitas.

aquel día ayer la semana pasada aquella tarde anoche	ir en taxi al trabajo no venir a clase ir al médico no ir a la casa de Graciela no ir al trabajo ir a la playa tomar un coñac escuchar un ruido muy raro
como porque y de pronto / de repente	estar enfermo/–a estar en casa leyendo estar lloviendo hacer mucho calor y sol tener mucha fiebre sentirse muy mal ser muy tarde estar muy triste

6 Crisis en casa de los Morales. Lea lo que pasó y rellene los vacíos.

El viernes pasado, cuando Eva Morales llegó muy tarde y cansada a casa, no había ni comida preparada ni estaban listos los niños para ir a la cama. La casa estaba hecha un desastre y su marido estaba durmiendo en el sofá. ¿Qué había hecho él todo el día?

Juan...
– *había preparado* el desayuno para los niños y los .... (llevar) al colegio,
– .... (hacer) la compra para el fin de semana,
– .... (fregar) los platos,
– .... (limpiar) la cocina,
– .... (lavar) la ropa,
– .... (recoger) a los niños del colegio,
– .... (acompañar) a la abuela al médico,
– .... (echarse) en el sofá para descansar un rato.

7 a) Combine estas expresiones temporales.

aquel	unas horas	después de	al día	cuando
más tarde	día	=	unos minutos	siguiente

b) Lea esta corta historia de unos sucesos raros y rellene con las expresiones de a).

.... me pasaron unas cosas muy raras. .... sonó el timbre de la casa, fui a abrir la puerta, pero no había nadie. *Después de unos minutos* sonó mi teléfono, pero cuando lo cogí sólo se oían unos ruidos extraños. .... de repente se paró mi reloj. Y ...., cuando volví a casa, había un aviso del cartero en mi buzón. Fui a la oficina de correos para recoger una carta. Lleno de miedo y malos presagios* la abrí: ¡Uf! Había ganado un viaje a Roma en un concurso del periódico. ¡Y para dos personas!

* *schlechte Vorahnungen*

a) Escuche una noticia de la radio. ¿De qué trata?

☐ de un accidente en Mallorca   ☒ de un robo en la finca de Josep Carrer en Ibiza

☐ de un concierto de Josep Carrer en Barcelona

7

b) Vuelva a escuchar y resuma la noticia respondiendo a estas preguntas.

– ¿Qué pasó? ....

– ¿Dónde pasó? *En Ibiza en la finca de josep carrer* ....

– ¿De quién era la casa? ....

– ¿Cuándo pasó? ....

– ¿Cómo pasó? ....

– ¿Qué robó el ladrón? ....

c) Una de estas informaciones es falsa. ¿Cuál?

1. Nadie vio ni oyó el robo en la finca.
2. Aquella mañana no había nadie en la casa.
3. El ladrón entró por una ventana abierta.
4. El ladrón dejó la casa completamente desordenada y sucia.
5. El ladrón o los ladrones robaron un equipo estereofónico, un vídeo, un televisor y varios objetos de arte de gran valor.

d) ¿Qué informaciones les dio la policía a los periodistas sobre el robo? Utilice las informaciones en c) y construya frases como en el ejemplo.

La policía dijo que…

1. *… nadie había visto ni oído el robo en la finca.*
2. ....
3. ....
4. ....
   ....
5. ....
   ....

9

¿Qué verbos van bien con estas palabras? Relacione.

tener	triste
sentirse	la nariz
estar	feliz
limpiarse	prisa
salir	un coñac
perder	de vacaciones
pedir	el avión
entrar	el timbre
coger	por la ventana
tocar	el teléfono

a) Lea lo que le ha pasado a Miguel. Él se lo cuenta a su amiga Luna.

«¡No te puedes imaginar lo que me ha pasado! Salgo ahora mismo del abogado, chica.
- Es que he tenido un accidente con el coche, ¿sabes?
- Yo iba en mi coche por la calle del Brasil.
- De repente salió un camión de un garaje y ¡pum!, chocamos.
- El conductor del camión se enfadó bastante.
- Enseguida llamó a la policía
- y les contó que yo había ido demasiado rápido.
- Ahora no tengo coche.
- Tengo que ir a pie o en bus.
- Y esto es lo que menos me gusta.
- Pero ya he adelgazado 2 kilos de tanto caminar.»

b) ¿Cómo le transmite Luna estas informaciones a su novio Gabriel? Continúe.

«Hace unos días me encontré a Miguel y
- me contó que había tenido un accidente con el coche.
- Me contó que ....
- Me explicó que había salido un camión de un garaje y ¡pum!, ...
- Me dijo que ....
- Contó que ....
- ....

¿Recuerda?

Autoevaluación. Piense en lo que ha aprendido en esta lección y evalúe su progreso.

☺ = bien   ☺ = más o menos   ☹ = no muy bien

Sé cómo...
- ○ ... hablar de acciones repentinas.
- ○ ... describir las circunstancias de una acción en el pasado.
- ○ ... contar una historia.
- ○ ... mostrar interés y animar a otra persona a seguir contando.
- ○ ... referirme a acciones y circunstancias anteriores a los hechos pasados.
- ○ ... transmitir informaciones dichas en el pasado.

Entiendo...
- ○ ... cuando alguien me cuenta una anécdota o una historia sobre lo que le pasó.
- ○ ... una noticia corta de la radio sobre un hecho curioso, raro o extraordinario.

Conozco...
- ○ ... algunos relatos sobre fenómenos sobrenaturales en las Islas Canarias.

4

a) Lea el artículo y rellene los vacíos con estas expresiones.

fue diseñado por	fue bien recibido por	fue inventado

Ese producto de 13 gramos, compuesto de azúcar, glucosa, varios aromas y un palito de madera*
.... en el año 1958 por Enric Bernat, un español nacido en Barcelona. Su idea genial
se puede describir así: añadió un palito a los caramelos.
El invento de Bernat .... las madres de la época porque antes sus hijos pasaban
los caramelos de la boca a la mano y de ahí a las camisas y pantalones, ensuciando así toda la ropa.
En los años sesenta un 10% de la producción de ese producto se exportaba, el resto se consumía en
España. 10 años más tarde, el 10% de la producción se vendía en España y el 90% en el extranjero. Hoy el
producto está presente en más de 100 países y se vende principalmente en Japón, Corea, Alemania,
Estados Unidos y los países de Europa Oriental. El plástico en el que se envuelve el producto tradicional-
mente, ... el pintor Salvador Dalí en 1969.
* *Holzstäbchen*

b) ¿De cuál de los siguientes inventos españoles habla este artículo?

◆ porrón ◆ peineta ◆ fregona ◆ chupa chups ◆ afilalápices

2

**Mire el dibujo que muestra dos mega-inventos
españoles. ¿Qué tienen en común? Compare
también con lo que sabe ya sobre la fregona.**

Estas expresiones le pueden ayudar:
los dos fueron inventados por…, en… (época),
ayudan a…, se exportan mucho / poco, tienen /
no tienen éxito, tienen / no tienen palo…

3

¿Quién inventó qué? Combine y escriba una frase sobre cada invento.

1. el globo* de aire caliente
2. el coche
3. el zeppelín
4. el teléfono
* *Ballon*

a) Alexander Graham Bell
b) Ferdinand von Zeppelin
c) los hermanos Montgolfier
d) Gottlieb Daimler y Karl Benz

El teléfono fue inventado por…

4

¿Para qué sirven estos dos inventos?

El teléfono ....   *El coche* ....

....

....

....

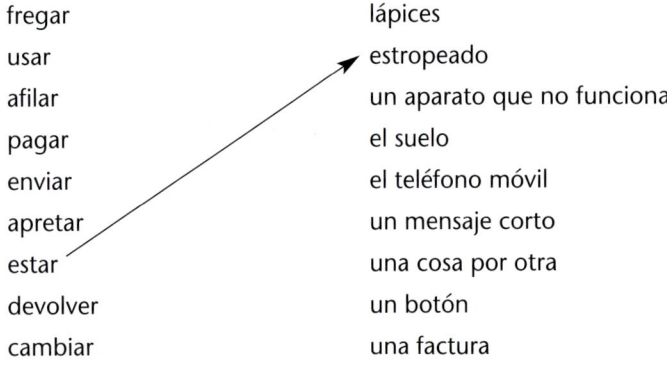

5 Transforme estos titulares según el modelo.

1. El hombre que robó en el Banco Atlántico fue visto por algunos vecinos.
   Algunos vecinos vieron al hombre que robó en el Banco Atlántico

2. El futbolista Luis Figo fue recibido en el Estadio Bernabeu por los madrileños.

   ....

3. El Salvador fue destruido por el huracán[1] Mitch.

   ....

4. El Museo Guggenheim en Bilbao fue construido por un famoso arquitecto norteamericano.

   ....

5. *Exposición de esculturas de Julio González fue inaugurada[2] por el Rey en Barcelona.*

   ....

[1] *Orkan;* [2] inaugurar: *einweihen*

6 a) Escuche un programa de la radio. ¿De qué problema habla?

8

☐ de las malas notas en los colegios   ☐ del uso de teléfonos móviles en los colegios

☐ de las relaciones conflictivas entre profesores y alumnos

b) Lea las siguientes frases. Vuelva a escuchar y decida si son verdaderas o falsas.

	V	F
1. En España, los jóvenes no usan mucho el móvil.	◆	◆
2. Los profesores están preocupados por el uso del móvil en clase.	◆	◆
3. En muchos colegios está prohibido tener encendidos los móviles.	◆	◆
4. Los niños respetan esa prohibición.	◆	◆
5. Se mandan mensajes cortos de un niño a otro en la misma clase.	◆	◆

7 ¿Qué palabras van bien juntas? Márquelas.

fregar	lápices
usar	estropeado
afilar	un aparato que no funciona
pagar	el suelo
enviar	el teléfono móvil
apretar	un mensaje corto
estar	una cosa por otra
devolver	un botón
cambiar	una factura

a) Y ahora, ¡a regalar! Piense en algunos objetos que le gustaría regalar a amigos o familiares en diferentes ocasiones.

un móvil   a mi amigo/-a .... (*ponga el nombre de la persona*)

una botella de Rioja   a mi hijo/-a ....

un CD de música latinoamericana   a mi compañero/-a de trabajo ....

un vídeo   a mi vecino/-a ....

....

b) Haga frases según el ejemplo.

El móvil se lo regalo a mi amigo Diego.

El siguiente diálogo tiene lugar en una librería. Complételo escribiendo los números de las siguientes frases donde correspondan.

1. ¿Tiene la factura?
2. ¿Se lo cambio por otro o prefiere que le devuelva el dinero?
3. Bueno, pues entonces me lo llevo.
4. Y resulta que mi amiga ya lo tiene, fue un regalo de su novio.
5. ¿Quiere que se lo envuelva…

● Hola, buenos días.

● Buenos días.

● Mire, hace una semana compré aquí este libro sobre Frida Kahlo como regalo de cumpleaños para una amiga mía. ☐

● ¿Ah, sí?

● Sí, y ahora quería saber si lo podría devolver.

● ☐

● Sí, aquí está.

● Muy bien, entonces no hay problema. ☐

● Pues prefiero que me lo cambie por otro. A ver si encuentro un libro que mi amiga no conozca todavía.

● No se preocupe, que vamos a encontrar algo. A ver, ¿qué tipo de libros le gustan a su amiga? ¿Biografías, novelas de amor…?

● Pues, no sé, tal vez una biografía.

● Ah, la autobiografía de García Márquez. Acaba de publicarse. ¿La ha leído ya?

● No, todavía no, y creo que mi amiga tampoco. ¿Cuánto cuesta? ¿Es más o menos el mismo precio que el otro?

● Sí, es más o menos el mismo precio, un poquito más.

● ☐

● ☐ en papel de regalo?

....

4

10

9

a) Ahora va a escuchar tres situaciones en las cuales las personas tienen un problema. ¿Dónde tienen lugar estas conversaciones? Escriba el número del diálogo donde corresponda.

☐ en un hotel   ☐ en un restaurante   ☐ en una tienda

b) Escuche una segunda vez y describa cuál es el problema en cada situación y qué quiere la persona que se queja.

1. ....
   ....
2. ....
   ....
3. ....
   ....

11

a) Lea estas instrucciones. ¿De qué aparato o máquina se trata?

teclee* su número personal	retire la tarjeta	escoja la cantidad que quiere
introduzca su tarjeta	saque el dinero	confirme la cantidad

* teclear: *tippen, eingeben*

☐ una cabina telefónica   ☐ una fotocopiadora   ☐ un cajero automático

b) Escriba ahora las instrucciones para este aparato en el orden correcto.

....
....
....

12

Exprese estas instrucciones para una clase de español en imperativo (*vosotros/-as*)

1. Hacer una lista de nombres.   *Haced una lista de nombres.*
2. Trabajar con otros compañeros.   ....
3. Escribir un mensaje corto.   ....
4. Usar las palabras nuevas.   ....
5. Poner las fichas boca abajo.   ....
6. Empezar con la ficha de la flecha.   ....
7. Seguir las instrucciones.   ....
8. Buscar la solución correcta.   ....

Sustituya en estas frases los objetos en cursiva por pronombres.

1. Escribidme *una postal desde Cuba.* *Escribídmela.*
2. Hágame *una lista*, por favor. ....
3. Pregunte *a su vecino el número de teléfono.* ....
4. Explícale *esa palabra a tu compañero.* ....
5. Dame *tu libro*, por favor. ....
6. Regálale *ese cómic a Roberto.* ....
7. Ponte *los zapatos.* ....
8. Quítese *la chaqueta*, por favor. ....

Encuentre los sustantivos correspondientes a estos verbos.

servir	*el servicio*	regalar	....
inventar	....	discutir	....
afilar	....	contactar	....
fregar	....	cambiar	....
beber	....	comprar	....
jugar	....	llamar	....
memorizar	....	usar	....

¿Recuerda?

Autoevaluación. Piense en lo que ha aprendido en esta lección y evalúe su progreso.

☺ = bien   😐 = más o menos   ☹ = no muy bien

Sé cómo…
○ … describir la función de un objeto.
○ … indicar el autor de un invento.
○ … explicar el problema al devolver un aparato.
○ … expresar un deseo.
○ … devolver una cosa o cambiar una cosa por otra.
○ … dar instrucciones a varios compañeros.

Entiendo…
○ … cuando alguien me explica cómo enviar un mensaje corto.
○ … las instrucciones de cómo hacer un juego de vocabulario.

Conozco…
○ … algunos inventos españoles.
○ … algunos trucos para aprender palabras nuevas.

5

1

a) Haga hipótesis sobre la persona más vieja que ha vivido en el mundo. Marque con una cruz.

La persona más vieja del mundo...
era	◆ hombre	◆ mujer	
era de	◆ Suecia (*Schweden*)	◆ Francia	◆ Turquía (*Türkei*)
murió a los	◆ 105 años	◆ 110 años	◆ 122 años

b) Lea el siguiente texto y compruebe sus hipótesis.

La decana[1] de la humanidad

La persona más anciana del mundo, la francesa Jeanne Calment, murió en 1997 en Arles (sur de Francia) a los 122 años de edad.

Poco antes de su muerte dijo que se encontraba perfectamente y dormía «como un bebé», a pesar de estar ciega[2] y parcialmente sorda[3].

Había nacido el 21 de febrero de 1875. A los 21 años se casó con su primo Fernand Calment, los dos tuvieron una única hija, Yvonne, quien les dio su único nieto.

La excepcional longevidad de la decana de la humanidad tiene sin duda algo que ver con la herencia[4]. Su padre y su madre vivieron hasta una edad muy avanzada para su época, 94 y 86 años. Los investigadores afirman que no existe el gen de la edad centenaria, y que el fenómeno de la longevidad es multifactorial. Pero está demostrado que siete de cada ocho centenarios son mujeres, quizá debido a la protección de las hormonas femeninas.

Revista Salud, 27/03/03

[1] *die Älteste;* [2] *blind;* [3] *taub;* [4] *Erbe*

c) ¿Existe un «gen de la longevidad»? Decida si estas frases son verdaderas o falsas, según las informaciones del texto.

	V	F
1. Los investigadores encontraron el gen de la edad centenaria.	◆	◆
2. Hay muchos factores que determinan si una persona puede llegar a ser muy viejo/-a o no.	◆	◆
3. El sexo es un factor importante para la longevidad.	◆	◆
4. Poder dormir bien es muy importante para llegar a ser viejo.	◆	◆

2

a) Antes de escuchar un programa de radio, mire estas palabras clave que se mencionan en el texto. ¿Cuál podría ser el tema del programa?

actividad física / gimnasia   diabetes   frutas   comer pocas calorías

relaciones familiares estrechas   mucha carne   poca carne   cereales[1]

el cáncer[2]   verduras   estrés crónico   grasas[6]

el control del peso   enfermedades cardíacas[3]   dulces

osteoporosis[4]   problemas de presión arterial[5]   «comida rápida», prefabricada[7]

[1] *Getreideprodukte;* [2] *Krebs;* [3] *Herzkrankheiten;* [4] *Osteoporose;* [5] *Blutdruck;* [6] *Fette;* [7] *Fertiggerichte*

b) Según el reportaje, ¿cuál es el factor clave de la longevidad? Escuche.

c) ¿Cuáles son, según el texto y las expresiones de a) los factores favorables y los menos favorables para una vida larga? ¿Cuáles son las consecuencias de una vida poco sana? Escuche otra vez.

UNA VIDA LARGA

factores favorables	factores menos favorables	consecuencias de una vida poco sana
....	....	....
....	....	....
....	....	....
....	....	....
....	....	....
....		
....		
....		

d) Ésta es «la moraleja», el mensaje clave del texto. Ordene las partes de esta frase.

sino un proceso / toda la vida / no es / el envejecimiento* / que comienza / y dura / una enfermedad / con el nacimiento

* Altern

El envejecimiento .... toda la vida.

3

¿Qué hacer en nuestra vida cotidiana para vivir más tiempo, o enfermarse menos? Formule consejos.

Siga estas simples estrategias. (seguir)
.........come............. mucha fruta y verdura. *(comer)*
.........bebe............. dos litros de agua al día. *(beber)*
.........tómate............. las cosas con tranquilidad. *(tomarse)*
.....no comas............. mucha carne ni grasas. *(no comer)*
.........controle............. su peso. *(controlar)*
.....no fumes............. *(no fumar)*
.........haz............. exámenes de cáncer periódicos. *(hacer)* regelmäßig Untersuchung
.........no bebas............. alcohol: cuanto menos mejor. *(no beber)*

4

Relacione comienzo y final de estos consejos.

1. Si no lo puedes hacer ahora,   a. llámalo tú.
2. Si no te sientes bien,   b. búscate otro.
3. Si Pedro no te llama,   c. hazlo más tarde.
4. Si llueve mañana,   d. no vayas al trabajo.
5. Si este trabajo no te gusta,   e. no olvidéis el paraguas.
6. Si no sabe cómo llegar al museo,   f. no vayan a los sitios turísticos.
7. Si quieren conocer España y practicar la lengua,   g. no lo leas.
8. Si te gusta el jersey,   h. pregunte a ese policía.
9. Si quieres el puesto,   i. no lo pienses dos veces, cómpratelo.
10. Si no te gusta este libro,   j. vístete bien para la entrevista.

5

¿Si o *cuando*? Rellene los espacios vacíos.

1. .... quieres ir conmigo al cine, dímelo por favor.
2. .... vaya al cine, te avisaré, ¿vale?
3. .... tenga tiempo, me iré al España.
4. ....quieres llevar una vida sana, cómprate un perro.
5. Yo pienso jubilarme .... tenga 67 años. Es que me encanta mi trabajo.
6. .... sea mayor, seguramente me iré a trabajar al extranjero.
7. .... puedo, te llamo mañana, ¿de acuerdo?
8. Te llamaré .... tenga tiempo, ¿vale?

6

¿En estas frases se habla de costumbres o de acciones en el futuro? Rellene con los verbos en indicativo o subjuntivo.

Cuando...
1. ...estoy... (estar, yo) en casa, me siento muy tranquila y feliz.
2. ...llege... (llegar, yo) a Madrid, te llamaré, ¿de acuerdo? *Einverstanden (Futuro)*
3. ...fumo... (fumar, yo) mucho, me siento mal, muy mal.
4. ...tengo... (tener, yo) un examen, me pongo muy nerviosa.
5. ...tengas... (tener, tú) acceso a Internet, podremos escribirnos muchos e–mails. *(futuro)*
6. ...termine... (terminar, yo) este proyecto, me sentiré libre. ¡Qué ilusión! *(futuro)*
7. ...jubile... (jubilarse, yo), podré hacer muchos viajes. *(futuro)*

7

a) Éstas son algunas etapas y actividades de la vida de la escritora Gioconda Belli.

Nacimiento: ....
Colegio: ....
Estudios: ....
Actividades políticas: ....
Primer libro de poesía: ....
Exilio: ....
Regreso a la patria: ....
Trabajo: ....

b) Lea y resuma en pocas palabras las informaciones que ofrece esta corta biografía de Gioconda en los espacios vacíos de a).

Gioconda Belli nació en Managua, Nicaragua en 1948. A los catorce años, dejó Nicaragua para terminar el colegio en España. Después del colegio, estudió publicidad en Filadelfia y a los dieciocho regresó a Nicaragua y se casó. Trabajó en una empresa de publicidad hasta que se metió activamente en la lucha contra la dictadura de Somoza. En esta época también había comenzado a escribir poesía y recibió el premio literario más importante de la Universidad Nacional de Nicaragua por su primer libro «Sobre la grama», publicado en 1974.
A causa de sus actividades en el Movimiento de Liberación Nacional, Gioconda Belli tuvo que exiliarse en 1975 en Costa Rica, donde vivió tres años con sus dos hijas. Su tercer hijo nació en ese país.
Regresó a su patria después del triunfo revolucionario en 1979, ocupando importantes posiciones tanto en el Gobierno como en el partido Frente Sandinista de Liberación Nacional, hasta que en 1986 decidió dedicar todo su tiempo a su trabajo de escritora.

¿Conoce estas expresiones con *ponerse*? Intente relacionarlas con los dibujos.

ponerse ⟹ werden

1. ponerse rojo como un tomate C
2. ponerse furioso/-a ①
3. se está poniendo enfermo B

* Wand (estoy)

4. se puso blanca como la A
pared*
5. se está poniendo gordo E

Relacione estas palabras con su definición.

☐ ir o moverse muy rápido, con mucha prisa

☐ idea fija o deseo muy fuerte

☐ duda o desconfianza

☐ una persona que tiene que robar cosas sin necesitarlas sufre de esa enfermedad

☐ mujer que pertenece a una orden religiosa

☐ dificultad o conflicto

1. la sospecha
2. la cleptomanía
3. la monja
4. el aprieto
5. la obsesión
6. galopar

10

Combine las partes de las dos columnas para dar consejos a alguien.

Debería pararle   a un abogado.
Le aconsejo que consulte   con un psicólogo.
Busque   los pies a su jefe.
Le recomendaría hablar   a sí mismo.
No se pierda el respeto   por lo ocurrido.
Debería tomarse   solo a su amigo.
No oculte su dolor   el apoyo de amigos.
Hay que superar   más tiempo.
No deje   los malos momentos.

Rellene los vacíos con las preposiciones que faltan.

Como a los 15 años

«Nos sentamos .... mesas vecinas .... desayunar. Cuando lo saludo me pongo roja, me pongo nerviosa, mi corazón galopa como loco, pienso .... él día y noche, pero no me atrevo .... hablar .... él porque, ... mis 79 años, tengo miedo .... que los demás sepan que estoy enamorada .... ese señor.» (Rosalía, 79, Pontevedra)

12 ¿Cómo terminan estas frases? Elija.

1. Cuando sea grande…
◆ soy famoso.
◆ seré un actor famoso.
◆ fui actor.

2. Te aconsejo que…
◆ hablas con Manu.
◆ hablarás con Manu.
◆ hables con Manu.

3. Le recomendaría…
◆ estudia más.
◆ estudiar más.
◆ estudias.

4. Cuando tenga dinero…
◆ compré una casa.
◆ compre una casa.
◆ compraré una casa.

5. Tengo miedo…
◆ de hablar con la gente.
◆ que hablar con la gente.
◆ que hablo con la gente.

6. Tengo miedo de que…
◆ no vuelva.
◆ no vuelve.
◆ no quiere volver.

7. Deberías…
◆ haces más deporte.
◆ hacer más deporte.
◆ harás más deporte.

8. Os aconsejo que…
◆ no salís.
◆ no salgáis.
◆ no salen.

13 Marco está muy preocupado porque de momento está sin trabajo. ¿Cómo lo tranquiliza Matilde, su mujer?

1. Seguro que te .... (ofrecer, ellos) otro puesto de trabajo.
2. No .... (preocuparse) tanto, hombre.
3. Ya .... (ver) que todo .... (salir) bien.
4. Como conoces a tanta gente, seguro que alguien te .... (poder ayudar).
5. Con todos tus conocimientos y experiencia ya te .... (dar, ellos) otras oportunidades.
6. Seguro que .... (encontrar) otro trabajo, no .... (ponerse) tan nervioso.

¿Recuerda?

Autoevaluación. Piense en lo que ha aprendido en esta lección y evalúe su progreso.

☺ = bien   ☹ = más o menos   ☹ = no muy bien

Sé cómo…
○ … expresar condiciones.
○ … darles consejos a otras personas.
○ … hablar del futuro.
○ … hablar de cambios rápidos y pasajeros.
○ … expresar sentimientos y preocupaciones.
○ … tranquilizar a otra persona.
Entiendo…
○ … consejos que leo o que me dan otras personas.
Conozco…
○ … algunos datos sobre la longevidad y la esperanza de vida en España y otros países.

a) Complete este fragmento de la historia del cacao poniendo los verbos en el tiempo correspondiente. Compruebe después leyendo el texto «El alimento de los dioses» de la página 56.

(…) También para los aztecas, que lo consideraban un regalo de los dioses, (ser) ....

muy importantes las semillas del cacao: con ellas (preparar) .... una bebida

amarga y concentrada, el «tchocolatl», reservada al emperador, a los nobles y a los guerreros. Cuando

Hernán Cortés y sus tropas, en el año 1519, (desembarcar) .... en el país del

emperador Moctezuma, el pueblo azteca los (recibir) .... como a dioses y les (dar)

.... «tchocolatl» para beber. En aquella época las semillas del cacao (tener)

.... más valor que el oro y (utilizarse) .... como elemento de

trueque, es decir, como moneda. Los soldados y las religiosas instalados en México (mejorar)

.... la receta con azúcar, vainilla, canela y anís. Hernán Cortés (darse cuenta)

.... de que esta bebida nutritiva (permitir) .... a sus

soldados estar todo el día de marcha sin ningún alimento más y (favorecer) .... y

(extender) .... su cultivo. En 1528, (volver) .... a España con cacao,

recetas y los utensilios necesarios para su preparación. (…)

b)¿Quién hizo o hacía qué en la historia del cacao? Lea de nuevo el texto de la página 56 y complete con pocas palabras

Los científicos estadounidenses ....

Los mayas ....

Los aztecas ....

Los soldados y las religiosas españoles ....

Hernán Cortés...

Los europeos...

Las damas francesas ....

a) Busque en esta sopa de letras los nombres de seis alimentos. (Horizontal, vertical también al revés)

```
T O I U C Q S P A T A T A L I W
O N I V O G H Z D E Z O S Ñ H L
M I T A C E I T U N A H U M T F
A O L S E A A M E N T O A A I Z
T T M A O V K L B U J F S Í M G
E H D O L Y R E S A M M Z Z Í B
```

b) ¿Cuáles de los seis alimentos son en su opinión originarios del «Nuevo Continente» (América) y cuáles llevaron los europeos? Clasifique.

América   **Europa**

....

....

....

c) Lea este texto y complételo con los verbos que faltan.

América en nuestra mesa

¿Cómo.............................. hoy en día un plato mediterráneo o balcánico sin los ajíes o pimientos?
¿Qué .... un chef italiano sin tomates? ¿Puede imaginarse la dieta alemana sin patatas
o papas? ¿Sabe cuánto maíz necesita nuestra industria alimenticia? ¡Pobres de nosotros sin chocolate!
Pues todos estos alimentos tan importantes en nuestra dieta europea .... en el
siglo XVI de América. Las patatas y el maíz junto con la yuca .... los alimentos
básicos de los indígenas americanos. La patata, un cultivo mucho más productivo que el trigo,
.... del hambre a la población europea cuando las cosechas de trigo, base de la
alimentación europea, fallaron. Por su parte, los españoles .... a las tierras
americanas la uva y, con ella, el vino. También las aceitunas y su aceite. Y muchos de nuestros animales
como la cabra, el perro y, sobre todo, el caballo, sin cuya figura no podemos ya imaginar el continente
americano, cruzaron el Atlántico por primera vez en los barcos españoles.

Revista Ocio, 2004

salvó	sería	llevaron	eran	vinieron	haría

d) Lea de nuevo el texto y compruebe si clasificó bien los alimentos del ejercicio 2b).

3 ¿Sabía usted ya estas cosas o todavía no?

– La fregona es un invento español de los años cincuenta. Sí, ya lo sabía. / No, no lo sabía.

– Ceuta y Melilla están en el Norte de África y son ciudades españolas. ....

– La palabra café es de origen árabe («qahwah»). ....

– España es el mayor productor de aceite de oliva del mundo. ....

4 El chocolate se puede tomar de muchas formas. ¿Cómo lo toma usted normalmente? Tache lo que no corresponda. Puede añadir algo.

amargo – dulce – salado – picante – caliente – frío – líquido – en tableta –

en forma de bombones – en polvo – de desayuno – de postre – entre horas – con leche – con chile – con

espuma – con nata

a) Lea el texto «La coca amenaza los cafetales de Colombia» (pág.58) y complete.

La hoja de coca es la .... de la cocaína.

Las plantaciones de café se llaman ....

Los agricultores del café son los ....

Las personas que consumen p.ej. el café son los ....

Oxfam Internacional es una ....

b) Busque en el texto las formas correspondientes a los siguientes adjetivos y sustantivos y escriba sus infinitivos. Puede usar el diccionario.

adjetivo/sustantivo	verbo en el texto	infinitivo
pobre	*empobrecidos*	
terror		
lleno/-a		
aumento		

c) Continúe formando cadenas con palabras que aparecen en el texto. Además puede añadir otras que usted conoce.

elaborar > elaboración > elaborado
café > cafetal > caficultor > cafetalero/-a
producir >
comprar >

consumir >
aparecer >
cultivar >
agricultura >

Complete el resumen del mismo texto con expresiones de este cuadro. ¿Cuál de ellas no sirve aquí?

por lo tanto   por lo que   sin embargo   porque   a causa de   para que

El precio del café ha bajado mucho en los últimos años .... el mercado está lleno de café. Para el consumidor, el café ya no es un lujo. Pero .... esto, muchos caficultores se empobrecen y, ..., tienen que buscar otro medio de vida: el cultivo de la coca. Pero el comercio de la coca está en manos de bandas violentas paramilitares que aterrorizan a los caficultores y a todo el pueblo, ... la situación empeora. Las ONGs están organizando acciones .... las grandes empresas paguen un precio justo a los agricultores.

6

7

Seleccione la propuesta adecuada.

• Las ONGs trabajan para que los agricultores .... un precio justo.
a) reciban   b) reciben   c) recibirán

• Los agricultores necesitan ganar más .... sus hijos vayan a la escuela.
a) para   b) porque   c) para que

• Te voy a regalar un buen café para que .... la diferencia.
a) ver   b) ves   c) veas

• Te escribo .... preguntarte cómo estás.
a) porque   b) para   c) para que

• Te escribo .... sepas que estoy bien.
a) porque   b) para   c) para que

8

¿Qué es importante / fundamental / necesario para usted cuando compra…?

café
para mí es importante / es fundamental / es necesario que tenga / sea / ....
un coche
....
regalos de Navidad
....
zapatos
....
una casa o piso
....

9

Los cinco principios del comercio justo. Combine.

Productos	dignos	para hombres y mujeres
Producción	reinvertidos	en las cooperativas
Salarios	naturales	para los productores
Condiciones	iguales	de alta calidad
Beneficios	respetuosa	con el medio ambiente

10

Esta lección le ofrece mucho vocabulario nuevo. Elija unas diez palabras que quiere recordar porque son útiles o porque le gustan especialmente y escriba una frase con cada una de ellas. Piense qué otras cosas puede hacer para recordarlas mejor.

– ....   – ....
– ....   – ....
– ....   – ....
– ....   – ....
– ....   – ....

a) Una marca de aceite de oliva quiere presentarse en una Feria de Muestras. Mire la etiqueta y rellene el cuestionario correspondiente.

Aceite de Oliva Virgen Extra

ORO MÁGINA

Aceite de Prensa
Primera Presión en Frío*

TÉCNICAS AGRÍCOLAS ECOLÓGICAS
E INTEGRADAS, S.L.
Ctra. Úbeda-Iznalloz, km. 86
23568 Bélmez de la Moraleda (Jaén)
Teléfono: 953 39 40 50
Fax: 953 39 40 12

Producto	Aceite de oliva
Tipo	
Características especiales	
Nombre	
Ecológico	◆ Sí ◆ No
País de procedencia	
Productor	
Dirección	Ctra. Úbeda-Iznalloz, km. 86
	23568 Bélmez de la Moraleda (Jaén)
Teléfono	953 39 40 50

* *Erste Kaltpressung*

b) En el supermercado. ¿Qué aceite compra al final esta pareja ? Escuche.

c) Escuche de nuevo. Escriba una o dos ventajas e inconvenientes para cada aceite.

11

Aceite	Ventajas	Inconvenientes
Olivero	es más	
Oro Mágina		

¿Recuerda?

Autoevaluación. Piense en lo que ha aprendido en esta lección y evalúe su progreso.

☺ = bien   ☺ = más o menos   ☹ = no muy bien

Sé cómo...
○ ... expresar conocimiento o desconocimiento de algo que me cuentan.
○ ... explicar el significado que tiene algo en mi país (p.ej. el café) y las costumbres relacionadas con eso.
○ ... cómo exponer un problema con sus causas y sus consecuencias.
○ ... presentar un producto de mi país, hablar de sus características.

Entiendo...
○ ... lo básico de textos que explican un problema, sus causas y consecuencias.
○ ... lo más importante de las etiquetas de productos alimenticios.

Conozco...
○ ... la historia del cacao.
○ ... costumbres relacionadas con el café en el mundo hispanohablante.
○ ... causas y consecuencias del bajo precio del café.

1

¿A qué palabras corresponden estas definiciones? Relacione.

1. indígena
2. cazar
3. huerta
4. tribu
5. chamán
6. flecha

a) persona que cura a enfermos con métodos naturales o mágicos
b) tierra en la que se cultivan frutas y verduras
c) habitante originario del país, persona nativa
d) instrumento de caza de los pueblos indígenas
e) sociedad, grupo de personas de una cultura indígena
f) matar un animal para comérselo

2

a) Complete estas expresiones típicas al comienzo o final de una conferencia.

1. ¿Tienen alguna pregunta
2. Me gustaría darles la bienvenida
3. Espero que la conferencia
4. Buenas tardes, estimado público,
5. Muchísimas gracias
6. Para mí es un gran placer
7. Gracias por su atención
8. Hasta la próxima.

a) por haber venido. ☐
b) estar aquí con ustedes. ☐
c) señoras y señores. ☐
d) les haya gustado. ☐
e) o algún comentario? ☐
f) a todos ustedes. ☐
g) ¡Que les vaya bien! ☐
h) y buenas noches. ☐

b) ¿Qué expresiones se usan en la apertura (A) y cuáles en el cierre (C) de una conferencia? Escriba la letra correspondiente para cada una de las frases.

3

Exprese alegría sobre estos hechos.

1. ● Papá, ¿te ha gustado el regalo?
   ● Sí, me ha gustado mucho.
   ● *Ah, me alegro de que te haya gustado.*

2. ● Pedro, ¿has llegado a tiempo a la fiesta?
   ● Pues sí.
   ● Ah, me alegro de que ....

3. ● ¿La película ha sido interesante?
   ● ¡Super–interesante!
   ● ....

4. ● ¿Habéis tenido tiempo para visitar la Alhambra?
   ● Sí, hemos tenido suficiente tiempo para visitarla.
   ● ....

5. ● ¿A tus amigos alemanes les han gustado las tapas?
   ● Muchísimo. Están encantados con la comida española.
   ● ....

6. ● ¿Has tenido un buen viaje?
   ● Pues sí, un viaje buenísimo.
   ● ....

Papá, ¿te ha gustado el regalo?

¿Qué palabras se buscan en este crucigrama?

<u>vertical:</u>

1. Antes los shuar participaban en muchas guerras; era un pueblo…

<u>horizontales:</u>

1. «Shuar» significa en su lengua…
2. Comportamiento tradicional de una persona o de un pueblo.
3. Lo que los shuar hacían tradicionalmente con la cabeza de los monos.
4. País, región o tierra de un pueblo.
5. Hablar sobre un tema especial en público es dar una…
6. Personas o pueblos que viven muy cerca unos de los otros.
7. Ceremonia religiosa.
8. Animal de caza preferido de los shuar.

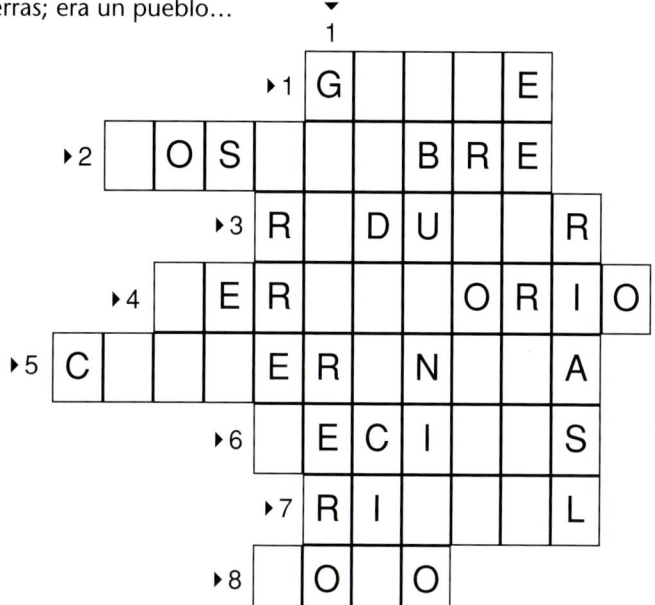

5

a) **Escuche otro extracto de la conferencia del Dr. Romero sobre la alimentación de los shuar. ¿Qué alimentos menciona? Márquelos.**

12

b) **Lea el extracto y subraye las expresiones con las cuales se estructura esta parte de la conferencia. ¿Cómo explica algo con otras palabras, cómo se refiere a algo concreto y cómo indica que va a cerrar el tema?**

Otro aspecto del que quería hablarles hoy, es la alimentación de los shuar.

La base de su alimentación es la yuca. Además comen plátano, maíz y una gran variedad de frutas. Como cazan, comen también carne, por ejemplo carne de mono, tapir y tortuga[1], pájaros y pescado cocido en agua, asado a la brasa[2] o envuelto en hojas que se ponen a la brasa. Recolectan huevos de tortugas, insectos, y en épocas de lluvia comen carne de rana[3]. O sea que la dieta de los shuar, como ven, es muy variada y rica.

En cuanto a la yuca, las mujeres elaboran de ella la chicha[4], que constituye el alimento principal de la familia shuar. Sólo me falta decir que para los shuar, comer es un acto que debe ser siempre compartido por toda la familia, comer solo es señal de falta de respeto. El jefe de la casa es el que da inicio e invita a comer a los demás, es decir que así se hace del acto de comer un acto ritual cotidiano.

[1] *Schildkröte;* [2] *am offenen Feuer gegrillt;* [3] *Frosch;* [4] *vergorener Maniok–Brei*

6

a) ¿Quién hace qué en la novela de Luis Sepúlveda? Relacione los elementos de las tres columnas.

	destruir	los colonos
los colonos	abandonar	la selva en busca de oro y madera
Antonio José	enfrentarse a	novelas de amor
la tigrilla	respetar	la tribu
los shuar	amenazar a	la soledad
	leer	la selva y a los animales
	escaparse de	una fiera

b) Forme frases completas con estas expresiones, como en el ejemplo.

Los colonos destruyen la selva en busca de oro y madera.

7

Lea las siguientes notas biográficas sobre el escritor Luis Sepúlveda y relacione los títulos con las partes del texto.

El trotamundos[1] – El activista ecológico – Chileno residente en Hamburgo – El escritor comprometido[2] – Su vida con los shuar

....

Luis Sepúlveda, nacido en Chile en 1949, se define a sí mismo como simple «contador de historias». En sus libros, la naturaleza y la ecología son los protagonistas.

....

En sus libros Sepúlveda usa un lenguaje sencillo porque, sobre todo, quiere ser entendido. Es aventurero y un amante y defensor de los mares. Ahora tiene hijos y una familia numerosa, y ya no sale en los barcos de Greenpeace en acciones de protesta. Pero sigue trabajando para esta organización como traductor.

....

Lo que más le atrae de Hamburgo, donde vivió muchos años, es su carácter de puerto. Cuando estuvo en las prisiones chilenas después del golpe militar[3] de Pinochet, fue la sección de Hamburgo de Amnistía Internacional[4] la que se ocupó de su caso.

....

Cuando salió de Chile en el año 77, se fue a Buenos Aires, después a Montevideo y de allí a Brasil. A dedo[5], en bus y en tren recorrió todo el continente sudamericano hasta que se cansó. En el año 80 se fue a Europa y llegó a Hamburgo, pero continuó viajando de un lado a otro, no puede estar más de dos meses en casa porque como dice su mujer, se pone neurótico[6].

....

En sus viajes conoció el pueblo de los shuar. Conviviendo con ellos, admiró a una cultura que respeta sus tradiciones y el entorno[7] natural que habitan, la Amazonía. De allí se llevó la idea de su novela *El viejo que leía novelas de amor*. Mucho más tarde, en Yugoslavia, trabajando como guionista de una película, escribió el esqueleto del libro en sólo un día.

[1] *Weltenbummler;* [2] *engagierter Schriftsteller;* [3] *Militärputsch;* [4] *Amnesty International;* [5] *per Autostopp;* [6] *neurotisch;* [7] *Umgebung*

Exprese su opinión personal sobre estos comportamientos y características que una revista española publicó sobre el típico «español medio». Use expresiones como:

me parece tonto / raro / horrible / interesante / muy bien que; me gusta / me encanta que; no puedo creer que; es normal que…

1. España es un país de personas bajitas.

   No puedo creer que España sea un país de personas bajitas.

2. Los españoles son bebedores de cerveza.

   ....

3. Los españoles usan zapatos demasiado pequeños.

   ....

4. El español medio es un fanático del teléfono móvil.

   ....

5. Los españoles son alérgicos al cinturón de seguridad.

   ....

6. El español medio come 12 kilos de pasteles al año.

   ....

7. Al 40% le da miedo ir al dentista, una de cada tres personas nunca va al dentista.

   ....

8. El español medio no ahorra.

   ....

9. El español medio es propietario de su vivienda aunque es más cara que en Alemania, Japón o Estados Unidos.

   ....

10. El 53% no conoce ningún idioma europeo a parte del español.

    ....

11. El 96,3% de los españoles ha visto alguna vez las aventuras de Los Simpson en televisión.

    ....

Mire la foto y exprese hipótesis. ¿Dónde tiene lugar, qué hacen o han hecho estas personas? ¿Qué van a hacer después? Escriba en su cuaderno.

Quizás…
Tal vez…
Puede ser que…
Es probable que…
Posiblemente…

10 ¿*Por* o *para*? Complete estas frases.

1. Les doy las gracias ………. haber venido. Buenas noches y ¡hasta la próxima!
2. ……… mí es un honor y un gran placer estar aquí con ustedes.
3. Yo creo que trabajamos …… vivir, no vivimos …….. trabajar, ¿no?
4. En España se suele hacer una pausa bastante larga a mediodía, …….. eso algunas tiendas abren muy tarde, a las cuatro y media o así.
5. Gran parte de la selva fue destruida ………. los colonos blancos.
6. Gracias ………. tu postal. ¡Qué viaje más interesante tuvisteis!
7. Mira, este regalo es ………. ti. ¡Ojalá te guste!
8. La niña fue al médico, acompañada ………. su madre.
9. De caza, los indígenas del Amazonas pasan ……….. grandes territorios.
10. Por favor, en caso de cualquier duda, mándeme un e-mail o llámeme ……… teléfono.

11 ¿Qué palabras faltan? Complete.

por eso	después de	con	como	entre	sino	sobre	durante

1. Estamos muy contentos ……….. nuestra nueva casa.
2. Usan paja o madera …………….. material de construcción para sus viviendas.
3. Luis Sepúlveda vivió algún tiempo …………... los shuar.
4. El viejo no volvió, ………….. que decidió quedarse en El Idilio.
5. ……………….. las diez de la noche, el bar está lleno de gente.
6. Al mediodía hace mucho calor, …………… empiezan a trabajar muy tarde.
7. El etnólogo da una conferencia …………… los indígenas de la Amazonía.
8. Por favor, no fumen ……………… la conferencia.

¿Recuerda?

Autoevaluación. Piense en lo que ha aprendido en esta lección y evalúe su progreso.

☺ = bien   ☺ = más o menos   ☹ = no muy bien

Sé cómo…
○ … expresar sentimientos con respecto a una acción del pasado.
○ … estructurar una conferencia (apertura – tema – cierre).
○ … preparar y dar una conferencia sobre un aspecto cultural de mi pueblo o país y explicar el porqué de esa costumbre.
○ … expresar sentimientos y valoraciones subjetivas sobre costumbres ajenas.
○ … expresar hipótesis o probabilidad sobre comportamientos de otros países o culturas.

Entiendo…
○ … informaciones básicas de una conferencia sobre un tema con el que estoy más o menos familiarizado.
○ … la sinopsis de una obra literaria, p.ej. una novela.

Conozco…
○ … algunos aspectos de la vida y cultura de una tribu amazónica.
○ … algunos comportamientos «normales» de países o regiones europeos.

a) Lea lo que dice este niño. ¿Qué preposiciones faltan?

Vivo .... un pueblo .... 16 kilómetros .... Madrid. Mi padre trabaja .... una

empresa. Mi mamá trabaja .... casa, nos cuida .... Sara, mi hermana, y .... mí. Me

levanto .... las ocho y media y voy .... colegio .... autobús. .... mediodía vuelvo

.... casa .... pie. .... agosto siempre vamos de vacaciones a sitios donde hay mar. Me

gusta jugar .... fútbol y .... ajedrez y montar .... bicicleta. .... veces hablo con

mis amigos .... lo que pasó el 11 .... septiembre. Me gustaría ser aventurero e ir ....

Egipto.

**b) ¿Cuántos diferentes usos de las preposiciónes «a» y «en» conoce ya? Marque y escriba dos
ejemplos para cada uno.**

Usos de «a»	Ejemplo del texto	Otro ejemplo
Destino	Voy al colegio	
Distancia		
Hora		
Persona que recibe la acción del verbo	Mi madre nos cuida a Sara, mi hermana, y a mí.	
Jugar		
Modo o forma de hacer algo, p.ej. «ir»		Un jersey hecho a mano.

Usos de «en»	Ejemplo del texto	Otro ejemplo
Localizar en el espacio		
Medios de transporte		
Situar en el tiempo		

Complete estas preguntas.

1. ¿ .... te llamas?

2. ¿ .... te gustaría ser de profesión?

3. ¿ .... te gustaría ir?

4. ¿ .... se dedica tu mamá?

5. ¿ .... años tienes?

6. ¿ .... vives?

7. ¿ .... hora te levantas?

8. ¿ .... te gusta jugar?

9. ¿ .... es tu juguete favorito?

¿Qué hacen los niños españoles?

	al	«policías y ladrones».
		cartas.
Juegan	a los	fútbol.
	a las	ajedrez.
		canicas.

4

Complete contando de su infancia.

Yo era un/a niño/-a muy ....

....

Cuando era niño/-a jugaba ....

....

Cuando era niño/-a siempre ....

....

En aquella época ....

....

5

a) ¿Cómo transmitiría usted lo que dicen estas notas?

> *Estimado vecino:*
> *Por favor, no aparque delante de mi*
> *garaje. Si quiere alquilar una plaza de*
> *garaje, llámeme, porque tengo una libre.*
> *Saludos,*
> *Elena Ruiz*   *Tel. 10947832*

> *Amor mío:*
> *Perdóname. Lo que dije ayer no es*
> *verdad. Olvídalo. ¡Y conecta tu móvil,*
> *por favor! Quiero hablar contigo.*
> *Hasta luego. Besos,*
> *R.*

Elena le pide a su vecino ....

....

....

....

Raimundo ....

....

....

....

b) ¿Cómo expresaría usted estas peticiones o ruegos en una nota?

Le pide perdón al propietario de un coche que ha abollado* al aparcar y le dice que lo llame a usted por teléfono.
* *zerbeult*

En el hotel o pensión usted le pide a la señora de la limpieza que limpie más tarde su habitación porque quiere dormir hasta mediodía.

a) Algunas propuestas para estimular la natalidad en España. Relacione.

reducir   a las familias numerosas
ayudar   la jornada de trabajo
subvencionar   los impuestos a los que no tienen hijos
reservar   el puesto que tenía la madre antes del embarazo
no despedir   las guarderías
aumentar   a las madres durante dos o tres años

b) Complete lo que dice Amanda sobre este tema utilizando vocabulario de 6a)

«Ya sabes que si tienes un contrato de seis meses y te quedas embarazada te van a .... inmediatamente, y si no lo hacen está claro que no te van a .... el .... que tenías antes del embarazo.
Así de simple. Si finalmente tienes un hijo, sabes que no sirve de nada pedir a la empresa que te .... la .... de trabajo para poder estar más tiempo con el niño.
Así que, si tienes suerte y encuentras plaza para tu hijo en una ...., pagas por ella más de lo que ganas, porque el gobierno no las .... La gente hace números y ve que, en muchos casos, es imposible tener hijos. Yo tengo uno y sólo puedo trabajar gracias a que mis padres se ocupan mucho de él. ¡Sin los abuelos estaríamos perdidos! ¿Para qué pagamos .... cada año?»
Amanda Pernía, 31 años

7

a) Una abuela española nos habla de cómo ayuda a su hija. Escuche y elija lo que corresponde.

13

La abuela
◆ está encantada, ningún problema   ◆ está cansada, quiere trabajar menos
◆ está harta de sus hijos y de sus nietos

b) Estas dos escuelas españolas tienen horarios un poco diferentes. ¿A cuál de ellas van los nietos de Dña. Leonor? Escuche de nuevo.

Escuela Municipal de Educación Primaria Miguel de Cervantes		Colegio Virgen del Socorro Educación Primaria	
Horario		**Horario**	
Clases	9:00 – 13:00	Clases mañana	9:30 – 12:30
Actividades extraescolares (Música, inglés, teatro, deporte)	16:00 – 18:30	Comedor (dos turnos)	13:00 – 14:30
		Clases tarde	15:30 – 16:45
		Actividades extraescolares	17:00 – 18:00

8

a) Un grupo de ciudadanos ha escrito una carta al parlamento de su Comunidad Autónoma expresando su opinión sobre algunas propuestas que se van a discutir. Pero su vieja máquina de escribir tiene dos letras estropeadas. ¿Cuáles?

```
tra opinión sobre las propuestas del Partido Populero en la sesión parlamentaria.
 - No es ne□esario que se □onstruyan más □entros □omerciales, pedimos que en su
   lu□ar se ha□an zonas verdes.
 - Nos pare□e bien que se reduz□a la jornada laboral a 30 horas, pero nos preo□upa
   que esto trai□a como □onse□uen□ia un aumento de las horas extra.
 - Estamos □ompletamente de a□uerdo □on que se pa□ue una pensión de jubila□ión
   a las amas de □asa, pero se tendría que empezar a pa□ar a los 60 años, ya que
   las amas de □asa en □eneral trabajan más días y más horas al día que el resto
   de los trabajadores, y además si□uen trabajando □uando se jubilan.
```

b) ¿Es usted de la misma opinión que los autores de la carta? Escriba su propia opinión respecto a esos puntos.

....

....

....

9

¡Esto no puede ser! ¿Qué se debería / se tendría que / habría que hacer para mejorar la vida en esta ciudad? Haga usted propuestas.

No hay suficientes plazas en las guarderías.

....

Las fachadas de las casas de la Plaza Mayor no se han pintado desde hace 50 años y están feas.

....

Mucha gente fuma en su puesto de trabajo aunque molesta a sus compañeros.

....

La playa está sucia.

....

La Biblioteca Infantil está cerrada desde hace años.

....

No vienen turistas porque no se hace publicidad.

....

a) Los sueños de la gente. Complete lo que dicen estas personas con las formas verbales correspondientes.

ser	tomar en serio	tener	ayudar	respetar
gustar	terminar escuchar		poder	sentirse

1. «Sueño con un mundo en el que .... los derechos básicos de los niños.»

2. «Quiero amigos que .... auténticos.»

3. «Sueño con una casa que .... vistas al mar.»

4. «Deseo unas vacaciones que no .... nunca.»

5. «Quiero que mis hijos .... en casa.»

6. «Mi sueño es un trabajo que me .... y del que .... vivir.»

7. «Queremos una escuela en la que los niños .... bien.»

8. «Quiero un compañero que me .... y me ....»

b) ¿Y usted? ¿Que quiere, qué desea, cuáles son sus sueños? Escriba algunos.

– ....

– ....

– ....

– ....

¿Recuerda?

Autoevaluación. Piense en lo que ha aprendido en esta lección y evalúe su progreso.

☺ = bien   ☺ = más o menos   ☹ = no muy bien

Sé cómo…
○ … hablar de mi infancia.
○ … transmitir una orden o ruego que ha expresado alguien.
○ … expresar que estoy de acuerdo con algo.
○ … espresar desacuerdo sobre algo.
○ … exponer mis propuestas para mejorar algo.
○ … expresar mis sueños y deseos.

Conozco…
○ … algunos juegos, preferencias y preocupaciones de los niños hispanohablantes.
○ … un poco la situación de la familia en España.
○ … un poco la situación de los niños de la calle en Latinoamérica.

Entiendo…
○ … una conferencia sobre un proyecto social.

9

1

Busque parejas de contrarios y relaciónelas.

agua salada
la sequía
la escasez de agua
agua contaminada
agua no potable
agua fría

agua potable
agua dulce
agua limpia
la inundación
agua caliente
la abundancia de agua

2

a) Mire los dibujos. ¿A qué refranes corresponden?

1. «Se me hace la boca agua.»
2. «Nadar entre dos aguas.»

3. «Estar con el agua al cuello.»
4. «Estar como pez en el agua.»

b) Relacione ahora los refranes con las explicaciones correspondientes. ¿Hay refranes parecidos en su lengua materna?

☐ a) Sentirse bien y cómodo en una situación.

☐ b) Pensar intensamente en el buen sabor de una comida, deseando comérsela.

☐ c) Estar en una situación difícil en la que no se ve salida ni solución.

☐ d) No decidirse claramente por algo o alguien.

3

a) ¿Qué verbo falta: *es* (1) o *está* (2)? Ponga el número correspondiente.

1. Tener agua o no tenerla ☐ cuestión de vida o muerte.

2. El agua dulce ☐ un recurso natural, pero su distribución no ☐ equitativa.

3. El 70% de la superficie mundial ☐ cubierta por agua.

4. El 97,5% del agua que hay en el mundo ☐ agua salada.

5. El 75% del agua dulce ☐ congelada en la capas del hielo.

6. El los países en vías de desarrollo el agua potable muchas veces ☐ contaminada.

b) ¿Y en estas frases? ¿En cuáles el adjetivo denota una característica – *es* (1) – y en cuáles un estado – *está* (2)?

1. No me gusta nadar cuando el agua ☐ fría. / Hoy, la temperatura del agua ☐ a 28 grados.

2. El agua del Atlántico ☐ muy fría. / El agua del Mediterráneo ☐ fría sólo en invierno.

3. Esta sopa ☐ demasiado salada. / El agua del mar ☐ muy salada.

4. El azúcar ☐ dulce. / Este café ☐ demasiado dulce.

5. No te tomes el café todavía, ☐ muy caliente. / El desierto del Sáhara ☐ una región muy calurosa.
6. La región del Levante español ☐ muy seca. / Este año la tierra ☐ muy seca porque no ha llovido.
7. ¿Qué tal el pescado? Pues, la verdad, no muy bueno, ☐ frío. / El gazpacho ☐ una sopa fría.
8. La región del Polo Norte ☐ muy, muy fría. / ¡Qué frío ☐ haciendo hoy!

4

Complete estas frases.

sin embargo	mientras que	pero	a pesar de que

1. .... en el sur de España hay cada vez más y más graves inundaciones, la escasez de agua sigue siendo el problema fundamental.
2. En las regiones secas llueve a veces, ... muy poco.
3. En verano, Andalucía sufre de escasez de agua, ... las piscinas de los hoteles están llenas.
4. .... no hay suficiente agua, se riegan los jardines y se lavan los coches.
5. .... falta agua en los hogares, una gran parte del agua disponible se pierde en la agricultura.
6. Los sistemas de riego permiten una agricultura intensiva, ... muchos son deficientes.
7. El agua es cuestión de vida o muerte, ... millones de personas no tienen acceso al agua potable.

5

a) Relacione estas palabras con su traducción al alemán.

el riego	Ernte
el desierto	ausbeuten
tener en cuenta	Gemüse
la reforestación	Tonne
empeorar	Bewässerung
las hortalizas	Wüste
el agua del mar desalada	Grundwasser
explotar	Wiederaufforstung
la cosecha	berücksichtigen
la tonelada	verschlechtern
las aguas subterráneas	fließende Gewässer
el equilibrio natural	entsalztes Meerwasser
invertir	Versteppung
arrastrar	natürliches Gleichgewicht
la desertización	investieren
las aguas fluviales	mit sich fortreißen

b) Escriba cinco frases empleando las palabras de arriba.

6 Lea estos títulos y relaciónelos con las noticias correspondientes.

☐ Un desierto llamado España ☐ La España verde ☐ La ciudad de plástico

1 La huerta de Europa está en el Levante español y El Ejido es su centro. En esta región se encuentra la mayor extensión de invernaderos* del mundo. Es un auténtico mar de plástico donde ya se olvidaron hace muchos años los métodos de la agricultura tradicional. En El Ejido se habla de «industria agrícola». Esto le ha traido a El Ejido grandes beneficios, sin embargo le ha traido también muchos problemas.

Gewächshäuser

2 Según un informe presentado en la cuarta conferencia de las Naciones Unidas para la lucha contra la desertización, España es el país más seco de Europa. Junto a él, Portugal, Italia, Turquía y Grecia forman el llamado grupo del Mediterráneo Norte, y están consideradas como las zonas más afectadas por la desertización en Europa. En todo el planeta, un 40% de la superficie sufre desertización, un problema que afecta aproximadamente a 250 millones de personas.

7 a) Complete con indicativo o subjuntivo.

1. Siempre cerramos el agua mientras .... (cepillarse) los dientes. ☐
2. Aunque se .... (ahorrar) el agua, en algunas regiones continuará la escasez. ☐
3. Mientras que en el sur no .... (llover), en el norte hay inundaciones. ☐
4. Mientras no .... (proteger, nosotros) el medio ambiente, el desierto crecerá. ☐
5. No dejes correr el agua mientras .... (fregar, tú) los platos. ☐
6. Aunque .... (llover) a veces, la sequía no terminará en las zonas secas. ☐
7. Aunque se .... (buscar) soluciones, la situación no cambia. ☐
8. Mientras que a los turistas extranjeros les .... (gustar) el sol y el calor, muchos turistas españoles prefieren la España Verde, donde llueve mucho. ☐

b) ¿Qué expresan las frases de arriba? Vuelva a leerlas y escriba en los cuadritos AS (acción simultánea), CC (contraste/contradicción) o C (condición), según corresponda.

8 ¿Qué palabras van bien juntas? Puede haber más de una solución correcta.

	cepillar	lavar(se)	ahorrar	tomar	fregar	recoger	regar	proteger
los dientes								
los platos								
la ducha								
el agua de lluvia								
las plantas								
el agua								
el medio ambiente								

Relacione principio y final de estas frases.

1. Al fregar los platos,
2. Siempre cierro el agua
3. Siempre llevo una bolsa
4. Intentamos no gastar mucha agua

a) al lavarme los dientes.
b) al ducharnos.
c) no dejo correr el agua.
d) al hacer la compra.

Separación de la basura: ¿Qué objetos tiene que meter en qué contenedor? ¡Ojo! Sobran algunos objetos.

Vidrios*

1   *Glas

Papel

2

Plástico
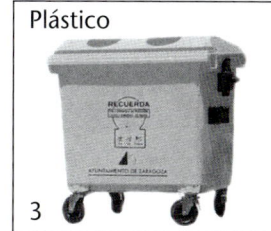
3

Metales*
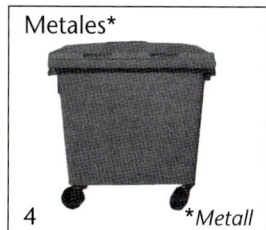
4   *Metall

botellas de vino ☐   envases de cartón ☐   latas de alimentos ☐

envases de plástico ☐   periódicos ☐   latas de bebidas ☐   muebles ☐

botellas de plástico ☐   envases tetra-brick ☐   pilas ☐

restos de comidas ☐   vasos de yogures ☐   libros de segunda mano ☐

envases de productos de limpieza ☐   residuos orgánicos ☐   revistas ☐

envases de vidrio ☐   bolsas de plástico ☐   cuadernos ☐

a) Escuche este diálogo. ¿A quién llama Susana y por qué?

14

1. Susana llama a un servicio telefónico
◆ de la Cruz Roja.   ◆ del Ayuntamiento de Alicante.

2. Llama para
◆ pedir información.   ◆ quejarse.

3. Se queja del ruido nocturno
◆ de un bar.   ◆ de una panadería.

b) Escuche una segunda vez y ayude a Susana a escribir la carta.

Susana Carbón Garrido
C/Rafael Asín, 14
03002 Alicante

Ayuntamiento de Alicante
Sr. Alcalde
Plaza del Ayuntamiento, 1
03002 Alicante

Asunto: ....
....:
....

Quisiera .... que desde hace 4 .... no duermo durante las noches por el .... de una panadería que está al lado de mi .... Entre las 3 y las 6 de la .... hay ruidos constantes de las persianas metálicas y de las conversaciones y risas de los .... que se oyen por la ventana .... Con este ruido no puedo .... y por la mañana estoy hecha polvo, no lo .... más. Sé que no es ningún crimen tener una ...., pero ¿tienen que hacer tanto ruido? Yo creo que no. Hay que respetar el sueño de la gente que vive en el mismo barrio. Les .... comprueben que ese ruido está fuera de lo permitido y se pongan en .... con el panadero para .... esta situación insoportable. ....

Susana Carbón

12 Lea lo que piden Ecologistas en Acción y complete.

ECOLOGISTAS
e n   a c c i ó n

– Ecologistas en Acción piden a las administraciones que .... (realizar) una política del agua que .... (cumplir) con el objetivo de la eficiencia en la utilización del agua.

– Ecologistas en Acción exigen que los sistemas de riego .... (ser) eficientes y las prácticas agrícolas .... (estar) mejor adaptadas a cada clima.

– Ruegan que .... (protegerse) el medio ambiente y que .... (conservarse) los ecosistemas de las zonas costeras.

– Dicen que es muy importante que .... (evitarse) la explotación descontrolada de las aguas subterráneas.

– Es indispensable que .... (ponerse) especial atención a la protección de las zonas húmedas.

¿Recuerda?

Autoevaluación. Piense en lo que ha aprendido en esta lección y evalúe su progreso.

☺ = bien   ☻ = más o menos   ☹ = no muy bien

Sé cómo...
◯ ... expresar un contraste o una contradicción.
◯ ... expresar acciones simultáneas.
◯ ... expresar una condición para el futuro.
◯ ... expresar recomendaciones.
◯ ... escribir una carta formal de queja.
◯ ... pedir o exigir algo.

Entiendo...
◯ ... algunas informaciones básicas sobre la importancia, el valor y los problemas del agua dulce en el mundo y en especial en algunas regiones del sur de España.
◯ ... algunas recomendaciones para ahorrar agua.
◯ ... algunas recomendaciones para evitar y reducir la basura.

Conozco...
◯ ... algunos aspectos y problemas ecológicos de España como la escasez de agua y la desertización o el sistema de la recogida selectiva de basura.
◯ ... algunos problemas que molestan a los ciudadanos españoles.

¿A qué palabras del mundo del trabajo corresponden estas definiciones?

1. Lo que gana una persona cada mes con su trabajo: ....
2. Una persona que trabaja fuera, tiene un puesto ....…..
3. No ir al trabajo por estar enfermo, tener una gripe, etc.: .... al trabajo.
4. Las horas que trabaja una persona cada día: ....
5. La acción de jubilarse es la ....
6. Para muchas personas lo mejor de su trabajo es el contacto o el …...............…… con la gente.

Mire las fotos y lea el texto. ¿Qué profesión tiene el señor Canivilo?

barrendero

Pedro Canivilo, 44 años. **Jornada:** 8 horas al día.
Ingresos: 1.000 euros más propinas.
Profesión: ....

Llevo ya 18 años trabajando aquí. Me gusta el trabajo aunque no gano mucho. No alcanzaría para mantener a una familia, pero estoy soltero, menos mal. El tiempo no me molesta, al contrario, me gusta trabajar al aire libre. Y aunque me ofrecieran un puesto en el interior, en la caja por ejemplo, no cambiaría. Tengo clientes a los que ya conozco desde hace muchos años y que me dan una buena propina cada vez que vienen. En general me llevo muy bien con ellos, los trato con amabilidad y respeto, y por eso, en general, también me respetan a mí. Si no cierran esta estación de servicio me quedaré hasta que me jubile. ¿Lo peor de mi trabajo? Que gano poco. ¿Y lo mejor? Que estoy en contacto con mucha gente.

gasolinero

a) **Sandra ha tenido una entrevista con una empresa en Alicante. Escuche lo que le cuenta a su amigo Roberto. ¿Por qué no le interesa a Sandra el puesto de trabajo?**

b) **Escuche una segunda vez y tome nota de las palabras y expresiones que tienen que ver con el mundo del trabajo. ¿Encuentra al menos cinco?**

15

4 Complete las frases condicionales en este diálogo: *¿Qué harían si...?*

● Neus y Jaime, ¿qué .... (hacer) si os .... (ofrecer, ellos) dos puestos de trabajo en ciudades diferentes?

▲ Ay, no. Eso .... (ser) un problema, ¿verdad, Jaime?

● Pues para mí no. Yo no .... (cambiar) de lugar de residencia por otro puesto de trabajo. Aquí están nuestros amigos, la casa, todo.

▲ ¿Pero tampoco .... (cambiar) si te .... (ofrecer) muchísimo dinero y si tu jefe o jefa .... (ser) muy simpático?

● Pues no sé, el dinero no hace feliz, ¿eh? Pero claro, ganar un poquito más cada mes no estaría nada mal. ¿Y tú?

▲ Bueno, si .... (ser) un trabajo genial, en una empresa buenísima y con un jefe simpatiquísimo, entonces me lo .... (pensar). Pero, tranquilo, sólo .... (ir) si tú .... (venir) conmigo, eso está claro.

● Gracias, mujer. Entonces, si no .... (quedar) otra solución, me .... (ir) contigo.

5 Lea estas preguntas y escriba las respuestas en su cuaderno.

¿Qué haría si...

1. ... ganara un millón de euros en la lotería?
2. ... fuera el presidente o canciller de su país?
3. ... tuviera un año de vacaciones?
4. ... estuviera en una isla desierta?
5. ... le ofrecieran un Rolls Royce al precio de un VW Golf?
6. ... le regalaran un vuelo en globo*?

* Ballonflug

Si ganara 1 millón, compraría...

6 Complete este currículum vitae con los títulos para cada apartado.

Datos personales:

....   Julio Enrique Catedrales Sánchez

....   Murcia, 21/11/1985

....   Avda. de la Gracia, 35, 2° izq. 30004 Murcia

....   968 35 86 21

Formación: Colegio Miguel de Unamuno, enseñanza secundaria

....   Camarero en un bar

Formación complementaria: Cursos básicos de ordenador, tratamiento de texto, programas de dibujo y diseño de páginas web

....   Inglés a nivel medio, hablado y escrito; permiso de conducir

¿Qué se requiere para estos puestos de trabajo? Complete.

1. El Hospital Carlos I necesita médico que ……………..... experiencia mínima de tres años y ……………..... inglés.
2. La tienda *Miss Sarah* busca dependienta que ……………..... simpática y ……………..... carnet de conducir.
3. El bar *Sol y Sombra* necesita camarero que ……………..... inglés, francés y un poquito de alemán. Tenemos muchos clientes extranjeros.
4. El gimnasio *Gloria* busca estudiantes que ……………..... capacidad de trabajo en equipo.
5. El teatro *Lope de Vega* busca actrices que ……………..... guapas, inteligentes y entusiastas.
6. Se precisa dibujantes técnicos que ……………..... diplomas de diseño. Es necesario que ……………..... una experiencia mínima de un año como dibujante.

8

¿Qué tiempo verbal se usa en estas frases? Marque.

	pres. de subjuntivo	imperf. de subjuntivo	condicional
1. Busco un trabajo que <u>sea</u> interesante.	◆	◆	◆
2. Yo no <u>cambiaría</u> de lugar de residencia.	◆	◆	◆
3. Si te <u>fueras</u> a otra ciudad, yo me iría contigo.	◆	◆	◆
4. ¿Y si tu jefe te <u>ofreciera</u> más dinero?	◆	◆	◆
5. Mi jefe quiere que <u>estudie</u> inglés.	◆	◆	◆
6. ¿Quién lo <u>podría</u> hacer mejor que tú?	◆	◆	◆
7. Si <u>cambiaras</u> el puesto de trabajo, estarías mejor.	◆	◆	◆
8. ¿Qué <u>harían</u> sin ti en la empresa?	◆	◆	◆

Complete este esquema.

	presente de subjuntivo	imperfecto de subjuntivo	condicional
hablar	hable (ella)	hablara	hablaría
abrir		abriera (él)	
			ganarías
comprender		comprendieran	
	esté (yo)		
tener	tengamos		
			harías
perder	perdamos		
ser		fuerais	

a) ¿Qué requisitos se necesitan para estas profesiones? Relacione. Puede haber repeticiones.

empleado/-a en un banco
vendedor/a en una empresa de ordenadores
secretario/-a
guía turístico/-a
policía
recepcionista en un hotel de lujo
azafata

saber idiomas a nivel hablado
llevar uniforme
medir más de un metro y setenta
saber utilizar un ordenador a nivel usuario
facilidad de trato con el público
ser flexible y creativo/-a
tener buenos modales*

* gute Umgangsformen

b) Describa los requisitos que requieren las profesiones en a).

De un/a empleado/-a en un banco se requiere que tenga facilidad de trato con el público.

a) Lea esta oferta de trabajo del periódico «La Voz de Galicia» del 26 de julio del 2004 y la carta de presentación que manda Julio Valera . ¿Cree usted que Julio es un buen candidato para el puesto?

Young España
Tenemos el márketing del futuro y buscamos personas

– que sean abiertas y flexibles
– que tengan carnet de conducir y buenos conocimientos del inglés
– que sepan utilizar un ordenador y comunicarse con toda clase de personas

Se ofrece:
– contrato laboral
– formación específica
– posibilidades de desarrollo
– sueldo a negociar

Si crees que eres un buen candidato o candidata, te interesa el márketing y el trabajo en una empresa internacional, envíanos tu currículum y solicitud:
Young España
Departamento: Selección de Personal Ref. YE-1220
Apartado 36200 Vigo

Julio Valera Concello
C/ Lepanto, 43   36200 Vigo
Teléfono: 986 414 698

Vigo, 04/08/2004

Queridos señores:

En respuesta a vuestro anuncio en «La Voz de Galicia» del 26 de julio, en el que buscan personas para el márketing, les mando mi carta de presentación porque creo que soy un tipo guapo y simpático y un buen candidato. Me interesa el márketing y me gustaría mucho trabajar en una empresa tan grande e internacional como Young España.

Creo que reúno todos los requisitos del puesto: Soy abierto y flexible, tengo carnet de conducir y sé bastante bien inglés porque mi novia es inglesa. Se llama Sharon.
Hice varios cursos de informática, soy un aficionado de Internet y me gusta comunicarme con toda clase de gente, en especial tengo mucha facilidad de trato con las chicas.

Les envío adjunto mi currículum vitae. ¡Llámenme pronto para concertar una entrevista!

Les saluda su amigo

Julio Valera C.
Julio Valera Concello

b) Seguro que ha encontrado algunos errores de estilo en la carta de Julio. ¿Cuáles son? Corríjanlos, quiten frases que no se usan en cartas formales y mejoren su estilo.

Lea lo que dijo el ministro español de trabajo hace poco en la prensa y transmita sus frases.

1. «Dentro de diez años el paro ya no será la preocupación principal de los españoles.»
   El ministro dijo que dentro de diez años el paro ya no sería la preocupación principal de los españoles.
2. «Cada persona sin trabajo conseguirá un empleo a buenas condiciones.»
3. «Habrá suficiente trabajo para todos.»
4. «Cada joven encontrará un puesto para realizar prácticas en su ciudad.»
5. «Padres o madres con hijos pequeños podrán trabajar a tiempo parcial*.»
6. «La situación económica mejorará dentro de pocos años.»

* *Teilzeit*

Ésta es la nota que dejó la señora Ruiz Enano a su secretario Luis Alberto antes de partir para su viaje de negocios. ¿Cómo transmite Luis Alberto las peticiones de su jefa a estas personas? Escriba.

Luis Alberto, cuando leas esta nota ya estaré de viaje a Sevilla. ¿Podrías ocuparte de las siguientes cosas, por favor? ¡Es urgente!

Llama al señor Cano para confirmar la cita a las tres de la tarde, por favor, y dile que lleve todos los documentos necesarios para firmar el contrato. Y no te olvides de llamar a nuestro cliente barcelonés. Dile que no podré asistir a la reunión de mañana porque tendré que quedarme un día más en Sevilla. Y dile a Rosa que entregue por fin sus propuestas para la nueva campaña de márketing, que las necesito lo más pronto posible.

Gracias,
Elena

– al señor Cano: *Mi jefa me pidió que confirmara la cita… dijo que por favor llevara…*

– al cliente barcelonés: *Mi jefa dijo que no……………………………………………..*

– a Rosa: *Elena dijo que……………………………………………………………*

¿Recuerda?

Autoevaluación. Piense en lo que ha aprendido en esta lección y evalúe su progreso.

☺ = bien   ☺ = más o menos   ☹ = no muy bien

Sé cómo…
○ … expresar hipótesis o condiciones respecto al futuro.
○ … escribir un currículum vitae en español.
○ … expresar mis esperanzas y expectativas respecto a un nuevo trabajo.
○ … escribir una carta de presentación o una carta formal.
○ … transmitir recados.

Entiendo…
○ … informaciones básicas sobre el mercado y las condiciones de trabajo en España.
○ … las ofertas de trabajo del periódico.

Conozco…
○ … algunos aspectos de la vida de la gente joven en España.

11

1

a) Lea este poema y complételo con las siguentes palabras.

sonrisa	reí			de risa	
	te ríes	risas	sonreí		ríes
			risa		

Encuentro casual en un almacén

Tu .... me robó
la poca razón* que me quedaba
y aunque no lo esperaba
.... yo también.
Estábamos solos y te saludé
y después de saludarte ....,
no sé por qué.
La .... creció

y se juntó con la tuya.
«¿De qué ....?» decías tú.
Y yo, entre ...., contesté:
«¿Y de qué te .... tú?»
No lo sabíamos ni tú ni yo
y casi nos morimos ....
en aquel triste almacén.
Pero lo sobrevivimos
para poder conocernos mejor.

*hier: Verstand

Agustín Palma

b) Compruebe sus resultados escuchando el poema.

16

2

a) ¿Se ha dado cuenta de la entonación diferente de *Therapie* y *terapia*? Relacione las palabras españolas con las alemanas y subraye la sílaba fuerte.

garantía	academia	terapia	enciclopedia	colonia	
	caloría	industria	cleptomanía	copia	categoría

Industrie: ....

Kolonie: ....

Enzyklopädie: ....

Akademie: ....

Kategorie: ....

Kalorie: ....

Kleptomanie: ....

Garantie: ....

Kopie: ....

Therapie: ....

b) Ahora escuche, compruebe y repita cada palabra.

17

3

Relacione estas frases que hablan de los beneficios de la risa y de la risoterapia.

1. La risa natural y sana sale
2. Reírse a menudo elimina
3. La risa nos trae alegría y
4. En la risoterapia se aprende a
5. Cuando reímos es
6. La risa es magia y es la

a) relajación y abre nuestros sentidos.
b) imposible pensar.
c) del vientre o del corazón.
d) mejor medicina.
e) vivir el aquí y ahora, a estar en el presente.
f) el estrés y la depresión.

Encuentre los sinónimos de estas palabras del folleto de «Salud Inteligente», pág. 106.

desplazarse
sucursal
sesión
formación
taller
monitor

1. seminario: ....
2. entrenador, profesor: ....
3. trasladarse, moverse:
....

4. agencia: ....
5. reunión: ....
6. instrucción, preparación:
....

Sea usted muy amable al pedir estas informaciones.

1. ¿Cuánto cuesta este jersey?
2. ¿Qué hay en esta sala?
3. ¿A qué hora sale el tren?
4. ¿Hay taxis por aquí?
5. ¿Cuándo vuelve su jefe?
6. ¿Qué significa esta frase?
7. ¿Me pueden rebajar ésto?
8. ¿Por qué tengo que esperar aquí?

¿Me podría decir cuánto cuesta este jersey?
Perdone, quisiera saber...
....
....
....
....
....
....

Lea esta entrevista con Sônia, una brasileña residente en Pamplona y complete.

● Sônia, usted vive desde hace un año en Pamplona. ¿Le gusta vivir en España?
● Sí, me gusta mucho. Me siento casi como en mi casa.
● ¿Casi? ¿Quiere decir que hay también problemas o cosas que no le gustan?
● Bueno, problemas no. Pero durante las primeras semanas la gente hablaba conmigo como si no
   .... (entender) español y .... (hablar) sólo brasileño o inglés.
● ¿De verdad?
● Sí, es que muchos piensan en el Brasil como si .... (ser) otro mundo. Como si los brasileños
   .... (ser) todos gente a la que le gusta bailar samba todo el día. Como si una de nosotros no
   .... (poder) ser buena bióloga, por ejemplo.
● Y usted sí que es buena bióloga. Acaba de recibir el premio Ciencias Naturales de la Universidad de
   Pamplona. ¿Qué campo está investigando en este momento?

Relacione los elementos de las cuatro columnas y forme frases completas, como en el ejemplo.

Virginia come como si estuviera muy nerviosa.

			triste
			un/a especialista
habla			nervioso, -a
se ríe	ser	muy	contento, -a
come	estar	mucho	hambre
duerme	tener	mucha	borracho, -a
bebe		0	experiencia
camina			cansado, -a
gasta dinero			preocupado, -a
trabaja			un/a millonario, -a
actúa			dinero
			loco, -a

*Pedro camina como si
estuviera borracho.*

8

a) Vuelva a mirar el cómic de Quino en la página 109 y relacione cada pregunta con la respuesta adecuada. Hay dos preguntas que quedan sin respuesta. ¿Cuáles son?

....

b) ¿Cuáles podrían ser las preguntas correspondientes a las dos respuestas que sobran?

¿...?   Dos millones, trescientosdocemil, seis dos ocho.

¿...?   Tos convulsiva a los cuatro, y la viruela a los siete.

9

a) Éste es otro cómic del dibujante argentino Quino. ¿Qué título le pondría?

© Joaquín S. Lavado, Quino

b) Cuente la historieta: ¿Quiénes son las personas, dónde están, que día especial de su vida es, etc.?

En la primera viñeta se ve(n) / se puede(n) ver...

En la segunda viñeta...

10

¿Qué elementos de los tres cuadros se pueden combinar?

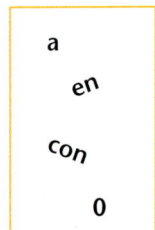

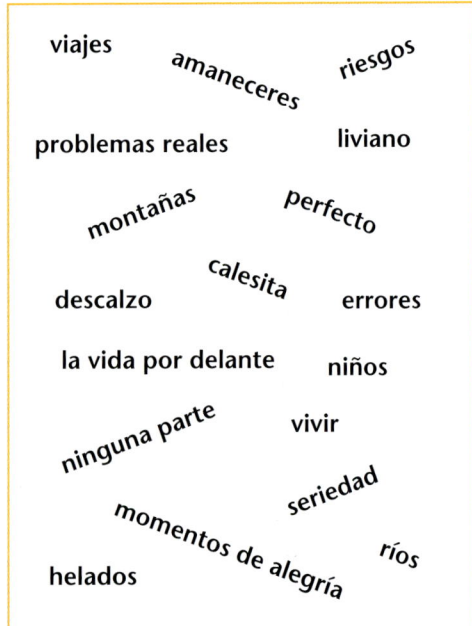

Vuelva a leer el poema «Instantes» en la pág. 111. ¿Cómo actuaría el poeta si pudiera vivir nueva-mente su vida? ¿Cuáles de estas cosas haría, cuáles no? Ponga un *sí* o un *no* según corresponda.

intentaría ser perfecto ☐   cometería más errores ☐   sería más higiénico ☐

correría más riesgos ☐   haría más viajes ☐   subiría montañas ☐

nadaría en ríos ☐   comería más habas ☐   tendría más problemas reales ☐

viviría sensatamente ☐   no se perdería el ahora ☐   llevaría siempre un paraguas ☐

andaría descalzo en primavera ☐   viajaría con muchas maletas ☐   iría más en calesita ☐

no jugaría tanto con los niños ☐   contemplaría el sol por la madrugada ☐

intentaría tener sólo buenos momentos ☐

a) Mire este logotipo. ¿Ha oído hablar de esta organización? ¿Se puede imaginar cuáles son sus objetivos?

b) Lea cuáles son los principios de PsF y decida de qué tipo de organización se trata.

Payasos sin Fronteras es una organización ◆ humanitaria ◆ de voluntarios ◆ de la iglesia católica ◆ no gubernamental (ONG) ◆ internacional.

Está formada por ◆ payasos y otros artistas ◆ médicos y enfermeras.

Principios:

– Mejorar la situación psicológica de los niños y adultos que viven situaciones de crisis como guerras, desastres naturales o desigualdad social: Educación para la paz y actividades artísticas que llevan la risa a todas partes del mundo.

– El Payaso no hará distinciones entre ellos por cuestiones de raza, edad, religión, cultura, situación social o cualquier otro hecho a la hora de ofrecer y aportar su trabajo.

– Los Payasos trabajan de voluntarios y no recibirán ningún tipo de recompensa económica por sus actividades relacionadas con los proyectos de la ONG.

– No utilizarán su actividad para imponer criterios ni puntos de vista del tipo que sea a las poblaciones a las que van dirigidos los proyectos, sino que se limitarán a compartir con ellos su actividad artística. No pretenden «formar» a estas poblaciones, huyendo siempre de todo tipo de actividad «evangélica» o salvadora, sino simplemente aportar su trabajo.

13 ¿Qué sería si...? Complete.

1. ● Martín, ¿qué …….....…......... (hacer) tú si …….....…......... (tener) más tiempo libre?

   ● Hombre, si yo …….....…......... (tener) más vacaciones, …….....…......... (pasar) varios meses en proyectos de los Payasos sin Frontera porque me encantan sus actividades. …….....…......... (vender) mi coche y …….....…......... (alquilar) mi piso para sentirme más libre.

2. ● Señor Valeriano, ¿qué …….....…......... (hacer) con cien mil euros?

   ▲ Pues yo, si …….....…......... (tener) tanto dinero, …….....…......... (dejar) de trabajar y primero me …….....…......... (tomar) unas vacaciones.

   ● ¿Adónde …….....…......... (ir) en esas vacaciones?

   ▲ Si …….....…......... (ser) posible, me …….....…......... (gustar) ir a Centroamérica.

   ● ¿Qué países le …….....…......... (gustar) conocer?

   ▲ Pues..., en realidad, practicamente todos. Si mis hijos …….....…......... (ir) conmigo, nos …….....…......... (ir) de México hasta Panamá, pasando por Guatemala y Honduras. ¡Qué ilusión!

14 En estas pintadas los autores tuvieron problemas con los sprays. Complete los vacíos.

imposible	dinero	egoísmo	comida	la tele	cumple

Sé realista: pide lo ⟨⟩ *Apaga* ⟨⟩ *y enciende tu cabeza (Baloo)*

TODOS PROMETEN Y NADIE ⟨⟩ . VOTEN* POR NADIE
   (Barrio La Boca, Buenos Aires)

Hay países tan pobres que sólo tienen ⟨⟩ *(Max)*

Medio mundo tiene miedo al hambre, el otro miedo a la ⟨⟩

MÁS TRABAJO Y MENOS ⟨⟩ DE TODOS POR TODO (ANÓNIMO)

* votar: wählen

¿Recuerda?

Autoevaluación. Piense en lo que ha aprendido en esta lección y evalúe su progreso.

☺ = bien   ☺ = más o menos   ☹ = no muy bien

Sé cómo...
○ … pedir información de forma amable.
○ … expresar una comparación irreal.
Entiendo...
○ … algunas informaciones básicas sobre la risoterapia.
○ … algunas muestras del humor hispano.
Conozco...
○ … algunos chistes españoles y cómics argentinos.

a) Éstas son palabras del texto de la página 114. Forme dos grupos con ellas según su significado.

defender	reino	guerra	gobernante	capitulación	ejército
corte	reinado	destrucción	batallas	trono	reyes

b) ¿Qué título le pondría a cada grupo? Elija entre éstos:

1. Influencia árabe en España   2. Guerra   3. Era cristiana   4. Monarquía

c) Complete con palabras de 1a) esta breve historia de Madrid.

De fortaleza[1] árabe a capital de España

La primera noticia histórica del origen de la ciudad de Madrid es de mediados del siglo IX, cuando el emir Mohamed I construyó una fortaleza amurallada o alcázar[2] en el lugar que hoy ocupa el Palacio Real. Durante La Reconquista fue atacada varias veces por los .... cristianos hasta que, finalmente, firmó la .... en el año 1083, durante el .... de Alfonso VI. Poco a poco el Madrid medieval[3] se convirtió en una pequeña ciudad a la que iban los .... para practicar la caza. En el siglo XVI, Carlos I, al que le gustaba mucho Madrid, transformó el viejo alcázar en Palacio Real. En el año 1561 Felipe II trasladó por fin la .... de Toledo a Madrid. Así se convirtió Madrid en capital de España.

[1] Festung; [2] maurische Festung; [3] mittelalterlich

d) Madrid ha cambiado mucho a lo largo de los siglos. Elija la opción adecuada.

1. El Madrid de los siglos XII a XV era un pueblo .... pequeño.
   a) mucho   b) muy   c) más

2. El Madrid de hoy es una gran ciudad con .... monumentos.
   a) mucho   b) muy   c) muchos

3. Un grave problema de Madrid es que el aire está .... contaminado.
   a) mucho   b) más   c) muy

4. En la capital española hay .... tráfico.
   a) muy   b) mucho   c) más

¡La Historia está llena de números! Y no todos se leen igual: los reyes, en números ordinales (Juan I = Juan primero) y los siglos, con números normales (Siglo XX = siglo veinte). Escriba las cifras de la historia de Madrid y lea después el texto de 1c) en voz alta.

Siglo IX = ...   Alfonso VI = ...

Mohamed I = ...   Siglo XVI = ...

Felipe II = ...

3

Complete este fragmento de la historia de Boabdil con las formas verbales que faltan y compare después con el texto de la página 114.

El último gobernante musulmán que (habitar) .... la Alhambra fue Boabdil. El sultán del reino de Granada, también llamado «el Rey Chico», (nacer) .... en la Alhambra, donde (estar) .... la corte.

Aquí (conocer) .... también a su única esposa, la bella y desgraciada Morayma.

Boadbil (ser) .... un hombre de gran sensibilidad, con más vocación literaria que política. Pero en 1482 (tomar) .... el trono del Reino de Granada.

(Ser) .... un momento crítico; el resto de España había sido reconquistado por los cristianos, ya no (quedar) .... esperanza para su ciudad. (...) Después de muchas batallas, Boabdil (firmar) .... la capitulación para salvar su ciudad de la destrucción.

Granada (abrir) .... sus puertas al ejército de los Reyes Católicos, Isabel y Fernando.

(Ser) .... el 2 de enero de 1492.

4

Quiz. ¿Qué importante ciencia matemática heredamos de los árabes (vertical)? Complete las palabras horizontales para averiguarlo.

```
_ | L F _ _ _ _ _
_ | L _ _ _ R
G |_ _ _ _ O _
_ | S _ _ R R _ G _
B |_ R _ _ _ N _
_ | I _ G _
A | Z _ _ _ Á _
```

Horizontales:
1. Es de lana o de seda y se pone en el suelo.
2. Lo que hizo Boabdil cuando vio Granada por última vez.
3. Su música se llama flamenco y tiene influencia árabe.
4. Es un vegetal muy alargado, verde o blanco.
5. Es una hortaliza de piel suave y brillante de origen árabe.
6. La agricultura mejoró gracias a los sistemas de …
7. Se llama también «el oro amarillo» y se usa en la paella.

5

Anabel llama a una amiga después de un año sin verse y quiere saber si han cambiado las cosas. Formule sus preguntas.

– *¿ Sigues fumando?*
● No, lo dejé con ayuda del libro «No fumo, gracias».

– ¿...?
● No, no, terminé la carrera y ahora estoy trabajando.

– ¿...?
● Sí, sí, ya sabes como es mi padre, no se jubilará nunca.

– ¿...?
● No, ahora estoy aprendiendo alemán, el chino era demasiado difícil.

– ¿...?
● No, con Jaime ya no. Ahora salgo con otro chico, se llama Jorge.

Juan ha escrito en su diario cómo fue el encuentro con una amiga muy especial. Complete con las formas verbales que faltan.

llevar	soñar	salir	trabajar	vivir	llevar	estar

«Ayer, en la reunión de ex-alumnos, vi a Juani. *Sigue siendo* la misma chica guapa y simpática de siempre. Claro que físicamente ha cambiado un poquito, por ejemplo, antes ....
siempre el pelo largo y ahora lo lleva muy corto, pero le queda muy bien. Pero ....
.... las mismas gafas. Y .... en Jaén, como antes. Pero no
.... en Patatas Fritas Sol, ha cambiado de empresa. Le pregunté si
.... con Alfredo (ese tonto) y me dijo que no, que ahora salía con otro
(qué pena) y que .... muy enamorada de él (¿sabe ella lo que significa eso?).
Y yo, claro, como siempre, no le dije que .... estando enamorado de ella. Bueno, seguiré
..............................., que es gratis.»

a) ¿Cómo era usted antes, qué cosas hacía? Marque con una cruz.

- ◆ fumar
- ◆ llevar el pelo largo
- ◆ hacer deporte
- ◆ viajar mucho

- ◆ tocar un instrumento
- ◆ llevar el pelo largo / corto
- ◆ ser hippie
- ◆ dormir mucho

- ◆ beber alcohol
- ◆ ser tímido/-a
- ◆ ser optimista
- ◆ ser soñador/a

b) Formule después frases como en el ejemplo, explicando si ha cambiado o no. Puede añadir otras cosas.

Antes fumaba. Ahora sigo fumando / ya no fumo.

....
....
....
....
....
....
....

Cada cosa a su tiempo. Termine estas frases con un poco de fantasía.

1. Quiero llevar esta carta a correos antes de que ....
2. Yo me quedo contigo hasta que ....
3. No tengo luz en la bici, me voy antes de que ....
4. Espera aquí hasta que ....
5. Te recomiendo visitar Granada antes de que ....
6. No lo quiero decidir todo sola, esperaré hasta que ....

a) En este mapa de Andalucía faltan los números de cuatro capitales andaluzas. ¿Cuáles son? Leer las descripciones puede ayudarle a situarlas en el mapa.

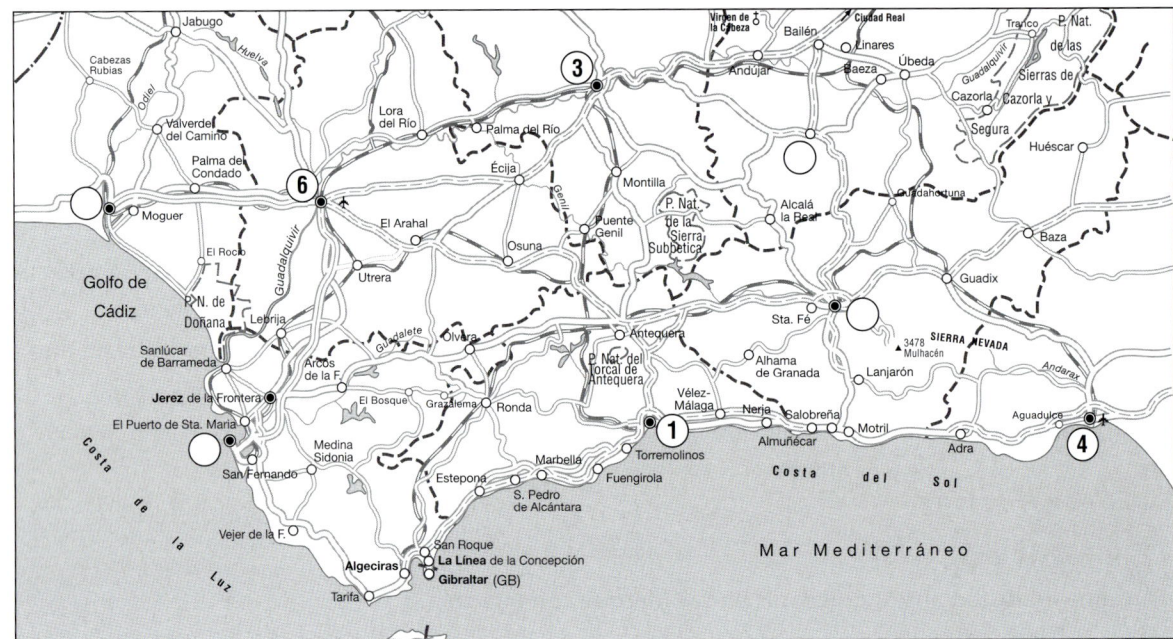

① Málaga   ④ Almería   ⑦ Cádiz

② Huelva   ⑤ Granada   ⑧ Jaén

③ Córdoba   ⑥ Sevilla

> Huelva es la provincia más suroccidental de Andalucía y de España. Las playas atlánticas de la «Costa de la Luz» y el Parque Nacional de Doñana son sus principales atractivos.

> Cádiz, «la Perla del Atlántico», tiene el privilegio de disfrutar también de las aguas cálidas del Mediterráneo. Las playas de Tarifa son «obligatorias» para los amantes del surf.

> Jaén es una provincia interior, montañosa y sin salida al mar. Sus mayores riquezas son sus olivares y la naturaleza casi intacta de la Sierra de Cazorla y de la Sierra Mágina.

> «No hay mayor desgracia que ser ciego en Granada.» Este refrán habla de la belleza incomparable de esta provincia que tiene una costa de clima casi tropical y la Sierra Nevada.

b) Loli y usted están organizando un viaje, pero a usted todo le da igual y deja que ella decida.

Loli: A ver. ¿Adónde vamos entonces? ¿A Jaén o a Granada?

Usted: ....

Loli: Bueno, entonces vamos a Jaén. Pero, ¿cómo vamos? ¿En tren o en coche?

Usted: ....

Loli: Vale, entonces alquilamos un coche. Y ¿cuándo salimos? ¿Mañana o el lunes?

Usted: ....

Loli: Entonces tengo que decidir todo yo, ¿no? Bueno, pero después no protestes, ¿eh?

a) En todas las ciudades turísticas hay músicos, actores, artesanos y pintores que trabajan en la calle y viven de su arte. Escuche esta entrevista con Ismael. ¿A qué se dedica él? ¿Dónde vive?

b) Escuche de nuevo y seleccione después las frases que se corresponden con lo que ha escuchado.

◆ Ismael puede vivir de su trabajo en la calle sin problemas.

◆ Ismael es padre de familia.

◆ La competencia entre los artistas de la Plaza Mayor es un problema.

◆ Sus clientes son personas que tienen una mala imagen de sí mismas.

◆ En los meses de verano no hay público suficiente en Madrid.

◆ Pasa temporadas en otras ciudades, pero Madrid es su casa.

◆ Cuando se jubile, se irá a vivir cerca del mar.

¿Recuerda?

Autoevaluación. Piense en lo que ha aprendido en esta lección y evalúe su progreso.

☺ = bien   ☺ = más o menos   ☹ = no muy bien

Sé cómo...
○ ... planear un viaje con otros negociando y respetando los deseos de todos.
○ ... hablar sobre la historia de mi ciudad y sobre su desarrollo a lo largo de los años.

Entiendo...
○ ... las informaciones básicas sobre la historia de un lugar que encuentro en folletos informativos o una página web.
○ ... lo más importante de lo que dice un guía turístico durante una ruta.

Conozco...
○ ... monumentos y aspectos históricos y sociales importantes de la ciudad de Granada.
○ ... la importancia del pasado árabe de España.
○ ... palabras españolas de origen árabe.

Niveau B1

Liebe Lernerin, lieber Lerner,
El Nuevo Curso 3 führt Sie zum Niveau B1 des Europäischen Referenzrahmens. Ziel der Niveaustufenbeschreibungen des Referenzrahmens und der Europäischen Sprachenzertifikate ist eine länderübergreifende Vergleichbarkeit von Kursstufen und Prüfungsniveaus für Fremdsprachen in Europa. Mithilfe der unten stehenden Kannbeschreibungen des Europäischen Referenzrahmens lernen Sie Ihren Kenntnisstand und Ihr persönliches Sprachniveau besser einzuschätzen. Überprüfen Sie anhand der folgenden Auswahl an mündlichen und schriftlichen Sprachhandlungen, was Sie bereits auf Spanisch können und wie gut und sicher Sie es können.

Wenn Sie für die folgenden Sprachhandlungen für sich sagen können: „Das kann ich unter normalen Umständen", machen Sie ein Häkchen hinter der jeweiligen Beschreibung. Wenn Sie etwas noch nicht so gut können, aber daran arbeiten wollen, machen Sie ein Ausrufezeichen. Wenn hinter mindestens 80% der Kannbeschreibungen ein Häkchen steht, dann haben Sie das Niveau B1 erreicht. Als Orientierung geben wir Ihnen in Klammern die Lektionen an, in denen diese Sprachhandlungen in *El Nuevo Curso 3* vorkommen.

Mündlich

Interaktion

1. Ich kann Informationen über bekannte Themen austauschen.
2. Ich kann Gefühle ausdrücken und auf entsprechende Gefühlsäußerungen anderer reagieren.
3. Ich kann meine Meinung sagen und Vorschläge machen, wenn es darum geht, Probleme zu lösen oder praktische Entscheidungen zu treffen.
4. Ich kann die meisten Situationen bewältigen, die sich im Alltag oder auf Reisen ergeben.

5. Ich kann an formellen Gesprächen teilnehmen und dabei Ansichten und Meinungen äußern.
6. Ich kann auch nicht alltägliche Situationen in Geschäften bewältigen.
7. Ich kann relativ flüssig ein Telefonat als Auskunft suchende oder Auskunft gebende Person führen.
8. Ich kann kurze, einfache Sachinformationen, weitergeben.

(**1.** L4, L6, L8; **2.** L1, 5, 7; **3.** L1, 2, 5; **4.** L2, L4, L5, L12; **5.** L7, L8; **6.** L4; **7.** L11; **8.** L10)

Rezeption

9. Ich kann einfache Informationen von unmittelbarer Bedeutung verstehen.
10. Ich kann konkrete Anweisungen und Aufträge verstehen.
11. Ich kann eine Argumentation über ein aktuelles oder vertrautes Thema in groben Zügen erfassen.
12. Ich kann bei längeren Gesprächen zu mich interessierenden Themen den Hauptpunkten folgen, sofern deutlich Standardsprache gesprochen wird.

13. Ich kann wichtige Einzelinformationen von Radiosendungen über Themen von persönlichem oder allgemeinem Interesse, die in klarer Standardsprache vermittelt werden, verstehen.
14. Ich kann die generellen Aussagen und die wichtigsten Informationen der meisten Vorträge über bekannte Themen verstehen, wenn diese unkompliziert und klar strukturiert dargestellt werden.
15. Ich kann in einfachen Erzählungen dem Handlungsablauf folgen und die wichtigsten Details verstehen.

(**9.** L2, L4; **10.** L4; **11.** L3, L9; **12.** L1, 10; **13.** L3, L9; **14.** L7; **15.** L3)

Produktion

16. Ich kann mir vertraute oder mich persönlich interessierende Dinge oder Personen einfach und klar beschreiben.
17. Ich kann Träume, Gefühle und Ziele einfach beschreiben.

18. Ich kann meine Ansichten, Pläne oder Handlungen begründen oder erklären.
19. Ich kann ausreichend genau über Erfahrungen und Ereignisse berichten und dabei Reaktionen und Meinungen einbeziehen.

20. Ich kann einfache Geschichten erzählen.
21. Ich kann verständlich Vermutungen anstellen.
22. Ich kann verständlich beschreiben, wie man etwas macht.

23. Ich kann Informationen oder Ideen verständlich vortragen und diese mit einfachen Argumenten stützen

(**16.** L1; **17.** L1, L5, L8; **18.** L2, L8; L9; **19.** L3, L7; **20.** L3; **21.** L7; **22.** L4; **23.** L7)

Sprachmittlung
24. Ich kann wichtige Inhalte aus spanischsprachigen

informierenden schriftlichen Texten anderen Personen in der gemeinsamen Sprache weitergeben.

(**24.** L6)

Schriftlich
Interaktion
1. Ich kann mich über einfache Sachverhalte beschweren.
2. Ich kann auf Annoncen und Inserate reagieren und mehr oder genauere Informationen zu den Produkten verlangen.

3. Ich kann ein einfaches offizielles Schreiben verfassen oder beantworten.
4. Ich kann in privater Korrespondenz Gefühle und Neuigkeiten mitteilen, von Ereignissen berichten und nach Neuigkeiten fragen.

(**1.** L9; **2.** L11; **3.** L9, L10; **4.** L1)

Rezeption
5. Ich kann längere Texte zu aktuellen Themen oder solchen aus dem eigenen Interessengebiet nach gewünschten Informationen durchsuchen.
6. Ich kann die wichtigsten Informationen in alltäglichen informierenden Texten verstehen.

7. Ich kann in Texten zu aktuellen oder vertrauten Themen die Grundaussagen und wichtige Argumente erfassen.
8. Ich kann einfache Standardbriefe und Anzeigen mit klaren Informationen und wenigen Abkürzungen verstehen.

(**5.** L6; **6.** L2, 4, L5; **7.** L6, L8; **8.** L1, L10)

Produktion
9. Ich kann mir vertraute oder mich persönlich interessierende Dinge einfach und klar beschreiben.
10. Ich kann Träume, Gefühle und Ziele einfach beschreiben.
11. Ich kann ausreichend genau über Erfahrungen und Ereignisse berichten und dabei Reaktionen und Meinungen beschreiben.
12. Ich kann einfache Informationen von unmittelbarer Bedeutung festhalten und deutlich machen, welcher Punkt für mich am wichtigsten ist.
13. Ich kann über Alltagsthemen und über speziellere Themen aus dem eigenen Erfahrungsbereich einfache

Texte schreiben und darin persönliche Ansichten und Meinungen ausdrücken.
14. Ich kann unkomplizierte Texte selbstständig zusammenfassen.
15. Ich kann über die wichtigsten Einzelheiten eines unvorhergesehenen Ereignisses berichten.
16. Ich kann eine einfache Anzeige verfassen.
17. Ich kann eine einfach strukturierte Geschichte erzählen, indem ich die einzelnen Punkte linear aneinander reihe.
18. Ich kann zu einem mir vertrauten Thema Notizen machen, die für meinen späteren Gebrauch ausreichend genau sind.

(**9.** L3; **10.** L11; **11.** L3; **12.** L3; **13.** L5; **14.** L2, L9; **15.** L3; **16.** L10; **17.** L3; **18.** L7)

Abschlusstest

Nachdem Sie in *El Nuevo Curso 1* und *El Nuevo Curso 2* bereits Teile des Prüfungsformats der Prüfungen für das Europäische Sprachenzertifikat kennen gelernt haben, können Sie im Folgenden die noch unbekannten Prüfungsteile auf dem Niveau B1 kennen lernen und Ihren Kenntnisstand prüfen.
Viel Erfolg!

Examen escrito: Comprensión auditiva
Después de haber puesto en marcha la casete o el CD, no la / lo pare antes de escuchar las palabras finales:
«Fin de la prueba de comprensión auditiva. Muchas gracias.»

Comprensión auditiva, parte 1

19

Va a escuchar usted las opiniones de cinco personas sobre si se deberían instalar 400 molinos de viento en un parque eólico en el municipio de Santa Mónica, al noreste de Málaga.

Escuchará cada opinión (números 1 – 5) sólo una vez.

*Después de haber escuchado cada opinión, marque **V** si la frase del mismo número (1 – 5) corresponde al texto que ha escuchado o **F**, si no corresponde.*

Ahora tiene usted 1 minuto para leer las frases 1 – 5.

¿Se debería instalar un parque eólico en el municipio de Santa Mónica?

		V	F
1.	*Enrique Morán Bravo, de Greenpeace:*		
	Es más efectivo poner los molinos lejos de los centros de consumo.	◆	◆
2.	*María Alejandra Morales Peralta, ama de casa residente en Sta. Mónica:*		
	Es imposible dormir a causa del ruido y del «efecto discoteca» causados por los molinos.	◆	◆
3.	*Mario Montalbán Henríquez, de Ecologistas en Acción:*		
	La energía eólica es la más limpia y segura, no hay alternativa.	◆	◆
4.	*Fernando Jiménez, de la Agrupación de Hoteleros de Málaga:*		
	Los turistas ya no vendrían a esta zona debido al terrible impacto visual causado por esos gigantes blancos.	◆	◆
5.	*Graciela del Rosario Álvarez, de la Asociación de Defensa de la Naturaleza.*		
	El parque eólico sería una solución perfecta a favor de la naturaleza.	◆	◆

Comprensión auditiva, parte 2

20

Va a escuchar usted una entrevista de la radio con Joaquín del Olmo, un joven empresario de Alcalá de Henares, residente en Madrid.

Lea primero las siguientes frases. Para ello, dispone de 2 minutos.
Después escuchará el reportaje completo.
A continuación, volverá a escucharlo una vez más en dos partes.

Después de cada parte, tendrá tiempo para marcar las soluciones correctas.

Marque V si la frase es verdadera o F si es falsa.

Ahora tiene usted 2 minutos para leer las frases 1 – 10

	V	F
1. Joaquín del Olmo tiene 17 años.	◆	◆
2. Sus juegos de ordenador se pueden comprar en los almacenes.	◆	◆
3. De niño le encantaba jugar con el ordenador.	◆	◆
4. Para él era más interesante desarrollar juegos de ordenadores que jugar con ellos.	◆	◆
5. Su padre le ayudó a fundar una empresa propia.	◆	◆
6. No fue difícil conseguir clientes para sus productos.	◆	◆
7. Desarrollar un nuevo producto es siempre un proceso muy rápido.	◆	◆
8. A Joaquín le gusta mucho el contacto con gente diferente.	◆	◆
9. Estuvo un año en el extranjero.	◆	◆
10. Para Joaquín la amistad es compatible con el trabajo.	◆	◆

Comprensión auditiva, parte 3

21

Va a escuchar cinco informaciones.
Lea los textos y escuche las informaciones correspondientes (números 1 – 5), luego decida si las frases son verdaderas
(V) o falsas (F).

Va a escuchar cada texto dos veces.

	V	F

1. *Situación:*
   Hoy es martes. Su perro está enfermo y usted llama al veterinario
   para pedir hora. Escuche lo que dice el contestador.

   Usted puede llevar a su perro al consultorio esta tarde.   ◆   ◆

2. *Situación:*
   Usted está en la estación de ferrocarril de Burgos y quiere tomar
   el Talgo con destino a Madrid a las 14:35. Escuche la siguiente
   información.

   Habrá un retraso de unos veinte minutos.   ◆   ◆

3. *Situación:*
   Usted está en las Islas Baleares y quiere dar un paseo en coche el
   próximo fin de semana. Usted oye el pronóstico del tiempo por la radio.

   Este fin de semana no podrá dar el paseo como había planeado.   ◆   ◆

4. *Situación:*
   Usted se encuentra en la sala de espera de una de las puertas de
   embarque de un aeropuerto. Por el altavoz escucha la siguiente
   información.

   Se anuncia el retraso del vuelo a Palma de Mallorca.   ◆   ◆

5. *Situación:*
   Usted quiere ver la trilogía completa de la película «El Señor de los
   Anillos». Llama por teléfono al servicio de información del Cine Ábaco.

   Usted puede ver las tres películas el sábado en la sesión de madrugada
   o el domingo en la sesión de matiné.   ◆   ◆

Examen Escrito: Comprensión lectora selectiva
Imagínese usted cada una de las 10 situaciones que siguen. Lea después los diferentes anuncios a-l. Relacione cada situación con el anuncio que le ofrezca lo que usted desea o necesita.

Usted está en España y le gustaría hacer estas cosas (frases 1–10). Busque los anuncios
(a – l) que responden a sus preferencias.

1. ☐ esquiar en los Pirineos
2. ☐ hacer submarinismo
3. ☐ tomar mariscos
4. ☐ practicar el deporte de la vela
5. ☐ alquilar dos pisos

6. ☐ comprar un apartamento en las montañas
7. ☐ descansar en un pueblo tranquilo
8. ☐ escuchar música jazz en una terraza
9. ☐ ahorrar dinero haciendo excursiones a pie
10. ☐ hacer un curso de español

a)

La Terraza, abierto las 24 hrs.
C/ Mandri, 12
08022 Barcelona
Tel.93 41 88 153
Amplia terraza en zona peatonal.
Ambiente musical, jazz, rock.

e)

Casa de Ricardo, Avda. del
Puente Romano, 25. 33550
Cangas de Onís (Asturias)
Tel. 985 35 73 96
Martes cerrado. Terrazas.
Especialidad: Mariscos

i)

Vigo (Galicia), costa del
Atlántico. Se alquilan dos
pisos: 1. con vistas al mar,
para 4 pers., 55m², garage,
terraza; 2. para 6 pers.,
65 m² , misma calle.
Tel. 986 43 05 68

b)

**¿Te gusta hacer
excursiones a pie?**
¡Ven con nosotros a conocer
la Cordillera Cantábrica!
¡Los precios más bajos!
Infórmate:
www.buenoybarato.es

f)

Se venden chalés y apartamentos,
precios desde 45.900 €. Preciosa
zona montañosa del norte, Avin
(Asturias)
Pida folleto gratis a
casamont@mundi.es

j)

Hotelito del viajero
Central, habitaciones
amplias y funcionales,
acceso a Internet, cocina
regional. Gerona, Carrer de
Sant Llorenc, 1
Tel. 972 22 65 77

c)

Aprenda **español** en **Gijón**,
entre mar y montañas. Cursos
todo el año, tarifas especiales
para grupos. **Academia
Hispánica**, Tel. 98 534 60 46

g)

¿Le gustaría velear en alta
mar? Ofrecemos viajes en
catamarán, 24 m, desde A
Coruña hasta Vigo. **¡Una
aventura inolvidable!**
Tel. 981 22 18 24, Sr. Abel.

k)

Buceo en el Cabo de Gata,
Almería. Descubra este
parque natural. Aguas
cristalinas y cálidas, fondos
volcánicos.
Teléfono 666 82 10 17

d)

Dígale ¡No! al estrés, venga a
Vall d´Aran para esquiar y
disfrutar de la nieve de los
Pirineos.
www.esqui.pirineo.es

h)

Recetas Centenarias de
Conventos Españoles
La Recreación de la Creación
¡Llegaremos a tu alma!
Mandala
Tel 973 64 91 15

l)

¿Relax lejos del mundanal
ruido? En el **Hotel San
Lorenzo** en Castro Urdiales,
Cantabria, le ofrecemos
tranquilidad y cultura.
www.hoteltranquilo.es

Examen escrito: Expresión escrita – Carta
Usted dispone de 30 minutos para esta parte del examen. Por favor escriba la carta en su cuaderno.

¿Quieres participar en un proyecto social en Nicaragua? ¡ALOJAMIENTO GRATIS!

Somos una ONG llamada «Por un mundo mejor» y buscamos personas que quieran participar en un proyecto social para ayudar a niños de la calle en Nicaragua.

Ofrecemos alojamiento gratis. Solicitamos a cambio cuatro horas diarias de trabajo en el proyecto.

Solicitar más información escribiendo a:

Porunmundomejor@org.es
Asunto: Proyecto Niños de la calle

María Isabel + Mario Centeno
c/ Lope de Vega, 5, 2°B
28014 Madrid. España

Lea este anuncio y escriba una carta para solicitar más información.
Ponga la fecha y comience y termine la carta utilizando las fórmulas adecuadas para este tipo de carta.

Escriba la carta ateniéndose a los siguientes puntos-guía.
Decida usted el orden en que los quiera tratar.

- ¿Ubicación exacta del proyecto?

- Lo que puede aportar usted.

- Su persona (tres aspectos personales).

- Motivos por los que responde a este anuncio.

Examen Oral

Parte 1: Contacto social

| Preparación: 5 minutos |
| Duración: 3–4 minutos |

En parejas, los «candidatos» conversan de forma que puedan conocerse o lleguen a saber más detalles el uno del otro. Puede usted preguntar, por ejemplo, por el nombre de su compañero/-a, su origen, su profesión u ocupación, su lugar de residencia, sus gustos y preferencias, su vida diaria, sus vacaciones, etc. Pregunte sólo por cosas que no sabe todavía. Al final, un examinador (en este caso su profesor/a) le hará alguna otra pregunta.

Parte 2: Intercambio de opiniones

| Preparación: 10 minutos |
| Duración: 5–6 minutos |

*En parejas, A y B. Un «candidato» trabaja con la foto **A**, el otro con la foto **B**. Cada uno de ustedes describirá y comentará al otro su foto.*

Las siguientes preguntas le pueden ayudar:
- Observe la foto. ¿Qué ve usted?
- Según su opinión, ¿qué había sucedido antes del momento en que se tomó la foto?
- Prepárese para informar a su compañero/-a qué consecuencias ha tenido este desastre ecológico para la gente, el ecosistema y los habitantes de la región.
- Para terminar, exponga usted su opinión con respecto a este tema.

Parte 3: Llegar a un acuerdo

| Preparación: 10 minutos |
| Duración: 5–6 minutos |

En parejas. Ustedes han decidido pasar una semana en una isla desierta. Desgraciadamente, no pueden llevar todo lo que quieren, sino que tienen que llegar a un acuerdo juntos.

- Cada uno piensa en qué objetos (máximo cuatro) quiere llevar a la isla desierta.
- Cada uno expone al otro qué objetos ha escogido y por qué los quiere llevar.
- Para terminar, lleguen a un acuerdo sobre qué cuatro objetos quieren llevar.

Lösungen zu den Übungen

Lección 1

1 A1 – B3 – C2 – D2 – E3 – F1

2 1. Me extraña / me sorprende que la vivienda en España sea tan cara como en Alemania y también que la mayoría de los españoles compren sus pisos o casas (porque ganan menos dinero que los alemanes) – 2. Me sorprende / extraña que España sea el país europeo en el que menos niños vienen al mundo. – 3. Me sorprende / extraña que los andaluces sean nostálgicos y tengan tendencia a la depresión (porque todos piensan que son gente muy alegre).

3 a) Premio Nobel de Literatura – obra – realismo mágico – autor(es) – éxito literario – obra maestra – ejemplares – novelas – bestsellers – congresos literarios

3 b) autor – novelas – obra maestra – bestseller – ejemplares – obra

4 *Lösungsvorschläge:*
1. Hoy he visto a Georg, que es mi novio. – 2. También he visto a Valentín, que es mi hijo. – 3. Hoy he visto a la Sra. Sáez, que es una vecina mía. – 4. He visto también a Diego, un amigo mío. – 5. Hoy he visto a mis compañeros de la clase de español.

5 Celia es mi, tu , su, su, vuestra, su, su profesora . – Son mis, tus, sus, sus, nuestros, sus, sus hijos. – Mario es un colega suyo, suyo, nuestro, vuestro, suyo, suyo. – Ana y José son unos amigos míos, tuyos, suyos, nuestros, vuestros, suyos, suyos

6 a) Están en Nicaragua. Hacen una excursión por la selva.

6 b) *Von links nach rechts:* Fanny, Guiomar, Emiliano, Ana, Katrin, Susy, Daniel, Heriberto, Félix

6 c) tuyos – mis – nuestros – tu – mía – su – mi – suya – su – nuestro – suyo

7 a) *richtig:* porque – y – en cambio – cuando – cuando – aunque

8 1 sí – 2 no – 3 sí

9 a) con la que – a quien – con el que – con los que – a los que

10 a) «Os deseo que tengáis una relación feliz y armoniosa.»: Boda – «Ojalá te mejores pronto. ¡Te echamos de menos!» : Enfermedad – «Espero de todo corazón que este año os traiga salud, dinero y amor.»: Año Nuevo – «¡Que cumplas muchos más!»: Cumpleaños

10 b) *Lösungsvorschläge:*
«¡Que tengáis mucha suerte! Os deseo que encontréis buenos vecinos y amigos.» – «¡Que te vaya bien! ¡Que no olvides nunca estos años con nosotros! ¡Ojalá disfrutes mucho de tu familia y viejos amigos.» – «Que tengáis unas fiestas tranquilas en familia y un feliz y próspero Año Nuevo.»

11 *Lösungsvorschlag:*
Querido José Luis:
¡Felicidades por tu 43 cumpleaños, estás en la mejor época de la vida! ¡Y que cumplas muchos, muchos más! Este libro es un regalo para ti, espero que te guste mucho, a mí me encantó. Gracias por la invitación para tu fiesta, pero creo que desgraciadamente no podré ir. ¡Qué pena! Seguro que será divertidísima, como siempre. ¡Que te diviertas mucho con tus invitados! Hasta muy pronto. Un abrazo de tu amigo Berto.

Lección 2

1 Los protagonistas son varios hombres de entre 35 y 55 años. – Perdieron su trabajo. – Buscan un trabajo normal pero sólo encuentran «trabajillos». – La película ha dado mucho que hablar en España. – La película da esperanza a los parados.

2 *Lösungsvorschläge:*
Escucho las noticias de la radio dos veces al día. – Veo la tele dos o tres horas a la semana. – Practico deporte una vez a la semana. – Salgo a cenar o a comer una vez al mes.

3 Estoy cansado de **tanta** televisión, quiero salir un poco. – Los españoles leen **tanto** como el resto de los europeos. – No tenemos **tanto** dinero como otros europeos, pero salimos más. – No compramos **tantos** discos como los ingleses. – Yo no puedo leer **tanto** como otra gente, tengo menos tiempo. – Aquí no se puede ir **tanto** al cine como en España, porque es caro. – ¿Por qué vas **tan** rápido? ¡No tenemos prisa! – La historia es **tan** misteriosa que no puedo cerrar el libro.

4 *Lösungsvorschläge:*
Leo más libros al año que Mari Fe. – Voy al cine menos a menudo que Mari Fe. – Compro menos discos al año que Mari Fe. – Leo el periódico tan a menudo como Mari Fe. – Voy al teatro menos a menudo que Mari Fe.

5 a) A todos les gusta ir al cine.

5 b) 1. para relajarse, para distraerse, para llorar – dos veces al mes – drama
2. para pasar miedo, para pasar un rato emocionante – una vez a la semana – acción, terror, ciencia ficción
3. para reírse, por diversión – una vez al mes – comedia

6 *Lösungsvorschläge:*
1. violenta – 2. emocionante – 3. aburrida – 4. gracioso – 5. rara – 6. triste – 7. románticas – 8. entretenida

7 ¿Cuál es el último libro que ha leído? – ¿De qué trata? – ¿Le gustó? – ¿Cuál es el mejor libro que ha leído? – ¿Y el peor?

8 «Yo en tu lugar – iría – hablaría – bailaría – me casaría con Pilar.»

9 *Lösungsvorschläge:*
Yo en su lugar tomaría un taxi / compraría un plano / preguntaría a alguien. – Yo en su lugar iría a ver la Plaza Mayor / la Iglesia de San Lorenzo / el Mercado de Navidad. – Yo en su lugar compraría *Lebkuchen* para todos.

10 le regalaría – preguntaría – se la recomendaría / se la recomiendo – me la llevo

11 *Lösungsvorschläge:*
Ya lo ha leído todo el mundo. – Tienes que leerlo. – Hay que leerlo. – Ha recibido premios. – Tiene buenas críticas. – Es buenísimo. – Todo el mundo dice que es muy bueno.

12 a) regalar – novelas – tantas – tanto – recomendaciones – librerías – escritores – rosas – flor – cultura

12 b) *Lösungsvorschläge:*
El Día del Libro y la Rosa – La fiesta del libro y las flores – Cultura y amor

13 a) autor – género – páginas – argumento – crítica

Lección 3

1 b) *Lösungsvorschlag:*
Aquel día el señor y la señora González estaban sentados en el sofá y estaban viendo una película en la tele. Eran las 7 de la tarde. De repente, el señor González miró su reloj y los dos se levantaron y salieron de la sala. Se pusieron ropa elegante: ella un vestido largo y él traje, camisa blanca y corbata. La señora González se pintó delante del espejo. Entonces, cuando estaban listos, salieron corriendo de la casa y fueron a casa de unos amigos. Tocaron el timbre y los amigos fueron a la puerta a darles la bienvenida. Entraron en la sala y al final los cuatro se sentaron en el sofá, delante de la tele. Allí se quedaron para ver juntos una película. Total, ¡fue una tarde muy interesante!

1 c) *Lösungsvorschläge:*
Una tarde muy interesante / muy aburrida. / Una tarde entre amigos. / ¡Qué película más interesante! / La invitación. / Amigos verdaderos…

2 1. Me fui a casa porque no me sentía bien. – 2. Como no quería estudiar más me fui al bar a tomar un café. – 3. Le ofrecí un vino porque la cerveza no le gustaba. – 4. Como no llevaba dinero pagué con tarjeta. – 5. Pedí un coñac para la chica porque estaba triste. – 6. Como no tenía prisa se quedó hasta muy tarde.

3 a) En Chile era época de verano, <u>hacía</u> sol y mucho calor, hasta 35 grados. Tomamos un taxi porque las maletas <u>pesaban</u> mucho. El taxi nos <u>llevó</u> directamente a un hotel del centro. – Primero <u>fuimos</u> a dar un paseo por la ciudad e hicimos muchas fotos. Al final <u>encontramos</u> un restaurante muy bonito y <u>entramos</u> a comer una «cazuela»… – A la mañana siguiente <u>nos levantamos</u> pronto para hacer algunas compras. Como no <u>teníamos</u> mucha prisa, fuimos de tienda en tienda… – Queríamos continuar nuestro viaje hacia el sur de Chile al día siguiente, así que <u>nos fuimos</u> a la estación de autobuses para comprar ya los billetes. La última noche en Santiago <u>estuvimos</u> en un teatro de la zona universitaria. No entendimos todo, pero la obra <u>nos gustó</u> mucho. Al final <u>regresamos</u> contentos a nuestro hotel.

3 b) 2

4 a) Roberto le cuenta a Marisa que se encontró a Paco Gómez en la calle.

4 b) 1. v – 2. f – 3. v – 4. f

5 *Lösungsvorschläge:*
Aquel día estaba enferma y no vine a clase. – Como tenía mucha fiebre, fui al médico. – Fui en taxi al trabajo porque estaba lloviendo. – La semana pasada hacía mucho calor y sol y nos fuimos a la playa. – Estaba en casa leyendo y de pronto escuché un ruido muy raro. – Como era muy tarde, no fui a la casa de Graciela. – Anoche me tomé un coñac porque estaba muy triste. – Como me sentía muy mal no fui al trabajo.

6 *Juan…*
– los había llevado al colegio, – había hecho la compra para el fin de semana, – había fregado los platos – había limpiado la casa, – había lavado la ropa, – había recogido a los niños del colegio, – había acompañado a la abuela al médico. – Se había echado en el sofá para descansar un rato.

7 a) aquel día – unas horas más tarde – al día siguiente – cuando

7 b) Aquel día – cuando – Unas horas más tarde – al día siguiente

8 a) De un robo en la finca de Josep Carrer en Ibiza.

8 b) ¿Qué pasó? Un robo. – ¿Dónde pasó? En Ibiza. – ¿De quién era la casa? Del cantante mallorquín Josep Carrer – ¿Cuándo pasó? El martes pasado por la mañana. – ¿Cómo pasó? El ladrón entró por una ventana abierta. – ¿Qué robó el ladrón? Un equipo estereofónico, un vídeo, un televisor y varios objetos de arte de gran valor.

8 c) 4. El ladrón dejó la casa completamente desordenada y sucia.

8 d) *La policía dijo que...*
2. aquella mañana no había nadie en la casa. – 3. el ladrón había entrado por una ventana abierta. – 4. el ladrón había dejado la casa completamente desordenada y sucia. – 5. el ladrón o los ladrones habían robado un equipo estereofónico, un vídeo, un televisor y varios objetos de arte de gran valor.

9 tener prisa – sentirse feliz – estar triste – limpiarse la nariz – salir de vacaciones – perder el avión – pedir un coñac – entrar por la ventana – coger el teléfono – tocar el timbre

10 b) ● Me contó que iba en su coche por la calle del Brasil. – ● Me explicó que había salido un camión de un garaje y, ¡pum! habían chocado. – ● Me dijo que el conductor del camión se había enfadado bastante. – ● Contó que enseguida había llamado a la policía. – ● y les había contado que él había ido demasiado rápido. – ● Contó que ahora no tenía coche. – ● Dijo que tenía que ir a pie o en bus. – ● Y dijo que esto era lo que menos le gustaba. – ● Pero me dijo que ya había adelgazado 2 kilos de tanto caminar.

Lección 4

1 a) fue inventado… por Enric Bernat – fue bien recibido por las madres – fue diseñado por el pintor Salvador Dalí

1 b) chupa chups

2 *Lösungsvorschläge:*
Los dos fueron inventados por españoles, en los años 50. Los dos ayudan a las madres y amas de casa, les facilitan la vida y el trabajo. Los dos se exportan mucho y tienen mucho éxito. Los dos tienen un palo o palito de madera.

3 El globo de aire caliente fue inventado por los hermanos Montgolfier. – El coche fue inventado por Gottlieb Daimler y Karl Benz. – El zeppelín fue inventado por Ferdinand von Zeppelin. – El teléfono fue inventado por Alexander Graham Bell.

4 *Lösungsvorschläge:*
El teléfono sirve para comunicarse (hablar) con otras personas que no están presentes. – El coche sirve para moverse de un lugar a otro rápida y cómodamente.

5 2. Los madrileños recibieron al futbolista Luis Figo en el Estadio Bernabeu. – 3. El huracán Mich destruyó El Salvador. – 4. Un famoso arquitecto norteamericano construyó el Museo Guggenheim en Bilbao. – 5. El Rey inauguró en Barcelona una exposición de esculturas de Julio González.

6 a) Habla del uso de teléfonos móviles en los colegios.

6 b) 1. F – 2. V – 3. V – 4. F – 5. V

7 fregar el suelo – usar el teléfono móvil – afilar lápices – pagar una factura – enviar un mensaje corto – apretar un botón – estar estropeado – devolver un aparato que no funciona – cambiar una cosa por otra

8 b) *Lösungsvorschläge:*
El móvil se lo regalo a mi amigo Hubert. – La botella de Rioja se la regalo a mi compañera de trabajo Ellen. – El CD de música latinoamericana se lo regalo a mi amigo Martin.

– El vídeo se lo regalo a mi hijo Manuel. – El libro de García Márquez se lo regalo a mi vecina Tamara. – El perfume se lo regalo a mi mujer.

9 4 – 1 – 2 – 3 – 5

10 a) 1 en un hotel – 3 en un restaurante – 2 en una tienda

10 b) *Lösungsvorschläge:*
1. El teléfono de la habitación de un cliente no funciona. Se oyen ruidos extraños y no se entiende nada. Parece que está estropeado. El cliente tiene que hacer un par de llamadas. Quiere que lo arreglen.
2. Un señor compró unos pantalones en una tienda y después se dio cuenta de que les faltaba un botón. Los pantalones eran muy caros. Quiere cambiarlos por otros de la misma talla y del mismo color.
3. Un cliente se queja en un restaurante porque la carne que le han servido está fría. Quiere que se la calienten porque fría no la puede comer.

11 a) de un cajero automático

11 b) Introduzca su tarjeta (1) – teclee su número personal (2) – escoja la cantidad que quiere (3) – confirme la cantidad (4) – retire la tarjeta (5) – saque el dinero (6)

12 2. Trabajad con otros compañeros. – 3. Escribid un mensaje corto. – 4. Usad las palabras nuevas. – 5. Poned las fichas boca abajo. – 6. Empezad con la ficha de la flecha. – 7. Seguid las instrucciones. – 8. Buscad la solución correcta.

13 2. Hágamela, por favor. – 3. Pregúnteselo. – 4. Explícasela a tu compañero. – 5. Dámelo, por favor. – 6. Regálaselo. – 7. Póntelos. – 8. Quítasela, por favor.

14 el invento – el afilalápices – la fregona – la bebida – el juego – la memoria – el regalo – la discusión – el contacto – el cambio – la compra – la llamada – el uso

Lección 5

1 a) La persona más vieja del mundo era mujer; era de Francia; murió a los 122 años.

1 c) 1. f – 2. v – 3. v – 4. f

2 a) *Lösungsvorschläge:*
la longevidad, la vejez, cómo llegar a ser viejo (y sano)

2 b) la alimentación

2 c) *factores favorables:* actividad física / gimnasia – comer pocas calorías – relaciones familiares estrechas – frutas – cereales – verduras – poca carne – el control del peso;
factores menos favorables: mucha carne – estrés crónico – grasas – dulces – «comida rápida», prefabricada
consecuencias de una vida poco sana: diabetes – el cáncer – enfermedades cardíacas – osteoporosis – problemas de presión arterial

2 d) El envejecimiento no es una enfermedad sino un proceso que comienza con el nacimiento y dura toda la vida.

3 Coma mucha fruta y verdura. – Beba dos litros de agua al día. – Tómese las cosas con tranquilidad. – No coma mucha carne ni grasas. – Controle su peso. – No fume. – Haga exámenes de cáncer periódicos. – No beba alcohol: cuanto menos mejor.

4 1. c. – 2. d. – 3. a. – 4. e. – 5. b. – 6. h. – 7. f. – 8. i. – 9. j. – 10. g.

5 1. Si – 2. Cuando – 3. Cuando – 4. Si – 5. cuando – 6. Cuando – 7. Si – 8. cuando

6 1. estoy – 2. llegue – 3. fumo – 4. tengo – 5. tengas – 6. termine – 7. me jubile

7 Nacimiento: en Managua, Nicaragua en 1948 – Colegio: en España – Estudios: publicidad, en Filadelfia –

Actividades políticas: lucha activa contra la dictadura de Somoza – Primer libro de poesía: Sobre la grama, 1974 – Exilio: en 1975 en Costa Rica – Regreso a la patria: en 1979, después de la revolución – Trabajo: en el Gobierno y en el partido Frente Sandinista de Liberación Nacional hasta 1986, después escritora.

8 1. C – 2. D – 3. B – 4. A – 5. E

9 6. – 5. – 1. – 2. – 3. – 4.

10 Debería pararle los pies a su jefe. – Le aconsejo que consulte a un abogado. – Busque el apoyo de amigos. – Le recomendaría hablar con un psicólogo. – Debería tomarse más tiempo. – No oculte su dolor por lo ocurrido. – Hay que superar malos momentos. – No deje solo a su amigo.

11 a – para – en – a – con – a – de – de

12 1. Cuando sea grande seré un actor famoso. – Te aconsejo que hables con Manu. – 3. Le recomendaría estudiar más. – 4. Cuando tenga dinero compraré una casa. – 5. Tengo miedo de hablar con la gente. – 6. Tengo miedo de que no vuelva. – 7. Deberías hacer más deporte. – 8. Os aconsejo que no salgáis.

13 1. ofrecerán – 2. te preocupes – 3. verás, saldrá – 4. podrá ayudar – 5. darán – 6. encontrarás, te pongas

Lección 6

1 a) eran – preparaban – desembarcaron – recibió – dio – tenían – se utilizaban – mejoraron – se dio cuenta – permitía – favoreció – extendió – volvió

1 b) *Lösungsvorschläge:*
Los científicos estadounidenses descubrieron restos de cacao en vasijas mayas del siglo VI a. C. – Los mayas lo consumían, con espuma y en todas las comidas, en combinación con miel, maíz, chile… – Los aztecas usaban las semillas como moneda y preparaban una bebida amarga que se llamaba tchocolatl que le dieron a Cortés cuando llegó. – Los soldados y las religiosas españoles mejoraron la receta con vainilla, canela y anís. – Hernán Cortés favoreció su cultivo y lo llevó a España. Los europeos lo utilizaron como medicamento reconstituyente y afrodisíaco. – Las damas francesas inventaron los bon–bon.

2 a) verticales: tomate, uvas, maíz. horizontales: vino (al revés), patata, aceituna.

2 b) América: tomate, maíz, patata. Europa: uvas, vino, aceituna.

2 c) sería, haría, vinieron, eran, salvó, llevaron.

4 *Lösungsvorschläge:*
dulce, caliente, frío, líquido, sólido, en tableta, en forma de bombones, entre horas, con leche, con nata.

5 a) materia prima – cafetales – cafetaleros – consumidores – ONG.

5 b) pobre > empobrecidos > empobrecer(se) – terror > aterrorizaron > aterrorizar – lleno/-a > se llenaron > llenarse – aumento > han aumentado > aumentar

5 c) *Lösungsvorschläge:*
café > cafetal > caficultor > cafetalero/-a > cafetería > cafetera – producir > productor > producto > producción – comprar > comprador > compra – consumir > consumidor > consumo – aparecer > aparición – cultivar > cultivo – agricultura > agricultor > agrícola

6 porque – a causa de – por lo tanto – por lo que – para que

7 a) – c) – c) – b) – c)

8 *Lösungsvorschläge:*
– café: para mí es importante que tenga buen aroma y sea de comercio justo.
– un coche: para mí es necesario que no consuma mucha gasolina y que no sea caro.
– regalos de Navidad: para mí es fundamental que no sean una obligación.
– zapatos: para mí es fundamental que sean buenos y cómodos.
– una casa o piso: para mí es fundamental que esté en una calle tranquila

9 Productos naturales de alta calidad. – Producción respetuosa con el medio ambiente. – Salarios dignos para los productores. – Condiciones iguales para hombres y mujeres. – Beneficios reinvertidos en las cooperativas.

10 *Lösungsvorschlag:*
semilla: En primavera compro semillas de plantas para mi jardín.

11 a) Tipo / calidad: Virgen Extra. – Características especiales: Primera presión en frío. Aceite de prensa. – Nombre: Oro Mágina. – Ecológico: Sí. – País de procedencia: España. – Productor: Técnicas agrícolas ecológicas.

11 b) Oro Mágina

11 c) Olivero. Ventajas: es más barato. Inconvenientes: No es Virgen extra, tiene menos sabor, aroma y vitaminas. Oro Mágina. Ventajas: es Virgen Extra, es más sano. Tiene más sabor, aroma y vitaminas. Inconvenientes: es más caro.

Lección 7

1 1. c) – 2. f) – 3. b) – 4. e) – 5. a) – 6. d)

2 a) 1. e) – 2. f) – 3. d) – 4. c) – 5. a) – 6. b) – 7. h) – 8. g)

2 b) A: 2. – 4. – 6.
C: 1. – 3. – 5. – 7. – 8.

3 2. Ah, me alegro de que hayas llegado a tiempo. – 3. Ah, me alegro de que haya sido interesante. – 4. Ah, me alegro que hayáis tenido suficiente tiempo. – 5. Ah, me alegro que les hayan gustado. – 6. Ah, me alegro que hayas tenido un buen viaje.

4 vertical: 1. guerrero – horizontales: 1. gente – 2. costum-bre – 3. reducir – 4. territorio – 5. conferencia – 6. veci-nos – 7. ritual – 8. mono

5 a) huevos (de tortuga) – plátano – maíz

5 b) o sea que / es decir que (explica algo con otras palabras) – por ejemplo / en cuanto a (se refiere a algo concreto) – Sólo me falta decir que (indica que va a cerrar el tema)

6 a) los colonos: destruir la selva en busca de oro y madera – Antonio José: abandonar la tribu – A. J.: enfrentarse a una fiera – A. J.: leer novelas de amor – A. J.: escaparse de la soledad – la tigrilla: amenazar a los colonos – los shuar: respetar la selva y a los animales

6 b) *Lösungsvorschläge:*
Antonio José cometió un error y tuvo que abandonar la tribu. – Antonio José participa en una expedición para enfrentarse a una fiera. – Los shuar respetan la selva y a los animales. – La tigrilla amenaza a los colonos. – Antonio José (es el viejo que) lee novelas de amor. – Antonio José lee para escaparse de la soledad.

7 El escritor comprometido – El activista ecológico – Chileno residente en Hamburgo – El trotamundos – Su vida con los shuar

8 *Lösungsvorschläge:*
2. No puedo creer que los españoles sean bebedores de cerveza. – 3. Me parece horrible que los españoles usen zapatos demasiado pequeños. – 4. Me parece tonto que el español medio sea un fanático del teléfono móvil. – 5. Me parece horrible que los españoles sean alérgicos al cinturón de seguridad. – 6. Me encanta que el español medio coma 12 kilos de pasteles al año. – 7. Es normal que al 40% le dé miedo ir al dentista, pero me parece raro que una de cada tres personas nunca vaya al dentista. – 8. Me parece tonto que el español medio no ahorre. – 9. Me parece muy bien que el español medio sea propietario de su vivienda aunque es más cara que en Alemania, Japón o Estados Unidos. – 10. Me parece raro que el 53% no conozca ningún idioma europeo aparte del español. – 11. Me parece interesante que el 96,3% de los españoles haya visto alguna vez las aventuras de Los Simpson en televisión.

9 *Lösungsvorschläge:*
Quizás estén observando algo en el cielo. – Tal vez observen unos pájaros raros en el cielo, las nubes o un avión. Puede ser que hayan visto un globo. – Posiblemente haya un fenómeno raro que están observando.

10 1. por – 2. Para – 3. para, para – 4. por – 5. por – 6. por – 7. para – 8. por – 9. por – 10. por

11 1. con – 2. como – 3. entre – 4. sino – 5. Después de – 6. por eso – 7. sobre – 8. durante

Lección 8

1 a) en – a – de – en – en – a – a – a – al – en – a – a – a – en – al – al – en – a – de/sobre – de – a.

b) Usos de «a»:
Ejemplos del texto: voy al colegio… – … a 16 Km. – … a las 8:30 … – Me gusta jugar… al ajedrez – Vuelvo… a pie;
weitere Beispiele: ¿Vienes a mi casa? – Vive a 100 metros de mi casa. – Empiezo a las tres de la tarde. – He visto a Juana. – Jugar a las canicas. – Un jersey hecho a mano.
Usos de «en»:
Ejemplos del texto: Vivo en un pueblo – en casa – en autobús – en bicicleta – en agosto;
weitere Beispiele: Estamos en el centro de la ciudad. – Prefiero ir en metro. – Me traslado en octubre.

2 1. Cómo – 2. Qué – 3. Adónde – 4. A qué – 5. Cuántos – 6. Dónde – 7. A qué – 8. A qué – 9. Cuál

3 Juegan al fútbol – al ajedrez – a los «policías y ladrones» – a las cartas – a las canicas

4 *Lösungsvorschläge:*
Yo era un/a niño/-a muy alegre. – Cuando era niño/-a jugaba mucho con mi vecina. – Cuando era niño/-a siempre quería ir al circo. – En aquella época jugábamos mucho en la calle.

5 a) *Lösungsvorschläge:*
1. Elena le pide a su vecino que no aparque delante de su garaje y que si quiere alquilar una plaza de garaje la llame porque ella tiene una libre.
2. Raimundo le pide a su novia que lo perdone, dice que lo que dijo ayer no es verdad y que conecte su móvil porque quiere hablar con ella.

5 b) *Lösungsvorschläge:*
1. Lo siento mucho. He abollado su coche al aparcar. Por favor, llámeme por teléfono.
2. Por favor, si es posible limpie mi habitación más tarde. Hoy me gustaría dormir hasta mediodía. Gracias.

6 a) Reducir la jornada de trabajo – ayudar a las familias numerosas – subvencionar las guarderías – reservar el puesto que tenía la madre antes del embarazo – no despedir a las madres durante 2 ó 3 años – aumentar los impuestos a los que no tienen hijos.

6 b) despedir – reservar – puesto – reduzca – jornada – guardería – subvenciona – impuestos

7 a) está cansada, quiere trabajar menos

7 b) A la Escuela Municipal de Educación Primaria Miguel de Cervantes.

8 a) c, g

No es necesario que se construyan más centros comerciales, pedimos que en su lugar se hagan zonas verdes.

Nos parece bien que se reduzca la jornada laboral a 30 horas, pero nos preocupa que esto traiga como consecuencia un aumento de las horas extra.

Estamos completamente de acuerdo con que se pague una pensión de jubilación a las amas de casa, pero se tendría que empezar a pagar a los 60 años, ya que las amas de casa en general trabajan más días y más horas al día que el resto de los trabajadores, y además siguen trabajando cuando se jubilan.

8 b) *Lösungsvorschläge:*

Estoy a favor de que se hagan más zonas verdes y menos centros comerciales porque ya tenemos muchos. No estoy de acuerdo con que se reduzca la jornada laboral a 30 horas porque la gente ganaría menos. Estoy de acuerdo con que se pague una pensión a las amas de casa por su trabajo.

9 *Lösungsvorschläge:*

Habría que / se tendrían que / se deberían crear más guarderías. – Habría que pintarlas / Se deberían / se tendrían que pintar. – Se tendría que / se debería pohibir / habría que prohibirlo. – Habría que limpiarla / se debería / se tendría que limpiar – Se tendría que / se debería abrir otra vez / habría que abrirla otra vez. – Se tendría que / se debería / habría que hacer más publicidad.

10 1. se respeten – 2. sean – 3. tenga – 4. terminen – 5. ayuden – 6. guste, pueda – 7. se sientan – 8. escuche, tome en serio

---

Lección 9

1 agua salada, agua dulce – la sequía, la inundación – la escasez de agua, la abundancia de agua – agua contaminada, agua limpia – agua no potable, agua potable – agua fría, agua caliente

2 a) 4 – 3 – 2 – 1

2 b) 4. a) – 1. b) – 3. c) – 2. d)

3 a) 1. 1 – 2. 1, 1 – 3. 2 – 4. 1 – 5. 2 – 6. 2

3 b) 1. 2, 1 – 2. 1, 2 – 3. 2,1 – 4. 1, 2 – 5. 2, 1 – 6. 1, 2 – 7. 2, 1 – 8. 1, 2

4 1. Mientras que – 2. pero – 3. sin embargo – 4. A pesar de que – 5. Mientras que – 6. pero – 7. sin embargo

5 a) el riego, Bewässerung – el desierto, Wüste – tener en cuenta, berücksichtigen – la reforestación, Wiederaufforstung – empeorar, verschlechtern – las hortalizas, Gemüse – el agua del mar desalada, entsalztes Meerwasser – explotar, ausbeuten – la cosecha, Ernte – la tonelada, Tonne – las aguas subterráneas, Grundwasser – el equilibrio natural, natürliches Gleichgewicht – invertir, investieren – arrastrar, mit sich fortreißen – la desertización, Versteppung – las aguas fluviales, fließende Gewässer

5 b) *Lösungsvorschläge:*

Gracias a los sistemas de riego hay varias cosechas de

hortalizas al año. – En España se puede observar un grave proceso de erosión y desertización. – La reforestación es una medida contra la desertización. – Las aguas subterráneas se explotan de manera descontrolada. – El agua no entra en la tierra seca, sólo la arrastra.

6 1. La ciudad de plástico – 2. Un desierto llamado España

7 a) 1. nos cepillamos – 2. ahorre – 3. llueve – 4. protejamos – 5. friegas – 6. llueva – 7. buscan – 8. gusta

7 b) 1. AS – 2. CC – 3. CC – 4. C – 5. AS – 6. CC – 7. CC – 8. CC

8 cepillar los dientes – lavarse los dientes, lavar los platos – ahorrar agua – tomar ducha, tomar agua – fregar los platos – recoger el agua de lluvia – regar las plantas – proteger el medio ambiente, proteger las plantas

9 1. c) – 2. a) – 3. d) – 4. b)

10 vidrios: botellas de vino, envases de vidrio
papel: envases de cartón, revistas, periódicos, libros viejos, cuadernos
plástico: envases de plástico, botellas de plástico, envases tetra-brick, envases de productos de limpieza, vasos de yogures, bolsas de plástico
metales: latas de alimentos, latas de bebidas
sobran: residuos orgánicos, pilas, restos de comidas, muebles

11 a) 1. Susana llama a un servicio telefónico del Ayuntamiento de Alicante. – 2. Llama para quejarse. – 3. Se queja del ruido nocturno de una panadería.

11 b) *Lösungsvorschlag:*
Asunto: **Ruido por las noches** 04/09/04

Estimados señores:

Quisiera **comunicarles** que desde hace 4 **meses** no duermo durante las noches por el **ruido** de una panadería que está al lado de mi **casa**. Entre las 3 y las 6 de la **madrugada** hay ruidos constantes de las persianas metálicas, de las conversaciones y risas de los **panaderos** que se oyen por la ventana **abierta**.
Con este ruido no puedo **dormir** y por la mañana estoy hecha polvo, no lo **aguanto** más. Sé que no es ningún crimen tener una **panadería**, pero ¿tienen que hacer tanto ruido? Yo creo que no. Hay que respetar el sueño de la gente que vive en el mismo barrio.
Les **ruego** comprueben que ese ruido está fuera de lo permitido y se pongan en **contacto** con el panadero para **mejorar** esta situación insoportable.

Atentamente, *Susana Carbón*

12 realicen, cumplan – sean, estén – se proteja, se conserven – se evite – se ponga

---

Lección 10

1 1. los ingresos – 2. al aire libre – 3. faltar – 4. la jornada – 5. jubilación – 6. trato

2 gasolinero

3 a) No quiere cambiar de lugar de residencia por un puesto de trabajo porque tiene una hija pequeña.

3 b) la entrevista – ese trabajo – a jornada completa – con horas extra – el puesto de trabajo – trabajillos – un puesto buenísimo – un sueldo fantástico

4 haríais, ofrecieran – sería – cambiaría – cambiarías, ofrecieran, fuera – fuera, pensaría, iría, vinieras – quedara, iría

5 *Lösungsvorschläge:*
1. Si ganara un millón de euros en la lotería me compraría una casa con piscina en las Islas Canarias. – 2. Si fuera el presidente o canciller de mi país, apoyaría más a las familias y a los jóvenes. – 3. Si tuviera un año de vacaciones me iría a la India a estudiar el budismo. – 4. Si estuviera en una isla desierta aprendería a cazar y a construir un barco. 5. Si me ofrecieran un Rolls Royce al precio de un VW Golf claro que lo aceptaría, ¡qué suerte! – 6. Si me regalaran un vuelo en globo no lo aceptaría porque tengo mucho miedo a la altura.

6 Nombre y apellidos: – Lugar y fecha de nacimiento: – Dirección: – Teléfono: – Experiencia profesional: – Otros datos de interés:

7 1. tenga, sepa – 2. sea, tenga – 3. sepa – 4. tengan – 5. sean – 6. tengan, tengan

8 *presente de subjuntivo:* 1 – 5, *imperfecto de subjuntivo:* 3 – 4 – 7, *condicional:* 2 – 6 – 8

9

	presente de subjuntivo	*imperfecto de subjuntivo*	*condicional*
abrir	abra	abriera (él)	abriría
ganar	ganes	ganaras	ganarías
comprender	comprendan	comprendieran	comprenderían
estar	esté (yo)	estuviera	estaría
tener	tengamos	tuviéramos	tendríamos
hacer	hagas	hicieras	harías
perder	perdamos	perdiéramos	perderíamos
ser	seáis	fuerais	seríais

10 a) *Lösungsvorschläge:*
empleado/-a en un banco: facilidad de trato con el público – vendedor/a en una empresa de ordenadores: saber utilizar un ordenador a nivel usuario – secretario/-a: ser flexible y creativo/-a – guía turístico/-a: saber idiomas a nivel hablado – policía: llevar uniforme – recepcionista en un hotel de lujo: tener buenos modales – azafata: medir más de un metro y setenta

10 b) *Lösungsvorschläge:*
De un/a vendedor/a en una empresa de ordenadores se requiere que sepa utilizar un ordenador a nivel usuario. – De un/a secretario/-a se requiere que sea flexible y creativo/-a. – De un/a guía turístico/-a se requiere que sepa idiomas a nivel hablado. – De un/a policía se requiere que lleve uniforme. – De un/a recepcionista en un hotel de lujo se requiere que tenga buenos modales. – De una azafata se requiere que mida más de un metro y setenta.

11 a) Sí, es un buen candidato.

11 b) Errores de estilo, en cursiva (*kursiv*):
Queridos señores: – En respuesta a *vuestro* anuncio – *creo que soy un tipo guapo y simpático* – sé bastante bien inglés *porque mi novia es inglesa. Se llama Sharon. – en especial tengo mucha facilidad de trato con las chicas. – ¡Llámenme pronto para concertar una entrevista!*
Les saluda *su amigo*
Corrección:
Estimados señores: – En respuesta a su anuncio – (quitar «creo que soy un tipo guapo y simpático») – sé bastante bien inglés (quitar «porque mi novia es inglesa. Se llama Sharon.») – (quitar «en especial tengo mucha facilidad de trato con las chicas») – Espero concierten una entrevista próximamente. – Les saluda atentamente.

12 2. El ministro dijo que cada persona sin trabajo conseguiría un empleo con buenas condiciones. – 3. El ministro dijo que habría suficiente trabajo para todos. – 4. El ministro dijo que cada joven encontraría un puesto para realizar prácticas en su ciudad. – 5. El ministro dijo que padres o madres con hijos pequeños podrían trabajar a tiempo parcial. – 6. El ministro dijo que la situación económica mejoraría dentro de pocos años.

13 – Al señor Cano: Mi jefa me pidió que confirmara la cita a las tres de la tarde. Dijo que por favor llevara todos los documentos necesarios para firmar el contrato.
– Al cliente barcelonés: Mi jefa me dijo que no podría asistir a la reunión de la mañana porque tendría que quedarse un día más en Sevilla.
– A Rosa: Elena dijo que entregaras por fin tus propuestas para la nueva campaña de márketing, que las necesitaba lo más pronto posible.

Lección 11

1 a) sonrisa – sonreí – reí – risa – te ríes – risas – ríes – de risa

2 b) industria – colonia – enciclopedia – academia – categoría – caloría – cleptomanía – garantía – copia – terapia

3 1. c) – 2. f) – 3. a) – 4. e) – 5. b) – 6. d)

4 1. taller – 2. monitor – 3. desplazarse – 4. sucursal – 5. sesión – 6. formación

5 *Lösungsvorschläge:*
2. Perdone, quisiera saber qué hay en esta sala. – 3. ¿Me podría decir a qué hora sale el tren? – 4. Perdone, ¿sabe usted si hay taxis por aquí? – 5. ¿Me podría decir cuándo vuelve su jefe? – 6. Quisiera saber qué significa esta frase. – 7. Quisiera saber si me pueden rebajar esto. – 8. Perdone, ¿sabe usted por qué tengo que esperar aquí?

6 entendiera – hablara – fuera – fuéramos – pudiera

7 *Lösungsvorschläge:*
Toni habla como si tuviera mucha experiencia – Nieves se ríe como si estuviera loca. – Benito come como si tuviera mucha hambre. – Lola duerme como si estuviera muy cansada. – Andrés bebe como si estuviera muy nervioso. – Pedro camina como si estuviera borracho. – Ángeles gasta dinero como si fuera millonaria. – Rafa trabaja como si fuera un especialista. – Siempre actúa como si tuviera mucho dinero. – Mari Carmen habla como si estuviera muy triste. Miguel habla como si estuviera muy contento. – Nati habla como si estuviera muy preocupada.

8 a) ¿Nacionalidad? – ¿Profesión?

8 b) ¿Número del pasaporte? – ¿Enfermedades?

9 a) *Lösungsvorschläge:*
Padres e hijos. / Los hijos crecen. / Hijos grandes, padres viejos. / Así es la vida.

9 b) *Lösungsvorschlag:*
En la primera viñeta se ve a una pareja / un matrimonio en la cama. Probablemente es la mañana del primer día de escuela de su hija que se llama Mafalda. El padre se alegra de que Mafalda comience a ir a la escuela. En la segunda viñeta la madre también dice que se alegra, que es un día maravilloso. En la tercera viñeta los dos están pensando, ya no parecen estar muy alegres. En la cuarta viñeta se miran horrorizados y los dos gritan a la vez que tienen una hija que ya va a la escuela. Se dan cuenta de que mientras crece su hija, se están haciendo viejos los padres. En la quinta viñeta aparecen los dos como ancianos, él con calva, ella con canas y los dos con muchas arrugas.

10 *Lösungsvorschläge:*
cometer errores – ser perfecto – correr riesgos / correr descalzo – hacer viajes – tener problemas reales / tener la vida por delante – dar vueltas en calesita – subir montañas – contemplar amaneceres – tomar las cosas con seriedad – volver a vivir – comer helados – ir a ninguna parte – jugar con niños – nadar ríos – viajar liviano – andar descalzo – vivir momentos de alegría

11 sí: cometería más errores – correría más riesgos – haría más viajes – subiría montañas – nadaría en ríos – tendría más problemas reales – no se perdería el ahora – andaría descalzo en primavera – iría más en calesita – contemplaría el sol de la madrugada – intentaría tener sólo buenos momentos
no: intentaría ser perfecto – sería más higiénico – comería más habas – viviría sensatamente – llevaría siempre un paraguas – viajaría con muchas maletas – jugaría tanto con los niños

12 b) Payasos sin Fronteras es una organización humanitaria, de voluntarios, no gubernamental (ONG), internacional. Está formada por payasos y otros artistas.

13 1. harías – tuvieras – tuviera – pasaría – vendería – alquilaría
2. haría – tuviera – dejaría – tomaría – iría – fuera – gustaría – gustarían – fueran – iríamos

14 Sé realista: pide lo imposible – Apaga la tele y enciende tu cabeza– Todos prometen y nadie cumple: voten por nadie – Hay países tan pobres que sólo tienen dinero – Medio mundo tiene miedo al hambre, el otro miedo a la comida – Más trabajo y menos egoísmo de todos por todo

2 Siglo nueve – Mohamed Primero – Felipe Segundo – Alfonso Sexto – Siglo dieciséis

4 Horizontales: 1. alfombra – 2. llorar – 3. gitanos – 4. espárrago – 5. berenjena – 6. riego – 7. azafrán; Vertical: álgebra.

5 ¿Sigues estudiando? – ¿Sigue trabajando tu padre? – ¿Sigues estudiando chino? – ¿Sigues saliendo con Jaime?

6 Llevaba – sigue llevando – sigue viviendo – sigue trabajando – seguía saliendo – estaba – seguía – soñando

7 b) *Lösungsvorschläge:*
Antes fumaba. Ahora ya no fumo. – Antes era hippie, ahora ya no. – Antes era soñadora. Ahora sigo siendo soñadora, pero menos. – Antes dormía mucho. Ahora sigo durmiendo mucho. – Antes jugaba al tenis. Ahora sigo jugando, pero no tan a menudo.

8 *Lösungsvorschläge:*
1. Quiero llevar esta carta a correos antes de que cierre la oficina. – 2. Yo me quedo contigo hasta que venga tu mamá. – 3. No tengo luz en la bici, me voy antes de que anochezca. – 4. Espera aquí hasta que vuelva yo. – 5. Te recomiendo visitar Granada antes de que lleguen los turistas. – 6. No lo quiero decidir todo sola, esperaré hasta que vengas.

9 a) *siehe Landkarte unten*

9 b) Adonde quieras. – Como quieras. – Cuando quieras.

10 a) Dibuja caricaturas. – Vive en Madrid.

10 b) Ismael puede vivir de su trabajo en la calle sin problemas. – En los meses de verano no hay público suficiente en Madrid. – Pasa temporadas en otras ciudades, pero Madrid es su casa.

Lección 12

1a) defender – guerra – capitulación – ejército – destrucción – batallas
reino – gobernante – corte – reinado – trono – reyes

1 b) 2. Guerra – 4. Monarquía

1 c) ejércitos – capitulación – reinado – reyes – corte

1 d) 1. b) – 2. c) – 3. c) – 4. b)

Abschlusstest

Comprensión auditiva, parte 1   1. F – 2. V – 3. V – 4. V – 5. F

Comprensión auditiva, parte 2   1. F – 2. F – 3. V – 4. V – 5. V – 6. F – 7. F – 8. V – 9. F– 10. F

Comprensión auditiva, parte 3   1. F – 2. V – 3. F – 4. F – 5. V

Comprensión lectora selectiva   1. d) – 2. k) – 3. e) – 4. g) – 5. i) – 6. f) – 7. l) – 8. a) – 9. b) – 10. c)

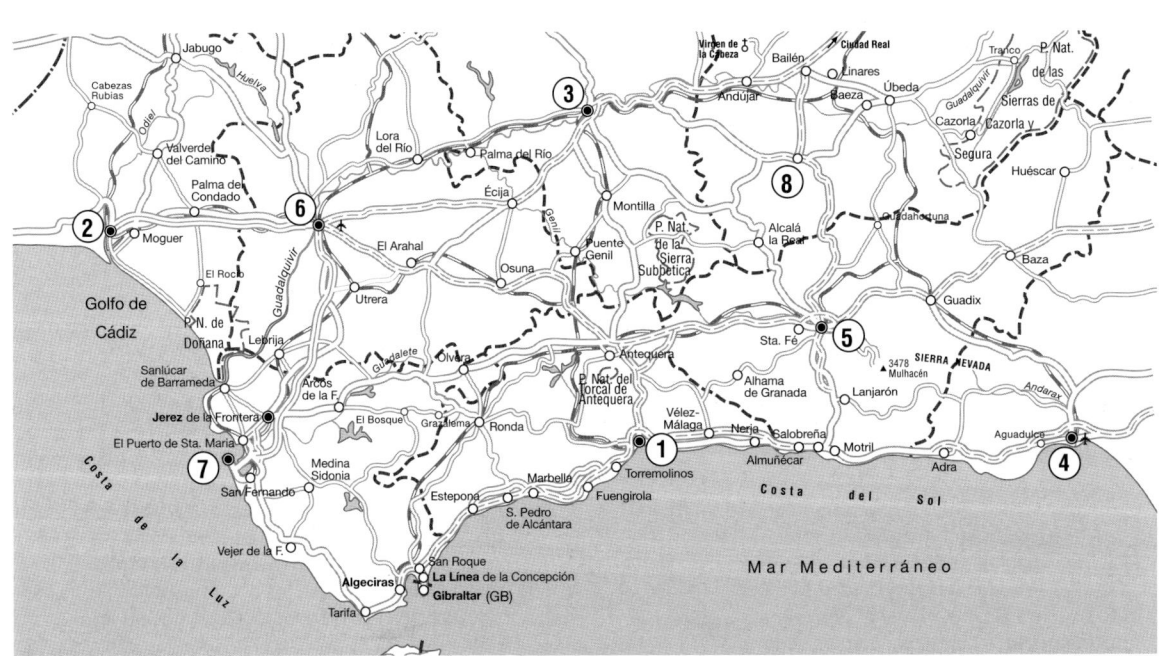

Transkription der Hörtexte

Sie finden hier die Hörtexte aus dem Lektionsteil, und anschließend die Hörtexte aus dem Übungsteil, die dort nicht abgedruckt und auch nicht in den Lösungen enthalten sind. Die Höraufgaben in *El Nuevo Curso 3* sind so gestellt, dass Sie sie lösen können, ohne die Texte gedruckt vor Augen zu haben. Die Transkriptionen helfen Ihnen „im Notfall", wenn Sie meinen, einmal zu wenig zu verstehen, oder wenn Sie den gehörten Text noch einmal nachlesen möchten.

Lektionsteil

Lección 1

A 8

- ● ¡Ah! ¿Éste es tu perro, David? ¡Por fin lo conozco! ¿Cómo se llama?
- ● Migo.
- ◆ ¡Qué nombre más bonito!
- ● Sí, es que siempre va con*migo*, ¿sabes? Y además es un buen a*migo*. [*man sagt das*]
- ● Ja, ja… Se dice que [*man sagt das*] «El perro es el mejor amigo del hombre», ¿no?
- ◆ Sí, y como dijo no sé quién: «Los animales son los mejores amigos porque no hacen preguntas y nunca nos critican».
- ● Es verdad, son totalmente incondicionales. Pero yo, personalmente creo que es importante que un amigo te critique.
- ● Bueno, depende, ¿no? Eso es muy delicado. Porque si criticas mucho a un amigo quiere decir que no lo aceptas como es… Yo prefiero estar con alguien que me acepte [*siempre*] como soy y con el que pueda…
- ◆ Ya, claro, perdona, pero un verdadero amigo siempre te acepta como eres. Lo que pasa es que a veces estás perdido y es importante que alguien te pregunte «¡Eh! ¿Adónde vas?»
- ● Sí, eso, eso. Estoy totalmente de acuerdo, a mí también me parece que para hacer eso se necesita mucha confianza. Yo tengo muy pocos amigos de ésos.
- ◆ Ya, yo también. Pero es que de ésos hay pocos.
- ● Sí, pocos. A veces ninguno.
- ◆ Así es. Así es la vida. A veces no tienes a nadie que…
- ● Pues yo siempre tengo a Migo. Creo que por una parte tenéis razón, pero un perro también es un buen amigo, es otra forma de amistad, muy simple, pero muy buena. Para mí a veces es mucho mejor que una persona.
- ◆ Hombre, mejor que una persona… Eso es exagerar, un animal no puede ser mejor que una persona…
- ● ¿Ah, no? ¿Y eso por qué? Si no has tenido nunca esa experiencia no puedes…
   Bueno…, chicos, pero, cambiando de tema, ¿qué hacemos aquí parados? ¿No queríamos pasear? Mirad, Migo ya está nervioso. [*wir wollten wir nicht…*]
- ◆ ¡Claro! ¡Vamos!

Lección 2

A 9

La primera producción española que aterroriza Europa ha llegado a los cines de nuestra ciudad: trata de una familia estadounidense que acaba de instalarse en una casa vieja en un lugar de España.
En esta casa hay ALGO, a menudo se apagan las luces. Sólo la hija de la familia se da cuenta de que esta casa tiene un secreto y nadie le hace caso. El «fantasma» o espíritu que puebla la casa es algo oscuro y muy antiguo que permanece inmóvil, escondido y en silencio. Su medio es la oscuridad. Sólo en ella puede manifestarse y desplazarse.
Y vive aquí desde hace más de cuarenta años. Porque esta casa guarda un secreto, un pasado abominable, un crimen…

Siete niños, fantasmas sin rostro, un círculo que debe ser completado. Y sangre, mucha sangre… «Darkness: Volverás a tener miedo en la oscuridad»…
Esta noche se proyecta en los cines Cristal, Imperial y Aragón.

A 11

- ● Hoy tengo ganas de ir al cine, pero me gustaría ver una película bonita, ¿sabes? Nada de horror ni acción, quiero relajarme.
- ● Yo en tu lugar vería «La vida de Bryan» en la filmoteca, ¿la has visto ya?
- ● No…
- ● Te la recomiendo, de verdad. ¡Te mueres de la risa! Es de los Monty Python. Si quieres pasar un buen rato y reírte, ve a verla, de verdad que vale la pena.
- ● Vale, pues iré. A ver si me río un poco, porque con este estrés que tengo…

A 14

- ● Buf, ya basta de fútbol, ¿no? Podríamos hacer otra cosa…
- ● ¿Ay, qué cosa? Este partido es importante para la copa de Europa… Ay, ay, ay, venga, venga, dale, dale… ¡Oh, no, qué patosos! ¡Por dos centímetros!
- ● ¡Virginia!
- ● ¿Qué? ¿Qué decías? ¿Qué te gustaría hacer?
- ● ¿Por qué no vamos al cine?
- ● Es que llueve…
- ● Pues eso, es el tiempo ideal para ir al cine y ver una buena película.
- ● ¿Qué ponen?
- ● A ver, tengo aquí la cartelera… Mira, ponen «Harry Potter y la cámara secreta».
- ● ¡Buf!
- ● Pues dicen que está muy bien… Es un clásico moderno, tus nietos te preguntarán «abuelita, ¿tú viste todas las películas de Harry Potter con el abuelito cuando érais jóvenes?»
- ● Que no, hombre, que esa no quiero, de verdad. Si quieres, vas tú solo a verla otro día, ¿vale?
- ● Vaale, a ver, qué más… «Darkness», una española.
- ● ¿De qué es?
- ● De terror. Yo no tengo ganas de terror, ¿y tú?
- ● Tampoco, el terror me aburre mucho. ¿Qué más hay?
- ● La de Almodóvar.
- ● ¿«Hable con ella»?
- ● Sí, esa.
- ● Ay, hace tiempo que tengo ganas de verla. Ya la ha visto todo el mundo menos nosotros. Y ha recibido bastantes premios. Todo el mundo me ha hablado muy bien de ella.
- ● Ya, es que Almodóvar está de moda… Yo preferiría «The Hunted».
- ● ¿Qué? ¿Una de esas de acción, con buenos muy buenos y malos muy malos, con mucha sangre y mucho pum-pum?
- ● Sí, de esas que a mí me gustan.
- ● Ay, no, venga, vamos a ver la de Almodóvar.
- ● ¿Una de estas de bla bla bla y tragedia por aquí y besos por allá…?

Lektionsteil

- Pero si es buenísima, de verdad, lo dicen todos, que es genial, la mejor de Almodóvar. Francisco, hay que verla, en serio.
- Bueeno, vale, vale. Es a las diez y media, ahora son las siete, pero deberíamos reservar las entradas por teléfono, porque es en el cine Ábaco, que es muy pequeño y a menudo están agotadas.
- ¿Llamas tú?
- Vale.
- Eres un encanto.
- Gracias.

Lección 3

A 3 b)

- Cuéntame, ¿cómo conociste a Patricia?
- Pues, mira, la verdad es que es una historia bastante especial… Verás, yo estaba en la terraza de un café. Era un día maravilloso de primavera, recuerdo que hacía sol y calor, y me sentía libre y feliz porque estaba de vacaciones. Como era bastante temprano, casi no había gente en la terraza, sólo una chica que estaba sentada a una mesa cercana, leyendo y fumando. La miré un par de veces y me gustó. De pronto, sonó un móvil: bipbip. Ella empezó a buscarlo en su bolso, pero no estaba allí. Noté que estaba nerviosa. Entonces yo le dije: – Creo que está en tu chaqueta…
- Ajá, ¿y entonces?
- Bueno, pues entonces, por fin lo encontró, se alejó de la mesa y habló unos minutos.
- Y volvió…
- Sí, cuando volvió, vi que estaba muy triste porque tenía lágrimas en los ojos. Le ofrecí un pañuelo de papel, porque no tenía nada con que limpiarse la nariz. Lo aceptó, pero estaba un poco sorprendida.
- ¿Y? ¿Qué?
- Como no dejaba de llorar, le ofrecí el paquete de pañuelos entero, pero seguía llorando. Después llamé al camarero y le pedí un coñac para la chica, porque ya estaba preocupado y sabía que es bueno para el estado de shock. Enseguida se lo trajo y entonces me senté a su mesa.
- ¡Eh! ¡Qué valiente! ¿Y qué hizo entonces?
- Hubo un momento de silencio. De pronto dejó de llorar y sonrió. Por fin, empezamos a hablar y como no teníamos prisa, estuvimos allí charlando hasta el mediodía.
- ¿Pero por qué lloraba?
- Pues me dijo que no estaba triste, que lloraba de alegría, imagínate.
- ¡Ah¡ ¡No me digas! ¡Qué original! ¿Y entonces? ¿qué más?
- Yo pensé que tenía los ojos más bonitos del mundo…
- ¡Mmmm!
- Y una voz muy especial.
- Ya, ya, pero ¿qué pasó entonces?, ¡cuenta, hombre!
- Pues ¿sabes qué dijo entonces?
- ¡¿Qué?!
- Dijo que era profesora de química y que su nuevo puesto de trabajo era el Instituto Núñez de Arce.
- ¡No puede ser! Ahí es donde trabajas tú, ¿no?
- ¡Claro! Eso le dije, que entonces éramos compañeros, que yo era profe de música y que también trabajaba allí.
- Y al final, ¿cómo termina la historia?
- Pues nos casamos. Hace dos semanas.
- ¡Felicidades, hombre! ¡No lo sabía! ¡Pero qué historia más romántica! ¡Con final feliz!

- Sí, cosas de la vida. ¿Y tú? Ahora te toca a ti.
- Ehm, pues… es que mi historia no tiene final feliz…, yo no tengo tanta suerte con las mujeres, ¿sabes?
- Bueno, hombre, es igual… ¡Cuenta, cuenta!

A 4 b)

1. ¡Ah! ¡No me digas!
2. Pero, ¿qué pasó entonces?
3. Y al final, ¿cómo termina la historia?
4. ¡Pero qué historia más romántica!

A 6

Sucesos.
Toledo
Un padre de familia desesperado intentó ayer retrasar la salida de su vuelo a Mallorca, donde quería pasar las vacaciones de Semana Santa, con una falsa amenaza de bomba. Al llegar a casa directamente de su trabajo para salir de vacaciones con su familia, vio que sus tres hijos y su mujer todavía no habían hecho el equipaje. Para evitar perder el avión, el padre llamó por teléfono a la compañía aérea y dijo que en el avión había una bomba que podía explotar en el aire. Con esta falsa alarma consiguió causar dos horas de retraso. Sin embargo, la familia no pudo llegar a embarcar en el avión y se quedó sin vacaciones, ya que la policía consiguió localizar la llamada y arrestó inmediatamente al autor de la misma en su vivienda.

A 10

- Tenemos en nuestros estudios a Eduardo Pérez de la Mata, autor del libro *Canarias Mágicas*, en el que documenta una parte muy importante de la tradición oral canaria, rica en misterios y cosas inexplicables.
  Eduardo, en su libro tiene un capítulo titulado «Luces en el cielo y en el mar» en el que se documentan narraciones de muchas personas, canarios y visitantes que han visto luces en muy diferentes puntos de nuestras islas. ¿Qué cree usted que son esas luces? ¿Tiene alguna explicación?
- Bueno, es cierto que en las Islas Canarias se vienen detectando desde siempre casos de gente que ha visto luces, unas veces en el cielo y otras en el mar. Tres de cada cuatro casos, o sea, la mayoría, se pueden explicar, son fenómenos meteorológicos, planetas o estrellas fugaces, meteoritos y, muchas veces, aviones o helicópteros. También, como todos sabemos, se realizan pruebas, entrenamientos y vuelos militares en el Atlántico con aviones especiales que muy fácilmente se pueden confundir con un OVNI. Estas acciones son secretas y ocurren en lugares y momentos que nadie se espera, claro, y sorprenden a la gente y a las autoridades mismas. Y un factor importante es la oscuridad de las Islas por la noche. Estamos en medio del mar, enfrente del Sáhara, lejos de grandes centros urbanos iluminados y la contaminación del aire es muy poca. Por eso las noches son muy oscuras, las estrellas y los planetas parecen estar más cerca que en otras regiones.
- Pero hay, según dice usted, algunos casos…
- Sí, para una cuarta parte de estas luces no se ha podido encontrar una explicación razonable.
- ¿Cree usted en los OVNIS?
- Creo que el universo es mucho más grande de lo que podemos imaginar. Nuestro planeta tierra es muy pequeño y, sin embargo, casi todo el mundo piensa que somos los únicos seres inteligentes que existen. Yo no hablo de OVNIS, pero sí creo que no somos los únicos, es lo más lógico.

Lektionsteil

Lección 4

A 5
- ¿Sí?
- Manuela, hola, soy yo…
- Hola, papá, ¡qué sorpresa! ¿Qué pasa?
- No, nada, nada… Oye, que te llamo porque me he comprado un móvil nuevo y no entiendo las instrucciones… Bueno, y como es igual que el tuyo ¿podrías explicarme tú qué tengo que hacer para enviar mensajes?
- Claro, mira, ¿está encendido?
- Sí.
- Pues aprieta el botón que está arriba a la izquierda, ¿lo ves?
- Sí, el que tiene una cosa verde…
- Sí, ése, y entonces te sale el menú en la pantalla y buscas «mensajes».
- Espera, espera… Ya, ya lo tengo. «Mensajes»
- …y lo seleccionas apretando el botón…
- ¿Qué botón?
- El mismo, el de arriba, a la izquierda. Ése siempre se usa para seleccionar.
- Ah, vale. Ya está.
- …y entonces te sale en la pantalla «escribir mensajes». Lo seleccionas y ya puedes escribir el mensaje con las teclas de los números…
- Ah, ya, sí, sí, claro, eso ya lo sé…
- Pues entonces escribes el mensaje y cuando termines le das a «opción» con el botón verde y te salen varias posibilidades…
- Sí, me salen muchas…
- Vale, pues entonces seleccionas con el botón del medio, que con ése puedes moverte hacia arriba o hacia abajo, la que tú quieras, por ejemplo «enviar», y con el botón de la izquierda le das a OK. Entonces te sale una pantalla para escribir el número de teléfono de la persona. Después le das a OK y lo envías y ya está. Después de unos segundos te sale una pantalla que dice «mensaje enviado», ¿vale?
- Uf, bueno, sí, creo que ya sé cómo se hace. Voy a probar, ¿vale? y si tengo algún problema te llamo otra vez.
- Bueno, no hay problema, llama cuando quieras.
- Gracias, hija. Entonces que te diviertas, ¿eh?, que estás en un bar, ¿no?
- Sí, en el «Académico», con unas amigas.
- Bueno, adiós, hija…
- Hasta luego, papá…

A 6
- Hola, buenos días.
- Hola.
- Mire, es que ayer compré aquí esta radio y resulta que no funciona la salida para auriculares. Parece que está estropeada.
- ¿Tiene la factura?
- Sí, mire.
- Ahá, gracias. A ver, vamos a ver si funciona. ¿Mmm, me deja los auriculares un momento? Voy a ponerlos… Pues no, no, no se oye nada, es verdad… A ver, voy a probar con estos otros… Pues tampoco. Pues no son los auriculares, es otra cosa. A veces es un problema de las pilas. Así que le voy a poner unas pilas nuevas… Mmm, pues no, tampoco es de las pilas, no sé qué le pasa. Mire, lo siento, tiene usted razón, la radio está estropeada. ¿Se la cambio por otra o prefiere que le devuelva el dinero?
- Pues prefiero que me la cambie usted por otra, pero espero que no me pase otra vez lo mismo, es un aparato caro y es una lata tener que venir…
- Claro, claro. Es una buena marca, no se preocupe. Mire, le voy a dar ésta. Vamos a probarlo todo… A ver, a ver, ahá… sí, funciona. Y las pilas se las regalo.
- Hombre, gracias.
- ¿Quiere que se lo envuelva todo?
- No, gracias. Me lo llevo así, en la mochila. Hasta luego y gracias.
- A usted. Adiós.

Repaso 1

A 1
- Oye, Berta, hoy me gustaría invitar a comer a los clientes alemanes. El otro día fui con otra empresa a Casa Rodolfo, pero la verdad es que no nos gustó nada la comida y…
- ¿Has estado ya en La Fragata?
- ¿Ese nuevo que está en la Avenida de América? Lo he visto, pero no he entrado nunca.
- Pues es muy bueno, te lo recomiendo. El otro día estuve allí y la comida nos gustó muchísimo… sobre todo los pescados.
- Ah, pues muy bien, ahí vamos. ¿Podrías hacer tú la reserva, por favor?
- Claro, ahora mismo. ¿Cuántos vais a ir y a qué hora?

A 2
- Vamos a ver, a ver… Aquí dice que la especialidad de la casa son los mariscos y los pescados… ¿Qué hay de entrante? A ver, mmm… gambas rebozadas, croquetas de bacalao…
- ¿Qué significa «rebozadas»?
- Eh… quiere decir que las gambas se rebozan en harina y huevo, ¿sabes? y se fríen en aceite muy caliente. También se le llama «a la romana», que es lo mismo.
- Ah, ya sé, ya. Pues sí, creo que de entrada voy a tomar unas gambitas rebozadas…
- Yo también.
- Y yo.
- Pues yo voy a probar las croquetas de bacalao, que no las he comido nunca.
- Muy bien. ¿Y de segundo?
- Yo voy a comer lubina. Un día es un día. ¿Y vosotros?
- Pues yo creo que también. ¿Y tú, Maren?
- Mmm… ¿Lubina? ¿Qué es?
- Es un pescado de mar, muy largo, y tiene una carne suave, suave.
- O, si no, ¿por qué no pruebas la dorada a la sal? Te la recomiendo.
- Sí, sí, la «Dorada a la sal» la conozco, ¿y la dorada «a la plancha»? ¿Cómo se prepara?
- «A la plancha» quiere decir que el pescado se fríe sobre una plancha caliente con muy poco aceite. Es muy sano.
- Ah, muy bien. Entonces voy a tomar «Dorada a la plancha». ¿Y tú, Toni?
- Yo la dorada a la sal.
- Vale. ¿Y qué vino tomamos? Tienen ribeiro, un vino blanco gallego que va muy bien con los pescados.
- Pues muy bien, entonces pedimos una botella de ribeiro y otra de agua para todos, ¿no?
- ¡Síii!

A 3
- ¿Qué? ¿Os han gustado las croquetas? Están buenísimas, ¿verdad?

Lektionsteil

● Sí, sí deliciosas... ¿Y qué tal las gambas rebozadas, Toni? ¿Te gustan?

◆ Mmm, sí, sí... Están un poco saladas, pero muy ricas, la verdad.

● Sí, sí, están muy, muy buenas...

▲ Sí, sí, es verdad, está buenísimo todo...

● Y el pescado, Manuel, ¿qué tal? ¿Te gusta?

● Igual está un poquito duro, ¿eh? pero no importa, está bueno. ¿Y la dorada, Maren? ¿Qué tal?

▲ Pues está muy sabrosa, riquísima, la verdad. Y con esta ensalada fresca con limón... Mmm... ¡de primera!

● Oye, pues me alegro. Eh, ¿por qué no brindamos, eh? Brindemos porque estamos aquí reunidos, y porque Maren y Toni han venido desde Múnich. Venga, ¡a vuestra salud!

● ¡Por todos nosotros!

◆ Es verdad, ¡por nosotros! ¡Por los buenos negocios! Ah, por cierto... La última reunión estuvo muy interesante...

▲ Es verdad, aunque no presentamos todos los productos, no hubo tiempo, la verdad...

● Ah, ya, tenéis razón. Tenemos que hablar de eso, ¿eh? Es verdad... Pero bueno, para eso tenemos tiempo esta tarde, ¿no? ¿Os apetece otro vinito?

● Yo no, yo creo que me voy a tomar un café bien cargadito.

◆ Pues yo también.

● ¿Habéis pensado ya qué vais a tomar de postre? Dicen que aquí hacen una crema catalana riquísima y un flan de primera, hay que probarlos...

▲ Ah, sí, flan. Me encanta el flan.

Lección 5

A 5

Madrid.

José García Moreno, presidente de la Sociedad Española de Medicina Antienvejecimiento y Longevidad (SEMAL), manifestó ayer que los niños que están naciendo en 2004 en España tienen teóricamente una esperanza de vida de 100 años, siempre que no tengan predisposición genética a ciertas enfermedades. España, con una media de 78,5 años de esperanza de vida se encuentra en un lugar destacado por delante de países como Estados Unidos, Alemania u Holanda. El país del mundo en el que se vive más años es Japón, con una media de 81 años. Los habitantes del país africano Sierra Leona, por el contrario, tienen la menor esperanza de vida del planeta, con una media de 39 años. Según los estudios realizados, los factores más importantes para la longevidad son la alimentación, la asistencia médica, la herencia genética, el movimiento, el control del estrés y el optimismo.

A 14 a)

● ¿Diga?

● Hola, Juan, soy Begoña.

● ¡Hola! ¿Qué tal? ¿Cómo estás?

● Estoy bien, pero hecha un lío.

● ¿Pues qué pasa?

● Es por lo de ese trabajo en Barcelona, ¿te acuerdas?

● ¡Claro! ¿Te salió bien la entrevista?

● Sí, muy bien, me llamaron ayer para decirme que podía empezar en abril.

● ¡Pero qué maravilla!

● Ya, por un lado sí, pero por otro no sé qué hacer. Si me voy a Barcelona, seguramente Luis y yo nos podremos ver sólo los fines de semana, perderemos el contacto, nos olvidaremos...

● Bueno, pero podéis probar, por ejemplo, seis meses, ¿no crees?

● No sé, tengo miedo de que nos perdamos de vista, ¿sabes?

● Ya, claro. Pero mira, yo creo que vuestra relación puede ganar, a veces está muy bien vivir un tiempo de forma diferente, conocer nuevas personas...

● Ya, eso, él conocerá a una chica, le dirá que se siente muy solo, se harán amigos...

● Y no pasará nada más, porque Luis te quiere, yo lo sé.

● Sí. ¡Qué tontería!, ¿no?

● No, no es ninguna tontería, es normal. Yo lo comprendo, de verdad. Pero si lo piensas bien, te darás cuenta de que eso sólo pasa si uno quiere, y da igual si tú estás aquí o en Barcelona. Mira, ¿por qué no hablas de esto con Luis? Cuéntale todo y no te preocupes, ya verás cómo todo saldrá bien.

● Vale, tienes razón.

● Y no olvides contarle también lo de la chica, ¿eh?

● ¿Qué chica?

● Eso, exacto, ¿qué chica?

● ¡Ya me has hecho reír! Bueno, gracias por escucharme y por los consejos, me has ayudado un montón.

● ¡Qué bien! ¡Me alegro! Nos vemos el viernes en clase, ¿no? Ya me dirás qué tal, ¿eh?

● Sí, sí, ya te contaré. Hasta el viernes.

● ¡Chao!

Lección 6

A 6

● Hola a todos. Gracias por haber venido. Bueno, primero, como ya os dije, me gustaría saber qué significa para vosotros la palabra «café». Yo sé que todos sois de países muy diferentes y por eso quisiera saber en qué se diferencia y en qué se parece la idea que tenemos los hispanohablantes de esa bebida tan importante. Óscar, tú eres de Guatemala, de un país exportador de café. ¿Qué te sugiere a ti la palabra «café»?

● Bueno, a mí me sugiere mucho la palabra «café», pero principalmente, lo que me sugiere, es el desayuno por las mañanas. Nosotros acompañamos el desayuno con una taza, gran taza de café. Y es grande la taza de café porque el café que tomamos nosotros es ralo. «Ralo» quiere decir que es ligero y no es tan espeso como se costumbra en otros lugares. Principalmente es eso.

● ¿Y para tí, Diana? ¿Qué significa «café»?

◆ Bueno, para mí, cuando oigo la palabra «café», y sobre todo «cafecito», no pienso tanto en la bebida, y eso que me gusta mucho, sino más en el tiempo compartido con amigos, con la familia, con gente que quiero. Siempre decimos: «Nos juntamos a tomar un cafecito?»

● Ah, entonces es como en España. También se usa mucho la pregunta «¿tomamos un cafecito?», que es lo mismo que decir «quiero hablar contigo», o sea que quiere decir «verse para hablar sin prisas», ¿no? ¿Y cómo es en Nicaragua, Nati? ¿Qué te sugiere a ti la palabra «café»?

▶ Pues fíjense que en Nicaragua se toma café soluble casi siempre. Igual que en otros países de América Latina y en Centroamérica, en México, en Ecuador... ¡casi siempre soluble! Para mí el café representa sobremesa, charlar de cosas interesantes, descansar, hacer una pausa.

◆ Bueno, bueno, chicos, siéntense, relájense, que aquí viene el café.

▲ ¡Mmmm!

Lektionsteil

A 13
● Buenos días, ¿quiere probar una taza de nuestro café?
● Sí, con mucho gusto.
● Siéntese, se lo preparo en un momento. Mientras tanto puede hojear nuestro catálogo, si quiere. ¿Lo quiere en español?
● Sí, sí, soy español.
● Ah, perfecto. Pues aquí tiene. Ahora mismo vengo.
● Gracias.
● Es un placer.
● Mmm…, muy bueno. He leído aquí que su café ha sido clasificado dentro de los mejores de Guatemala…
● Sí, así es. A causa de las características climáticas y geográficas de nuestra región, Huehuetenango, – mire, está aquí – y también por la forma tradicional de cultivo, sin ningún tipo de pesticidas ni abonos sintéticos, estamos produciendo un café extraordinario.
● Y su empresa también tiene un carácter social, ¿no?, si lo he entendido bien…
● Sí mire, nosotros somos una asociación de pequeños y medianos agricultores de café que se llama «El Esfuerzo» y que está en San Pedro de Necta. Todos trabajamos con los principios de la agricultura orgánica. Y después comercializamos nuestros productos a través de ASASAPNE – ¿ve, aquí? – que es una institución que tiene el objetivo de vender el café a precios justos para que nuestros agricultores puedan sobrevivir.
● ¿Y qué especies cultivan?
● Sobre todo Arábica, pero también Borbón y Pache Rojo.
● El que he probado es…
● Es Arábica puro.
● Me gusta mucho.
● Sí, tiene un aroma delicado y mucho sabor. Es redondo.
● Dígame, ¿tiene una lista de precios?
● Sí, mire.
● Uy, me parece algo caro…
● Depende de con qué lo compare. Estamos hablando de la mejor región cafetalera de Guatemala, de recolección a mano, de agricultura orgánica y de métodos tradicionales. Es un café excepcional que no se puede comparar con otros. Creo que teniendo en cuenta todo esto el precio no sólo es justo: también es competitivo.
● Ya, ya, sí…
● Claro, no es el café adecuado para el consumidor digamos «normal»… Éste es un café para un público determinado. Y le garantizo que las personas que entiendan de café, si lo prueban, van a comprarlo habitualmente. Yo podría ayudarle enviándole café para regalar si usted quiere hacer una promoción del producto.
● ¿Bueno, puedo llevarme una muestra, el catálogo y la lista de precios? Es que tengo que pensármelo un poco.
● ¡Claro! Tome. Y aquí tiene mi tarjeta para cualquier consulta.
● Gracias. Y muchas gracias por el café. De verdad, ¿eh?, de verdad que es buenísimo.
● Ha sido un placer. Adiós.
● Adiós. ¡Ah, le doy también mi tarjeta! Tome. Me llamo Daniel Gallardo, de Ecofar.
● ¡Encantado! Gracias.

Lección 7

A 2c)
Buenas tardes, estimado público, señoras y señores. Antes que nada me gustaría darles la bienvenida a todos ustedes.

También quisiera decirles que para mí es un gran placer estar aquí y compartir con ustedes esta gran pasión que siento por los shuar.

A 3
El pueblo Shuar es conocido por un lado como un pueblo guerrero que siempre ha defendido su territorio y su integridad social. También se sabe que antes tenían la costumbre de reducir la cabeza del enemigo para obtener su fuerza y aumentar su energía guerrera. Por esta razón también se les llama *jíbaros*, que significa *salvaje*. Yo personalmente comprendo muy bien por qué rechazan ellos este nombre: porque es racista y los discrimina. Prefieren llamarse shuar, que significa *gente, persona*. Es un hecho que hoy en día ya no mantienen relaciones de guerra con sus vecinos ni tampoco realizan el ritual de la *tsantsa* con la cabeza de seres humanos, sino con la cabeza de un mono. Para ellos es una forma simbólica de preservar la tradición.

A 4
Bien, y ahora la siguiente diapositiva. Pues en cuanto a la vivienda, como pueden ver en esta imagen, los materiales que utilizan para construir sus casas son distintos tipos de madera, palmeras y paja para el techo. Es interesante observar que la choza posee dos ambientes diferentes; *el tankámash*, es decir, el espacio de los hombres, que es el espacio social, pues sirve como sitio de reunión, de conversación y como dormitorio para los visitantes. Y al otro lado tenemos *el eként eként*, que es el espacio de dominio femenino, es decir, el espacio privado, en donde están la cocina y el dormitorio de las mujeres y los niños.
Y para terminar este tema, quisiera agregar que el modelo de casa tradicional está cambiando especialmente entre las comunidades que viven más cerca de los centros poblados. En el valle del Upano, por ejemplo, construyen casas de madera y cemento armado, con divisiones en su interior, similares a las casas de los colonos. O sea que se nota cada vez más la influencia de la cultura occidental. Mientras que aquellos que viven al otro lado de la Cordillera del Kutukú, todavía mantienen la estructura de la casa tradicional shuar.

Lección 8

A 8
En 1989, un grupo de ocho vendedoras del Mercado Central de la ciudad de León en Nicaragua decidimos unirnos para sacar a los niños de la calle, para terminar con la situación terrible en la que se encontraban. El proyecto social que iniciamos, que es una ONG, se llama «Las Tías». Como ustedes sabrán, en todos los países del mundo hay trabajo infantil. Pero lo que pocas personas saben, es que la mayoría de los niños que trabajan lo hacen en el sector informal, es decir, vendiendo cosas en la calle o en el campo, o trabajando en casas donde realizan tareas domésticas. Estos niños tienen que enfrentarse a muchos riesgos y peligros y hay personas que se aprovechan o abusan de ellos, o los explotan. Casi todos tienen enfermedades crónicas y están malnutridos. Lo que hacemos concretamente en nuestro proyecto es darles a estos niños una comida diaria. Además tenemos profesores que les ayudan en sus tareas de la escuela. Intentamos darles un poco de amor, protección y cariño. Nos gustaría poder ofrecerles más, pero no podemos, por falta de medios económicos, por falta de dinero.
El problema de los niños de la calle tiene varias causas: Vemos por ejemplo, que hay mucha violencia en las familias. Muchas veces los padres obligan a sus hijos a trabajar, y si no

Transkription der Hörtexte

Lektionsteil

lo hacen, los tratan muy mal, así que los niños tienen miedo de volver a casa, se quedan en la calle, no van a la escuela. Y así empieza el círculo vicioso, que un niño sin educación no tiene futuro. Es por eso que cada vez que veo a un niño o una niña por la calle vendiendo algo, le digo que no trabaje, que vaya a la escuela, que estudie, que piense en su futuro, que es su derecho aprender algo. Pero también hay muchísimos niños de la calle que no trabajan, sólo sobreviven robando o prostituyéndose. Muchos de ellos han sido abandonados por sus papás, que se han ido a otros países para buscar un mejor futuro y no vuelven.

Por todas estas razones, estimado público, en nuestro proyecto «Las Tías» exigimos que los niños tengan acceso a una educación gratuita. Es absolutamente necesario que termine la violencia en los hogares y que los niños dejen de trabajar, que sensibilicemos a los padres y a la sociedad entera sobre este problema. Es importante que veamos a los niños como a niños y no como a adultos, y que terminemos con la violencia.

Repaso 2

A 1 b)
● Buenas tardes, estimados colegas, señoras y señores. Antes que nada, me gustaría darles la bienvenida a todos ustedes. También quisiera decirles que para mí es un honor y un gran placer estar por primera vez aquí, en Barcelona, una de las ciudades más interesantes y fascinantes que he visto en toda mi vida. Bien, pues para empezar, verán que nuestro logotipo simboliza nuestro espíritu: somos una empresa joven y dinámica especializada en el diseño, el comercio y la fabricación de productos sanitarios y del baño modernísimos y de primera calidad… Bien, y en cuanto a la localización de nuestras oficinas principales y la fábrica… como pueden apreciar, están en Tampico, que es un puerto muy importante en el Golfo de México. ¿Alguno de ustedes ha estado alguna vez en Tampico?
♦ ¡Sí, yo!
▶ ¡Yo!
● ¡Ah! ¡Pues qué bueno! Espero que hayan disfrutado del clima de nuestra región, que es tropical y cálido, muy agradable, la verdad. Bueno, digo «nuestra región» aunque yo no soy mexicano, soy guatemalteco, pero ya vivo desde hace mucho tiempo en Tampico y me siento como en mi casa… Pues, como iba diciendo, el puerto de Tampico…

A 2
● Bueno, continuemos. Ahora quisiera presentarles el organigrama de nuestra empresa. «Baño Azteca S.A.» es una empresa mediana, una PYME, como dicen ustedes en España, con un total de 35 empleados. Como podrán observar, aparte de la dirección general tenemos cuatro departamentos: Primero, el departamento de producción o sea la fábrica que como había mencionado, está en Tampico. El gerente de este departamento es el Sr. Marín, quien me acompaña en este viaje. ¿Alfonso?
● ¡Hola! ¡Mucho gusto!
♦ ¡Hola! ¡Hola!
● Luego está el departamento de ventas y de márketing, que se encarga de la investigación de mercados, la promoción de ventas, publicidad, relaciones públicas, etc., a cargo de la Sra. Moncada. ¿Mariluz?
▲ ¡Hola, buenas tardes!
♦ ¡Hola!, Hola!

● Después tenemos el departamento financiero y administrativo, a cargo del Sr. Ortega, responsable de la contabilidad, quien no pudo acompañarnos en este viaje. Y para terminar, tenemos el departamento de personal, que se encarga de la selección y formación del personal, de los salarios, etc. La responsable de esta sección es la Sra. Eulalia Méndez, quien tampoco puede estar con nosotros hoy. Bueno, y ahora me gustaría…

Lección 9

A 10
● Hemos invitado a nuestro programa a Antonio Pérez Castro, portavoz de Ecologistas en Acción. Antonio, ¿cómo ve Ecologistas en Acción el nuevo sistema de reciclaje de basura que ha puesto en marcha nuestro Ayuntamiento?
● Pues vemos que la idea es buena en sí, pero por algún motivo el sistema no está funcionando como se esperaba. Sólo del 30 al 40% de los ciudadanos separa la basura y usa los contenedores apropiados…
● Sí, claro… ¿Y por qué cree usted que está sucediendo esto, por qué no funciona?
● Bueno, pues para nosotros está muy claro. Vemos dos aspectos: Por un lado vemos que no hay un incentivo para separar la basura. Es decir, que la gente no sabe por qué usar los contenedores apropiados si no hay un beneficio. El otro aspecto que vemos es que los ciudadanos y el Ayuntamiento cargan con toda la responsabilidad de separar y depositar la basura en los contenedores apropiados, mientras que los verdaderos responsables de tanto envase, las empresas industriales, no han hecho nada, absolutamente nada. Por ejemplo, no quieren ni hablar del tema de los envases retornables. Y por ejemplo no han hecho nada tampoco para reducir la gran cantidad de envases de plástico de sus productos. Y esto pues no puede ser, no se puede pedir la responsabilidad sólo a los consumidores, hay que pedírsela también a la industria.
● ¿Y qué propuestas tiene su organización para solucionar este grave problema de la basura?
● Bueno, pues sabemos que hay un sistema que sí funciona en otras ciudades, que se llama «puerta a puerta». Con este sistema se recoge cada día una parte diferente de basura, o sea, un día el papel, otro día la basura orgánica, al día siguiente la basura sólida, etc. El que tiene más basura, paga más. O sea, que el incentivo es ahorrar dinero: el que evita la basura, paga menos. Es indispensable evitar y reducir la basura. Así se podría sensibilizar a los ciudadanos para que usen envases retornables, por ejemplo. La otra propuesta importante que tenemos es muy simple: comprar menos cosas innecesarias que al final tiramos a la basura.
● Bueno, tenemos entonces varias propuestas concretas, gracias Antonio. Me gustaría saber ahora lo que opina Roberto Cano, concejal del Ayuntamiento. Sr. Cano, ¿cómo ve usted la situación?

Lección 10

A 8
● Buenos días, estimados oyentes. Como cada lunes, desde nuestro programa, El Balcón, vamos a discutir hoy sobre un tema muy característico de la sociedad española y que

Lektionsteil

tiene bastante relación con el tema de la semana pasada, el paro juvenil. Hoy vamos a hablar de «los hijos eternos», los hijos que cumplen los 30, 31, 34 y no se han ido de casa de sus padres. No son pocos: aproximadamente un 40% de los hombres y un 21% de las mujeres de 30 años vive en casa de sus padres. ¿Cuáles son las causas, cuáles las consecuencias de este fenómeno, qué dicen los hijos y qué dicen los padres? Eso es lo que nos interesa saber hoy. Y por eso esperamos ya las llamadas de nuestros radio-oyentes, ya saben, el número de teléfono de la redacción es 918 37 45 66. Y ya tenemos la primera llamada en el estudio. Buenos días.
- Buenos días. Me llamo Pilar.
- Hola, Pilar. Muchas gracias por llamar. ¿Qué es lo que nos quiere contar?
- Pues mire, yo tengo 64 años. Soy viuda, tengo cuatro hijos, el menor de ellos, Manuel, tiene 34 años y vive todavía en casa.
- Ajá. ¿Y por qué, por qué vive con usted?
- Pues él estudió arquitectura, terminó con 27 años la carrera. Después hizo un máster de dos años. Y después hizo el doctorado, que le llevó otros dos años. O sea, que fue estudiante hasta los 31. Y claro, mientras estudian pues ya se sabe que están en casa, claro, adónde van a ir… Después empezó a buscar trabajo, trabajó temporal-mente en algunas empresas, pero con contratos muy cortos y así sigue, con un trabajo, seis meses, otro trabajo, nueve meses…
- ¿Y tiene novia su hijo?
- Sí, sí, tiene una novia desde hace dos años, una compa-ñera del curso de doctorado que está en la misma situación, más o menos.
- Pero a esa edad uno quiere tener un poco de intimidad e independencia con su pareja, tener una vida propia, hijos… ¿No quieren vivir juntos los dos?
- Pues mire, seguro que les gustaría tener una casa propia, claro, pero para comprar un piso pues no les llega el dinero, los pisos están carísimos. Y tanto mi hijo como su novia no tienen trabajo estable, así que no quieren alquilar un piso tampoco, los pisos en alquiler son caros y pocos, ya sabe. Bueno, y aunque puedan pagar un alquiler, no creo que lo hagan. Mientras no tengan hijos están muy bien con sus padres. Es cómodo, simplemente. Cuando quieren tener intimidad pues se van un fin de semana de viaje o se van juntos de vacaciones. Y salen mucho. Van al cine, van a comer, se van de excursión…
- ¿Y a usted no le molesta que su hijo, ya todo un adulto, un hombre hecho y derecho, viva en su casa?
- Pues… aunque yo tengo más trabajo que si estuviera sola, estoy contenta, porque sólo tengo un hijo en casa. Hay padres que todavía tienen dos o tres. Tengo amigas que siempre dicen: «¡Pero cuándo se irán de casa estos hijos míos! ¡Viven como en un hotel!» Eso ya sería demasiado para mi edad, ¿sabe? Eso ya no me gustaría. Cocinar y lavar y planchar camisas para tres, a mi edad, pues no, eso no.
- O sea, que está usted contenta.
- Sí, sí. Me gustaría que Manuel tuviera una familia, claro. Pero mientras no sea posible, vivimos bien los dos. Yo le ayudo a él y él me ayuda un poco a mí, también económicamente. No está mal.
- Pues muchas gracias, Pilar, por contarnos su experiencia. Tenemos al teléfono a otra madre, propietaria de un «hotel mamá», que parece que no está muy contenta. Buenos días, Josefina.

A 10 a)

1
- ¿Diga?
- ¿Está Estefanía?
- No, no está. ¿De parte de quién?
- De Elena, soy una compañera de la academia. ¿Sabe cuándo vuelve?
- Pues, el domingo por la noche. Ha ido a pasar el fin de semana a la Sierra.
- Ah, ya. ¿Podría usted darle un recado de mi parte?
- Sí, dime.
- Es que queríamos ir el martes al cine, pero yo no podré ir seguramente.
- Vale, entonces yo le escribo una nota, ¿eh?
- Gracias, pero de todas formas llamaré el lunes otra vez, ¿vale?
- Vale, hija. Adiós.
- Hasta luego.

2
- ¿Dígame?
- Buenos días.
- Buenas.
- ¿Podría hablar con la señora Estefanía Sáenz de Santa-maría, por favor? Es de parte de la Oficina de Empleo.
- Ah, pues es que ha salido de viaje y hasta el lunes no vuelve. ¿Quiere dejarle algún recado?
- Sí, por favor, dígale que llame urgentemente a la Oficina de Empleo. Ella tiene el número.
- Muy bien, en cuanto vuelva se lo diré.

3
- *Pero bueno, hoy es el día del teléfono. ¿Sí?*
- Hola, buenos días. Quería hablar con Estefanía Sáenz de Santamaría, por favor.
- Ah, es que Estefanía no está, lo siento, pero vuelve el do-mingo. ¿De parte de quién, por favor?
- De Jesús Sánchez, de la Empresa Línea. Se trata de la solicitud que nos envió la señora Sáenz. ¿Puede decirle que pase por nuestras oficinas el lunes de diez a dos para la entrevista? Si puede, claro. Si no puede venir, que me llame, por favor.
- Muy bien, claro, le escribo una nota… de diez a dos el lunes. Muy bien.
- De acuerdo, muchas gracias.
- A usted.

4
- *Bueno, ¿quién será ahora? Vaya día, así no termino de hacer las cosas… ¿Diga?*
- Hola. Llamo del servicio técnico de Nokia. ¿Hablo con la señora Estefanía Sáenz de Santamaría?
- No señor, mi hija está de viaje, hasta el lunes. ¿De qué se trata?
- Pues le puede decir por favor que pase a recoger su teléfono móvil, que ya está arreglado.
- Ay, qué bien, no sabe usted cuánto me alegro, porque estoy ya harta de estar todo el día de telefonista… y la comida sin hacer… Pues vale, entonces le dejo una nota a mi hija, ¿eh? Muchas gracias.
- De nada, adiós.

A 12 a)
- ¿Diga?
- Hola Mamá, soy yo.
- Hola, hija mía, qué tal. ¿Tenéis mucho frío ahí en la sierra?

Lektionsteil

◆ No, qué va, hace bueno, hemos salido mucho a pasear. Oye, mamá, ¿ha llamado alguien? Es que como tengo el móvil estropeado, pues…

● Pues sí, hija, sí. Ha llamado media España. Por cierto, ayer llamó el señor del servicio técnico de NOKIA y dijo que pasaras a recoger el móvil, que ya estaba arreglado.

◆ ¡Qué bien, por fin! ¿Alguien más?

● Sí, ayer fue el día del teléfono. A ver… Espera es que he anotado todo…
Ah, sí, sí, llamó Elena y dijo que no podría ir al cine contigo y que te llamaría el lunes.

◆ Bueno, vale. ¿Y alguien de un trabajo?

● Sí. El Señor Jesús Sánchez de la Empresa Línea.

◆ ¿Y qué dijo?

● Que pasaras el lunes de 10 a 12 por su oficina y que lo llamaras si no podías ir. ¿De diez a doce o a dos? Ay, hija, yo apunté doce, pero no estoy muy segura de lo que dijo el señor.

◆ Vale, bueno, no te preocupes, mamá, que yo lo llamo…

● Bueno, y también llamaron de la Oficina de Empleo. La señora dijo que la llamaras urgentemente.

◆ ¿Y dijo por qué?

● Pues no, no dijo nada. Será que tienen un trabajo para ti…

◆ Sí, bueno, o un curso… ¿Alguien más?

● No, nadie. Pero ya está bien, ¿no?

◆ Sí, sí…. Muchas gracias por haber tomado nota de todo, mamá.

● De nada, hija. Bueno, y ¿cuándo vuelves?

◆ Pues mañana por la noche, a eso de las 10.

● Vale. Entonces te preparo la cena, ¿eh?

◆ Gracias, mami, eres un sol.

● Bueno, bueno. Hala, hasta mañana, ¿eh? ¡Un beso!

◆ Un beso, hasta mañana.

Lección 11

A 1 c)

– Bien, vamos a reírnos todos con la «a», así: Ja, ja, ja… ¿Preparados? Vamos…

● Ja, ja, ja, ja, ja.

● ¡Ay, qué risa, madre!

– Y ahora con la «e», así: Je, je, je…

▲ ¡Ay, no puedo más! ¡Qué risa! ¡Mi estómago!

● ¡Ay, sí, ay sí, yo también! ¡Ay, mi estómago!

A 3

● ¿Digui?

● ¿Hablo con Salud Inteligente?

● Sí, buenos días, dígame…

● Pues mire, llamaba por su anuncio en la Revista Ocio…

● Ah, sí, sí, ¿en qué puedo ayudarte?

● Bueno, es que quería saber de qué se trata eso de la risoterapia, porque suena muy bien y la verdad es que me gusta la idea, pero no me imagino cómo funciona…, ¿para qué sirve?

● Disculpa, ¿cómo te llamas?

● Yo, Ricardo, ¿y tú?

● Mari Cruz, mucho gusto.

● Encantado.

● Hmm, pues mira, Ricardo, cada vez hay más gente que viene a nuestros cursos simplemente para disfrutar de la risa, para aprender a reírse con los demás. Porque hay una gran diferencia entre reírse con alguien…

● … ya, y reírse de alguien…

● Sí, exactamente. Ya sabes a lo que me refiero: cuando nos reímos de alguien no es la risa saludable. En cambio, cuando nos reímos con alguien, ésa sí que es la risa integradora, tolerante, es la que nos da salud, la más natural.

● Claro, claro, entiendo. O sea, que la risoterapia es reírse por reírse, así, sin más… No se trata de contar chistes…

● Así es, se trata de reír por el simple placer de reír, de descubrir la parte cómica incluso en las situaciones difíciles y problemáticas. Si la gente se riera más, vería la vida de otra forma, todos estaríamos a gusto y seguro que nadie en el mundo querría irse a la guerra, por ejemplo…

● Ah, pues suena muy bien, muy interesante… En ese caso, sí que me interesaría participar en uno de tus cursos. Pero, en primer lugar, me gustaría saber cuánto cuestan las sesiones semanales.

● Sí, pues mira, una sesión te cuesta 25 euros, pero si te inscribes en un curso extensivo, de varios meses, el precio es de 75 al mes.

● Ajá, 75 al mes, ya… ¿Y puedes decirme cuánto duran los cursos extensivos?

● En general los cursos extensivos tienen un total de 100 horas…

● ¡Ahí va, 100 horas! ¿Y qué día y a qué hora tienen lugar?

● Mira, en este momento hay un curso los jueves, de ocho a diez y media de la noche…

● Ah, los jueves… Qué lástima… Los jueves tengo clase de inglés…

● Sí, qué pena…

● Y… ¿sabes si va a empezar otro curso, otro día?

● Bueno… Tienes un curso intensivo este verano. ¿Te parece?

● Ah, pues, sí, igual… Bueno, ya veré. Bien, pues muchas gracias por todo, Mari Cruz, me lo pienso y te llamo, ¿vale?

● Bien, vale, Ricardo. Gracias por llamar, que te vaya bien y ríete lo más que puedas, ¿eh?

● Sí, claro. Lo intentaré, ja, ja.

● Por cierto, tienes una risa muy bonita.

● Tú también, gracias, muchas gracias.

● A ti, a ti, adiós, adiós.

A 6 a)

¡Bueno, y ahora vamos a mover un poco el esqueleto! Nos ponemos todos de pie y cada uno hace lo siguiente: Camina como si tuvieras 99 años. Y después como si tuvieras cinco. Continuemos…. Ahora, camina como si estuvieras enfadado. Bueno, y ahora, saluda a tu compañero o a tu compañera como si tuvieras la gripe. Y para terminar, salúdalo o salúdala como si tuvieras mucha prisa y despídete de él o de ella.

Lección 12

A 9

● Nos encontramos en la Plaza de Isabel la Católica. Aquí podemos ver la escultura de Mariano Benlliure, de 1892, que representa a Isabel la Católica en el momento en que acepta las proposiciones de Cristóbal Colón para empezar el viaje hacia América. Eso ocurrió en el año 1492, unos meses después de la caída de Granada, momento en que terminó la presencia del Islam en España. Si giran su cabeza hacia la izquierda verán, en ese lado de la plaza, la Heladería de Los Italianos, que según se dice, tiene los mejores helados de nuestra ciudad. Aunque hace frío, si ustedes quieren, pueden comprarse un helado para el

Lektionsteil

camino, pero sólo muy brevemente porque tenemos que terminar nuestra ruta antes de que empiece a anochecer.

◆ Ay sí, qué buena idea, ¡venga, vamos!

– Pues entonces nosotros vamos a comprarnos un helado. ¿Nos espera usted aquí?

● Sí, sí, yo espero hasta que vuelvan ustedes, pero no más de cinco minutitos, por favor,¿eh?

– Sí, sí, tranquilo.

● Bueno, y ahora nos adentramos en uno de los más bellos lugares de la ciudad: la Carrera del Darro, un paseo empedrado junto al río Darro, con casas antiguas de los siglos XVI y XVII, recientemente restauradas.

▲ ¡Ay, qué bonitas! ¿Y están habitadas?

● Sí, sí. Ahí, en la orilla opuesta del río, ven ustedes los restos del Puente árabe del Cadí, del siglo XI, que unía la Alhambra con el barrio Albaicín.

En esta casa, la número 31, están los baños árabes conocidos como «el Bañuelo», al parecer del siglo XI. Son los más antiguos, importantes y completos baños públicos árabes conservados en España. Si ustedes quieren, pueden visitarlos con calma después de que terminemos nuestra ruta, la visita vale la pena.

Ahora estamos en la Plaza del Padre Manjón, más conocida como «Paseo de los Tristes».

● Desde aquí disfrutan ustedes de las mejores vistas de la Alhambra. Les recomiendo que vengan otra vez aquí por la noche, cuando la Alhambra esté iluminada. Viendo desde aquí la Alhambra se puede comprender perfectamente por qué este palacio, mejor dicho, este conjunto de palacios, era un símbolo tan importante para los gobernantes musulmanes.

Detrás del conjunto de palacios de la Alhambra vemos el Generalife, ¿lo ven ustedes?

Es uno de los jardines más bellos del mundo. Éste era un lugar de retiro y descanso, un palacio de verano en el que el elemento arquitectónico más importante es el agua. Si tienen tiempo les recomiendo que reserven como mínimo una hora para disfrutar con tranquilidad de estos bellos jardines.

Bueno, y ahora, a nuestra derecha, vemos el Puente del Aljibillo o Puente del Rey Chico, llamado así en honor de Boadbil, el último Sultán de la época musulmana andaluza y último rey de la dinastía nazarí. Este puente nos conduce al Generalife, pero no vamos a pasar ahora por aquí, sino que vamos a subir por la cuesta del Chapiz.

A 10 a)

● Aunque hace frío, si ustedes quieren, pueden comprarse un helado para el camino, pero sólo muy brevemente porque tenemos que terminar nuestra ruta antes de que empiece a anochecer.

◆ Ay sí, qué buena idea, ¡venga, vamos!

– Pues entonces nosotros vamos a comprarnos un helado. ¿Nos espera usted aquí?

● Sí, sí, yo espero hasta que vuelvan ustedes, pero no más de cinco minutitos, por favor, ¿eh?

– Sí, sí, tranquilo.

A 11

● Bueno, ¿y qué hacemos ahora?

● Los demás van a visitar los baños.

● Sí, ya, pero yo estoy cansadísimo, la verdad es que preferiría visitarlos mañana.

● Como quieras, tenemos tres días, no hay prisa. Entonces podríamos ir a algún sitio y sentarnos y tomar algo.

● Sí, sí, eso. El guía ha dicho que las tapas de Granada son famosas…

● Sí, pero a las seis de la tarde… La verdad es que no me apetecen las tapas. Pero me han hablado de unas teterías árabes donde se pueden tomar infusiones muy especiales y que tienen un ambiente muy agradable, así como oriental, ¿sabes?

● Ah, qué bien.

● ¿Qué hacemos entonces? ¿Tapas o tetería?

● Mira, lo que quieras, a mí me da igual.

● Vale, entonces vamos a una tetería. Voy a preguntar a esta chica a ver si sabe dónde hay una. Oye, perdona…

Transkription der Hörtexte

Übungssteil

Lección 1

E 6

● Oye, Guiomar, ¿quiénes son éstos de la foto? ¿Son parientes tuyos?

◆ No, no. Bueno, sólo mis hijos. El resto son todos amigos nuestros. Hicimos juntos un viaje por Nicaragua, ahí estamos en la selva, fue una excursión muy emocionante. ¿Pero no conoces a nadie?

● Pues… no. Sólo a ti y a tu hijo Félix, que es éste de las gafas, ¿no?

◆ Sí, ése. Pues mira: ésta, la que está en el centro, con la botella de agua, es Susy, una vieja amiga mía. Y ésta que está a mi lado, la del anorak blanco y negro, ¿la ves?, es su hija Fanny, siempre van juntas las dos.

● ¿Y esta chica joven, la rubia bajita?

◆ Es Ana, mi hija, la que vive en Alemania, ¿no ves que se parece mucho a mí? Y la muchacha alta y rubia es Katrin, una amiga y compañera suya de la universidad, que vino con ella. Y el muchacho que está a su lado es Daniel, su novio.

● ¿De tu hija o de su amiga?

◆ De la amiga, mujer. Y mira, éste, el que está entre mi hija y yo, es Emiliano, nuestro guía, y el señor de la camisa azul, el que está al lado de Félix es un primo suyo que vino para ayudarle y que se llama Heriberto. Gracias a ellos no nos perdimos y no nos comieron los animales. ¡Qué selva! ¡Es totalmente salvaje!

E 8

1

● Esta chaqueta que me ha regalado mi madre es horrible, me siento como un gángster con ella, no me la voy a poner…

◆ Tienes toda la razón, no te queda nada bien. ¿Por qué no la cambias por otra? Mira, tu madre me dio el ticket de compra…

2

● Estas vacaciones no han sido lo que yo esperaba: nos hemos gastado muchísimo dinero, hemos pasado mucho tiempo en el coche, hemos discutido todo el rato y además ha llovido casi todos los días… Ahora estoy más cansado que antes de salir de vacaciones. Qué mal…

◆ Bueno, lo que pasa es que no esperábamos tener lluvia, pero la verdad es que pasamos momentos maravillosos en la playa, en los pueblos de las montañas, yo tengo recuerdos muy bonitos…

3

◆ Oye, Pedro, tu crees que debería invitar a los vecinos de arriba a la fiesta de cumpleaños?

● Pues yo creo que no. Son unos aburridos…

◆ Hombre…

● … y ellos nunca nos invitan a sus fiestas.

◆ Eso es verdad. Vale, no los invito.

E 9 b)

Para mí, la comunicación por internet fue un gran descubrimiento que hice poco a poco. Al principio no me gustaba: ¿Por qué sentarte delante de un ordenador para comunicarte con una persona con la que puedes hablar por teléfono? ¿Por qué enviar un e-mail a alguien a quien puedes escribir una carta normal, con sobre y sello? Pero en mi trabajo, soy traductor, empecé a corresponder con clientes por e-mail y también con el servicio de mensajes instantáneos, con el que se puede conversar por escrito pero a tiempo real, como en un chat. Es muy práctico, sobre todo para clientes de otros países, con los que hablar por teléfono es bastante caro. Pues, ahora uso mucho las dos cosas, también con amigos y conocidos a los que veo poco. Me ayuda mucho a mantener el contacto con esas personas y he descubierto que me gusta escribir, antes lo odiaba.

Lección 2

E 5

1

A veces me gusta ir sola al cine. Después de todo el día con los niños y con la casa, corriendo de un lado para otro, cuando llega mi marido los miércoles, que es mi tarde libre, lo dejo con los chicos y me voy al cine para relajarme, para distraerme un poco… Bueno, y también para llorar un poco, porque a mí me gustan las películas más bien dramáticas, con amor, con celos, con muerte… hm, en fin, como la vida misma. Otras veces voy al gimnasio, depende. O salgo con amigas a tomar algo. O sea, al cine voy dos veces al mes, más o menos.

2

Yo voy al cine para pasar un rato emocionante o de miedo con mis amigos. Me gustan las películas de ciencia ficción, de acción y también las de terror. En invierno voy mucho al cine, casi todos los fines de semana. Es mucho mejor que el vídeo o el ordenador.

3

Yo no entiendo que la gente vaya al cine y pague la entrada para pasar un mal rato, para pasar miedo o para llorar. Yo voy al cine para reírme, vaya, por diversión. En la cartelera siempre hay alguna comedia que ver. Además, después del cine, te ríes en el bar con los amigos, porque te acuerdas de las escenas graciosas o de los chistes de la película. Voy una vez al mes, pero, claro, también depende del tiempo que haga o de los planes que tenga.

Lección 3

E 4

● Hola, Marisa. Oye, ¿sabes a quién me encontré ayer en la calle? ¡A Paco!

○ ¿Paco? ¿Paco Gómez?

● Sí, claro, Paco, nuestro compañero de la universidad. El que vivía en el piso de Quique y Manolo, ¿te acuerdas?

○ Ay, sí, sí, sí claro que me acuerdo. Y, cuéntame, ¿cómo está? ¿Qué está haciendo?

● Pues mira, ha empezado a trabajar aquí, en Zaragoza, en una empresa de ordenadores. Me invitó a tomar una copita en el bar de al lado.

○ Ah, ¿y entonces? ¿Cómo está?

● Bueno, le gusta vivir aquí, pero todavía no conoce bien la ciudad, los bares y todo eso, digo.

○ ¿Y qué hicisteis entonces?

● Bueno, ya te lo puedes imaginar. Dimos una vuelta por la zona de los bares, nos tomamos unas copas, unas tapas, charlamos. En fin, nos lo pasamos guay.

○ ¡No me digas! Antes era un tipo más bien frío, seco, no hablaba mucho, ¿no? Y no bebía alcohol, ¿no es así?

● Pues sí, es verdad. Parece que ha cambiado mucho.

○ ¿Y qué más?, ¡cuenta, hombre!

● Pues me preguntó por ti, si estabas viviendo aquí todavía. ¿Y sabes qué dijo entonces?

○ ¡¿Qué?!

Übungssteil

- Que le gustaría mucho, pero mucho, encontrarse contigo.
- ¿Ah, sí? ¿Y le diste mi número de teléfono entonces?
- No.
- Pero, Roberto, ¿por qué no se lo diste?
- Tranquila, tranquila, chica, no te enfades. Tengo su número de móvil. Te lo puedo dar, si quieres.
- ¡Claro, hombre, dámelo, dámelo!
- Pues aquí está, me lo he anotado en esta servilleta. Toma.
- Gracias, Roberto, ¡qué buena idea!
- Y, ¿lo vas a llamar?
- Por supuesto. Lo voy a llamar ahora mismo. Hace muchos años que no sé nada de Paco.
  ¡Ay, qué ilusión!

E 8

Robo a Josep Carrer en Ibiza

Fue la mañana del martes pasado cuando un ladrón entró en la finca del cantante mallorquín Josep Carrer. El famoso cantante no estaba presente, porque había vuelto a su casa de Barcelona la noche anterior. Según la policía, el criminal había entrado en la finca por una ventana que aparentemente había quedado abierta. Fue cosa fácil. Entró y robó el equipo estereofónico del cantante, el vídeo, el televisor de pantalla gigante y algunos objetos de arte de gran valor. El ladrón – o los ladrones – se lo llevó todo sin dejar las mínimas huellas. No lo había visto ni oído nadie porque los próximos vecinos viven a una distancia de aproximadamente mil metros de la finca de los Carrer. Y aquella mañana tampoco había personal en la casa porque era su día libre. El cantante se mostró triste y sorprendido ante la noticia. A la prensa le dijo: «Menos mal que este individuo no ha desordenado y ensuciado nada dentro de la casa. Parece que era un ladrón bien educado.»

Lección 4

E 6

Radio Onda Tres. Nuestro tema de hoy es algo que, precisamente ahora, en septiembre, cuando empiezan las clases, provoca muchos conflictos entre los chicos y chicas y sus profesores y, por tanto, también con los padres. El problema es que los miles de teléfonos móviles que en las pasadas fiestas de Navidad se regalaron, sobre todo a niños y jóvenes, no siempre permanecen apagados en el colegio. El *bip, bip* que anuncia la llegada de un mensaje corto en las clases desespera a los profesores. Y el envío de mensajes es la nueva moda entre los adolescentes. Esa forma de comunicación es mucho más barata que la charla telefónica. Los chicos teclean un texto y lo envían a un amigo, éste le contesta. A veces, los dos están en la misma clase. Los profesores dicen que se crean problemas de disciplina con esas interrupciones, y algunos temen incluso que los teléfonos sirvan para copiar en los exámenes. Por eso, en muchos colegios se ha prohibido el tener los móviles encendidos durante las clases. Pero las prohibiciones, como todos sabemos, no siempre son eficaces: los chicos le quitan el volumen al teléfono y siguen usándolo. Y ahora le lanzamos la pregunta al público: ¿Cuál es su opinión sobre el uso del móvil en clase? ¿Estaría usted a favor de una prohibición completa? Díganos su opinión. Llame al 7 22 50 98.

E 10

1

- ◆ Buenas tardes.
- ● Hola. Mire, es que el teléfono de mi habitación pues no funciona. Cada vez que intento llamar oigo ruidos extraños y no entiendo absolutamente nada. Así que parece que está estropeado. ¿Podrían arreglarlo, por favor? Es que tengo que hacer un par de llamadas.
- ◆ Claro, ahora mismo. Simplemente le voy a cambiar el teléfono por otro.

2

- – Buenos días.
- ◆ Hola, buenos días.
- – Mire, anteayer compré estos pantalones en su tienda y hoy me doy cuenta de que les falta un botón, aquí, ¿lo ve?
- ◆ Ay sí, ya lo veo. Vaya, lo siento.
- – Pues es que es una lata comprar unos pantalones tan caros y encontrar después ese defecto y tener que volver a la tienda, ¿comprende? ¿Tiene otros pantalones de la misma talla y del mismo color?
- ◆ Pues no, ya no nos queda ninguno, lo siento, pero le pongo el botón en un minuto. Ahora mismo vuelvo, siéntese, por favor.

3

- ● ¿Camarero, por favor? Lo siento, pero esta carne está fría. ¿La podría llevar a la cocina para calentarla? Así no la puedo comer, de verdad.
- – Claro, perdone, ahora mismo se la traigo.

Lección 5

E 2

Durante mucho tiempo se consideraba un misterio el por qué algunas personas llegaban a ser centenarias. Varios estudios realizados en los últimos tiempos atribuyen este fenómeno a la realización de actividad física, la posesión de relaciones familiares estrechas y, sobre todo, a regímenes alimenticios donde predominan frutas, verduras y cereales, poca carne, pocas grasas, pocos dulces y ausencia de «comida rápida» o prefabricada.

Otro aspecto importante es tratar de comer pocas calorías, pero nunca menos de las necesarias. Existe una relación muy estrecha entre la nutrición, la salud y el envejecimiento. Se ha comprobado que los hábitos alimenticios y el control del peso son una manera eficaz de prevenir el cáncer, las enfermedades cardíacas, la osteoporosis, la diabetes y los problemas de presión arterial.

Por otra parte, la actividad física es también fundamental si se quiere tener una vida larga. Además es necesaria porque ayuda a controlar el estrés crónico, el cual aumenta el riesgo de que se sufran enfermedades cardíacas, cáncer, diabetes, entre otras.

Por último hay que tener en cuenta que el envejecimiento no es una enfermedad sino un proceso que comienza con el nacimiento y se extiende durante toda la vida.

Lección 6

E 11

- ◆ A ver, ¿qué mas nos hace falta?
- ● Aceite, lo tengo aquí en la lista, un litro.
- ◆ Mhm, a ver, ¿cuál compramos?
- ● Pues uno bueno.
- ◆ Ya, uno bueno, tú claro, como no miras los precios…
- ● Claro que miro los precios, lo que pasa es que…
- ◆ Mira, yo siempre llevo éste.

Übungssteil

● ¿Éste, el OLIVERO? Ya, es un aceite muy normal, está bien si quieres freír pescado, por ejemplo, pero para la ensalada o para el pan con tomate, pues mira, no.

◆ ¿Y eso por qué?

● Porque no es Virgen Extra. Y eso se nota mucho en el sabor. Éste tiene buen aspecto, ¿ves? Se llama ORO MÁGINA y es de Andalucía, de Jaén. Mira, mira lo que dice: *Virgen Extra. Primera presión en frío.* Eso quiere decir que lo prensan a menos de 30 grados y así el aceite tiene todas sus vitaminas y todo su sabor y aroma. Es bueno para la salud y mucho más rico.

◆ Ajá. En el otro no pone nada, sólo *aceite de oliva.*

● Claro, por eso es más barato. Ese aceite no es Virgen Extra, es decir, que no es prensado en frío y por eso no tiene tantas vitaminas ni tanto sabor.

◆ Ajá, ya. Pero la botella del Virgen Extra es de medio litro. Y con eso no tenemos ni para dos ensaladas.

● Bueno, pero podemos probarlo, ¿no? Mira, además también lo hay en lata de dos litros y medio y de cinco litros.

◆ Ah, sí. Pero mira el precio, Mariano. Me parece un poco caro. Éste que llevo yo siempre cuesta 2 euros 50 el litro y el tuyo, el Virgen Extra, cuesta 3 euros 10 el medio litro. Hay diferencia, ¿eh?

● Hombre, claro que hay diferencia, pero merece la pena. Venga, vamos a probarlo, ¿vale? Yo invito.

◆ Vale. Hoy lo probamos y lo comparamos con el que tengo en casa, ¿vale?

● Vale, y verás qué diferencia.

Lección 7

E 5 a)

Otro aspecto del que quería hablarles hoy, es la alimentación de los shuar.

La base de su alimentación es la yuca. Además comen plátano, maíz y una gran variedad de frutas. Como cazan, comen también carne, por ejemplo carne de mono, tapir y tortuga, pájaros y pescado cocido en agua, asado a la brasa o envuelto en hojas que se ponen a la brasa. Recolectan huevos de tortugas, insectos, y en épocas de lluvia comen carne de rana. O sea que la dieta de los shuar, como ven, es muy variada y rica.

En cuanto a la yuca, las mujeres elaboran de ella la chicha, que constituye el alimento principal de la familia shuar. Sólo me falta decir que para los shuar, comer es un acto que debe ser siempre compartido por toda la familia, comer solo es señal de falta de respeto. El jefe de la casa es el que da inicio e invita a comer a los demás, es decir que así se hace del acto de comer un acto ritual cotidiano.

Lección 8

E 7

● En «Gente viva» vamos a hablar hoy de un tema que nos afecta a todos de alguna manera y que se está discutiendo mucho en toda Europa en estos días. ¿Es un lujo tener hijos en nuestro país? ¿Se puede trabajar y tener hijos tal y como está la situación laboral? Para un gran número de familias sólo es posible gracias a la ayuda de los abuelos. Por eso tenemos en el estudio a Leonor, madre de tres hijos y abuela de cuatro nietos. Cuatro nietos maravillosos, ¿no, Leonor?, y buenas noches.

◆ Hola, buenas noches. Pues sí, los cuatro son unos nietos maravillosos y yo los quiero muchísimo.

● Sí, claro, me lo imagino, me lo imagino. ¿Cómo colabora usted con sus hijos, Leonor?

◆ Pues… entre semana. Mi hija mayor llama a la puerta a las siete y media de la mañana, de lunes a viernes, y me deja a los dos mayores…

● ¿Cuántos años tienen?

◆ Uno seis y el otro nueve. Pues me los deja en casa y ella se va a trabajar, que entra a las ocho. Entonces les doy el desayuno y a las nueve menos cuarto los acompaño al colegio, que por suerte van los dos al mismo y no está muy lejos, a diez minutos andando. Y de vuelta a casa hago la compra. Mi marido se ocupa de comprar el pan y las cosas del supermercado y yo voy a la plaza a comprar el pescado, la fruta…

● Bueno, por suerte le ayuda su marido.

◆ Sí, sí, él siempre. Bueno y entonces en casa pues limpio un poco y hago la comida, que a la una y media vienen los chicos a comer. Por suerte vienen con la madre de un compañero que vive cerca y no tengo que ir a recogerlos… Y bueno, descansan un poco y se vuelven a ir otra vez al cole a las tres y media, con mi marido, que como se va a esa hora a jugar la partida de cartas pues los acompaña al colegio. Y a las seis o a las siete, depende de si tienen inglés o música o deportes vuelven otra vez, comen algo, juegan, hacen los deberes y esas cosas. A las ocho y media o nueve viene su madre a buscarlos, cenan aquí los tres y se van a su casa. Y así todos los días.

● ¿Y si alguno está enfermo?

◆ Pues yo lo llevo al médico y después está aquí en mi casa, en la cama, claro.

● Y los fines de semana descansan los abuelos.

◆ Bueno, depende. Algunos fines de semana tenemos a los otros nietos, porque también tienen derecho a estar con sus abuelos, claro, y nosotros también queremos verlos…

● ¿Y cómo se sienten ustedes con esta nueva responsabilidad? Ustedes ya habían terminado de educar a sus hijos y ahora vuelven a tener la casa llena de niños y la vida llena de trabajo.

◆ Hm, bueno, ya lo he dicho que quiero muchísimo a mis nietos y soy feliz de poder estar con ellos. Y además nos gusta sentirnos útiles y tener responsabilidades y ayudar… Pero la verdad es que yo ya tengo sesenta y ocho años, mi marido setenta y cinco, y este ritmo cada día… pues la verdad es mucho, es demasiado, y yo ya estoy muy cansada, muy cansada. Por eso estamos buscando otras soluciones, para que yo pueda descansar un poco más, vamos a ver, quizá puedan ir a otro colegio donde haya comedor…

Lección 9

E 11

● A ver, aquí está el número. Ayuntamiento…, «teléfono gratuito de información». A ver… 900 80 78 08.

◆ Teléfono de Información, buenos días.

● Hola, buenos días. Mire, llamo porque tengo un problema y no sé a quién dirigirme.

◆ Dígame. ¿Qué problema tiene?

● Pues, yo vivo desde hace 4 meses en la calle Rafael Asín. El piso me gusta, el barrio también, pero… las noches son un auténtico horror. Esto es increíble, me despierto cada noche, no puedo dormir más y por las mañanas estoy hecha polvo.

◆ ¿Pero por qué? ¿Qué pasa por las noches?

Übungssteil

● Pues, es este maldito ruido que hay cada madrugada a la misma hora. Empieza a las 3 y no termina hasta las 6. Esto no puede ser, me pongo enferma, estoy nerviosa durante todo el día, ¡no puedo más!

◆ Pero, ¿de dónde vienen esos ruidos? ¿Hay algún bar en su calle?

● Sí, pero el problema no es el bar, es la panadería.

◆ ¿La panadería?

● ¡Claro! Quien no ha vivido esto, no se lo puede imaginar. Pero mire usted, a las tres en punto vienen los empleados y abren las persianas metálicas *burrrúmm* de la parte trasera del edificio de la panadería, allí donde se hace el pan. Poco después, como tienen calor por el horno, abren una ventana y entonces se oye a los panaderos charlar y *jijijijí*, y *jajajajá*, se cuentan chistes – y yo, despierta, cierro la ventana, pero los ruidos me persiguen hasta que terminan de trabajar a eso de las seis de la mañana. Entonces me queda una hora para dormir. No lo aguanto más, de verdad. Y es que no sé qué puedo hacer, porque tener una panadería pues no es ningún crimen, ¿no?

◆ Pues mire, le aconsejo que escriba una carta al alcalde, describiendo lo que me acaba de contar. Habría que mandar a la policía o a unos técnicos a ver si realmente el ruido está fuera de lo permitido, y también habría que ver si hay otros vecinos que tengan el mismo problema. Pero necesitamos su queja por escrito para poder ponernos en contacto con ese panadero.

● Vale. Ahora mismo me pongo a escribir la carta. Si esto no cambia, me vuelvo loca. Gracias por su atención, ¿eh?

◆ De nada. Adiós.

● Adiós.

Lección 10

E 3

● Hola, Sandra. ¿Qué? ¿Qué tal la entrevista?¿Cómo te fue?

◆ Pues no me fue mal, pero ese trabajo no me interesa.

● ¿Y eso por qué?

◆ Bueno pues, primero, porque es a jornada completa, con horas extra, cosa que yo no puedo. Tú sabes que mi hija es muy pequeña todavía. Y además, me preguntaron si cambiaría de ciudad si fuera necesario para el puesto de trabajo y dije que no. Yo no me quiero ni me puedo ir. Mercedes está en la guardería, mi familia vive aquí, tengo mis amigos en Alicante, y bien, en cierto, no tengo un buen trabajo, sólo trabajillos... Pero es mi casa y yo me quedo aquí. No quiero volver a empezar desde cero.

● Ya, la verdad es que te comprendo, yo tampoco me cambiaría de ciudad ahora. Tengo aquí a mi novia, acabamos de comprar el piso...

◆ ¿Pero si te ofrecieran un puesto buenísimo con un sueldo fantástico en otra ciudad?

● Mm, bueno, pues depende... Pero sólo cambiaría de lugar de residencia por el tiempo necesario y después volvería. No quiero dejar sola a mi novia, comprendes...

◆ No, claro que no, ¡qué haría ella sin ti!

Lección 11

E 1 b)
Encuentro casual en un almacén
Tu sonrisa me robó // la poca razón que me quedaba // y aunque no lo esperaba // sonreí yo también. // Estábamos solos y te saludé // y después de saludarte reí, // no sé por qué. // La risa creció // y se juntó con la tuya. // «¿De qué te ríes?» decías tú. // Y yo, entre risas, contesté: // ¿Y de qué te ríes tú?» // No lo sabíamos ni tú ni yo // y casi nos morimos de risa // en aquel triste almacén. // Pero lo sobrevivimos // para poder conocernos mejor.

E 2 b)
industria – colonia – enciclopedia – academia – categoría – caloría – cleptomanía – garantía – copia – terapia

Lección 12

E 10

● Ismael, tú estás todos los días aquí, en el mismo lugar de la Plaza Mayor, dibujando caricaturas. Eh, ¿se puede vivir de esto?

– Pues sí, yo vivo de esto desde hace más de veinte años. Y muchos de los que ves aquí, también.

● ¿Quieres decir que se puede ganar suficiente dinero como para llevar una vida «normal»?

– Ah, no sé a qué te refieres con «vida normal». Yo tengo un apartamento alquilado aquí cerca, tengo teléfono, coche, tengo seguro médico y pago mis gastos todos los meses. También voy a comer o a tomar unos vinos o al cine cuando quiero. Eso sí, no tengo una familia que alimentar, pero eso es otra historia...

● ¿Y por qué te pones siempre en la Plaza Mayor?

– Pues porque es un buen sitio. Por aquí pasa todo el mundo, los que viven en Madrid y, sobre todo, los turistas que vienen de visita, y como la plaza es preciosa y está llena de cafeterías y bares y restaurantes, la gente se queda aquí un buen rato y se pone a mirar lo que hacemos los artistas. Y les interesa, claro.

● Pero, no sé, hay otros dibujantes, pintores, artesanos, músicos... ¿No hay demasiada competencia?

– No. Entre todos los artistas creamos un ambiente que le gusta a la gente, y así se animan a dejarse retratar o a comprar una pintura o a dar dinero a la pareja que baila tango en una esquina de la plaza. Es un ambiente especial, festivo. Además, cada pintor, cada dibujante tiene su estilo y su especialidad, por eso no nos hacemos competencia.

● ¿Y cuál es tu especialidad?

– Yo hago caricaturas. Mira, por ejemplo ésta. Una caricatura es un retrato humorístico, digamos. A mucha gente le gusta más que un retrato normal porque expresa mejor su personalidad.

● ¿Qué tipo de gente te pide que le hagas una caricatura?

– Pues gente que sabe reírse de sí misma, gente con humor. Casi siempre son viajeros y turistas que quieren llevarse algo especial de Madrid.

● ¿Y trabajas siempre en Madrid?

– No. Durante el verano, de julio a septiembre, trabajo en Mallorca, que en esa época está llena de gente. Madrid, en verano, se queda vacío porque hace demasiado calor. Y a veces me voy una temporada a otros lugares, a Málaga, a Granada, a las Canarias... Me gusta conocer sitios, y siempre puedo trabajar y ganar dinero allá donde vaya. Pero a Madrid siempre vuelvo, sigue siendo mi casa.

● ¿Pero no hay problemas con los ayuntamientos para hacer este tipo de trabajo en la calle?

– No, es totalmente legal. Casi todos los que nos ponemos siempre en el mismo sitio estamos registrados y pagamos nuestras cuotas al ayuntamiento.

● ¿Bueno y piensas jubilarte algún día?

Transkription der Hörtexte

Übungssteil

– A veces, cuando las cosas no van bien, o cuando se ponen difíciles sí pienso en la jubilación, tengo fantasías de descansar en un lugar junto al mar y tal… Pero bueno, yo me conozco y sé que después de tres días de descanso volvería a trabajar. Yo seguiré dibujando en la calle hasta que me muera. Es lo que me gusta.

● ¿Podrías hacerme una caricatura?
– Como quieras. Siéntate ahí y mira hacia esa cafetería. Así, muy bien…

Test final

Comprensión auditiva

Parte 1: comprensión global

1
Enrique Morán Bravo, de Greenpeace:
¡Pues claro que sí, por supuesto! Se debería fomentar la instalación de por lo menos un parque eólico en esta región. Y la energía eólica es una energía renovable con un mínimo impacto medioambiental. En cuanto al lugar, yo personalmente pienso que es más efectivo ponerlos cerca de los grandes centros de consumo, como Málaga capital por ejemplo. Y no ponerlos en sitios muy lejanos. Así se evitaría la pérdida de energía debido al transporte. Y además, así sería mucho menor el impacto en la naturaleza.

2
María Alejandra Morales Peralta, ama de casa residente en Santa Mónica:
Yo estoy terminantemente en contra de que se instale ese parque eólico cerca de nuestro pueblo. Todos sabemos que los molinos hacen muchísimo ruido y además está el «efecto discoteca», esas sombras móviles que molestan tanto. Me han contado que es imposible dormir por el ruido y por ese efecto discoteca. ¡Ni hablar, que instalen el parque en otro sitio, aquí no!

3
Mario Montalbán Henríquez, de Ecologistas en Acción:
Sí, claro que se debería instalar el parque eólico. El viento es una de las fuentes de energía más baratas, ya que con el transcurso de los años disminuyen los costes a medida que mejora la tecnología para la energía eólica. Está claro que la energía eólica es la más limpia y segura, no hay alternativa. Hay que tener en cuenta que la energía nuclear es muy peligrosa y la energía del carbón muy, muy sucia. Por el aire limpio hay que pagar un precio, qué remedio…

4
Fernando Jiménez, de la Agrupación de Hoteleros de Málaga:
Pues está claro que los hoteleros y todo el sector del turismo estamos totalmente en contra de que se instale ese parque eólico, porque sería muy perjudicial para nuestra zona: El impacto visual sería terrible. No creo que a nadie que venga a pasar sus vacaciones, a disfrutar del paisaje y a relajarse le guste ver en el horizonte esos gigantes blancos moviéndose continuamente… Un parque eólico es una cosa fea, los turistas ya no vendrían a esta zona y perderíamos muchísimos puestos de trabajo en nuestro sector y además…

5
Graciela del Rosario Álvarez, de la Asociación Defensa de la Naturaleza:
Aquí, nosotros estamos completamente en contra de la instalación de la central eólica en nuestra región, justamente porque esa zona es un área vital para muchos animales y aves. Y si a nosotros mismos nos molesta el ruido, ¿cómo será para los pobres animales? Y nuestra Asociación teme que, con el tiempo, los animales de esta zona emigrarían a otras zonas más tranquilas. ¡Y eso no, no puede ser! Nosotros estamos a favor de las energías renovables, pero en este caso preciso hay que buscar otra solución.

Fin de la prueba de comprensión auditiva global. Muchas gracias.

Parte 2: comprensión detallada

● Joaquín del Olmo tiene 25 años y es hombre de negocios. Con sólo diecisiete años fundó su empresa de software y ha tenido muchísimo éxito. Hoy es jefe de ocho empleados de plantilla y de algunos colaboradores autónomos. Con todo esto, no ha tenido tiempo para ocuparse de una formación profesional ni de sus estudios. Bienvenido, Joaquín.
● Buenos días, gracias por la invitación…
● Joaquín, ¿cómo te ganas exactamente la vida?
● Pues… lo que hacemos es desarrollar juegos de ordenador. Hay muchas grandes empresas que hacen publicidad con estos juegos y los regalan a sus clientes…
● ¿Cómo se te ocurrió esta idea?
● Bueno, pues mira, yo me crié con el ordenador; de niño me encantaba jugar con él y me parecía muy emocionante ver todo lo que se podía hacer con ese aparato. Mis amigos y yo siempre intercambiábamos los juegos que estaban de moda, pero lo que pasaba era que cuando ya sabíamos cómo funcionaban, perdíamos el interés, nos parecían aburridos, ya no había nada nuevo que descubrir y…
● Ah, entonces lo que querías hacer era desarrollar mejores juegos, más interesantes…
● Pues sí, así fue, entre mis amigos y yo empezamos a competir… Nosotros desarrollábamos los juegos, los otros jugaban…
● ¿Cómo tuviste la idea de fundar una empresa propia?
● Pues nada… a mis amigos les encantaba jugar con mis juegos. Un día vi que uno de ellos le vendía un juego mío a otro chico. Bueno, y desde ese momento me di cuenta de que podía ganar dinero con eso…
● ¿Sabías qué se necesitaba para fundar una empresa?
● Bueno, lo que pasa es que mi padre es empresario, él me ayudó al principio, lo que fue muy, muy importante para mí…
● ¿Cómo empezaste a conseguir clientes?
● Ah, pues eso no fue nada fácil. Desarrollé un modelo de juego y se lo envié a varias grandes empresas. Y después, pues… poco a poco empezaron a llegar los pedidos…
● Ya, pero ¿cómo se desarrolla, cómo nace un nuevo producto, uno de tus juegos?
● Pues eso funciona así: Una empresa nos dice que quiere un producto. Bueno, y entonces, normalmente, me

Test final

pongo en contacto con esa empresa y hablamos sobre qué tipo de juego necesita y cuánto dinero está dispuesta a invertir en el proyecto. Y entonces, pues, formamos un pequeño equipo y empezamos a hacer una lluvia de ideas…

● Mhm. ¿Cómo se desarrolla todo esto? ¿Es rápido?

● A veces sí, pero otras veces tardamos mucho tiempo hasta tener una idea clara, hasta que esté lista la concepción… Pero cuando ya está lista esa parte, entonces empezamos a escribir el guión, como si fuera una película. Después de esto, el dibujante y los programadores se encargan de desarrollarlo, o sea, de realizar nuestras ideas. Luego, cuando está listo el producto, hacemos una prueba y por último se lo presentamos al cliente.

● ¿Qué es lo que más te gusta de tu trabajo?

● Ah, pues lo que más me gusta es el contacto con gente tan diferente. Tengo que negociar por ejemplo, con ejecutivos de grandes empresas pero también tengo que hablar con mis empleados sobre las tareas y muchas otras cosas… ¿sabes? La gente que trabaja para mí es poco convencional, es gente muy creativa. Y otra cosa: nunca nos aburrimos. Y claro, tenemos que adaptarnos a nuestros clientes. Además, en este momento tengo que viajar mucho, y eso me encanta…

● Tú eras muy joven cuando empezaste con tu carrera profesional. ¿No fue un poco difícil hacerse respetar por los mayores, no tuviste problemas con otras personas debido a tu edad?

● Pues la verdad, no, nunca tuve problemas con eso. Más bien fue al revés: mi edad fue siempre una ventaja. La gente con quien negociaba estaba más bien impresionada…

● ¿Hay cosas, sueños que no has podido realizar a causa de empezar a trabajar tan joven?

● Bueno, pues como ya sabes, fundé la empresa poco después de terminar el colegio y no tuve tiempo para hacer una formación profesional ni para estudiar. La verdad es que es una lástima no haber podido hacer todo eso. Por ejemplo, siempre tuve el sueño de irme un año al extranjero, pero desgraciadamente no fue posible… Quién sabe, quizá lo haga algún día.

● ¿Te queda un poco de tiempo para tu vida particular, para tu vida privada?

● Para mí, los amigos son muy importantes… Cuando uno de mis amigos me necesita, allí estoy… Y si por eso pierdo algún negocio, pues claro, me enfado un poco, pero no es nada grave, no hay problema… Las noches las reservo para mí y mis amigos y mi familia… Sí, y hay otra cosa que me parece muy importante: siempre separo el trabajo y la vida privada. No es bueno mezclar las dos cosas…

● ¿Por qué?

● Es que no quiero problemas… he tenido experiencias negativas con eso… Simplemente creo que es mejor separar las dos cosas…

● Bien, Joaquín, muchísimas gracias por esta entrevista tan interesante. Espero que sigas teniendo mucho éxito en el futuro, y ¡enhorabuena!

● A ti, a ti, muchas gracias.

● Mañana, estimados radiooyentes, seguiremos con un retrato de una joven que dedica su vida a la música.

Y ahora, escuche el mismo texto una segunda vez.

Fin de la prueba de comprensión auditiva detallada. Muchas gracias.

Parte 3: comprensión selectiva

1

Clínica veterinaria Recoletos. Nuestra clínica está cerrada los martes, sentimos no poder atenderle. Por favor, tome nota de nuestro horario de atención al público: lunes, miércoles, jueves y viernes de ocho y media a dos y de cinco a ocho. Martes cerrado, sólo se realizan visitas a domicilio. Sábados de nueve a dos, tardes cerrado. Domingos y festivos cerrado. En caso de urgencia puede llamar al teléfono del Servicio de Urgencias Veterinarias 91 234 98 73.

2

Tren Talgo procedente de Santander con destino Madrid, llegada prevista a las 14 horas 35 minutos por la vía 1, andén segundo, efectuará su entrada con un retraso aproximado de veinte minutos. Rogamos disculpen las molestias.

3

Para este fin de semana se prevén lluvias intensas en toda la mitad norte de España y vientos fuertes con temporal en las costas del Cantábrico. Atención: se esperan vientos huracanados de hasta 120 kilómetros por hora en las Islas Baleares. Protección Civil y el Gobierno Balear recomiendan a los habitantes y visitantes de las islas no usar el coche ni los transportes públicos y salir lo menos posible a la calle, para evitar accidentes de tráfico y personales, provocados por árboles caídos y objetos arrastrados por el viento.

4

Señores pasajeros del vuelo de Iberia 3966 con destino Palma de Mallorca, vuelo de Iberia 3966 a Palma de Mallorca: este vuelo ha cambiado la puerta de embarque. Por favor, embarquen por la puerta A18, puerta A18.

5

Hola, éste es el servicio de información 24 horas del cine Ábaco para las fechas 27 de febrero al 4 de marzo:

– *El último samurai*: 12 del mediodía, 4 y 5, 6 y 10, 8 y cuarto, 11 menos 20, sesión de madrugada a la 1, sesión de matiné el sábado y el domingo a las 11 de la mañana.

– *El Señor de los anillos: El retorno del Rey*. Viernes y sábado a las 4, 8 menos cuarto y 11. Domingo a jueves: 12 del mediodía, 4 y media y 8 y media.

– *Especial El Señor de los Anillos*, las tres partes. Duración aproximada 9 horas. Sábado sesión de madrugada de 1 a 9 de la mañana. Domingo sesión de matiné de 11 de la mañana a 8 de la tarde.

Fin de la prueba de comprensión auditiva selectiva. Muchas gracias.

Grammatikübersicht

Diese Grammatikübersicht enthält nur die Elemente, die in *El Nuevo Curso 3* behandelt werden.

Inhaltsverzeichnis

1 Das Verb – El verbo

1.1 Kontrastiver Gebrauch von Indefinido und Imperfekt – Uso contrastivo del indefinido y del imperfecto ▶ L 3

Die Formen des Indefinido und des Imperfekt haben Sie bereits in *El Nuevo Curso 2* kennen gelernt, ebenso einige Anwendungsbeispiele.

Zur Schilderung vergangener Handlungen verwendet man:

– das Indefinido für plötzlich einsetzende Handlungen:
   De pronto llamaron a la puerta. *Plötzlich klingelte es.*
   De repente empezó a llover. *Plötzlich fing es an zu regnen.*
   Enseguida vimos a la chica. *Gleich darauf sahen wir das Mädchen.*
   Por fin dejó de llorar. *Schließlich hörte sie auf zu weinen.*

– das Imperfekt, um die Umstände der Handlung zu beschreiben:
   – Situation oder Rahmen einer Handlung:
      Aquel día hacía muy mal tiempo. El bar **estaba** lleno de gente.
      An jenem Tag war sehr schlechtes Wetter. Die Bar war voll von Menschen.
   – Zustand, Art und Weise von etwas oder jemandem:
      Los chicos **estaban** muy alegres. Unos **estaban bailando**, otros **estaban sentados** en el suelo, **escuchando** música. *Die jungen Leute waren sehr fröhlich. Einige tanzten, andere saßen auf dem Boden und hörten Musik.*
   – Ursachen oder Motive für Handlungen:
      Como no tenía dinero, lo invitamos a comer. *Da er kein Geld hatte, luden wir ihn zum Essen ein.*
      Le presté mi móvil **porque tenía** el suyo en el coche. *Ich lieh ihr mein Handy, weil sie ihres im Auto hatte.*

1.2 Das Plusquamperfekt: Formen und Gebrauch – El pluscuamperfecto: formas y uso ▶ L 3

Wenn man erzählen will, was <u>vor</u> einer Handlung in der Vergangenheit stattgefunden hat, verwendet man das Plusquamperfekt. Es wird mit den Imperfektformen von **haber** und dem Partizip des Verbs gebildet.

	haber	+ Partizip
(yo)	**había**	
(tú)	**habías**	**comprado**
(él, ella, usted)	**había**	**vivido**
(nosotros, -as)	**habíamos**	**dicho**
(vosotros, -as)	**habíais**	**visto**
(ellos, -as, ustedes)	**habían**	

Aquel día **había ido** primero a casa de Irene.
An jenem Tag war ich zunächst zu Irene gegangen.
Cuando ella llegó a casa, Hugo ya **había salido**.
Als sie nach Hause kam, war Hugo schon weggegangen.
Cuando nos levantamos, él todavía no **había preparado** el desayuno.
Als wir aufstanden, hatte er das Frühstück noch nicht gemacht.

1.3 Das Konditional – El condicional

Das Konditional haben Sie in *El Nuevo Curso 2* zur Formulierung einer besonders höflichen Bitte kennen gelernt: ¿Me **podrías llevar** a la estación? *Könntest du mich zum Bahnhof mitnehmen?*

1.3.1 Regelmäßige Formen – Formas regulares ▶ L 2

	habl**ar**	aprend**er**	viv**ir**
(yo)	habl**aría**	aprend**ería**	viv**iría**
(tú)	habl**arías**	aprend**erías**	viv**irías**
(él, ella, usted)	habl**aría**	aprend**ería**	viv**iría**
(nosotros, -as)	habl**aríamos**	aprend**eríamos**	viv**iríamos**
(vosotros, -as)	habl**aríais**	aprend**eríais**	viv**iríais**
(ellos, -as, ustedes)	habl**arían**	aprend**erían**	viv**irían**

Die Konditional-Endungen werden an den Infinitiv angehängt. Sie sind für alle drei Verbgruppen gleich:
¿Te **gustaría** ir al cine? *Würdest du gern ins Kino gehen?*
Me **encantaría** viajar a España. *Ich würde gern nach Spanien reisen.*

▶ **L 8**   **1.3.2   Unregelmäßige Formen – Formas irregulares**

	haber	tener
(yo)	habría	tendría
(tú)	habrías	tendrías
(él, ella, usted)	habría	tendría
(nosotros, -as)	habríamos	tendríamos
(vosotros, -as)	habríais	tendríais
(ellos, -as, ustedes)	habrían	tendrían

1.3.3   Der Gebrauch – El uso

▶ **L 2**   – Einen Wunsch ausdrücken:
Me **gustaría** ver una película documental. *Ich würde gerne einen Dokumentarfilm sehen.*
Yo **preferiría** ver una comedia. *Ich würde lieber eine Komödie sehen.*

▶ **L 2**   – Eine Empfehlung aussprechen:
Yo que tú lo **llamaría** enseguida. *Wenn ich du wäre, würde ich ihn gleich anrufen.*
En su lugar **aceptaría** la propuesta. *An Ihrer Stelle würde ich den Vorschlag annehmen.*

▶ **L 5**   – Einen Rat geben:
Deberías fumar menos. *Du solltest weniger rauchen.*
Le **recomendaría** hablar con el jefe. *Ich würde Ihnen empfehlen, mit dem Chef zu sprechen.*

▶ **L 8**   – Eine Forderung oder einen Vorschlag formulieren:

se deberían		man sollte
se tendrían que	+ Infinitiv	man müsste
habría que		man müsste

Se debería ayudar más a las familias. *Man sollte den Familien mehr helfen.*
Habría que invertir más en las guarderías. *Man müsste mehr in die Einrichtungen zur Kinderbetreuung investieren.*

▶ **L 11**   – Eine höfliche Bitte äußern:

Me gustaría saber	Ich würde gerne wissen
¿Podría/s decirme…?	Könnten Sie / Könntest du mir sagen …?
Querría saber	Ich hätte gern gewusst

¿**Podría decirme** a qué hora empiezan las clases?
Könnten Sie mir sagen, um wie viel Uhr der Unterricht beginnt?

! Das Konditional **querría** wird häufig durch den Subjuntivo Imperfekt **quisiera** ersetzt.

▶ **L 5**   **1.4   Die Verwendung des Futur – El uso del futuro**

Die Formen des Futur haben Sie bereits in *El Nuevo Curso 2* kennen gelernt, ebenso einige Anwendungsbeispiele. Hier lernen Sie nun weitere Verwendungsweisen kennen.

– Wahrscheinlichkeit ausdrücken:
Seguramente **perderemos** el contacto. *Sicher werden wir den Kontakt zueinander verlieren.*

– Konsequenzen formulieren:
Si te dan el puesto, **ganarás** mucho más que ahora. *Wenn sie dir die Stelle geben, wirst du viel mehr verdienen als jetzt.*

– Jemanden beruhigen:
Ya **verás**, todo **saldrá** bien. *Du wirst schon sehen, alles wird gut ausgehen.*

1.5 Der Imperativ

1.5.1 Der Imperativ 2. Person Plural – El imperativo de la 2ª persona plural ▶ L 4

Den bejahten Imperativ in der 2. und 3. Person Singular haben Sie bereits in *El Nuevo Curso 2* kennen gelernt (**mira** *schau*, **mire** *schauen Sie*). Die Formen für die 2. Person Plural (**vosotros, -as**) werden aus dem Infinitiv abgeleitet:

hab**lar**	hab**lad**	*sprecht*
ha**cer**	ha**ced**	*macht*
escri**bir**	escri**bid**	*schreibt*

Chicos, **haced** vuestros deberes antes de cenar.
Kinder, macht eure Hausaufgaben vor dem Abendessen.
Escribid las palabras nuevas en vuestros cuadernos.
Schreibt die neuen Wörter in eure Hefte.

! Diese Formen werden ausschließlich in Spanien verwendet. In Lateinamerika wird generell die 2. Person Plural durch die 3. Person Plural (**ustedes** *Sie*) ersetzt. Für die Imperativ-Formen der 3. Person Plural werden die Formen des Subjuntivo Präsens verwendet. Vgl. dazu auch den nächsten Abschnitt 1.6 zum verneinten Imperativ.

Zur Stellung der Objektpronomen beim bejahten Imperativ vgl. Abschnitt 4.3.

1.5.2 Der verneinte Imperativ – El imperativo negativo ▶ L 5

Die Formen des verneinten Imperativs sind in allen Personen identisch mit den Formen des Subjuntivo Präsens. Hier die regelmäßigen Formen:

	hab**lar**	**leer**	escri**bir**
(tú)	no hab**les**	no le**as**	no escri**bas**
(él, ella, usted)	no hab**le**	no le**a**	no escri**ba**
(nosotros, -as)	no hab**lemos**	no le**amos**	no escri**bamos**
(vosotros, -as)	no hab**léis**	no le**áis**	no escri**báis**
(ellos, -as, ustedes)	no hab**len**	no le**an**	no escri**ban**

Si quieres ser feliz, **no pienses** en el pasado y **no te preocupes** por el futuro, vive ahora.
Wenn du glücklich sein willst, denke nicht an die Vergangenheit und mach dir keine Sorgen über die Zukunft, lebe jetzt.

1.6 Der Gebrauch des Subjuntivo Präsens – El uso del presente de subjuntivo

Die Formen des Subjuntivo Präsens sowie eine Anwendungsmöglichkeit haben Sie bereits in *El Nuevo Curso 2* kennen gelernt. In *El Nuevo Curso 3* lernen Sie weitere Anwendungen für den Subjuntivo kennen.

1.6.1 Nach Gefühlsäußerungen – Después de expresiones de sentimiento

– Verwunderung ausdrücken: ▶ L 1

Me **sorprende que**		*Es überrascht mich, dass*
Me **extraña que**	+ Subjuntivo	*Es erstaunt mich, dass*
Me **parece raro que**		*Es erscheint mir seltsam, dass*

Me **sorprende que nos llame** a estas horas. *Es überrascht mich, dass er uns um diese Uhrzeit anruft.*
Me **extraña que** ella **no sepa** nada de eso. *Es erstaunt mich, dass sie nichts davon weiß.*
Me **parece raro que tenga** tan pocos amigos. *Es erscheint mir seltsam, dass er so wenige Freunde hat.*

– Gefühle oder Sorgen ausdrücken: ▶ L 5

tener miedo de que	+ Subjuntivo	*Angst haben, dass*

Tengo miedo de que Antonio no **venga** a tiempo. *Ich habe Angst, dass Antonio nicht rechtzeitig kommt.*

! **Tener miedo de que** wird verwendet, wenn das Subjekt des Hauptsatzes nicht identisch ist mit dem Subjekt des Nebensatzes. Ist das Subjekt in beiden Sätzen das gleiche, so wird **tener miedo de** + Infinitiv verwendet: **Tengo miedo de ir** en avión. *Ich habe Angst, mit dem Flugzeug zu fliegen.*

▶ **L 7** – Subjektive Bewertungen ausdrücken:

es (no) me parece	interesante que normal que divertido que horrible que tonto que raro que	+ Subjuntivo	*es ist es (er-)scheint mir (nicht)*		*interessant, dass normal, dass lustig, dass schrecklich, dass dumm, dass seltsam, dass*
(no) me gusta que me encanta que no puedo creer que			*es gefällt mir (nicht), dass es gefällt mir sehr, dass ich kann nicht glauben, dass*		

No me parece normal que crucen la calle con el semáforo en rojo. *Es erscheint mir nicht normal, dass sie bei roter Ampel über die Straße gehen.*
Me encanta que esperen el autobús ordenadamente en fila. *Es gefällt mir sehr, dass sie in geordneter Reihe auf den Bus warten.*
No puedo creer que los niños no **se acuesten** antes de las diez. *Ich kann nicht glauben, dass die Kinder nicht vor zehn Uhr ins Bett gehen.*

1.6.2 Nach Verben und Ausdrücken, die einen Wunsch oder Willen ausdrücken – Después de verbos y expresiones de deseo o voluntad

▶ **L 1** – Wunsch oder Hoffnung ausdrücken:

desear que **esperar que** **ojalá**	+ Subjuntivo	*wünschen, dass* *hoffen, dass* *hoffentlich*

Te **deseo que tengas** suerte con el nuevo puesto. *Ich wünsche dir viel Glück für die neue Stelle.*
Espero que todo **marche** bien. *Ich hoffe, dass alles gut läuft.*
Ojalá nos **escriba** pronto. *Hoffentlich schreibt er uns bald.*

▶ **L 4** – Wunsch oder Wille ausdrücken:

querer que **preferir que**	+ Subjuntivo	*wollen, dass* *lieber wollen, dass*

¿Quiere que le **mandemos** todo a casa? *Möchten Sie, dass wir Ihnen alles nach Hause schicken?*
Prefiero que me **devuelva** el dinero. *Ich möchte lieber, dass Sie mir das Geld zurückgeben.*

▶ **L 8** – Relativsätze, die einen Wunsch enthalten:

soñar con… que **querer… que**	+ Subjuntivo	*träumen von …, der / die / das* *wollen / mögen …, der / die / das*

Quiero una ciudad **que tenga** muchos parques. *Ich möchte eine Stadt, die viele Parks hat.*
Soñamos con una sociedad **que proteja** más a sus niños. *Wir träumen von einer Gesellschaft, die ihre Kinder besser schützt.*

1.6.3 Nach bestimmten Konjunktionen – Después de ciertas conjunciones

▶ **L 5** – **cuando**

Wenn sich **cuando** *wenn*, im Sinne von *sobald*, auf die Zukunft bezieht, dann folgt auf **cuando** im Nebensatz ein Subjuntivo, im Hauptsatz folgt ein Futur:

cuando	+ Subjuntivo	*wenn, sobald*

Cuando sea viejo, **viajaré** mucho. *Wenn ich alt bin, werde ich viel reisen.*
Cuando tenga tiempo, os **escribiré**. *Wenn ich Zeit habe, werde ich euch schreiben.*

– para que

▶ L 6

para que	+ Subjuntivo	*damit*

Los precios tienen que subir **para que** los caficultores **puedan** vivir de su trabajo.
Die Preise müssen steigen, damit die Kaffeebauern von ihrer Arbeit leben können.

– aunque

▶ L 9

aunque	+ Subjuntivo	*selbst wenn*

Aunque llueva, vamos a salir con el perro. *Selbst wenn es regnet, werden wir mit dem Hund rausgehen.*
Aunque se invierta mucho, el problema del agua no **se solucionará** pronto. *Selbst wenn viel investiert wird, wird das Wasserproblem nicht schnell gelöst werden.*

Aunque + Subjuntivo drückt einen Gegensatz oder Widerspruch aus, der sich auf eine noch nicht geschehene Handlung oder eine Möglichkeit bezieht. Auf den Nebensatz mit **aunque** folgt im Hauptsatz ein Verb im Futur.

– mientras

▶ L 9

mientras	+ Subjuntivo	*solange*

Mientras no la **ahorremos**, **habrá** escasez de agua. *Solange wir nicht sparsam damit umgehen, wird es eine Wasserknappheit geben.*
Mientras llueva tanto, no **vamos a salir**. *Solange es so stark regnet, werden wir nicht hinausgehen.*

Mientras + Subjuntivo drückt eine Bedingung aus, die sich auf die Zukunft bezieht. Auf den Nebensatz mit **mientras** folgt im Hauptsatz ein Verb im Futur.

– antes de que, después de que, hasta que

▶ L 12

antes de que		*bevor*
después de que	+ Subjuntivo	*nachdem*
hasta que		*bis*

Me despierto **antes de que suene** el despertador. *Ich wache auf, bevor der Wecker klingelt.*
Espera **hasta que te llame** Luisa. *Warte bis Luisa dich anruft.*

Nach **antes de que** wird immer der Subjuntivo verwendet, nach **después de que** und **hasta que** nur dann, wenn die Handlung in der Zukunft liegt.

– cuando, donde, como... quiera(s)

▶ L 12

como		*wie*	
cuando		*wann*	
donde	**(tú) quieras**	*wo*	*du willst*
adonde	**(usted) quiera**	*wohin*	*Sie wollen*
lo que		*was*	
a la hora que		*wann*	

¿Adónde vamos esta noche?
Wohin gehen wir heute Abend?
Adonde tú quieras. *Wohin du willst.*
¿Qué hacemos? ¿Vamos al cine o nos quedamos en casa? *Was machen wir?*
Gehen wir ins Kino oder bleiben wir zu Hause?
Lo que tú quieras. *Was du willst.*

1.6.4 Nach Verben, die einen Rat oder eine Empfehlung ausdrücken – Después de verbos que expresan un consejo o una recomendación

▶ L 5

aconsejar que	+ Subjuntivo	*raten, dass*

Le **aconsejo que hable** con un abogado. *Ich rate Ihnen, mit einem Anwalt zu sprechen.*

Grammatikübersicht

► L 6   **1.6.5   Nach unpersönlichen Stellungnahmen – Después de expresiones impersonales**

es importante que		es ist wichtig, dass
es necesario que	+ Subjuntivo	es ist nötig, dass
es fundamental que		es ist grundlegend, dass

Es muy importante que las grandes empresas **paguen** precios justos.
Es ist sehr wichtig, dass die großen Firmen gerechte Preise bezahlen.
Es necesario que suba el precio del café. *Es ist nötig, dass der Kaffeepreis steigt.*
Es fundamental que los agricultores **ganen** suficiente dinero con la cosecha del café.
Es ist grundlegend, dass die Bauern genügend Geld mit der Kaffeeernte verdienen.

► L 7   **1.6.6   Nach Ausdrücken der Möglichkeit oder Wahrscheinlichkeit –**
Después de expresiones que indican hipótesis o probabilidad

tal vez		vielleicht
quizá(s)		vielleicht
posiblemente	+ Subjuntivo	möglicherweise
es probable que		es ist wahrscheinlich, dass
puede ser que		es kann sein, dass

Quizás no **tenga** tiempo para llamar. *Vielleicht hat er keine Zeit anzurufen.*
Puede ser que no **quiera** comprar el coche. *Es kann sein, dass er das Auto nicht kaufen will.*

! Je nach dem Grad der Wahrscheinlichkeit der Aussage können **tal vez** und **quizá(s)** entweder im Indikativ oder im Subjuntivo stehen.
Tal vez voy a la fiesta de Paca. *Vielleicht gehe ich auf Pacas Party.* (eher wahrscheinlich)
Tal vez vaya a la fiesta de Paca. *Vielleicht gehe ich auf Pacas Party.* (eher unwahrscheinlich)

► L 8   **1.6.7   Nach Verben, die Zustimmung oder Meinungsverschiedenheit ausdrücken –**
Después de verbos que expresan acuerdo o desacuerdo

(no) estar de acuerdo con que		(nicht) damit einverstanden sein, dass
(no) estar a favor de que	+ Subjuntivo	(nicht) dafür sein, dass
(no) estar en contra de que		(nicht) dagegen sein, dass

Estoy a favor de que se reduzcan las horas de trabajo. *Ich bin dafür, dass die Arbeitsstunden verringert werden.*
Estoy completamente de acuerdo con que los que no tienen hijos **paguen** más impuestos.
Ich bin völlig damit einverstanden, dass die, die keine Kinder haben, mehr Steuern zahlen.

► L 9   **1.6.8   Als Ausdruck einer Bitte oder Forderung – Para pedir o exigir algo**

(le, les)	ruego (que)		ich bitte / ersuche Sie, (dass)
	exijo que		ich fordere, dass
(le, les)	pido (que)	+ Subjuntivo	ich bitte Sie, (dass)
es / me parece	indispensable que		es ist / erscheint mir unerlässlich, dass
es	conveniente que		es ist angebracht / angemessen, dass

Les ruego (que) me manden material informativo. *Ich bitte Sie, mir Informationsmaterial zuzuschicken.*
Exijo que pongan suficientes contenedores en mi barrio. *Ich fordere, dass Sie ausreichend Container in meinem Stadtviertel aufstellen.*
Es indispensable que todos los ciudadanos **separemos** la basura. *Es ist unerlässlich, dass alle Mitbürger den Müll trennen.*

! Im formellen Kontext, z.B. in formellen Briefen, kann das **que** nach **rogar** und **pedir** auch weggelassen werden.

1.7   Der Subjuntivo Perfekt – El perfecto de subjuntivo

▶ L 7

	haber (Subjuntivo Präsens)	+ Partizip
(yo)	**haya**	
(tú)	**hayas**	comprado
(él, ella, usted)	**haya**	vivido
(nosotros, -as)	**hayamos**	dicho
(vosotros, -as)	**hayáis**	visto
(ellos, -as, ustedes)	**hayan**	

Den Subjuntivo Perfekt bildet man mit dem Subjuntivo Präsens von *haber* und dem Partizip Perfekt. Er wird verwendet, wenn sich die Aussage auf die unmittelbare Vergangenheit bezieht.

Espero que les **haya gustado**.
Ich hoffe, es hat Ihnen gefallen.
Me alegro que hayan venido tantas personas.
Ich freue mich, dass so viele Menschen gekommen sind.

1.8   Der Subjuntivo Imperfekt – El imperfecto de subjuntivo

1.8.1. Regelmäßige Formen – Formas regulares

▶ L 10

	hablar	entender	vivir
(yo)	hab**lara**	entend**iera**	viv**iera**
(tú)	hab**laras**	entend**ieras**	viv**ieras**
(él, ella, usted)	hab**lara**	entend**iera**	viv**iera**
(nosotros, -as)	hab**láramos**	entend**iéramos**	viv**iéramos**
(vosotros, -as)	hab**larais**	entend**ierais**	viv**ierais**
(ellos, -as, ustedes)	hab**laran**	entend**ieran**	viv**ieran**

❗ Ein Anhaltspunkt für die Bildung der Formen des Subjuntivo Imperfekt ist die 3. Person Plural des Indefinido:

hablar~~on~~	+ ra	hablara, hablaras…
entendier~~on~~	+ ra	entendiera, entendieras…
vivier~~on~~	+ ra	viviera, vivieras…

1.8.2 Unregelmäßige Formen – Formas irregulares

▶ L 10

	estar	ser
(yo)	**estuviera**	**fuera**
(tú)	**estuvieras**	**fueras**
(él, ella, usted)	**estuviera**	**fuera**
(nosotros, -as)	**estuviéramos**	**fuéramos**
(vosotros, -as)	**estuvierais**	**fuerais**
(ellos, -as, ustedes)	**estuvieran**	**fueran**

1.8.3 Der Gebrauch des Subjuntivo Imperfekt – El uso del imperfecto de subjuntivo

– Der irreale Bedingungssatz: Beim irrealen Bedingungssatz (*Wenn ich … hätte, würde ich …*) steht im Nebensatz der Subjuntivo Imperfekt, im Hauptsatz das Konditional:

▶ L 10

Si hablara más claramente, la gente lo **entendería** mejor.
Wenn er deutlicher spräche, würden ihn die Menschen besser verstehen.
No **aceptaría** el puesto **si estuviera** tan mal pagado.
Ich würde die Stelle nicht annehmen, wenn sie so schlecht bezahlt wäre.

Nebensatz	Hauptsatz
si + Subjuntivo Imperfekt	Konditional
Si ganara más…	aceptaría…

Aunque me ofrecieran un sueldo mejor, ese puesto no me **gustaría**.
Auch wenn sie mir ein besseres Gehalt anböten, würde mir diese Stelle nicht gefallen.

Nebensatz	Hauptsatz
aunque + Subjuntivo Imperfekt	Konditional
Aunque estuviera…	haría…

– Nach **como si**: Nach **como si** *als ob* steht immer der Subjuntivo Imperfekt. In diesen Sätzen wird ein irrealer Vergleich ausgedrückt, die Handlung des Nebensatzes wird als nicht wirklich angesehen:

▶ L 11

Camina **como si estuviera** muy cansado. *Er bewegt sich, als wäre er sehr müde.*
Viven **como si fueran** ricos. *Sie leben, als ob sie reich wären.*

Grammatikübersicht

▶ L 4 **1.9   Das Passiv – La voz pasiva**

ser	+ Partizip Perfekt
fue	**inventado/-a**

La fregona **fue inventada** en los años 50.
Der Wischmopp wurde in den 50er-Jahren erfunden.

Der Urheber einer Handlung wird im Passiv mit **por** angegeben:
El chupa chups **fue inventado por** un español. *Der Lolli wurde von einem Spanier erfunden.*
La Alhambra **fue construida por** los árabes. *Die Alhambra wurde von den Arabern erbaut.*

▶ L 2 **1.10   Unpersönlich gebrauchte Verben (3. Person Plural) –
        La forma impersonal de los verbos (3ª persona del plural)**

dicen que	man sagt, dass

Dicen que el nuevo libro de Ruiz Zafón es buenísimo. Hay que leerlo.
Man sagt, dass das neue Buch von Ruiz Zafón sehr gut ist. Man muss es gelesen haben.

▶ L 9 **1.11   *Al* + Infinitiv – *Al* + infinitivo**

al	+ Infinitiv	als, beim

Al ducharse se consume unos 90 litros de agua.
Beim Duschen verbraucht man ca. 90 Liter Wasser.
No dejes correr el agua **al afeitarte**.
Lass das Wasser beim Rasieren nicht laufen.

Al + Infinitiv drückt eine Gleichzeitigkeit von Handlungen aus und verkürzt oft einen Nebensatz.

▶ L 12 **1.12   *Seguir* + Gerund – *Seguir* + gerundio**

Mit **seguir** + Gerund wird eine andauernde, sich fortsetzende Handlung ausgedrückt. Das Verb **seguir** kann dabei im Präsens, Futur oder einer Vergangenheitszeit stehen:

seguir	+ Gerund	*etwas weiterhin tun*
sigue	**fumando**	*er / sie raucht immer noch*
seguirán	**comiendo**	*sie werden weiter essen*
siguió	**caminando**	*er /sie ging weiter*

Siguió caminando hasta llegar a una plaza bonita. *Er ging weiter, bis er zu einem hübschen Platz kam.*

2   Das Adjektiv – El adjetivo

▶ L 2 **2.1   Der relative Superlativ: *el / la mejor, peor* – El superlativo relativo:
        *el / la mejor, peor***

Den regelmäßig gebildeten relativen Superlativ (**el río más largo** *der längste Fluss*) haben Sie bereits in *El Nuevo Curso 2* kennen gelernt. Einige Adjektive, zum Beispiel **bueno** *gut* und **malo** *schlecht*, bilden unregelmäßige Komparativ- und Superlativformen.

Adjektiv	Komparativ	Superlativ	
bueno	mejor	**el / la mejor**	*der / die / das beste*
malo	peor	**el / la peor**	*der / die / das schlechteste*

Es **la mejor** película que hemos visto últimamente. *Das ist der beste Film, den wir in letzter Zeit gesehen haben.*

3   Die betonten Possessivadjektive –
Los adjetivos posesivos tónicos

▶ L 1

Die unbetonten Possessivadjektive, die immer vor einem Nomen stehen (**mi madre** *meine Mutter*, **nuestros hijos** *unsere Kinder*) haben Sie bereits in *El Nuevo Curso 1* kennen gelernt.
Die betonten Possessivadjektive stehen nach dem Nomen. So lauten die Formen:

	Singular		Plural	
	männlich	weiblich	männlich	weiblich
mein, meine	**mío** *mi*	**mía**	**míos** *mis*	**mías**
dein, deine	**tuyo** *tu*	**tuya**	**tuyos** *tus*	**tuyas**
sein, seine				
ihr, ihre	**suyo** *su*	**suya**	**suyos** *sus*	**suyas**
Ihr, Ihre				
unser, unsere	**nuestro**	**nuestra**	**nuestros**	**nuestras**
euer, eure	**vuestro**	**vuestra**	**vuestros**	**vuestras**
ihr, ihre (m., w.)				
Ihr, Ihre	**suyo** *su*	**suya**	**suyos** *sus*	**suyas**

Die Possessivadjektive stimmen in Geschlecht und Zahl mit dem Subjekt überein:
Amelia es una amiga **mía**. *Amelia ist eine Freundin von mir.*
¿Éstos son compañeros **vuestros**? *Sind das Kollegen von euch?*

4   Die Pronomen – Los pronombres

4.1   Die Relativpronomen – Los pronombres relativos

▶ L 1

Sie kennen bereits das am häufigsten gebrauchte Relativpronomen **que** (*der, die, das, welche/r/s*), das sowohl für Dinge als auch für Personen gebraucht wird. Weitere Relativpronomen, die auch zusammen mit Präpositionen verwendet werden können, sind:

Präpositionen	Relativpronomen	bei
a, de, por para, con	**quien**	Personen
	el que / la que / los que / las que	Personen und Sachen
	el cual / la cual / los cuales / las cuales	Personen und Sachen

Pedro   *mit der*   *con el que*
Patricia es una amiga **con quien** / **la que** voy mucho al cine. *Patricia ist eine Freundin, mit der ich oft ins Kino gehe.*
Es una película **de la que** se puede hablar mucho. *Das ist ein Film, über den man viel sprechen kann.*
Son tareas **para las cuales** necesito ayuda. *Das sind Aufgaben, für die ich Hilfe brauche.*
(de la cual – welcher)
! In der gesprochenen Sprache wird eher **el / la que** als **el / la cual** verwendet.

4.2   Indirektes und direktes Objektpronomen in einem Satz

▶ L 4

Treffen indirektes und direktes Objektpronomen in einem Satz zusammen, so steht, im Gegensatz zum Deutschen, das indirekte Pronomen (*wem?*) <u>vor</u> dem direkten Pronomen (*was?*). In der 3. Person wird **le** bzw. **les** durch **se** ersetzt:

indirektes	+	direktes Objektpronomen
me		
te		
~~le~~ **se**		lo, la, los, las
nos		
os		
~~les~~ **se**		

¿**Me lo** puede envolver, por favor?
Können Sie es mir bitte einpacken?
¿**Se las** cambio por otras?
Soll ich sie Ihnen umtauschen?

Grammatikübersicht

▶ L 4 ### 4.3 Die Stellung der Objektpronomen beim bejahten Imperativ – La posición de los pronombres del objeto directo e indirecto con el imperativo afirmativo

Die Objektpronomen werden beim bejahten Imperativ direkt an die Imperativform angehängt. Wenn zwei Pronomen aufeinandertreffen, steht das indirekte Objektpronomen zuerst:

Imperativ	+ indirektes	+ direktes Objektpronomen	
escribe	escríbeme	(una carta)	*schreib mir (einen Brief)*
	escríbemela		*schreib ihn mir*
compre		cómprelo	*kaufen Sie es*
		cómpreselo	*kaufen Sie es sich*
mandad	mandadnos	(un cheque)	*schickt uns (einen Scheck)*
		mandádnoslo	*schickt ihn uns*

! Die ursprüngliche Betonung der Imperativform wird auch nach Anhängen von einem oder zwei Objektpronomen erhalten. Deshalb muss ggf. ein Akzent gesetzt werden, wenn eine oder zwei Silben dazukommen: **escribe, escríbeme; mandad, mandádnoslo.**

! Beachten Sie auch hier, dass beim Aufeinandertreffen von zwei Objektpronomen **le** und **les** zu **se** werden (**cómpreselo**), s. Abschnitt 4.2.

5 Die Präpositionen und präpositionale Ausdrücke – Las preposiciones y locuciones prepositivas y explicativas

5.1 Die Präpositionen *por* und *para* – Las preposiciones *por* y *para*

por

▶ L 1	für Grund, Ursache, Beweggrund	Muchas gracias **por** tu llamada. *Vielen Dank für deinen Anruf.*
▶ L 2	wegen, zu(r) Grund, Ursache, Beweggrund	Leo novelas **por** evasión. *Ich lese zur Ablenkung Romane.*
▶ L 4	von Angabe des Urhebers beim Passiv	La fregona fue inventada **por** Manuel Jalón. *Der Wischmopp wurde von Manuel Jalón erfunden.*
▶ L 4	gegen Tausch, Kauf	Prefiero que me cambie el aparato **por** otro. *Ich hätte lieber, dass Sie mir den Apparat gegen einen anderen umtauschen.*

para

▶ L 1	um ... zu + Infinitiv Absicht	Los escribo **para** agradecerles todo. *Ich schreibe Ihnen, um Ihnen für alles zu danken.*
▶ L 2		Vamos al cine **para** divertirnos. *Wir gehen ins Kino um uns zu unterhalten.*
▶ L 4	zu(m) Zweck	La peineta sirve **para** adornar y para sujetar el peinado. *Der Einsteckkamm dient zum Schmücken und zum Befestigen der Frisur.*

5.2 Präpositionale Ausdrücke – Locuciones prepositivas y explicativas

– Meinungsäußerung, Argumentation:

▶ L 1
▶ L 5
▶ L 5

Por un lado quiero irme, **por otro** tengo miedo de las consecuencias. *Einerseits will ich weggehen, andererseits habe ich Angst vor den Folgen.*

por una parte	*einerseits*
por un lado	*einerseits*
por otro lado	*andererseits*

– Angabe von Grund, Ursache, Beweggrund:

Los campesinos viven mal **a causa de** los bajos precios. *Wegen der niedrigen Preise leben die Bauern schlecht.*

por el hecho de que	aufgrund der Tatsache, dass	▶ L 2
por lo de	wegen	▶ L 5
a causa de	wegen, aufgrund von	▶ L 6
gracias a	dank, wegen	▶ L 6

– Angabe von Folge, Konsequenz:

| como / a consecuencia de | folglich, als Folge von | ▶ L 6 |

A consecuencia de los bajos precios el café ya no es un artículo de lujo. *Als Folge der niedrigen Preise ist der Kaffee kein Luxusartikel mehr.*

6 Die Konjunktionen – Las conjunciones

Konjunktionen sind unveränderliche Bindewörter, die zur Verknüpfung von Wörtern oder Sätzen bzw. Teilsätzen verwendet werden. Wenn sie in erster Linie die Funktion haben, einen Text zu strukturieren, spricht man häufig auch von Konnektoren.

6.1 Konjunktionen zur Strukturierung eines Textes – Conjunciones para estructurar un texto ▶ L 7

es decir	das heißt
o sea que	das heißt
en cuanto a	was …. betrifft
por ejemplo	zum Beispiel
y para terminar	und zum Schluss, abschließend

El chamán, **es decir** el curandero, se ocupa de los enfermos. *Der Schamane, d.h. der Heiler, kümmert sich um die Kranken.*
En cuanto a la caza, usan sobre todo la cerbatana. *Was die Jagd betrifft, benutzen Sie vor allem das Blasrohr.*

6.2 Konjuktionen, die einen Gegensatz ausdrücken – Conjunciones que expresan un contraste ▶ L 9

a pesar de	+ Indikativ	obwohl, trotz, obgleich
sin embargo	+ Indikativ	aber, dennoch, jedoch, trotzdem
mientras que	+ Indikativ	während
aunque	+ Indikativ	obwohl
aunque	+ Subjuntivo	selbst wenn (mit Bezug auf die Zukunft)*

A pesar de la escasez, se malgasta mucha agua en la agricultura. *Trotz der Knappheit wird viel Wasser in der Landwirtschaft verschwendet.*
No hay suficiente agua potable y **sin embargo**, la malgastamos en piscinas y campos de golf. *Es gibt nicht genügend Trinkwasser, dennoch verschwenden wir es in Swimmingpools und auf Golfplätzen.*
Aunque es una ciudad pequeña, **tiene** un programa cultural muy rico. *Obwohl es eine kleine Stadt ist, hat sie ein reichhaltiges kulturelles Programm.*

* Vgl. auch Abschnitt 1.7.3 (Konjunktionen, die mit dem Subjuntivo stehen).

6.3 Konjunktionen, die eine Folge oder Konsequenz ausdrücken – Conjunciones que expresan una consecuencia

Cada día es más difícil sobrevivir, **por lo que** empiezan a cultivar coca. *Jeden Tag ist es schwieriger zu überleben, weshalb sie anfangen Koka anzubauen.*

por lo tanto	deshalb	▶ L 6
por lo que	weshalb, weswegen	▶ L 6
por eso	deshalb, deswegen	▶ L 7

6.4 Konjunktionen, die eine zeitliche Relation ausdrücken – Conjunciones que expresan una relación temporal

▶ L 9	mientras	+ Indikativ	während
▶ L 5	cuando	+ Subjuntivo	wenn / sobald
▶ L 12	antes de que	+ Subjuntivo	vor
▶ L 12	después de que	+ Indikativ / Subjuntivo	nach(dem)
▶ L 12	hasta que	+ Indikativ / Subjuntivo	bis

Cierra el agua **mientras friegas** los platos. *Dreh den Wasserhahn ab, während du das Geschirr spülst.*
Volved **antes de que anochezca**. *Kommt zurück, bevor es dunkel wird.*
Esperan **hasta que llame** Ricardo. *Sie warten, bis Ricardo anruft.*

Nach **después de que** und **hasta que** steht nur dann ein Subjuntivo, wenn sich diese Konjunktionen auf eine Handlung in der Zukunft beziehen:
Me llamó **después de que volvió** a casa. *Er rief mich an, nachdem er nach Hause kam.*
Voy a llamarte **después de que termine** de cenar. *Ich werde dich anrufen, wenn ich fertig gegessen habe.*

6.5 Konjunktionen, die eine Bedingung ausdrücken – Conjunciones que expresan una condición

	Nebensatz	Hauptsatz	
▶ L 5	si + Indikativ Präsens	Imperativ	wenn
▶ L 10	si + Subjuntivo Imperfekt	Konditional	wenn
▶ L 9	mientras + Subjuntivo	Futur	solange

Si quieres perder peso, **haz** deporte. *Wenn du Gewicht verlieren willst, mach Sport.*
Si tuviera tiempo, te **acompañaría**. *Wenn ich Zeit hätte, würde ich dich begleiten.*
Mientras no **ahorremos**, nuestra situación económica no **mejorará**. *Solange wir nicht sparen, wird sich unsere wirtschaftliche Lage nicht verbessern.*

6.6 Konjunktionen, die einen Zweck oder ein Ziel ausdrücken – Conjunciones que expresan finalidad

▶ L 6	para que	+ Subjuntivo	um … zu / damit

Estas mujeres trabajan **para que** los niños de la calle **puedan** volver a ir a la escuela. *Diese Frauen arbeiten, damit die Straßenkinder in die Schule zurückkehren können.*

6.7 Konjunktionen, die eine Modalität ausdrücken – Conjunciones que expresan modalidad

▶ L 11	como si	+ Subjuntivo Imperfekt	als ob

Camina **como si tuviera** dolores. *Er geht, als ob er Schmerzen hätte.*

Nach **como si** steht immer der Subjuntivo Imperfekt.

7 Die Adverbien – Los adverbios

7.1 Temporale Adverbien – Adverbios temporales

Mit diesen Zeitangaben können vergangene Geschehnisse zeitlich situiert werden: ▶ **L 3**

aquel día	an jenem Tag
cuando	als
después de un rato	nach einer Weile
después de unos minutos	nach einigen Minuten
al cabo de unas horas	nach einigen Stunden
al día siguiente	am nächsten Tag
a la semana siguiente	in der folgenden Woche
unos minutos más tarde	einige Minuten später
unas horas más tarde	einige Stunden später

Aquel día había trabajado hasta las ocho. *An jenem Tag hatte ich bis 8 Uhr gearbeitet.*
Cuando salí de la oficina, empezó a llover. *Als ich aus dem Büro ging, fing es an zu regnen.*
Unas horas más tarde me llamó Irene desde Málaga. *Einige Stunden später rief mich Irene aus Málaga an.*

8 Der Satz

8.1 Der Vergleichssatz – La frase comparativa

Den Komparativ mit **más… que** (*mehr … als*) und **menos… que** (*weniger … als*) kennen Sie bereits aus *El Nuevo Curso 1*.
Den Vergleich gleichen Grades drückt man so aus: ▶ **L 2**

tan	+ Adjektiv / Adverb	+ **como**
Verb	+ **tanto como**	
Verb	+ **tanto/-a** + Nomen	+ **como**
	tantos/-as + Nomen	+ **como**

Voy **tan** a menudo a clase **como** tú.
Ich gehe so häufig wie du zum Unterricht.
Leemos **tanto como** los otros europeos.
Wir lesen so viel wie die anderen Europäer.
Los jóvenes españoles compran **tantos** CDs **como** los alemanes.
Die spanischen Jugendlichen kaufen so viele CDs wie die deutschen.

8.2 Zeitenfolge in der indirekten Rede – Correlación de los tiempos en el estilo indirecto

Möchte man wiedergeben, was jemand anderer oder man selbst gesagt hat, so sind in der indirekten Rede folgende Zeitenfolgen zu beachten:

– Aussagen und Fragen wiedergeben – im Hauptsatz steht ein Indefinido   ▶ **L 3**

Steht im Hauptsatz ein Indefinido, so folgt im Nebensatz entweder ein Imperfekt oder, bei vorzeitiger Handlung, ein Plusquamperfekt:

«Nadie **conoce** a ese chico.» *„Niemand kennt diesen Jungen."*
> Toni **dijo** que nadie **conocía** a ese chico.
Toni sagte, dass niemand diesen Jungen kenne.
«Sandra **estaba** muy tranquila.» *„Sandra war sehr ruhig."*
> La madre **dijo** que Sandra **estaba** muy tranquila.
Ihre Mutter sagte, dass Sandra sehr ruhig war.
«**¿Has llamado** a Paco?» *„Hast du Paco angerufen?"*
> Le **pregunté** si **había llamado** a Paco.
Ich fragte ihn, ob er Paco angerufen hätte.
«Yo no **hice** nada.» *„Ich habe nichts gemacht."*
> El niño **dijo** que no **había hecho** nada.
Das Kind sagte, dass es nichts gemacht hätte.
«No **vimos** a su perro.» *„Wir haben Ihren Hund nicht gesehen."*
> **Dijeron** que no **habían visto** a mi perro.
Sie sagten, sie hätten meinen Hund nicht gesehen.

Wechsel der Zeiten:
Präsens
> Imperfecto
Imperfecto
Perfekt
> Plusquamperfekt
Indefinido

▶ **L 8** – Bitten und Aufforderungen wiedergeben – im Hauptsatz steht ein Präsens

Wenn Bitten oder Aufforderungen in der indirekten Rede wiedergegeben werden, so wird aus dem Imperativ der direkten Rede in der indirekten Rede ein Subjuntivo:

«**Juega** conmigo.» *„Spiel mit mir."*
> **Le pide que juegue** con él. *Er bittet ihn, mit ihm zu spielen.*
«Mamá, **no trabajes** el fin de semana.» *„Mama, arbeite nicht am Wochenende."*
> **Le dice que no trabaje** el fin de semana. *Er sagt ihr, sie solle am Wochenende nicht arbeiten.*

Wechsel der Zeiten:	
Imperativ	> Subjuntivo

▶ **L 10** – Bitten oder Aufforderungen wiedergeben – im Hauptsatz steht ein Indefinido

Werden Bitten oder Aufforderungen wiedergegeben und wird die indirekte Rede durch ein Verb im Indefinido eingeleitet, so wird aus einem Imperativ im Nebensatz der indirekten Rede ein Subjuntivo Imperfekt.

Hauptsatz		Nebensatz
Indefinido		*Subjuntivo Imperfekt*
dijo, dije	que	llamara, escribiera… cuando volviera…

Wechsel der Zeiten:	
Imperativ	> Subjuntivo Imperfekt

«**Escríbeme**.» *„Schreib mir."*
> **Le dije que** me **escribiera**. *Ich sagte ihr, sie solle mir schreiben.*
«**Llame** cuando **vuelva** de su viaje.» *„Rufen Sie an, wenn Sie von Ihrer Reise zurück sind."*
> **Le dijo que llamara** cuando **volviera** de su viaje. *Er sagte zu ihm, er solle anrufen, wenn er von seiner Reise zurück sei.*

▶ **L 10** – Informationen über zukünftiges Geschehen wiedergeben – im Hauptsatz steht ein Indefinido

Werden Informationen über ein zukünftiges Geschehen in der indirekten Rede wiedergegeben und wird die indirekte Rede durch ein Verb im Indefinido eingeleitet, so steht im Nebensatz ein Konditional:

Hauptsatz		Nebensatz
Indefinido		*Konditional*
dijo, dije	que	podría, escribiría…

Wechsel der Zeiten:	
Futur	> Konditional

«Te **llamaré** el viernes.» *„Ich werde dich am Freitag anrufen."*
> Julia **dijo que** me **llamaría** el viernes. *Julia sagte, sie würde mich am Freitag anrufen.*
«No te **podré** ayudar.» *„Ich werde dir nicht helfen können."*
> **Le dije que** no le **podría** ayudar. *Ich sagte ihm, ich werde ihm nicht helfen können.*

9 Verbtabelle – Tabla de verbos

Diese Tabelle enthält die wichtigsten Verben aus *El Nuevo Curso* Band 1 bis 3.
Die unregelmäßigen Formen sind in Fettdruck hervorgehoben.

	Präsens	Indefinido	Imperfekt	Imperativ	Futur	Konditional	Subjuntivo Präsens	Subjuntivo Imperfekt
hablar *sprechen*	hablo	hablé	hablaba		hablaré	hablaría	hable	hablara
	hablas	hablaste	hablabas	habla	hablarás	hablarías	hables	hablaras
	habla	habló	hablaba	hable	hablará	hablaría	hable	hablara
Gerundium hablando	hablamos	hablamos	hablábamos		hablaremos	hablaríamos	hablemos	habláramos
Partizip hablado	habláis	hablasteis	hablabais		hablaréis	hablaríais	habléis	hablarais
	hablan	hablaron	hablaban		hablarán	hablarían	hablen	hablaran
vender *verkaufen*	vendo	vendí	vendía		venderé	vendería	venda	vendiera
	vendes	vendiste	vendías	vende	venderás	venderías	vendas	vendieras
	vende	vendió	vendía	venda	venderá	vendería	venda	vendiera
Gerundium vendiendo	vendemos	vendimos	vendíamos		venderemos	venderíamos	vendamos	vendiéramos
Partizip vendido	vendéis	vendisteis	vendíais		venderéis	venderíais	vendáis	vendierais
	venden	vendieron	vendían		venderán	venderían	vendan	vendieran
vivir *leben*	vivo	viví	vivía		viviré	viviría	viva	viviera
	vives	viviste	vivías	vive	vivirás	vivirías	vivas	vivieras
	vive	vivió	vivía	viva	vivirá	viviría	viva	viviera
Gerundium viviendo	vivimos	vivimos	vivíamos		viviremos	viviríamos	vivamos	viviéramos
Partizip vivido	vivís	vivisteis	vivíais		viviréis	viviríais	viváis	vivierais
	viven	vivieron	vivían		vivirán	vivirían	vivan	vivieran

Unregelmäßige Verben

Infinitiv	Präsens	Indefinido	Imperfekt	Imperativ	Futur	Konditional	Subj. Präs.	Subj. Imp.
convencer *überzeugen*	**convenzo**	convencí	convencía		convenceré	convencería	**convenza**	convenciera
	convences	convenciste	convencías	convence	convencerás	convencerías	**convenzas**	convencieras
	convence	convenció	convencía	**convenza**	convencerá	convencería	**convenza**	convenciera
Gerundium convenciendo	convencemos	convencimos	convencíamos		convenceremos	convenceríamos	**convenzamos**	convenciéramos
Partizip convencido	convencéis	convencisteis	convencíais		convenceréis	convenceríais	**convenzáis**	convencierais
	convencen	convencieron	convencían		convencerán	convencerían	**convenzan**	convencieran
creer *glauben*	creo	creí	creía		creeré	creería	crea	**creyera**
	crees	creíste	creías	cree	creerás	creerías	creas	**creyeras**
	cree	**creyó**	creía	crea	creerá	creería	crea	**creyera**
Gerundium **creyendo**	creemos	creímos	creíamos		creeremos	creeríamos	creamos	**creyéramos**
Partizip creído	creéis	creísteis	creíais		creeréis	creeríais	creáis	**creyerais**
	creen	**creyeron**	creían		creerán	creerían	crean	**creyeran**

Infinitiv	Präsens	Indefinido	Imperfekt	Imperativ	Futur	Konditional	Subj. Präs.	Subj. Imp.
dar	doy	di	daba		daré	daría	dé	diera
geben	das	diste	dabas	da	darás	darías	des	dieras
Gerundium	da	dio	daba	dé	dará	daría	dé	diera
dando	damos	dimos	dábamos		daremos	daríamos	demos	diéramos
Partizip	dais	disteis	dabais		daréis	daríais	deis	dierais
dado	dan	dieron	daban		darán	darían	den	dieran
decir	digo	dije	decía		diré	diría	diga	dijera
sagen	dices	dijiste	decías	di	dirás	dirías	digas	dijeras
Gerundium	dice	dijo	decía	diga	dirá	diría	diga	dijera
diciendo	decimos	dijimos	decíamos		diremos	diríamos	digamos	dijéramos
Partizip	decís	dijisteis	decíais		diréis	diríais	digáis	dijerais
dicho	dicen	dijeron	decían		dirán	dirían	digan	dijeran
dormir	duermo	dormí	dormía		dormiré	dormiría	duerma	durmiera
schlafen	duermes	dormiste	dormías		dormirás	dormirías	duermas	durmieras
Gerundium	duerme	durmió	dormía	duerme	dormirá	dormiría	duerma	durmiera
durmiendo	dormimos	dormimos	dormíamos	duerma	dormiremos	dormiríamos	durmamos	durmiéramos
Partizip	dormís	dormisteis	dormíais		dormiréis	dormiríais	durmáis	durmierais
dormido	duermen	durmieron	dormían		dormirán	dormirían	duerman	durmieran
encontrar	encuentro	encontré	encontraba		encontraré	encontraría	encuentre	encontrara
treffen, finden	encuentras	encontraste	encontrabas		encontrarás	encontrarías	encuentres	encontraras
Gerundium	encuentra	encontró	encontraba	encuentra	encontrará	encontraría	encuentre	encontrara
encontrando	encontramcs	encontramos	encontrábamos	encuentre	encontraremos	encontraríamos	encontremos	encontráramos
Partizip	encontráis	encontrasteis	encontrabais		encontraréis	encontraríais	encontréis	encontrarais
encontrado	encuentran	encontraron	encontraban		encontrarán	encontrarían	encuentren	encontraran
estar	estoy	estuve	estaba		estaré	estaría	esté	estuviera
sein	estás	estuviste	estabas		estarás	estarías	estés	estuvieras
Gerundium	está	estuvo	estaba	está	estará	estaría	esté	estuviera
estando	estamos	estuvimos	estábamos	esté	estaremos	estaríamos	estemos	estuviéramos
Partizip	estáis	estuvisteis	estabais		estaréis	estaríais	estéis	estuvierais
estado	están	estuvieron	estaban		estarán	estarían	estén	estuvieran
haber	he	hube	había		habré	habría	haya	hubiera
(Hilfsverb)	has	hubiste	habías		habrás	habrías	hayas	hubieras
Gerundium	ha; hay	hubo	había		habrá	habría	haya	hubiera
habiendo	hemos	hubimos	habíamos		habremos	habríamos	hayamos	hubiéramos
Partizip	habéis	hubisteis	habíais		habréis	habríais	hayáis	hubierais
habido	han	hubieron	habían		habrán	habrían	hayan	hubieran

Infinitiv	Präsens	Indefinido	Imperfekt	Imperativ	Futur	Konditional	Subj. Präs.	Subj. Imp.
hacer	hago	hice	hacía		haré	haría	haga	hiciera
machen	haces	hiciste	hacías	haz	harás	harías	hagas	hicieras
Gerundium	hace	hizo	hacía	haga	hará	haría	haga	hiciera
haciendo	hacemos	hicimos	hacíamos		haremos	haríamos	hagamos	hiciéramos
Partizip	hacéis	hicisteis	hacíais		haréis	haríais	hagáis	hicierais
hecho	hacen	hicieron	hacían		harán	harían	hagan	hicieran
ir	voy	fui	iba		iré	iría	vaya	fuera
gehen, fahren	vas	fuiste	ibas	ve	irás	irías	vayas	fueras
Gerundium	va	fue	iba	vaya	irá	iría	vaya	fuera
yendo	vamos	fuimos	íbamos		iremos	iríamos	vayamos	fuéramos
Partizip	vais	fuisteis	ibais		iréis	iríais	vayáis	fuerais
ido	van	fueron	iban		irán	irían	vayan	fueran
oír	oigo	oí	oía		oiré	oiría	oiga	oyera
hören	oyes	oíste	oías	oye	oirás	oirías	oigas	oyeras
Gerundium	oye	oyó	oía	oiga	oirá	oiría	oiga	oyera
oyendo	oímos	oímos	oíamos		oiremos	oiríamos	oigamos	oyéramos
Partizip	oís	oísteis	oíais		oiréis	oiríais	oigáis	oyerais
oído	oyen	oyeron	oían		oirán	oirían	oigan	oyeran
pedir	pido	pedí	pedía		pediré	pediría	pida	pidiera
bitten	pides	pediste	pedías	pide	pedirás	pedirías	pidas	pidieras
Gerundium	pide	pidió	pedía	pida	pedirá	pediría	pida	pidiera
pidiendo	pedimos	pedimos	pedíamos		pediremos	pediríamos	pidamos	pidiéramos
Partizip	pedís	pedisteis	pedíais		pediréis	pediríais	pidáis	pidierais
pedido	piden	pidieron	pedían		pedirán	pedirían	pidan	pidieran
pensar	pienso	pensé	pensaba		pensaré	pensaría	piense	pensara
denken, vorhaben	piensas	pensaste	pensabas	piensa	pensarás	pensarías	pienses	pensaras
Gerundium	piensa	pensó	pensaba	piense	pensará	pensaría	piense	pensara
pensando	pensamos	pensamos	pensábamos		pensaremos	pensaríamos	pensemos	pensáramos
Partizip	pensáis	pensasteis	pensabais		pensaréis	pensaríais	penséis	pensarais
pensado	piensan	pensaron	pensaban		pensarán	pensarían	piensen	pensaran
poder	puedo	pude	podía		podré	podría	pueda	pudiera
können	puedes	pudiste	podías	puede	podrás	podrías	puedas	pudieras
Gerundium	puede	pudo	podía	pueda	podrá	podría	pueda	pudiera
pudiendo	podemos	pudimos	podíamos		podremos	podríamos	podamos	pudiéramos
Partizip	podéis	pudisteis	podíais		podréis	podríais	podáis	pudierais
podido	pueden	pudieron	podían		podrán	podrían	puedan	pudieran

Infinitiv	Präsens	Indefinido	Imperfekt	Imperativ	Futur	Konditional	Subj. Präs.	Subj. Imp.
poner	pongo	puse	ponía		pondré	pondría	ponga	pusiera
setzen, stellen	pones	pusiste	ponías	pon	pondrás	pondrías	pongas	pusieras
Gerundium	pone	puso	ponía	ponga	pondrá	pondría	ponga	pusiera
poniendo	ponemos	pusimos	poníamos		pondremos	pondríamos	pongamos	pusiéramos
Partizip	ponéis	pusisteis	poníais		pondréis	pondríais	pongáis	pusierais
puesto	ponen	pusieron	ponían		pondrán	pondrían	pongan	pusieran
proteger	protejo	protegí	protegía		protegeré	protegería	proteja	protegiera
schützen	proteges	protegiste	protegías	protege	protegerás	protegerías	protejas	protegieras
Gerundium	protege	protegió	protegía	**proteja**	protegerá	protegería	proteja	protegiera
protegiendo	protegemos	protegimos	protegíamos		protegeremos	protegeríamos	protejamos	protegiéramos
Partizip	protegéis	protegisteis	protegíais		protegeréis	protegeríais	protejáis	protegierais
protegido	protegen	protegieron	protegían		protegerán	protegerían	protejan	protegieran
querer	quiero	quise	quería		querré	querría	quiera	quisiera
mögen, wollen	quieres	quisiste	querías	quiere	querrás	querrías	quieras	quisieras
Gerundium	quiere	quiso	quería	quiera	querrá	querría	quiera	quisiera
queriendo	queremos	quisimos	queríamos		querremos	querríamos	queramos	quisiéramos
Partizip	queréis	quisisteis	queríais		querréis	querríais	queráis	quisierais
querido	quieren	quisieron	querían		querrán	querrían	quieran	quisieran
reducir	reduzco	reduje	reducía		reduciré	reduciría	reduzca	redujera
reduzieren	reduces	redujiste	reducías	reduce	reducirás	reducirías	reduzcas	redujeras
Gerundium	reduce	redujo	reducía	**reduzca**	reducirá	reduciría	reduzca	redujera
reduciendo	reducimos	redujimos	reducíamos		reduciremos	reduciríamos	reduzcamos	redujéramos
Partizip	reducís	redujisteis	reducíais		reduciréis	reduciríais	reduzcáis	redujerais
reducido	reducen	redujeron	reducían		reducirán	reducirían	reduzcan	redujeran
saber	sé	supe	sabía		sabré	sabría	sepa	supiera
wissen, können	sabes	supiste	sabías	sabe	sabrás	sabrías	sepas	supieras
Gerundium	sabe	supo	sabía	**sepa**	sabrá	sabría	sepa	supiera
sabiendo	sabemos	supimos	sabíamos		sabremos	sabríamos	sepamos	supiéramos
Partizip	sabéis	supisteis	sabíais		sabréis	sabríais	sepáis	supierais
sabido	saben	supieron	sabían		sabrán	sabrían	sepan	supieran
salir	salgo	salí	salía		saldré	saldría	salga	saliera
(hin-)ausgehen	sales	saliste	salías	sal	saldrás	saldrías	salgas	salieras
Gerundium	sale	salió	salía	**salga**	saldrá	saldría	salga	saliera
saliendo	salimos	salimos	salíamos		saldremos	saldríamos	salgamos	saliéramos
Partizip	salís	salisteis	salíais		saldréis	saldríais	salgáis	salierais
salido	salen	salieron	salían		saldrán	saldrían	salgan	salieran

Infinitiv	Präsens	Indefinido	Imperfekt	Imperativ	Futur	Konditional	Subj. Präs.	Subj. Imp.
sentir / *fühlen*	siento	sentí	sentía		sentiré	sentiría	sienta	sintiera
	sientes	sentiste	sentías	siente	sentirás	sentirías	sientas	sintieras
	siente	sintió	sentía	sienta	sentirá	sentiría	sienta	sintiera
Gerundium **sintiendo**	sentimos	sentimos	sentíamos		sentiremos	sentiríamos	sintamos	sintiéramos
Partizip sentís	sentís	sentisteis	sentíais		sentiréis	sentiríais	sintáis	sintierais
sentido	sienten	sintieron	sentían		sentirán	sentirían	sientan	sintieran
ser / *sein*	soy	fui	era		seré	sería	sea	fuera
	eres	fuiste	eras	sé	serás	serías	seas	fueras
	es	fue	era	sea	será	sería	sea	fuera
Gerundium siendo	somos	fuimos	éramos		seremos	seríamos	seamos	fuéramos
Partizip sido	sois	fuisteis	erais		seréis	seríais	seáis	fuerais
	son	fueron	eran		serán	serían	sean	fueran
servir / *dienen, servieren*	sirvo	serví	servía		serviré	serviría	sirva	sirviera
	sirves	serviste	servías	sirve	servirás	servirías	sirvas	sirvieras
	sirve	sirvió	servía	sirva	servirá	serviría	sirva	sirviera
Gerundium **sirviendo**	servimos	servimos	servíamos		serviremos	serviríamos	sirvamos	sirviéramos
Partizip servís	servís	servisteis	servíais		serviréis	serviríais	sirváis	sirvierais
servido	sirven	sirvieron	servían		servirán	servirían	sirvan	sirvieran
tener / *haben*	tengo	tuve	tenía		**tendré**	**tendría**	tenga	tuviera
	tienes	tuviste	tenías	ten	**tendrás**	**tendrías**	tengas	tuvieras
	tiene	tuvo	tenía	tenga	**tendrá**	**tendría**	tenga	tuviera
Gerundium teniendo	tenemos	tuvimos	teníamos		**tendremos**	**tendríamos**	tengamos	tuviéramos
Partizip tenéis	tenéis	tuvisteis	teníais		**tendréis**	**tendríais**	tengáis	tuvierais
tenido	tienen	tuvieron	tenían		**tendrán**	**tendrían**	tengan	tuvieran
venir / *kommen*	vengo	vine	venía		vendré	vendría	venga	viniera
	vienes	viniste	venías	ven	vendrás	vendrías	vengas	vinieras
	viene	vino	venía	venga	vendrá	vendría	venga	viniera
Gerundium **viniendo**	venimos	vinimos	veníamos		vendremos	vendríamos	vengamos	viniéramos
Partizip venís	venís	vinisteis	veníais		vendréis	vendríais	vengáis	vinierais
venido	vienen	vinieron	venían		vendrán	vendrían	vengan	vinieran
ver / *sehen*	veo	vi	**veía**		veré	vería	vea	viera
	ves	viste	**veías**	ve	verás	verías	veas	vieras
	ve	vio	**veía**	vea	verá	vería	vea	viera
Gerundium viendo	vemos	vimos	**veíamos**		veremos	veríamos	veamos	viéramos
Partizip **visto**	veis	visteis	**veíais**		veréis	veríais	veáis	vierais
	ven	vieron	**veían**		verán	verían	vean	vieran

Wortschatz nach Lektionen

- Alle **neuen Wörter** der Lektionen *En vivos* und *Repasos* werden in chronologischer Reihenfolge und mit ihrer deutschen Übersetzung im jeweiligen Zusammenhang angegeben.
- Keine Angst vor dem neuen Vokabular! Sie müssen nicht alle Wörter lernen! Die mager gedruckten Wörter kommen nur in den Abschnitten *En vivo* und den *Repasos* vor und werden in den nachfolgenden Lektionen nicht als bekannt vorausgesetzt.
- Grammatische Fachausdrücke und Zahlen werden nicht aufgeführt.

- Folgende **Abkürzungen** werden verwendet:

Abk.	Abkürzung	*jd*	jemand	*Pl*	Plural
Adj	Adjektiv	*jdn*	jemanden	*Präp*	Präposition
Adv	Adverb	*jdm*	jemandem	*Relat*	Relativpronomen
Art.	Artikel	*Komp*	Komparativ	*Sg*	Singular
etw	etwas	*Kond*	Konditional	*Subj*	Subjuntivo
Ger	Gerundium	*Konj*	Konjunktion	*Superl*	Superlativ
Imp	Imperativ (Befehlsform)	*LA*	Lateinamerika	*ugs*	umgangssprachlich
Imperf	Imperfecto	*m*	männlich	*unregl*	unregelmäßig
Ind	Indikativ	*Nom*	Nomen, Substantiv	*v.*	von
Indef	Indefinido	*Part*	Partizip	*w*	weiblich
IndefPron	Indefinitpronomen	*Pers*	Person		
Inf	Infinitiv	*PersPron*	Personalpronomen		

1 Un amigo es...

1b

la cita	Zitat
alguien	jemand
con quien	mit dem
ello	es
con la cual	mit der
cual	*hier:* der (Dat Sg w)
cualquiera	jede/r/s beliebige, irgendeine/r/s
simpatizar con	mit etwas / jdm sympathisieren
la pena	Kummer, Leid
requerir	erfordern, verlangen
delicadísimo/-a	*hier:* sehr empfindsam, feinfühlig
el animal	Tier
hacer preguntas	Fragen stellen
criticar	kritisieren
la mejor manera de + *Inf*	der beste Weg / die beste Art, ... zu + *Inf*
mantener	behalten, erhalten
deber	*hier:* schulden
victorioso/-a	Sieger/in
vencido/-a	Besiegte/r
el alma	Seele
asentir	zustimmen
la sombra	Schatten

1c

contradecirse	sich widersprechen

1d

la preferencia	Vorliebe

2

el Centro de Investigaciones Sociológicas (CIS)	Zentrum für Soziologische Forschungen, *Art* Statistisches Bundesamt
en términos generales	im Allgemeinen

tantas veces como	so oft wie
más / menos de lo que le gustaría	häufiger / weniger, als Sie möchten

3b

me sorprende que... + *Subj*	es überrascht mich, dass ...
me extraña que... + *Subj*	ich bin erstaunt, dass ...
extrañar	befremden, erstaunt sein über
me parece raro que... + *Subj*	ich finde es seltsam / merkwürdig, dass ...

4

nacido/-a en	geboren in ...
conseguir	erreichen, bekommen
el Premio Nobel de Literatura	Literatur-Nobelpreis
la literatura	Literatur
la soledad	Einsamkeit
el realismo mágico	Magischer Realismus, *latein-amerikanische Romangattung*
autor/a	Autor/in, Urheber/in
el habla	Sprache, Sprechweise
el planeta	Planet, *hier:* Erde
a pesar de	trotz + *Nom*
literario/-a	literarisch
la obra maestra	Meisterwerk
maestro/-a	meisterhaft
el ejemplar	Exemplar
la novela	Roman
colombiano/-a	kolumbianisch
intentar	versuchen
aislar	trennen, isolieren
negarse a + *Inf*	sich weigern
detestar	hassen, verabscheuen
el congreso	Kongress
intelectual	intellektuell

5a

con motivo de	anlässlich
el título	Titel

para que + *Subj*	damit
dejar claro	klar stellen
el vicio	Laster
el billar	Billard
la revolución	Revolution
mafioso/-a	mafiös, Mafioso-…
reconocer	anerkennen
el sentido	Sinn, *hier:* Sichtweise
tal que	so, dass …
resultar	sich ergeben, sich herausstellen als
el gán(g)ster	Gangster
preciarse (de)	sich rühmen
perder	verlieren
a lo largo de	entlang, im Laufe von
apadrinar	Patenschaft / Patenstelle annehmen
en su honor	zu seinen Ehren

5c

la postura	Haltung, Einstellung
exagerado/-a	übertrieben
neurótico/-a	neurotisch

6a

el sistema planetario	Planetensystem

6b

el físico	Aussehen
simpático/-a	sympathisch, nett

7b

el vacío	Lücke
gatito/-a	Kätzchen
descubierto/-a	entdeckt
ir corriendo	laufen, sich beeilen
correr	laufen
el tigre	Tiger
la pantera	Panther
la merienda	Vesperbrot (am Nachmittag)
hacerse daño	sich wehtun
el daño	Schaden, Verletzung
la mascota	Maskottchen
el alimento	Nahrungsmittel

7c

el animal de compañía	Haustier
la infancia	Kindheit

9

la repetición	Wiederholung
depende	das kommt darauf an
cambiando de tema	*hier:* ein anderes Thema
lo que pasa es que…	das Problem ist, dass …; es ist nämlich so, dass …
por una parte	einerseits
el acuerdo	Einverständnis
el desacuerdo	Meinungsverschiedenheit
al + *Inf*	beim + *Inf*
introducir	einführen
interrumpir	unterbrechen

10b

referirse a	sich auf etw beziehen

10c

a cualquier hora	zu jeder Uhrzeit
por el cual	*hier:* auf dem

11

el mensaje	Nachricht
el mensaje corto	Kurznachricht (SMS)
desear	wünschen
la mejoría	Besserung
pronto/-a	baldig

12a

la aldea	Dorf
la aldea SOS	SOS-Kinderdorf
la madrina	Patin, Patenmutter
esperar que… + *Subj*	hoffen, dass …
de salud	gesundheitlich
todo lo demás	alles Übrige
de todo corazón	von ganzem Herzen
el bienestar	Unterhalt, Wohlbefinden
grande	*hier:* großartig
lo bueno	das Gute
¡Ojalá! + *Subj*	Hoffentlich …
un fuerte abrazo	Viele Grüße (wörtl.: eine kräftige Umarmung)
un cariñoso saludo	Einen ganz lieben Gruß
Dios la bendiga	Gott segne Sie (w)
Dios	Gott
bendecir	segnen

12b

la expresión	Ausdruck
el deseo	Wunsch
la ayuda	Hilfe, Unterstützung
la finalidad	Zweck, Absicht

13

allá	da, dort
todo/-a un/a + *Nom*	ein echter / eine echte + *Nom*
la mujercita	junge Frau
lo mejor del mundo	das Beste der Welt
a tiempo	rechtzeitig
¡Que te / le vaya bien!	Alles Gute!
Con mucho cariño	Liebe Grüße

14

indicar	angeben
exponer	ausstellen
en especial	besonders

2 Pasión por la cultura

1a

el cartel	(Kino-)Plakat
el significado	Bedeutung
deslumbrar	blenden, glänzen
el peliculón	großartiger Film
divertir	unterhalten, Spaß machen
emocionar	rühren, (emotional) bewegen
liberar	befreien
alcanzar	erreichen
la genialidad	Genialität

1b

la prensa	Presse

2a

la reconversión	Strukturwandel
industrial	industriell
de mediana edad	im reiferen Alter, mittelalt
mediano/-a	mittelgross, *hier:* mittelalt
la edad	Alter
la búsqueda	Suche
inútil	unnütz, zwecklos
sin sentido	sinnlos
ilegal	illegal
el trabajo ilegal	Schwarzarbeit
reunirse	sich treffen, sich versammeln
a pesar de todo	trotz allem
la esperanza	Hoffnung
vivo/-a	lebendig
el rayo del sol	Sonnenstrahl
la crítica	Kritik
los cientos de miles	Hunderttausende
espectador/a	Zuschauer/in
la era	Ära
el fenómeno	Phänomen
la estrella	Stern, *hier:* Star
la dignidad	Würde
la compasión	Mitleid
el hecho	Tatsache
el ocio	Muße, Müßiggang, Freizeit

3b

cinéfilo/-a	kinobesessen, Kinoliebhaber/in
melómano/-a	musikbesessen, Musikliebhaber/in
aficionado/-a (a)	zugetan, …-Fan
la lectura	Lektüre, Lesen

4a

el estudio anual	Jahresbericht
el estudio	Studie, Bericht
anual	jährlich
la Sociedad General de Autores y Editores (SGAE)	Span. Autoren- und Verleger- verband
el promedio	Durchschnitt
decidir	entscheiden
la temática	Thematik
preferido/-a	bevorzugt, Lieblings- …
la historia	Geschichte
la enciclopedia	Enzyklopädie
científico/-a	wissenschaftlich
entre otros	unter anderen
en comparación con	in Vergleich mit / zu
superar	übertreffen
tal vez	vielleicht
por el hecho de que… + *Inf*	aufgrund der Tatsache, dass …, weil
gastar	ausgeben
el disco	*hier:* Schallplatte

6a

el cómic	Comic
estar harto/-a de	etwas satt haben, genug haben von

harto/-a	satt, überdrüssig
el gol	Tor (Sport, z. B. Fußball)
conectar	verbinden, einschalten
informar(se)	(sich) informieren
el intelecto	Intellekt, Verstand

6b

influir	beeinflussen
la decisión	Entscheidung
aprovechar	nutzen, ausnutzen
la orientación	Orientierung, Beratung

7

según su gusto	nach Ihrem Geschmack
llorar	weinen
distraerse	sich amüsieren, sich zerstreuen
la diversión	Vergnügen, Zeitvertreib
la evasión	Ablenkung
el género	*hier:* Art, Gattung, Genre
el terror	Terror, Schrecken
el suspense	Spannung
la comedia	Komödie
la aventura	Abenteuer
erótico/-a	erotisch
la ciencia ficción	Science Fiction
musical	musikalisch
la guerra	Krieg
el western	Western
documental	dokumentarisch
histórico/-a	geschichtlich, historisch

8

en su opinión	Ihrer Meinung nach
positivo/-a	positiv
violento/-a	gewalttätig
cursi	kitschig
entretenido/-a	unterhaltsam
absurdo/-a	absurd

9

tomar notas	Notizen machen
narrar	erzählen
el argumento	Argument, *hier:* Handlung, Inhalt
tratar de	*hier:* handeln von
máximo/-a	maximal
el grado	Grad
el atributo	Eigenschaft, Attribut

11

recomendar	empfehlen
el espacio vacío	Lücke
el extracto	(Text-)Auszug
yo en tu / su lugar…	ich an deiner / Ihrer Stelle …
yo que tú…	wenn ich du wäre …
la filmoteca	Filmothek, Filmarchiv
morirse de la risa	sich tot / kaputt lachen
la risa	Lachen
pasar un buen rato	eine gute Zeit verbringen
vale la pena	es lohnt sich
valer	wert sein, sich lohnen

12

los clásicos	*hier:* die klassische Literatur

13a

la Guía del Ocio	Veranstaltungskalender, -zeitschrift
el local	Lokal, Kneipe
el aparcacoches	Parkwächter
la actuación	Auftritt, Vorstellung
en vivo	live
la exposición fotográfica	Fotoausstellung
la cámara	*hier:* Zelle
secreto/-a	geheim
la caza	Jagd

13b

quedar	*hier:* sich verabreden

14b

convencer	überzeugen
que no	nein, wirklich nicht
venga... *(ugs)*	na komm schon
todo el mundo	alle, jeder
bastante	ziemlich viel(e)
en serio	ehrlich, im Ernst

15a

estar de acuerdo	einverstanden sein, einer Meinung sein
el esquema	Schema
la propuesta	Vorschlag
consultar	konsultieren, nachschlagen, ansehen
ir de copas	in eine Kneipe / etwas trinken gehen
proponer	vorschlagen
hacer una propuesta	einen Vorschlag machen
concretar	konkretisieren

15b

el papel	*hier:* Rolle
negociar	verhandeln, aushandeln

15

admitir	zulassen, annehmen
suavizar	mildern, abschwächen
la afirmación	Behauptung

16a

elaborar	erarbeiten
la sinopsis	Zusammenfassung, Kurzfassung
en común	gemeinsam
para terminar	zum Schluss, abschließend
sacar fotocopias	Kopien anfertigen, kopieren
la fotocopia	Fotokopie
clasificar	klassifizieren
publicar	publizieren, veröffentlichen

16b

el bestseller	Bestseller, Verkaufserfolg
el cuento	Erzählung
la poesía	Lyrik, Gedichte
la autoayuda	Selbsthilfe, Ratgeber
el prisionero	Gefangener
esférico/-a	kugelförmig, rund
el chivo	Ziegenbock

las memorias	Erinnerungen, Memoiren
la geisha	Geisha
el alquimista	Alchimist

En vivo 1

el satélite	Satellit

L1b

la pareja de enamorados	Liebespaar
enamorado/-a	Liebhaber/in
la llamada	Anruf
salvo	außer
el/la adolescente	Jugendliche/r
frente a frente	gegenüber
el refresco	Erfrischungsgetränk
ponerse a + *Inf*	*hier:* anfangen, etwas zu tun
incapaz	unfähig
manifestar	äußern, zeigen
atreverse a + *Inf*	etwas wagen
la intensidad	Intensität, Eindringlichkeit
debido a	aufgrund, wegen
extremado/-a	extrem
la timidez	Schüchternheit
ya de una vez	endlich, ein für alle Mal
la barrera	Barriere
psicológico/-a	psychologisch
insalvable	unüberbrückbar
el compartimento	Abteil, *hier:* Kammer
componerse de	bestehen aus
el ventrículo	Herzkammer
la aurícula	Herzvorhof
bombear	*hier:* pumpen
la sangre	Blut
tímido/-a	schüchtern
la inspiración	Inspiration

L1c

usar	benutzen
profundamente	tief
descolgar	abheben (Tel.)
invisible	unsichtbar
sin amarras	*hier:* unverbindlich, frei
el vehículo	Vehikel, Träger
la voz	Stimme
el aire	Luft
por medio de	durch
la vibración	Vibration
vulgar	*hier:* gewöhnlich
la estratosfera	Stratosphäre
cargado/-a de	*hier:* voller ...
la imaginación	Fantasie
la onda magnética	magnetische Welle
magnético/-a	magnetisch

L2c

la manía	Manie, Besessenheit
la crítica literaria	Literaturkritik
la superventa	Verkaufsschlager, Bestseller
exitoso/-a	erfolgreich
barcelonés/barcelonesa	aus Barcelona
superar	übertreffen
la lista de ventas	Verkaufsliste
la versión	Version, Fassung

saltar	springen
el libro de ficción	belletristisches Werk
la ficción	Fiktion
justo	just, genau
después de que + *Subj*	nachdem
el ministro de Exteriores	Außenminister
el ranking	Ranking, Aufstellung
el semanario	Wochenzeitschrift
la lista de referencia	*hier:* maßgebliche Liste
de un tirón	auf einmal, in einem Zug
confesar	gestehen, beichten
la cadena	Kette, *hier:* Fernsehkanal
admirado/-a	beeindruckt
la posguerra	Nachkriegszeit
el precedente	Präzedenzfall; Vorläufer
padrino/-a	Pate/Patin, Fürsprecher/in
suceder	passieren
en aquella época	damals
máximo/-a	*hier:* herausragend, bekannteste/r
el exponente	*hier:* Vertreter, Exponent
germánico/-a	*hier:* deutsch
el poder	Macht
el fracaso	Misserfolg
sin precedentes	*hier:* beispiellos, ohne Vorläufer

3 ¡Cuenta, cuenta!

1b
estar sentado/-a	sitzen
de pronto	plötzlich
sonar	klingeln
alejarse (de)	sich entfernen (von)
la lágrima	Träne
el pañuelo	Taschentuch
sorprendido/-a	überrascht

2
la anécdota	Anekdote
repentino/-a	plötzlich, unerwartet
la circunstancia	Umstand, Situation
el estado	Zustand
el modo	Art und Weise

3a
llamar	*hier:* rufen
entero/-a	vollständig, ganz
preocupado/-a	besorgt
el shock	Schock
sentarse a la mesa	sich an den Tisch setzen
quedarse	bleiben
el marco	Rahmen
el hecho	*hier:* Ereignis
tener prisa	in Eile sein, es eilig haben

4a
la aparición	Erscheinen, Erscheinung
¡No me digas!	Was du nicht sagst!
la sorpresa	Überraschung

4b
poner atención (a)	aufpassen (auf)

5a
el diario	Tagebuch
el cuaderno	Heft
la versión	Version, Fassung

6a
apuntar	notieren

6b
en cambio	dagegen, hingegen
el hombre de negocios	Geschäftsmann
falso/-a	falsch
la amenaza	Drohung
la llamada telefónica	Telefonanruf
causar	verursachen
desesperado/-a	verzweifelt
arrestar	festnehmen

8a
el suceso	Ereignis, Geschehen

8b
corregir	korrigieren, verbessern
de risa	zum Lachen

9a
va dirigido/-a (a)	ist gerichtet (an)
las Islas Canarias	Kanarische Inseln
desordenado/-a	unordentlich, ungeordnet
numerar	nummerieren
Tenerife	Teneriffa (Kanarische Insel)
aquel día	an jenem Tag
quedarse parado/-a	stehen bleiben
el miedo	Angst, Furcht
el haz de luz	*hier:* Lichtstrahl
moverse	sich bewegen
la dirección	*hier:* Richtung
por encima de	über
el ovni (objeto volador no identificado)	UFO (Unbekanntes Flugobjekt)
la autoridad	Autorität
al cabo de	nach (zeitl.)
en la otra punta de	*hier:* am anderen Ende von
la punta	Spitze; *hier:* Ende
anteriormente	vorher, früher

9b
al día siguiente	am nächsten Tag

10b
tener en común	gemeinsam haben

10c
el caso	Fall
explicable	erklärbar
la explicación	Erklärung
la erupción volcánica	Vulkanausbruch
volcánico/-a	vulkanisch
el entrenamiento	Training, Übung
militar	militärisch
el factor	Faktor
la lejanía	Entfernung
el centro urbano	Stadtzentrum

urbano/-a	städtisch
el clima	Klima
favorable	günstig, vorteilhaft
el ser	Wesen

12

supuestamente	vermeintlich, angeblich
transmitir	vermitteln, übermitteln
uno/-a mismo/-a	man selbst

13

volar	fliegen
la imaginación	Fantasie, Vorstellungskraft

13a

el episodio	Episode, Folge
la radionovela	Radio(fortsetzungs)roman
suceder	geschehen
de día	tags(über)
de noche	nachts

14a

el pescador	Fischer
la sirena	Meerjungfrau
la red	Netz
prometer	versprechen
a cambio de	*hier:* als Gegenleistung
cumplirse	sich erfüllen

4 Cosas útiles

1a

el invento	Erfindung
inventar	erfinden
fue inventado/-a por	wurde erfunden von …
por	*hier:* von (Passiv)
el porrón	*Glas- oder Tongefäß für Wein oder Sangría*
la olla exprés	Schnellkochtopf
exprés	Schnell-…
el chupa chups	Lolli, Lutscher
la fregona	Wischmopp
la peineta	Einsteckkamm
el afilalápices	Bleistiftspitzer

1b

fregar	abwaschen, wischen
de pie	aufrecht, im Stehen
sujetar	befestigen, festhalten
adornar	schmücken
cocer	kochen
la legumbre	Hülsenfrucht
ensuciarse	sich schmutzig machen
la función	Funktion

1c

informativo/-a	informativ
aeronáutico/-a	Luftfahrt …
el plástico	Kunststoff, Plastik
el embudo	Trichter
agujereado/-a	löchrig, durchlöchert

revolucionar	revolutionieren
facilitar	erleichtern
afirmar	behaupten

2a

u (= o vor Wörtern, die mit o beginnen)	oder
cotidiano/-a	alltäglich

2b

mejorar	verbessern

2c

el tabú	Tabu
jugar al tabú	*Wortratespiel, bei dem das Wort selbst nicht genannt werden darf*
nombrar	nennen
la especie	Sorte, Art

3b

la ventaja	Vorteil
la desventaja	Nachteil

3c

la garantía	Garantie
la intimidad	Intimität
el medio de comunicación	Kommunikationsmittel
la comunicación	Kommunikation
formar	bilden, formen
formar parte de	einen Teil bilden von
el código	Codex, Code
igual que	genau so wie
los pantalones	Hose
tanto… como…	sowohl … als auch …
el servicio de voz	Sprach-Kommunikation
la voz	Stimme
el/la asistente	Assistent/in
el/la adolescente	Jugendliche/r
sincerarse	sich aussprechen
ligar	flirten
declararse amor	eine Liebeserklärung machen
sin dar la cara	ohne dem anderen gegenüberzustehen
regalar	schenken
la maquinita	Maschinchen, kleiner Apparat
localizar	lokalisieren, finden
en cualquier momento	jederzeit
cualquier/-a	irgendein/e/r
ganar	gewinnen
la tranquilidad	Ruhe, Beruhigung
la factura	Rechnung
el vehículo	Vehikel, Mittel
el sentimiento	Gefühl
la pasión	Leidenschaft
propio/-a	eigen
ahorrar	sparen
el comunicador	Kommunikator, Vermittler
lo peor	das Schlimmste
peor	schlimmer, schlechter
estar de fiesta	auf einem Fest, einer Party sein

3d
definir	definieren

4b
común	gewöhnlich, alltäglich

5b
la instrucción	Anweisung
la ilustración	Illustration, Zeichnung
el cuadro	*hier:* Kästchen

5c
apretar	drücken
el botón	Knopf
salir	*hier:* erscheinen
el menú	Menü, Auswahlfenster
la pantalla	Bildschirm, Display (Handy)
la tecla	Taste

6a
el almacén	Laden, Geschäft

6b
lo mismo	das Gleiche, dasselbe
es una lata *(ugs)*	es ist ärgerlich
los auriculares	Kopfhörer
poner	*hier:* aufsetzen
estropeado/-a	defekt, kaputt
devolver	zurückgeben
el hombre	Mensch
envolver	einpacken
la salida	Ausgang

6c
el descontento	Unzufriedenheit

7
anterior	vorherige/r

8c
tutear	duzen

9a
hace poco	vor kurzem

9b
interpretar	interpretieren, vorspielen

10a
fuera	draußen, außerhalb

10b
el truco	Trick

11a
efectivo/-a	effektiv
el/la participante	Teilnehmer/in
la ficha	Kärtchen, Zettel
la hoja	Blatt
el apunte	Notiz
el adjetivo	Adjektiv
agrupar	gruppieren, Gruppen bilden

el criterio	Kriterium
el memo-mapa	Mind-Map

12a
memorizar	im Gedächnis behalten
el memory	Memory-Spiel
antipático/-a	unsympathisch

12b
llevar a cabo	durchführen
el modelo	*hier:* Muster
poner boca abajo	umgedreht hinlegen
emparejar	Paare bilden
quedarse con	behalten
la flecha	Pfeil
el contrario	Gegenteil

En vivo 2

L3a
la telenovela	Fernsehserie, Seifenoper

L3c
la serie	Serie, Sendereihe
la cirujía estética	kosmetische Chirurgie
conmocionar	bewegen, berühren
triunfar	triumphieren
el/la feminista	Feminist/in
sociólogo/-a	Soziologe/Soziologin
el sacerdote	Pfarrer, Geistlicher
debatir (sobre)	diskutieren (über)
la moralidad	Moral(ität)
prestigioso/-a	angesehen, bekannt
el pato	Ente
irritante	irritierend, unangenehm
vestir	*hier:* gekleidet sein
la autoestima	Selbstwertgefühl
por los suelos	am Boden, gleich null
en el fondo	im Grunde
el patito feo	das hässliche Entlein
la Bella y la Bestia	die Schöne und das Biest
brillante	brillant, glänzend
el/la economista	Volkswirtschaftler/in
noble	nobel, *hier:* gut, ehrlich
atractivo/-a	attraktiv, anziehend
soberbio/-a	arrogant, überheblich
poco a poco	Schritt für Schritt
transformarse (en)	sich verwandeln (in)
exteriormente	äußerlich
hermoso/-a	schön hübsch
deseable	begehrenswert
la dosis	Dosis
el capítulo	Kapitel
emitirse	senden
definitivamente	definitiv
trascender	überschreiten
el culebrón	Serie, Seifenoper
latino/-a	aus Lateinamerika
romper	kaputt machen
el patrón	*hier:* Muster, Vorbild

L4a

el brasero	Elektroheizgerät
la camilla	*runder Tisch, unter den der brasero gestellt wird*
redondo/-a	rund
el tablero	Tischplatte
móvil	beweglich
la estructura	*hier:* Vorrichtung
las faldas	*hier:* Tischdecke
conservar	*hier:* behalten
bajo	unter

L4b

obligatorio/-a	obligatorisch
eléctrico/-a	elektrisch
la calefacción	Heizung
el invierno	Winter
encender	anzünden, einschalten
tapado/-a	zugedeckt
los deberes	Hausaufgaben
la suela	Schuhsohle
quemar	anbrennen, verbrennen
la zapatilla	Hausschuh
el susto	Schreck
cálido/-a	warm
secar	trocknen
mojado/-a	nass, durchnässt
calentito/-a	gut warm
de mayores	als Erwachsene
alrededor de	rund um
el parchís	Mensch-ärgere-dich-nicht

Repaso 1

1

la arrocería	Restaurant mit Reisspezialitäten
con antelación	im Voraus
el parking	Parken, Parkplatz
la parrilla	Holzofengrill
la fragata	Fregatte
saborear	genießen
sabroso/-a	schmackhaft, köstlich
el cocido	Eintopf
exquisito/-a	exquisit, fein, köstlich

2a

la entrada	*hier:* erster Gang, Vorspeise
el calamar	Tintenfisch
a la romana	*paniert und in Öl frittiert*
la croqueta	Krokette
el bacalao	Kabeljau
rebozado/-a	*paniert und in Öl frittiert*
la dorada	Goldbrasse
a la plancha	*auf einer heißen Platte frittiert*
la lubina	Wolfsbarsch
a la sal	in Salzkruste
la merluza	Seehecht

2b

freír	braten, frittieren
la plancha	*hier:* heiße (Herd-)Platte aus Metall
la harina	Mehl

3a

el/la comensal	Tischnachbar/in

3b

delicioso/-a	köstlich

3

crudo/-a	roh

5 ¡Cuídate!

¡cuídate!	pass auf dich auf!
cuidar(se)	(auf sich) aufpassen

1b

acertar	erraten, richtig raten
centenario/-a	hundertjährig
homenajear	ehren
la fotografía	Foto
la localidad	Ort, Ortschaft
en presencia de	in Anwesenheit von …
convecino/-a	Nachbar/in
la corporación municipal	*hier:* Kommunalvertreter
municipal	Gemeinde-…, kommunal
alcalde/-sa	Oberbürgermeister/in
la placa conmemorativa	Gedenktafel
me hace ilusión	es freut mich
la ilusión	Traum, Illusion, *hier:* Freude
especialmente	besonders
colocar	aufhängen, platzieren
visible	sichtbar
homenajeado/-a	Geehrte/r
muerto/-a	gestorben, tot
las tareas del hogar	Hausarbeit
el matrimonio	Ehe, Ehepaar
sobrevivir	überleben
biznieto/-a	Urenkel/in
la amputación	Amputation
valerse por sí mismo/-a	für sich selbst sorgen
a partir de entonces	seitdem
la silla de ruedas	Rollstuhl
la atención	*hier:* Betreuung
prestar	leihen, *hier:* schenken, geben
alimentar(se de, con)	(sich) ernähren (von)
la afición (por)	*hier:* Vorliebe (für), Interesse (an)
curar	heilen
la herida	Wunde, Verletzung
mediante	mittels, mithilfe von
la compresa	Kompresse, Umschlag, Wickel
el barro	Ton, Lehm
en una ocasión	einmal
la asignatura	(Schul-)Fach
mandar	senden, schicken
el tratamiento	Behandlung
medicinal	medizinisch, Heil-…
premiar	belohnen
la nota	*hier:* Note

2a

la longevidad	Langlebigkeit

3a

llegar a viejo/-a	alt werden
el pasado	Vergangenheit
el presente	Gegenwart
quedarse sentado/-a	sitzen bleiben

3b

el imperativo	Befehlsform, Imperativ
sombreado/-a	schattiert

4b

la condición	Bedingung
el alcohol	Alkohol

5a

la esperanza de vida	Lebenserwartung
mayor	*hier:* höher
locutor/a	Sprecher/in
la asistencia médica	medizinische Versorgung
el control	Kontrolle
la herencia	Erbe
genético/-a	genetisch
el optimismo	Optimismus
el movimiento	Bewegung

5c

la causa	Ursache

5b

la Organización Mundial de la Salud (OMS)	WHO (World Health Organization)
el antienvejecimiento	Anti-Überalterung

6

variar	variieren, verschieden sein
según	nach, gemäß, laut
el nivel	Niveau, Stand
el sistema sanitario	Gesundheitssystem
la sequía	Trockenheit
la zona	*hier:* Gebiet
desierto/-a	Wüsten-...
la creencia	Glaube, religiöse Überzeugung
el sistema	System
alto/-a	*hier:* hoch
la catástrofe	Katastrophe
climático/-a	klimatisch
injusto/-a	ungerecht
bajo/-a	*hier:* niedrig
Centroamérica	Zentralamerika
andino/-a	Anden-...
soportar	ertragen
extremo/-a	extrem

7a

llamado/-a	genannt
la vejez	Alter, Greisenalter
de ser necesario	wenn es nötig ist
el diccionario	Wörterbuch
la arruga	Falte
la rodilla	Knie
la cabellera	Haar, Mähne
el espejo	Spiegel
el horizonte	Horizont
las ojeras	Augenringe

7b

optimista	optimistisch
pesimista	pessimistisch
delicado/-a	zart, fein, delikat
la marca	*hier:* Spur
la preocupación	Sorge, Kummer
la vena	Ader, Vene
profundo/-a	tief
temprano	früh
como corresponde	wie es sich gehört
corresponder	*hier:* entsprechen, sich gehören
el paso	*hier:* Verlauf
el invierno	Winter
tictaquear	ticken, klopfen, schlagen
la duda	Zweifel

8

paralelo/-a (a)	parallel (zu)

9

furioso/-a	wütend
ponerse	... werden

10a

galopar	galoppieren
atreverse a + *Inf*	wagen, sich trauen zu
tener miedo de que... + *Subj*	Angst davor haben, dass ...
la monja	Nonne
sospechar	verdächtigen, vermuten
chatear	chatten (im Internet)
una falta de + *Nom*	ein Mangel an ...
el compañerismo	Kameradschaft, Kollegialität
presionado/-a	unter Druck gesetzt
concentrarse	sich konzentrieren
el aprieto	Notlage, Engpass
apreciar	schätzen
desde hace mucho tiempo	seit langer Zeit
ambos/-as	beide
desaparecer	verschwinden
el bolsillo	Hosentasche
robar	rauben, (be)stehlen
el (los) servicio(s)	*hier:* Toilette
acusar a alguien (de algo)	jdn einer Sache anklagen, beschuldigen
el robo	Raub, Diebstahl

11a

destinatario/-a	Empfänger/in
desgraciadamente	leider
deberías	du solltest
deber	sollen, müssen
pararle los pies a alguien	jdn bremsen, in die Schranken weisen
enfrentarse (a alguien)	sich jdm entgegenstellen
dar resultado	funktionieren, ein Ergebnis zeigen
aconsejar que... + *Subj*	raten, dass ...
laboralista	Arbeits-...
psicólogo/-a	Psychologe/in
el riesgo	Risiko
grave	gefährlich, schwer
producir	*hier:* verursachen
la ansiedad	Angst, Beklemmung
la depresión	Depression

tomarse algún tiempo	sich Zeit nehmen
asegurarse (de)	sich vergewissern
la sospecha	Verdacht
fundado/-a	begründet
lo ocurrido	das Geschehene
superar	*hier:* überwinden
poderoso/-a	stark
la cleptomanía	Kleptomanie
la enfermedad	Krankheit
tratar	*hier:* behandeln

13

tener miedo de + *Inf*	Angst haben, zu

13a

estar preocupado/-a (por)	besorgt sein (wegen)
anónimo/-a	anonym

14b

tranquilizar	beruhigen
estar hecho/-a un lío *(ugs)*	ganz durcheinander sein
el lío	Durcheinander
acordarse (de)	sich erinnern (an)
¡qué maravilla!	das ist doch wunderbar!
perderse de vista	sich aus den Augen verlieren
¡Qué tontería!	Was für ein Unsinn!
la tontería	Quatsch, Unsinn, Blödsinn
darse cuenta (de)	etwas (be-)merken
la probabilidad	Wahrscheinlichkeit

15a

enumerar	aufzählen

6 Sabor, aroma y comercio justo

el comercio	Handel

1a

asociar (con)	assoziieren, verbinden (mit)
la lluvia de ideas	Brainstorming

1b

el cacao	Kakao
la miel	Honig
el chile	Chili(-pulver, -schote)
la tropa	Truppe
emperador/-a	Kaiser/in
la semilla	Same(-nkorn)
el oro	Gold
extender(se)	(sich) verbreiten, ausbreiten
a inicios de	am Anfang, zu Beginn
fabricar	herstellen
la tableta	*hier:* Tafel
tal y como	so wie
hoy en día	heutzutage
científico/-a	Wissenschaftler/in
el residuo	Rest, Abfall
la vasija	Gefäß
datar (de)	zurückgehen auf …
antes de Cristo (a. C.)	vor Christus (v. Chr.)

Cristo	Christus
el yacimiento	Fundort, Ausgrabung
América Central	Zentralamerika
encontrarse (en)	*hier:* sich befinden (in)
la tumba	Grab
producir	herstellen, produzieren, hervorbringen
la espuma	Schaum
en combinación con	gemischt, zusammen mit
el/la azteca	Azteke/in
concentrado/-a	konzentriert
el/la noble	Adlige/r
guerrero/-a	Krieger/in
desembarcar	landen
el elemento	Element
el trueque	Tausch
el soldado	Soldat
religioso/-a	Mönch, Nonne
la receta	Rezept
la vainilla	Vanille
el anís	Anis
nutritivo/-a	nahrhaft
permitir	erlauben
la marcha	Marsch
favorecer	fördern
el cultivo	Anbau
el utensilio	Gerät
la preparación	Zubereitung, Vorbereitung
fascinar	faszinieren
el medicamento	Medikament
el reconstituyente	Stärkungsmittel
el elixir	Elixier
el efecto	Wirkung, Effekt
afrodisíaco/-a	aphrodisisch, anregend
principal	Haupt- …
el salón	Salon
el signo	Zeichen
la distinción	Vornehmheit
la elegancia	Eleganz
a finales de	Ende …
la dama	Dame
el trocito (trozo)	Stückchen
degustar	kosten, probieren

2

la ración	Portion, Ration
enterrado/-a	begraben
la mercancía	Ware
el fruto	Frucht, Ertrag
la caloría	Kalorie

3b

el desconocimiento	Unkenntnis, Nichtwissen

7a

¿Qué le sugiere?	Was fällt Ihnen dazu ein?

7b

la coca	Koka(-blätter)
adecuado/-a	passend
enriquecer(se)	reich werden
empobrecer(se)	verarmen, arm werden

7c

amenazar	bedrohen
el cafetal	Kaffeepflanzung
la plantación	Plantage
la materia prima	Rohstoff
la elaboración	Herstellung
la cocaína	Kokain
brillante	glänzend
las afueras	Umgebung
montañoso/-a	gebirgig
cafetalero/-a	Kaffeeanbau-…
caficultor/a	Kaffeebauer/bäuerin
la plata (LA)	hier: Geld
abandonar	verlassen
sembrar	säen, pflanzen
como consecuencia (de)	als Folge (von)
el oasis	Oase
la paz	Friede
el/la rebelde	Rebell/in
izquierdista	links(-gerichtet)
el/la paramilitar	Paramilitär
aterrorizar	terrorisieren
la lucha	Kampf
el tráfico	hier: Handel
al igual que	(eben-)so wie
la víctima	Opfer
globalizado/-a	globalisiert
a causa de	aufgrund
el acuerdo	hier: Abkommen
comprador/-a	Käufer/in
llenarse (de)	sich füllen (mit)
desde entonces	seitdem
gracias a ello	dank dieses Umstandes
consumidor/a	Verbraucher/in
el lujo	Luxus
enormemente	ungeheuer, enorm
por lo que	weshalb, weswegen
tostador/a	hier: Kaffeeröster/in
obtener	bekommen, erreichen
el beneficio	Profit, Gewinn
por lo tanto	deshalb, daher
frente a	angesichts
poner en marcha	in Gang setzen
dominar	beherrschen, dominieren
por completo	vollständig
destruir	kaputt machen, zerstören
el excedente	Überschuss
comprometerse (a)	sich verpflichten

8a

estructurar	strukturieren
argumentativo/-a	argumentativ

8c

relacionado/-a (con)	…, die zu tun haben (mit)

9

es fundamental que… + Subj	es ist entscheidend dass …

10b

el principio	hier: Prinzip
la quincena	vierzehn Tage
respetuoso/-a	rücksichtsvoll

el medio ambiente	Umwelt
el salario	Lohn, Gehalt
digno/-a	würdig, angemessen
reinvertir	reinvestieren
la cooperativa	Genossenschaft
productor/a	produktiv, Produktions…
la fundación	hier: Stiftung
el stand	(Messe-)Stand
la ginkana	Ratespiel, Quiz
la galleta	Keks
la crema	hier: Creme, Likör
la línea	(Produkt-)Linie

12

la etiqueta	Etikett
la premisa	Prämisse
laborioso/-a	fleißig, arbeitsam
conformar	bilden
la asociación	Verein, Verband
el esfuerzo	Anstrengung, Mühe
bajo	unter
la conservación	Erhalt(ung)
el cuidado	hier: sorgfältiger Umgang
dentro de	hier: unter
la competencia	hier: Wettbewerb
excepcional	ausgezeichnet, außergewöhnlich
la subasta	hier: Abstimmung

13a

el/la gerente	Geschäftsführer/in
orgánico/-a	organisch, hier: biologisch

13b

formular	formulieren

13c

los beneficios	hier: Vorzüge, Vorteile
redondo/-a	rund
la acidez	Säure
competitivo/-a	wettbewerbsfähig
determinado/-a	bestimmt
incomparable	unvergleichlich

14a

dar a conocer	bekannt machen
la colza	Raps
naturalmente	hier: natürlich, selbstverständlich
el contenido	Inhalt, Gehalt
la característica	Merkmal
de prensa	hier: gepresst
contener	beinhalten
los químicos	chemische Zusätze
comestible	essbar
el colesterol	Cholesterin
la propiedad	hier: Eigenschaft
beneficioso/-a	günstig, vorteilhaft
el sistema inmunológico	Immunsystem
circulatorio/-a	Kreislauf-…
reducir	reduzieren

14b

el tamaño	Größe
visual	visuell

En vivo 3

L5b

la letra	*hier:* (Lied-)Text
adelante	vorne
hacerse realidad	wahr werden
confiar (en)	vertrauen (auf)
el silencio	Stille
rondar	umgehen
atrás	zurück
bloquear(se)	(sich) blockieren
la mente	Geist, Kopf
navegar	segeln

L6a

el mole poblano	mexikanische Soße für Fleischgerichte, mit Schokolade
el chile poblano	spezielle Art von Chilischoten
hirviendo (hervir)	kochend
la cucharada	Esslöffel (Maß)
la taza	Tasse
molido/-a (moler)	gemahlen
tostado/-a (tostar)	geröstet
picado/-a (picar)	gehackt
el diente de ajo	Knoblauchzehe
triturado/-a (triturar)	zerkleinert
el jitomate	*besondere Tomatensorte*
pelado/-a (pelar)	geschält
la pasa	Rosine
la tortilla	*hier:* Maistortilla, Maisfladen
cortado/-a (cortar)	geschnitten
el ajonjolí *(LA)*	Sesam
la canela	Zimt
en polvo	gemahlen, in Pulverform
los clavos (de olor)	Gewürznelken
el cilantro	Koriander
el caldo de pollo	Hühnerbrühe
la tablilla	Tafel
el procedimiento	Vorgehensweise
remojar	einweichen
quitar	weg-, herausnehmen
la licuadora	Mixer
calentar	erhitzen
la manteca	Fett
la sartén	Bratpfanne
revolver	umrühren
constantemente	ständig
derretir	schmelzen
hasta que + *Subj*	bis
la salsa	Soße
el pavo	Truthahn

L6b

la medida	Maß, Mengenangabe
el proceso	Prozess

7 Es de los más normal

1a

el/la indígena	Eingeborene(r)
el/la shuar	*Volk im Amazonasgebiet von Ecuador*

el territorio	Gebiet
amazónico/-a	vom Amazonas
la tribu	(Volks-)Stamm

1b

la cerbatana	Blasrohr
cazar	jagen
el pájaro	Vogel
el chamán	Schamane
acompañado/-a (por)	begleitet (von)
la yuca	Maniok
la huerta	Gemüsegarten
el baño	Bad
ritual	rituell
la catarata	Wasserfall

2a

etnólogo/-a	Ethnologe/in
el pueblo	*hier:* Volk
la apertura	*hier:* Beginn, Eröffnung
el saludo	Begrüßung, Gruß
el cuerpo	*hier:* Hauptteil
el cierre	*hier:* Abschluss, Ende
la despedida	Abschied, Verabschiedung
estimado/-a	sehr geehrte(r)
el público	Publikum
señoras y señores	meine Damen und Herren
antes que nada	zuerst, an erster Stelle
dar la bienvenida a alguien	jdn willkommen heißen
el placer	Genuss, Vergnügen
Hasta la próxima	Bis zum nächsten Mal
¡Que les vaya bien!	Alles Gute!

2b

el énfasis	Nachdruck, Begeisterung
finalmente	schließlich
más + *adj* + posible	am ...-sten, so + *Adj* + wie möglich
la actitud	Haltung

2c

el/la conferenciante	Vortragende(r)

2

(con) respecto a	über, bezüglich
alegrarse de que + *Subj*	sich darüber freuen, dass

3

guerrero/-a	kriegerisch
reducir	*hier:* schrumpfen
salvaje	wild
racista	rassistisch

4a

la paja	Stroh
femenino/-a	weiblich
la influencia	Einfluss
occidental	westlich

4b

ilegible	unleserlich

4c

durante	während

Wortschatz nach Lektionen

en cuanto a — was … betrifft
o sea (que) — das heißt

5a
estar de visita — zu Besuch sein

5b
dar una conferencia — einen Vortrag halten

6a
la novela de amor — Liebesroman
viejo/-a — Alte(r)
chileno/-a — chilenisch

6b
algún tiempo — einige Zeit

7a
aclarar — klären
la fiera — Raubtier, wildes Tier
desterrar — verbannen, vertreiben

7b
resumir — zusammenfassen
traducir — übersetzen
premiar — hier: mit einem Preis auszeichnen
colono/-a — Ansiedler/in, Kolonist/in
la selva — Urwald
en busca de — auf der Suche nach
precioso/-a — hier: wertvoll, edel
escaparse (de) — entkommen, entfliehen
el miembro — Mitglied
la ley — Gesetz
respetar — respektieren
cometer un error — einen Fehler begehen, machen
la sierra — Gebirge, Bergkette
a orillas de — am Ufer des / der
un buen día — eines (schönen) Tages
el recuerdo — Erinnerung
obligar — zwingen
la expedición — Expedition
la tigrilla — Ozelot(-Weibchen)
basarse en — basieren auf

8
mantener una conversación — ein Gespräch führen
tenso/-a — (an)gespannt
agresivo/-a — aggressiv
al caer la noche — als es Nacht wurde
la canoa — Kanu
complacido/-a — zufrieden
el cigarro — hier: Zigarre
en torno a — rund um … (herum)
eterno/-a — ewig
la fogata — Lagerfeuer
el palo — hier: Stock, Holzscheit
la manada — Herde
hablador/-a — geschwätzig
el papagayo — Papagei
borracho/-a — betrunken
el diablo — Teufel
helado/-a — gefroren, sehr kalt
el poncho — Poncho, ärmelloser Überwurf

las gentes — Stämme, Völker
puerco/-a — Schwein
la gallina — Huhn
desde que sale el sol — von Sonnenaufgang an
hasta que se oculta (el sol) — bis Sonnenuntergang
tonto/-a — blöd, dumm
sentenciar — (be-)urteilen

10
la valoración — Wertung, Bewertung
no pueden creer que… + Subj — sie können nicht glauben, dass …
le gusta / le encanta que… + Subj — es gefällt ihm / ihr (sehr), dass …
les parece tonto /raro / horrible… + Subj — sie finden es blöd / seltsam / schrecklich, dass …
serrano/-a — hier: Bergbewohner/in

12a
el comportamiento — Verhalten
llegar a un acuerdo — zu einer Übereinkunft gelangen
la fila — Schlange
personal — hier: privat
empleado/-a — Angestellte(r)
es normal que… + Subj — es ist normal, dass …

12b
el porqué — das Warum, Grund
típico/-a — typisch
puede ser que… + Subj — es kann sein, dass …
quizás + Subj — vielleicht
tal vez + Subj — vielleicht
posiblemente + Subj — möglicherweise
es probable que… + Subj — es ist wahrscheinlich, dass …
diplomático/-a — diplomatisch

13
provocar — hervorrufen

14a
la diapositiva — Dia
el proyector de diapositivas — Diaprojektor
el aparato retroproyector — Overhead-Projektor
el beamer — Beamer
el soporte técnico — technische Ausstattung
técnico/-a — technisch
dirigirse a — sich an jdn wenden

8 Nosotros, los niños…

1b
depender (de) — abhängen, abhängig sein (von)
la artesanía — Kunsthandwerk
almorzar — (zu) Mittag essen
igual — gleich
la guerrilla — Guerrilla, Untergrundkampf
matar — töten
secuestrar — entführen
el noticiero (LA) — Nachrichten
en otras partes — anderswo
el Atari — Atari (Computer)

la ola	Welle
la arena	Sand
la concha	Muschel
el caracol	Schnecke
aventurero/-a	Abenteurer/in
Australia	Australien
el Egipto	Ägypten
comercial	Kaufmann/Kauffrau
la imprenta	Druckerei
cuidar (a)	auf jdn aufpassen
el monopatín	Skateboard
la droga	Droge
la natación	Schwimmen
el ajedrez	Schach(spiel)
la televisión por cable	Kabelfernsehen
los dibujos	hier: Zeichentrickfilme
el juguete	Spielzeug

3b

jugar a las canicas	mit Murmeln spielen
la canica	Murmel

4a

la viñeta	Comic-Bild
hijo/-a único/-a	Einzelkind

4b

pedir que... + Subj	(darum) bitten, dass ...
decir que... + Subj	sagen, dass ...

4

la orden	Befehl, Anweisung
el ruego	Bitte
el estilo directo	direkte Rede
el estilo indirecto	indirekte Rede
el modo	hier: Zeitform

5a

la página web	Internet(Web)-Seite
iniciar	anfangen, initiieren
el debate	Debatte, Diskussion
la natalidad	hier: Geburtenrate

5b

la tasa de natalidad	Geburtenrate
descender	sinken, abnehmen
fértil	fruchtbar
se debería(n) + Inf	man sollte
tomar medidas	Maßnahmen treffen
la medida	hier: Maßnahme
estimular	fördern, stimulieren
trabajador/a	hier: berufstätig
consumista	Konsum-...
egoísta	egoistisch
la molestia	Belästigung, Störung
la familia numerosa	kinderreiche Familie
numeroso/-a	zahlreich, hier: kinderreich
anciano/-a	Greis/-in
invertir (en)	investieren (in)
compensar	kompensieren, ausgleichen
el sacrificio	Opfer
hacer un sacrificio	ein Opfer bringen
se tendría(n) que + Inf	man sollte

la protección	Schutz
el despido	Kündigung, Entlassung
el embarazo	Schwangerschaft
la subvención	Zuschuss
la guardería	Kindergarten, Kinderbetreuung
el atasco	Stau

7b

perdona que... + Subj	entschuldige, dass ...

7

estar de acuerdo con que... + Subj	damit einverstanden sein, dass ...
estar a favor de que... + Subj	dafür sein, dass ...
estar en contra de que... + Subj	dagegen sein, dass ...

8c

informal	informell, hier: illegal
las tareas domésticas	Hausarbeiten
el círculo vicioso	Teufelskreis
gratuito/-a	kostenlos

9a

el chavalo (LA)	Junge
deambular	herumziehen, sich herumtreiben
la miseria	Elend, Not
salir de pobre	der Armut entkommen
pobre	arm

9b

la letra	hier: (Lied-)Text
oloroso/-a (a)	riechend (nach)
el tabaco	Tabak, Zigaretten
la melancolía	Melancholie, Niedergeschlagenheit
planchar	bügeln
ajeno	hier: außer Haus
el estribillo	Refrain
la madrugada	früher Morgen
regresar	zurückkehren
oler	riechen, hier: schnüffeln
lamentarse	sich beklagen

10

proteger	beschützen

12a

la manifestación	Demonstration
bajo el lema	unter dem Motto
la pancarta	Plakat, Transparent
la demanda	hier: Forderung

13b

a largo plazo	langfristig

En vivo 4

L7b

la Amazonía	Amazonien
patrocinar	sponsern, fördern
el objetivo	Ziel
transcurrir	hier: sich abspielen, spielen

a fondo	sehr gut, gründlich
tener la suerte (de)	das Glück haben (zu)
medir	messen
la colonización	Kolonisierung
el sector	Sektor, Gebiet
integrado/-a por	*hier:* bestehend aus
riguroso/-a	streng, hart, riguros
la malaria	Malaria
la etnia	Ethnie, Volk, Stamm
representativo/-a	repräsentativ, *hier:* verbreitet
jíbaro/-a	Kopfjäger/in
cazador/a	Jäger/in
la percepción	Wahrnehmung, Verständnis
la riqueza	Reichtum
fundamental	Haupt-...
surgir	*hier:* entstehen
Digamos...	Sagen wir mal ...
asombroso/-a	erstaunlich
el/la testigo	Zeuge/Zeugin
la trama	*Handlung eines Romans oder Theaterstücks*
ficticio/-a	fiktiv, erdacht
la visión	Vision, Sichtweise

L8

el testimonio	Zeugnis, Aussage
la participación	Teilnahme
el final feliz	Happy End
el varón	Mann
el basurero	Mülldeponie
con el tiempo	mit der Zeit
rechazado/-a (por)	abgelehnt (von)
asistir a	teilnehmen an
el taller	Werkstatt, Kurs
la costura	Nähen
el apoyo	Unterstützung
la secundaria	Sekundarstufe, weiterführende Schule
agradecido/-a	dankbar
brindar apoyo	unterstützen
educador/a *(LA)*	Erzieher/in, Lehrer/in
la meta	Ziel
el bachillerato	Abitur, *hier:* Gymnasium
la universidad	Universität
concluir	abschließen, vollenden
brindar la oportunidad	die Chance bieten
la beca	Stipendium
pegar	schlagen
mirarse obligado/-a a *(LA)*	sich gezwungen sehen zu
agarrar	festhalten, *hier:* erwischen
la terminal de (auto-)buses	Busbahnhof
pedir	*hier:* betteln
p.m. (post meridiem)	nachmittags (Uhrzeitangabe)
la gasolinera	Tankstelle
los útiles escolares	Schulsachen
el grado	*hier:* Schuljahr
becario/-a	Stipendiat
detener	*hier:* festnehmen
la policía	*hier:* Polizei
drogadicto/-a	Drogenabhängige/r
el/la traficante de drogas	Drogenhändler/in
de mayor edad	älter

Repaso 2

1a
el logotipo	Logo

1b
la presentación	Präsentation
diseñar	entwerfen
simbolizar	symbolisieren

2a
el organigrama	Organigramm
la dirección general	Geschäftsleitung
el departamento de producción	Produktion(-sabteilung)
el departamento de ventas y de márketing	Verkauf und Marketing
el departamento financiero y administrativo	Finanzen und Verwaltung
el departamento de personal	Personalabteilung

2b
la Sociedad Anónima (S.A.)	Aktiengesellschaft (AG)
la PYME (Pequeña Y Mediana Empresa)	kleiner und mittelständischer Betrieb
especializarse (en)	sich spezialisieren (auf)
sanitario/-a	Sanitär-...
conservador/a	konservativ
encargarse (de)	zuständig sein (für)
la investigación de mercados	Marktforschung
la promoción de ventas	Verkaufsförderung
las relaciones públicas	Public Relations (PR), Öffentlich-keitsarbeit
la contabilidad	Buchführung

3
prestar servicios	Dienstleistungen anbieten
publicitario/-a	Werbe-...
investigar	forschen

9 Nuestro planeta azul

1a
la escasez	Knappheit

1b
el agua potable	Trinkwasser
potable	trinkbar
el agua corriente	fließendes Wasser
corriente	*hier:* fließend
la abundancia	Überfluss
la desertización	Versteppung
la inundación	Überschwemmung
contaminado/-a	kontaminiert, verseucht

2a
las Naciones Unidas (ONU)	Vereinte Nationen (UNO)
declarar	erklären
la correspondencia	*hier:* Entsprechung
la muerte	Tod
a pesar de (que) + *Ind*	obwohl, trotz, obgleich

el recurso	Ressource
natural	natürlich
imprescindible	unentbehrlich
la distribución	hier: Verteilung
equitativo/-a	gerecht
mientras que + Ind	während
la superficie	Oberfläche
cubierto/-a	bedeckt
restante	restlich
las tres cuartas partes	drei Viertel
congelado/-a	gefroren
en forma de	in Form von
la capa	Schicht
el hielo	Eis
cerca de	circa, ungefähr
disponible	verfügbar
sin embargo	trotzdem, jedoch, aber, dennoch
debido a	aufgrund, wegen
el sistema de riego	Bewässerungssystem
el riego	Bewässerung
ineficiente	uneffektiv
el país en vía de desarrollo	Entwicklungsland
en vía(s) de	im Begriff zu
perderse	hier: verloren gehen
evaporarse	verdampfen
al volver	hier: beim Zurückfließen
el agua subterránea	Grundwasser
subterráneo/-a	unterirdisch
la gráfica	Grafik
superficial	oberflächlich, Oberflächen-...

2b

el contraste	Kontrast, Gegensatz
escaso/-a	knapp
gastar	hier: verbrauchen

3

la foto de satélite	Satellitenaufnahme
el satélite	Satellit
la Península Ibérica	Iberische Halbinsel
húmedo/-a	feucht
seco/-a	trocken
más bien	eher, vielmehr

4b

situarse	sich befinden
exportar	exportieren
exportador/a	Exporteur/in
llegar a una conclusión	zu dem Schluss kommen
la conclusión	Schluss(-folgerung)
tener en cuenta	berücksichtigen
la cantidad	Menge
la tonelada	Tonne
la mandarina	Mandarine
la hortaliza	Gemüse
el Levante	hier: Südosten Spaniens (Valencia, Murcia)
murciano/-a	von, aus Murcia
la vegetación	Vegetation, Pflanzenwuchs
autóctono/-a	ursprünglich
la explotación	Ausbeutung
descontrolado/-a	unkontrolliert
la reserva	Reserve

fluvial	Fluss-...
el proceso	Prozess
la erosión	Erosion
aunque + Subj	selbst wenn
solucionar	lösen
arrastrar	mitreißen
el desastre	Katastrophe
poner en práctica	verwirklichen, umsetzen
la reforestación	Wiederaufforstung
desalado/-a	hier: entsalzt
empeorar	sich verschlechtern
explotar	ausbeuten
inevitablemente	unvermeidlich

6a

mientras + Subj	solange
aunque + Ind	obwohl
racionar	rationieren
importar	importieren

6b

el verbo	Verb
el indicativo	Indikativ
el subjuntivo	Subjuntivo (Konjunktiv)

7a

la UNESCO	UNESCO (Kinderhilfswerk der UNO)
cepillarse los dientes	Zähne putzen
el diente	Zahn
afeitarse	sich rasieren
la cisterna	hier: Spülkasten
el wáter	WC
permitir que... + Subj	erlauben, dass ...
enjuagar	spülen
el lado	Seite
el fregadero	Spüle, Spülbecken
lavar	hier: abwaschen
aclarar	klarspülen
recoger	hier: sammeln
la vida diaria	Alltag
lavarse los dientes	Zähne putzen
la descarga	Spülung

7

simultáneo/-a	gleichzeitig
malgastar	verschwenden

8a

el ayuntamiento	Rathaus, Stadtverwaltung
la campaña	Kampagne
la recogida de residuo(s)	Müllabfuhr
selectivo/-a	hier: getrennt
los residuos sólidos	Hausmüll
identificar	hier: identifizieren, benennen
el envase	Verpackung
depositar	hier: einwerfen
el contenedor	Container
el cartón	Karton

8b

la sensibilización	Sensibilisierung
la ecología	Ökologie

Wortschatz nach Lektionen

la concienciación	Bewusstmachung
por medio de	durch
acoger	annehmen

9a

la carta de queja	Beschwerdebrief
la queja	Beschwerde, Klage
dirigido/-a (a)	gerichtet (an)
el asunto	*hier:* Betreff
últimamente	in letzter Zeit
Quisiera comunicarles que…	Ich möchte Ihnen mitteilen, dass …
imposible	unmöglich
ni un/-a solo/-a	nicht einmal eine(n)
apropiado/-a	geeignet
indispensable	unerlässlich
poner los medios	die Mittel zur Verfügung stellen
Le/s ruego (que)… + *Subj*	Ich bitte Sie, …
lo más pronto posible	so bald wie möglich
En espera de su respuesta	In Erwartung Ihrer Antwort
Les saluda atentamente	Mit freundlichen Grüßen

9b

el excremento	Kot
la acera	Gehsteig
el camión	LKW
exigir	verlangen, fordern
Le/s pido (que)… + *Subj*	Ich bitte Sie, …
Me parece indispensable que… + *Subj*	Es erscheint mir unerlässlich, dass …
Me parece conveniente que… + *Subj*	Es erscheint mir angebracht, dass …
el registro formal	*hier:* formelle Ebene
formal	förmlich, formell

9c

molestar	stören

10a

reflejar	widerspiegeln, zeigen

10b

el/la portavoz	Sprecher/in, Wortführer/in
el/la ecologista	Umweltschützer/in
el coloquio	Diskussion, Gespräch

10c

la ciudadanía	Bürgerschaft
el incentivo	*hier:* Anreiz
retornable	Mehrweg-, Pfand-…
sugerir	vorschlagen, anregen
innecesario/-a	unnötig

10d

ecologista	ökologisch

11a

en caso necesario	falls nötig

11b

sugerir que… + *Subj*	vorschlagen, anregen, dass …
reciclar	wiederaufbereiten

10 No hay atajo sin trabajo

No hay atajo sin trabajo	Ohne Fleiß kein Preis

1b

portero/-a de coches	Portier, der die Gäste bei der Ankunft im Auto empfängt
el hotel de lujo	Luxushotel
la jornada	Arbeitszeit
los ingresos	Gehalt, Einkünfte
llevar + *Ger*	etwas seit einiger Zeit machen
el escudo	Wappen, Schild
fíjese (fijarse)	stellen Sie sich vor
el resfriado	Erkältung
laboral	Arbeits-…
la jubilación	Pensionierung
la ONCE (Organización Nacional de Ciegos Españoles)	Span. Blindenorganisation
el cupón	Kupon, (Lotterie-)Los
la delincuencia	Kriminalität
portátil	tragbar
ciego/-a	blind
desalmado/-a	herzlos, skrupellos
el trato	*hier:* Umgang, Kontakt

2b

regular	regelmäßig

2c

la forma verbal	Verbform
proceder	stammen, herkommen
la raíz	*hier:* Stamm

3b

el lugar de residencia	Wohnort
el caso de emergencia	Notfall
desconocido/-a	Unbekannte/r
el concurso	Wettbewerb

3

respecto a	in Bezug auf

4

el currículum vitae (CV)	Lebenslauf
académico/-a	akademisch, Universitäts-…
los datos personales	persönliche Daten
el lugar de nacimiento	Geburtsort
la fecha de nacimiento	Geburtsdatum
el nacimiento	Geburt
la recuperación	*hier:* Nachhilfe
las matemáticas	Mathematik
cajero/-a	Kassierer/in
dependiente/-a	Verkäufer/in
el asesoramiento	Beratung
la telefonía móvil	Mobilfunk
la imagen	Bild
el sonido	*hier:* Ton
los complementos	*hier:* Zubehör
dibujante técnico	technische/r Zeichner/in
en prácticas	im Praktikum
el instituto	Institut, Gymnasium

la formación profesional	berufliche Bildung, Berufs-ausbildung
el graduado escolar	*in etwa:* Hauptschulabschluss
complementario/-a	zusätzlich
el tratamiento de texto(s)	Textverarbeitung
el entorno	*hier:* Betriebssystem
la facilidad	*hier:* Begabung, Talent

5

apuntarse al paro	sich arbeitslos melden
el INEM (Instituto Nacional de Empleo)	Arbeitsamt
estar atento/-a (a)	etwas beachten
en tu / su lugar	an deiner / Ihrer Stelle

6a

la oferta de trabajo	Stellenangebot
el mobiliario	Einrichtung, Mobiliar
el diseño	Design
el requisito	Erfordernis, *hier etwa:* gesucht
la diplomatura	Diplom(-abschluss)
el dominio de...	Beherrschen von ...
mínimo/-a	minimale/r, mindestens
la flexibilidad	Flexibilität
la capacidad	*hier:* Fähigkeit
el trabajo en equipo	Teamarbeit
la remuneración	Vergütung
el clima de trabajo	Arbeitsklima
reciente	aktuell

6b

el sinónimo	Synonym
el perfil	*hier:* Profil
candidato/-a	Kandidat/in, Bewerber/in

9

la carta de presentación	Bewerbungsschreiben
concertar	*hier:* vereinbaren
Atentamente	Mit freundlichen Grüßen
Les envío adjunto	Ich schicke Ihnen anbei
la candidatura	Bewerbung
reunir todos los requisitos	alle Anforderungen erfüllen
atractivo/-a	anziehend, attraktiv
próximamente	demnächst
la carta comercial	Geschäftsbrief
Un cordial saludo	Mit herzlichen Grüßen
la fórmula	Formel

10a

la Oficina de Empleo	Arbeitsamt
el servicio técnico	Kundendienst
pasar por	*hier:* vorbeikommen

11

el recado	Nachricht
¡Menos mal!	*etwa: Gott sei Dank!*

12b

la nota	*hier:* Notiz
el cambio	(Ver-)Änderung
la petición	Bitte
el condicional	Konditional

13

por motivos de	aus ... Gründen
disculpar	entschuldigen

14

la bolsa de trabajo	Stellenbörse
paseador/a de perros	Hunde-Ausführer/in
presentador/a de la tele	Fernseh-Moderator/in
político/-a	Politiker/in
afinador/a de pianos	Klavierstimmer
peluquero/-a	Friseur/Friseuse

En vivo 5

L9

gota a gota	Tropfen für Tropfen
la gota	Tropfen

L9b

el atrapanieblas	Nebelfänger
a la caza de	auf der Jagd nach
atrapar	fangen
microscópico/-a	mikroskopisch klein
denominado/-a	so genannt
el camanchaca (LA, Chile)	Küstennebel
despreciable	zu verachten, verachtenswert
impotente	*hier:* machtlos, ohnmächtig
el desierto	Wüste
el aprovechamiento	Nutzung
costero/-a	Küsten-...
recolectar	sammeln
el árbol	Baum
el panel	Kollektor, Fläche
la malla	Netz
tupido/-a	dicht
revivir	wiederaufleben
el poblado	Dorf, Siedlung
el tercio	Drittel
la perspectiva	Perspektive, Aussicht
lógico/-a	logisch
transportable	transportfähig
establecer	einsetzen, errichten
la cuota	Quote
mensual	monatlich
equivalente a	entsprechend
la electricidad	Elektrizität
la higiene	Hygiene

L10b

el secreto	Geheimnis
zapatero/-a	Schuster/in
la sede	Hauptsitz
al pie de	am Fuß von
mallorquín/ina	aus Mallorca
el reino	Reich
el calzado	Schuhwerk
suministrar	liefern
innovador/a	innovativ
estar ligado/-a a	verbunden sein mit
pleno/-a	voll
el comienzo	Anfang
la democracia	Demokratie

el seno	*hier:* Schoß
zapatero/-a	Schuh-...
romper	*hier:* unterbrechen
lanzar al mercado	auf den Markt werfen
inspirado/-a en	inspiriert von
el mallorquín	Mallorquinisch *(Sprache)*
rural	ländlich
global	global
marroquí	marrokanisch
el logotipo	Logo
el autoservicio	Selbstbedienung
la forma de venta	Verkaufsform
hasta	*hier:* sogar
la bolsa	Tüte
la caja	*hier:* Schuhkarton
el sello local	lokaler Charakter
adaptar	adaptieren, anpassen
la estética	Ästhetik
la comodidad	Bequemlichkeit
matemático/-a	mathematisch
la filosofía	Philosophie
la excepción	Ausnahme
el/la hippy	Hippie
admirado/-a	*hier:* bewundert
directivo/-a	leitende/r Angstellte/r
prohibido/-a	verboten
impertinente	unverschämt
subordinado/-a	Untergebene/r
la labor	Arbeit, Aufgabe
rentable	rentabel
humano/-a	menschlich
la fundación	Gründung
compuesto/-a por	bestehend, zusammengesetzt aus
sin descanso	unermüdlich
el mercado exterior	Außenmarkt
suponer	*hier:* bedeuten, ausmachen
unisex	unisex, für Männer und Frauen
el tacón	(Schuh-)Absatz
el centímetro	Zentimeter

L10d

el espíritu	Geist

11 Sonrían, por favor ...

2a

la risoterapia	Lachtherapie
la dinámica	*hier:* Bewegung, Dynamik
la terapia	Therapie
la sesión	Sitzung
la convivencia	Zusammensein, *hier:* Seminar
desplazarse	*hier:* (an-)reisen
concertado/-a	vereinbart, organisiert
monitor/a	*hier:* Trainer/in

2b

adicional	zusätzlich

3b

estar a gusto	sich wohl fühlen
seguro que	sicher (, dass) ...

4

Me gustaría saber...	Ich hätte gern gewusst ...

5a

la temporada alta	Hochsaison
la temporada baja	Nebensaison
la temporada	*hier:* Saison
extra	extra

6a

ponerse de pie	aufstehen, sich hinstellen

6b

ocurrírsele algo a alguien	auf die Idee kommen, einfallen
como si... + *Imp Subj*	als ob ...
irreal	irreal, unwirklich

7a

hacer reír a alguien	jdn zum Lachen bringen
gracioso/-a	*hier:* lustig
encontrarse	*hier:* finden
la manzana	Apfel
grandote	(riesen-)groß
callar(se)	schweigen, still sein
estúpido/-a	blöd

8a

el domicilio	Wohnort, Adresse
la nacionalidad	Staatsangehörigkeit
el sexo	Geschlecht
el grado	*hier:* Schuljahr
aprobado/-a	bestanden
los estudios cursados	*hier:* Ausbildung

9

el informe *(LA)*	Auskunft, Information
el/la humorista	Humorist
querido/-a	*hier:* beliebt
el/la dibujante	Zeichner/in
argentino/-a	argentinisch
la vocación	Berufung
analizar	analysieren
a la vez	gleichzeitig
tierno/-a	zart, zärtlich
lector/a	Leser/in
defender	verteidigen
sutilmente	fein, subtil
la estructura	Struktur
el poder	Macht

10a

nuevamente	noch einmal
la seriedad	Ernsthaftigkeit
tomarse algo con calma	etwas ruhig angehen
la calma	Ruhe

11a

el instante	Augenblick
perfecto/-a	perfekt
de hecho	tatsächlich
higiénico/-a	hygienisch
correr un riesgo	ein Risiko eingehen
contemplar	beobachten, betrachten

nadar	schwimmen
real	wirklich, real
imaginario/-a	eingebildet
la alegría	Freude
volver atrás	zurückgehen; *hier:* noch einmal von vorne anfangen
por si	(denn) wenn, falls
el ahora	das Jetzt
a ninguna parte	nirgendwohin
el termómetro	Thermometer
la bolsa de agua caliente	Wärmflasche
el paraguas	Regenschirm
liviano/-a	leicht; *hier:* mit leichtem Gepäck
descalzo/-a	barfuß
concluir	beenden
tener la vida por delante	das Leben vor sich haben

11b

el/la poeta	Dichter/in

12a

la pintada	Graffiti
el muro	Mauer
el punto de vista	Sichtweise, Standpunkt
equivocado/-a	falsch
la electricidad	Elektrizität, Strom
la misión	*hier:* Aufgabe, Auftrag
la marihuana	Marihuana
la amnesia	Amnesie, Gedächtnisschwund
el odio	Hass
quitar	wegnehmen

12 Un paseo por Granada

1a

el refrán	Sprichwort

1c

el/la gobernante	Herrscher(in), Regierende/r
musulmán/musulmana	muselmanisch
sultán/sultana	Sultan/in
cristiano/-a	Christ/in
firmar	unterschreiben
la capitulación	Kapitulation
la presencia	Anwesenheit
árabe	arabisch
la ornamentación	Verzierung, Schmuck
la fundación	Gründung
dorado/-a	goldene/r
el reino	Königreich
chico/-a	klein
la corte	Königshof, Gefolge
la adolescencia	Jugend
la torre	Turm
desgraciado/-a	unglücklich
la sensibilidad	Sensibilität, Feinfühligkeit
tomar el trono	den Thron besteigen
crítico/-a	kritisch
reconquistar	wiedererobern
el reinado	Regierungszeit
el peligro	Gefahr

refugiado/-a	*hier:* versteckt
la batalla	Schlacht
salvar (de)	retten (vor)
la destrucción	Zerstörung
el ejército	Heer
los Reyes Católicos	Katholische Könige *(Isabel von Kastilien und Fernando von Aragón, Gründer des spanischen Nationalstaates)*
católico/-a	katholisch
exiliarse	ins Exil gehen
por última vez	zum letzten Mal
la leyenda	Legende
el exilio	Exil
la patria	Heimat(-land)
trasladarse (a)	umziehen, fortziehen (nach)
granadino/-a	Bewohner/in Granadas
convertirse (a)	*hier:* konvertieren
el cristianismo	Christentum
expulsar (de)	vertreiben (aus, von)
el Islam	Islam

3b

el contexto	Kontext

4

denominado/-a	genannt
rojizo/-a	rötlich
en lo alto (de)	oben, auf dem Gipfel (von)
la colina	Hügel
divisar(se)	sehen, erblicken, wahrnehmen
el esplendor	Glanz
amurallado/-a	mit Mauern umgeben
el palacio	Palast
la dinastía	Dynastie
nazarí	dem arabischen Volksstamm der Nasriden angehörig
Patrimonio de la Humanidad	Weltkulturerbe

5

heredar	erben, vererben
en concreto	konkret

6a

el fragmento	Abschnitt, Fragment
la biblioteca	Bibliothek
los buenos modales	gute Manieren
la concepción urbanística	Stadtplanung, -entwurf
la ciencia	Wissenschaft
el/la amante	Liebhaber/in
el saber	Wissen
filósofo/-a	Philosoph/in
griego/-a	griechisch
difundir(se)	(sich) ausbreiten
construir	bauen
la mezquita	Moschee
la madraza	*hier:* Hochschule (arab.)
la escuela superior	Hochschule
el tratado	Abhandlung
la geografía	Geographie
la astronomía	Astronomie
avanzado/-a	fortgeschritten
el material de estudio	Lernstoff

sabio/-a	Weise/r
el urbanismo	Städtebau, -planung
la técnica	Technik
la infraestructura	Infrastruktur
el alumbrado	Beleuchtung(ssystem)
el alcantarillado	städtische Kanalisation
posterior	spätere/r
atrasado/-a	*hier:* rückständig
la introducción	Einführung
la berenjena	Aubergine
la alcachofa	Artischocke
la endibia	Chicorée
el espárrago	Spargel
la granada	Granatapfel
la estética	Ästhetik
la prosa	Prosa
la disciplina	Disziplin, *hier:* Lehrfach
valorado/-a	geschätzt
el/la andalusí	in Andalusien lebende/r Araber/in
la comodidad	Gemütlichkeit
refinado/-a	fein, verfeinert, exquisit
el azulejo	Fliese

6c
ilustrar	*hier:* zeigen, illustrieren

7a
el almanaque	Almanach, Kalender
el álgebra	Algebra

7b
el campo	*hier:* Bereich, Gebiet

8a
seguir + *Ger*	etwas weiter(hin) tun
multicultural	multikulturell
florecer	blühen, florieren
poblador/a	Siedler/in
ibérico/-a	iberisch
sofisticado/-a	hoch entwickelt
el imperio	Reich, Imperium
romano/-a	römisch
visigodo/-a	Westgote/Westgotin
pacíficamente	friedlich
sumarse (a)	dazukommen (zu)
la India	Indien
el aporte	Beitrag
eminentemente	herausragend
universitario/-a	Universitäts- …
cursar estudios	studieren
cariñosamente	liebevoll
el/la guiri *(ugs)*	Ausländer/in
la diversidad	Vielfältigkeit

8c
el pueblo natal	Geburtsort
natal	Geburts- …
la metrópolis	Metropole

8
la continuidad	Kontinuität

9a
la ruta guiada	Führung

9b
la casilla	Kästchen
la carrera	*hier:* kleine Gasse

9c
el sitio de interés	*hier:* Sehenswürdigkeit
en honor a	zu Ehren von
arquitectónico/-a	architektonisch

10a
brevemente	kurz
el anochecer	Abenddämmerung, Sonnenuntergang

10b
el recorrido	*hier:* Verlauf
conservar	*hier:* aufbewahren
la entrada	*hier:* Eintrittskarte
la zona peatonal	Fußgängerzone

10
antes de que + *Subj*	bevor
después de que + *Subj*	nachdem
hasta que + *Subj*	bis

11a
claro/-a	klar, deutlich

11b
como/cuando/lo que/ donde/adonde quieras	wie/wann/was/wo/wohin du willst
apetecer	Appetit, Lust haben auf
la tetería	Teesalon
oriental	orientalisch
a mí me da igual	mir ist es egal
la opción	Option, Auswahl
la indiferencia	Gleichgültigkeit

12a
basarse (en)	*hier:* sich richten nach
el costo	Kosten

En vivo 6

L11
la narración	Erzählung
el malentendido	Missverständnis
el huevo pasado por agua	gekochtes Ei
al revés	umgekehrt
ni hablar	auf gar keinen Fall
hacerse el muerto	den Toten spielen
gritar	schreien
el cura	Pfarrer
el entierro	Beerdigung
el cementerio	Friedhof
el pretexto	Ausrede
decir al oído	ins Ohr flüstern
bajito	ganz leise
echarse encima	sich werfen auf
incorporarse	sich aufrichten

de un salto — in einem Schwung
echar a + *Inf* — anfangen etwas zu tun
atemorizado/-a — verängstigt

L12

fusionar — verschmelzen

L12b

andaluz/a — andalusisch
mixto/-a — gemischt
moro/-a — marrokanisch
el ballet — Ballet
exclusivamente — ausschließlich
mezclar(se) — (sich) mischen
variado/-a — vielfältig, verschiedenartig
el torso — Oberkörper
desnudo/-a — nackt

L12c

bailarín/-ina — Tänzer/in
ir de gira — auf Tournee gehen
puro/-a — rein
el concepto — Konzept
la danza — Tanz
estrenar — (ur-)aufführen
la radiografía — Röntgenbild
el escenario — Bühne
la fusión — Fusion, Verschmelzung
plasmar — äußern, zeigen
la coreografía — Choreographie
matizar — nuancieren
cinematográfico/-a — filmisch
la variedad — Vielfalt
ansiado/-a — ersehnt
deseado/-a — gewünscht
contemporáneo/-a — zeitgenössisch
el mestizaje — *hier:* Stilmischung
la élite — Elite
ortodoxo/-a — orthodox, herkömmlich
el purismo — Purismus, Reinheitskult
la raíz — Wurzel
universal — universell

Repaso 3

1

el pedido — Bestellung, Auftrag
la reclamación — Reklamation

1a

el membrete — Briefkopf

1b

agrícola — landwirtschaftlich
S.L. (Sociedad Limitada) — GmbH
la carretera — Landstraße
fluido/-a — fließend
lo antes posible — so bald wie möglich
el transporte — Transport
aproximado/-a — annähernd
virgen extra — *hier:* kaltgepresst
la referencia — Referenz
la unidad — *hier:* (Verpackungs-)Einheit
la caja — *hier:* Kiste, Karton
el cristal — Glas
sin otro particular — nichts weiter (Schlussformel im formellen Brief)

2a

el plazo de entrega — Lieferfrist
previsto/-a — vorgesehen
abollado/-a — zerbeult
el embalaje — Verpackung
reclamar daños y perjuicios — Schadensersatz beanspruchen
embalado/-a — verpackt
el envío — Sendung

2c

contratar — *hier:* beauftragen
complacer — zufrieden stellen
el accidente — Unfall, *hier:* Zwischenfall
deberse (a) — zurückzuführen sein (auf)
verse obligado a — sich zu etwas gezwungen sehen
la seguridad — Sicherheit
Esperando su pronta respuesta — In Erwartung Ihrer baldigen Antwort

Alphabetischer Wortschatz

- Dieses Vokabular soll kein spanisch-deutsches Lexikon ersetzen, sondern das Lehrbuch als Hilfsmittel begleiten. Daher sind die Wörter größtenteils nur mit der deutschen Bedeutung angegeben, die sie im jeweiligen Zusammenhang besitzen.
- Die Wörter, die **mit einem Stern (*) gekennzeichnet** sind, sind besonders wichtig und stehen in der Wortliste des Europäischen Sprachenzertifikats. Wir haben diese Kennzeichnung nur für den obligatorischen Lernwortschatz vorgenommen, nicht für den Wortschatz der *En vivo*-Seiten und *Repasos*.
- Grammatische Fachausdrücke, geographische Namen und Zahlen werden nicht aufgeführt.
- **Ziffern und Buchstaben** verweisen auf die Stelle, an der das Wort innerhalb der Lektion vorkommt. Die Angabe 8, 12b bedeutet, dass das Wort in Lektion 8, Aufgabe 12 b) zu finden ist. R verweist auf ein *Repaso*, Ev bedeutet *En vivo*.
- Erläuterung der verwendeten **Abkürzungen** s. S. 238.

A

abandonar – verlassen 6, 7c
abollado/-a *Adj Part* – zerbeult R 3, 2a
absurdo/-a *Adj* – absurd 2, 8
abundancia *w* – Überfluss 9, 1b
académico/-a *Adj* – akademisch, Universitäts-... 10, 4
accidente *m* – Unfall, *hier:* Zwischenfall R 3, 2c
acera *w* – Gehsteig 9, 9b
acertar – erraten, richtig raten 5, 1b
acidez *w* – Säure 6, 13c
aclarar – klären 7, 7a; klarspülen 9, 7a
*__acoger__ – annehmen 9, 8b
*__acompañado/-a (por)__ *Adj Part* – begleitet (von) 7, 1b
*__aconsejar que...__ + *Subj* – raten, dass ... 5, 11a
*__acordarse (de)__ – sich erinnern (an) 5, 14b
*__actitud__ *w* – Haltung 7, 2b
actuación *w* – Auftritt, Vorstellung 2, 13a
*__acuerdo__ *m* – Einverständnis 1, 9; *hier:* Abkommen 6, 7c
*__acusar a alguien (de algo)__ – jdn einer Sache anklagen, beschuldigen 5, 10a
adaptar – adaptieren, anpassen Ev 5, L10b
*__adecuado/-a__ *Adj Part* – passend 6, 7b
adelante – vorne Ev 3, L5b
*__adicional__ *Adj m/w* – zusätzlich 11, 2b
adjetivo *m* – Adjektiv 4, 11a
admirado/-a *Adj Part* – beeindruckt Ev 1, L2c; *hier:* bewundert Ev 5, L10b
*__admitir__ – zulassen, annehmen 2, 15
adolescencia *w* – Jugend 12, 1c
adolescente *m/w* – Jugendliche/r Ev 1, L1b; 4, 3c
adornar – schmücken 4, 1b
aeronáutico/-a *Adj* – Luftfahrt-... 4, 1c
*__afeitarse__ – sich rasieren 9, 7a
*__afición (por)__ *w* – *hier:* Vorliebe (für), Interesse (an) 5, 1b
*__aficionado/-a (a)__ *Adj Part* – zugetan, ...-Fan 2, 3b
afilalápices *m* – Bleistiftspitzer 4, 1a
afinador/a de pianos – Klavierstimmer/in 10, 14
afirmación *w* – Behauptung 2, 15
*__afirmar__ – behaupten 4, 1c
afrodisíaco/-a *Adj* – aphrodisisch 6, 1b
afueras *wPl* – Umgebung 6, 7c
agarrar – festhalten, *hier:* erwischen Ev 4, L8
agradecido/-a *Adj Part* – dankbar Ev 4, L8
agresivo/-a *Adj* – aggressiv 7, 8
agrícola *Adj m/w* – landwirtschaftlich R 3, 1b
agrupar – gruppieren, Gruppen bilden 4, 11a

agua corriente *w* – fließendes Wasser 9, 1b
agua potable *w* – Trinkwasser 9, 1b
agua subterránea *w* – Grundwasser 9, 2a
agujereado/-a *Adj Part* – löchrig, durchlöchert 4, 1c
ahora *m* – das Jetzt 11, 11a
*__ahorrar__ – sparen 4, 3c
aire *m* – Luft Ev 1, L1c
aislar – trennen, isolieren 1, 4
ajedrez *m* – Schach(spiel) 8, 1b
ajeno *Adv* – *hier:* außer Haus 8, 9b
ajonjolí *m LA* – Sesam Ev 3, L6a
*__al__ + *Inf* – beim + Inf 1, 9
alcachofa *w* – Artischocke 12, 6a
alcalde/sa – Oberbürgermeister/in 5, 1b
alcantarillado *m* – städtische Kanalisation 12, 6a
*__alcanzar__ – erreichen 2, 1a
*__alcohol__ *m* – Alkohol 5, 4b
aldea *w* – Dorf 1, 12a
aldea SOS *w* – SOS-Kinderdorf 1, 12a
*__alegrarse de que...__ + *Subj* – sich darüber freuen, dass ... 7, 2
*__alegría__ *w* – Freude 11, 11a
*__alejarse (de)__ – sich entfernen (von) 3, 1b
álgebra *m* – Algebra 12, 7a
*__alguien__ *IndefPron* – jemand 1, 1b
algún tiempo – einige Zeit 7, 6b
alimentar(se de, con) – (sich) ernähren (von) 5, 1b
alimento *m* – Nahrungsmittel 1, 7b
*__allá__ *Adv* – da, dort 1, 13
alma *w* – Seele 1, 1b
almacén *m* – Laden, Geschäft 4, 6a
almanaque *m* – Almanach, Kalender 12, 7a
almorzar – (zu) Mittag essen 8, 1b
alquimista *m/w* – Alchimist/in 2, 16b
alrededor de – rund um Ev 2, L4b
*__alto/-a__ *Adj* – *hier:* hoch 5, 6
en lo alto (de) – oben, auf dem Gipfel 12, 4
alumbrado *m* – Beleuchtung(ssystem) 12, 6a
amante *m/w* – Liebhaber/in 12, 6a
Amazonía *w* – Amazonien Ev 4, L7b
amazónico/-a *Adj* – vom Amazonas 7, 1a
ambos/-as *Adj Pl* – beide 5, 10a
*__amenaza__ *w* – Drohung 3, 6b
*__amenazar__ – bedrohen 5, 10a
América Central *w* – Zentralamerika 6, 1b
amnesia *w* – Amnesie, Gedächtnisschwund 11, 12a
amputación *w* – Amputation 5, 1b
amurallado/-a *Adj Part* – mit Mauern umgeben 12, 4

analizar – analysieren 11, 9
anciano/-a – Greis/in 8, 5b
andalusí *m/w* – in Andalusien lebende/r Araber/in 12, 6a
andaluz/a *Adj* – andalusisch Ev 6, L12b
andino/-a *Adj* – Anden-... 5, 6
anécdota *w* – Anekdote 3, 2
*__animal__ *m* – Tier 1, 1b
animal de compañía *m* – Haustier 1, 7c
anís *m* – Anis 6, 1b
anochecer *m* – Abenddämmerung, Sonnenuntergang 12, 10a
anónimo/-a *Adj* – anonym 5, 13a
ansiado/-a *Adj Part* – ersehnt Ev 6, L12c
ansiedad *w* – Angst, Beklemmung 5, 11a
*__anterior__ *Adj m/w* – vorherige/r 4, 7
anteriormente *Adv* – vorher, früher 3, 9a
antes de Cristo (a. C.) – vor Christus (v. Chr.) 6, 1b
*__antes de que__ + *Subj* – bevor ... 12, 10
antes que nada – zuerst, an erster Stelle 7, 2a
antienvejecimiento *m* – Anti-Überalterung 5, 5b
*__antipático/-a__ *Adj* – unsympathisch 4, 12a
anual *Adj m/w* – jährlich 2, 4a
apadrinar – Patenschaft / Patenstelle annehmen 1, 5 a
aparato retroproyector *m* – Overhead-Projektor 7, 14a
aparcacoches *m* – Parkwächter 2, 13a
aparición *w* – Erscheinen, Erscheinung 3, 4a
apertura *w* – *hier:* Beginn, Eröffnung 7, 2a
apetecer – Appetit, Lust haben auf 12, 11b
aporte *m* – Beitrag 12, 8a
apoyo *m* – Unterstützung Ev 4, L8
*__apreciar__ – schätzen 5, 10a
*__apretar__ – drücken 4, 5c
aprieto *m* – Notlage, Engpass 5, 10a
aprobado/-a *Adj Part* – bestanden 11, 8a
apropiado/-a *Adj Part* – geeignet 9, 9a
aprovechamiento *m* – Nutzung Ev 5, L9b
*__aprovechar__ – nutzen, ausnutzen 2, 6b
aproximado/-a *Adj Part* – annähernd R 3, 1b
*__apuntar__ – notieren 3, 6a
*__apuntarse al paro__ – sich arbeitslos melden 10, 5
*__apunte__ *m* – Notiz 4, 11a
aquel día – an jenem Tag 3, 9a
árabe *Adj m/w* – arabisch 12, 1c
árbol *m* – Baum Ev 5, L9b
arena *w* – Sand 8, 1b
argentino/-a *Adj* – argentinisch 11, 9
argumentativo/-a *Adj* – argumentativ 6, 8a

argumento *m* – Argument, *hier:* Handlung, Inhalt 2, 9

arquitectónico/-a *Adj* – architektonisch 12, 9c

arrastrar – mitreißen 9, 4b

arrestar – festnehmen 3, 6b

arrocería *w* – Restaurant mit Reisspezialitäten R 1, 1

arruga *w* – Falte 5, 7a

artesanía *w* – Kunsthandwerk 8, 1b

asegurarse (de) – sich vergewissern 5, 11a

asentir – zustimmen 1, 1b

asesoramiento *m* – Beratung 10, 4

asignatura *w* – (Schul-)Fach 5, 1b

asistencia médica *w* – medizinische Versorgung 5, 5a

asistente *m/w* – Assistent/in 4, 3c

asistir a – teilnehmen an Ev 4, L8

asociación *w* – Verein, Verband 6, 12

asociar (con) – assoziieren, verbinden (mit) 6, 1a

asombroso/-a *Adj* – erstaunlich Ev 4, L7b

astronomía *w* – Astronomie 12, 6a

asunto *m* – *hier:* Betreff 9, 9a

Atari *m* – Atari (Computer) 8, 1b

atasco *m* – Stau 8, 5b

atemorizado/-a *Adj Part* – verängstigt Ev 6, L11

atención *w* – *hier:* Betreuung 5, 1b

*Atentamente – Mit freundlichen Grüßen 10, 9

aterrorizar – terrorisieren 6, 7c

*atractivo/-a *Adj* – anziehend, attraktiv Ev 2, L3c; 10, L9

atrapanieblas *m* – Nebelfänger Ev 5, L9b

atrapar – fangen Ev 5, L9b

atrás *Adv* – zurück Ev 3, L5b

atrasado/-a *Adj Part* – *hier:* rückständig 12, 6a

*atreverse a + *Inf* – etwas wagen Ev 1, L1b; wagen, sich trauen zu 5, 10a

atributo *m* – Eigenschaft, Attribut 2, 9

*aunque + *Subj* – selbst wenn 9, 4b

*aunque + *Ind* – obwohl 9, 6a

aurícula *w* – Herzvorhof Ev 1, L1b

auriculares *mPl* – Kopfhörer 4, 6b

Australia *w* – Australien 8, 1b

autoayuda *w* – Selbsthilfe, Ratgeber 2, 16b

autóctono/-a *Adj* – ursprünglich 9, 4b

autoestima *w* – Selbstwertgefühl Ev 2, L3c

autor/a – Autor/in, Urheber/in 1, 4

autoridad *w* – Autorität 3, 9a

autoservicio *m* – Selbstbedienung Ev 5, L10b

avanzado/-a *Adj Part* – fortgeschritten 12, 6a

aventura *w* – Abenteuer 2, 7

aventurero/-a – Abenteurer/in 8, 1b

*ayuda *w* – Hilfe, Unterstützung 1, 12b

*ayuntamiento *m* – Rathaus, Stadtverwaltung 9, 8a

azteca *m/w* – Azteke/-in 6, 1b

azulejo *m* – Fliese 12, 6a

B

bacalao *m* – Kabeljau R 1, 2a

bachillerato *m* – Abitur, *hier:* Gymnasium Ev 4, L8

bailarín/-ina – Tänzer/in Ev 6, L12c

bajito *Adv* – ganz leise Ev 6, L11

*bajo *Präp* – unter Ev 2, L4a; 6, 12

bajo el lema – unter dem Motto 8, 12a

*bajo/-a *Adj* – *hier:* niedrig 5, 6

ballet *m* – Ballet Ev 6, L12b

*baño *m* – Bad 7, 1b

barcelonés/-esa *Adj* – aus Barcelona Ev 1, L2c

barrera *w* – Barriere Ev 1, L1b

barro *m* – Ton, Lehm 5, 1b

basarse (en) – *hier:* sich richten nach 12, 12a

basarse en – basieren auf 7, 7b

*bastante *Adj m/w* – ziemlich viel(e) 2, 14b

basurero *m* – Mülldeponie Ev 4, L8

batalla *w* – Schlacht 12, 1c

beamer *m* – Beamer 7, 14a

beca *w* – Stipendium Ev 4, L8

becario/-a – Stipendiat/in Ev 4, L8

Bella y la Bestia *w* – die Schöne und das Biest Ev 2, L3c

bendecir – segnen 1, 12a

beneficio *m* – Profit, Gewinn 6, 7c

beneficios *mPl* – *hier:* Vorzüge, Vorteile 6, 13c

beneficioso/-a *Adj* – günstig, vorteilhaft 6, 14a

berenjena *w* – Aubergine 12, 6a

bestseller *m* – Bestseller, Verkaufserfolg 2, 16b

*biblioteca *w* – Bibliothek 12, 6a

bienestar *m* – Unterhalt, Wohlbefinden 1, 12a

billar *m* – Billard 1, 5a

biznieto/-a – Urenkel/in 5, 1b

bloquearse – sich blockieren Ev 3, L5b

bolsa *w* – Tüte Ev 5, L10b

bolsa de agua caliente *w* – Wärmflasche 11, 11a

bolsa de trabajo *w* – Stellenbörse 10, 14

*bolsillo *m* – Hosentasche 5, 10a

bombear – *hier:* pumpen Ev 1, L1b

borracho/-a *Adj* – betrunken 7, 8

*botón *m* – Knopf 4, 5c

brasero *m* – Elektroheizgerät Ev 2, L4a

*brevemente *Adv* – kurz 12, 10a

brillante *Adj m/w* – brillant, glänzend Ev 2, L3c; 6, 7c

brindar apoyo – unterstützen Ev 4, L8

brindar la oportunidad – die Chance bieten Ev 4, L8

buenos modales *mPl* – gute Manieren 12, 6a

en busca de – auf der Suche nach 7, 7b

búsqueda *w* – Suche 2, 2a

C

cabellera *w* – Haar, Mähne 5, 7a

al cabo de – nach (zeitl.) 3, 9a

cacao *m* – Kakao 6, 1b

cadena *w* – Kette, *hier:* Fernsehkanal Ev 1, L2c

al caer la noche – als es Nacht wurde 7, 8

cafetal *m* – Kaffeepflanzung 6, 7c

cafetalero/-a *Adj* – Kaffeeanbau-… 6, 7c

caficultor/a – Kaffeebauer/-bäuerin 6, 7c

caja *w* – *hier:* Schuhkarton Ev 5, L10b; *hier:* Kiste, Karton R 3, 1b

cajero/-a – Kassierer/in 10, 4

calamar *m* – Tintenfisch R 1, 2a

caldo de pollo *m* – Hühnerbrühe Ev 3, L6a

calefacción *w* – Heizung Ev 2, L4b

calentar – erhitzen Ev 3, L6a

calentito/-a *Adj* – gut warm Ev 2, L4b

cálido/-a *Adj* – warm Ev 2, L4b

*callar(se) – schweigen, still sein 11, 7a

calma *w* – Ruhe 11, 10a

caloría *w* – Kalorie 6, 2

calzado *m* – Schuhwerk Ev 5, L10b

camanchaca *w LA, Chile* – Küstennebel Ev 5, L9b

cámara *w* – *hier:* Zelle 2, 13a

*cambiando de tema – *hier:* ein anderes Thema 1, 9

*cambio *m* – (Ver-)Änderung 10, 12b

a cambio de – als Gegenleistung 3, 14a

en cambio – dagegen, hingegen 3, 6b

camilla *w* – runder Tisch, unter den der brasero gestellt wird Ev 2, L4a

*camión *m* – LKW 9, 9b

campaña *w* – Kampagne 9, 8a

campo *m* – *hier:* Bereich 12, 7b

candidato/-a – Kandidat/in, Bewerber/in 10, 6b

candidatura *w* – Bewerbung 10, 9

canela *w* – Zimt Ev 3, L6a

canica *w* – Murmel 8, 3b

canoa *w* – Kanu 7, 8

*cantidad *w* – Menge 9, 4b

capa *w* – Schicht 9, 2a

capacidad *w* – *hier:* Fähigkeit 10, 6a

capitulación *w* – Kapitulation 12, 1c

capítulo *m* – Kapitel Ev 2, L3c

caracol *m* – Schnecke 8, 1b

característica *w* – Merkmal 6, 14a

cargado/-a de *Adj Part* – *hier:* voller … Ev 1, L1c

*cariñosamente *Adv* – liebevoll 12, 8a

carrera *w* – *hier:* kleine Gasse 12, 9b

carretera *w* – Landstraße R 3, 1b

carta comercial *w* – Geschäftsbrief 10, 9

carta de presentación *w* – Bewerbungsschreiben 10, 9

carta de queja *w* – Beschwerdebrief 9, 9a

*cartel *m* – (Kino-)Plakat 2, 1a

cartón *m* – Karton 9, 8a

casilla *w* – Kästchen 12, 9b

*caso *m* – Fall 3, 10c

caso de emergencia *m* – Notfall 10, 3b

en caso necesario – falls nötig 9, 11a

catarata *w* – Wasserfall 7, 1b

*catástrofe *w* – Katastrophe 5, 6

católico/-a *Adj* – katholisch 12, 1c

*causa *w* – Ursache 5, 5c

*a causa de – aufgrund 6, 7c

*causar – verursachen 3, 6b

caza *w* – Jagd 2, 13a

a la caza de – auf der Jagd nach Ev 5, L9b

cazador/a – Jäger/in Ev 4, L7b

cazar – jagen 7, 1b

cementerio *m* – Friedhof Ev 6, L11

centenario/-a *Adj* – hundertjährig 5, 1b

centímetro *m* – Zentimeter Ev 5, L10b

Centro de Investigaciones Sociológicas (CIS) *m* – Zentrum für Soziologische Forschungen, *Art statistisches Bundesamt* 1, 2

centro urbano *m* – Stadtzentrum 3, 10c

Centroamérica – Zentralamerika 5, 6

cepillarse los dientes – Zähne putzen 9, 7a

cerbatana *w* – Blasrohr 7, 1b

cerca de – circa, ungefähr 9, 2a

chamán *m* – Schamane 7, 1b

chatear – chatten (im Internet) 5, 10a

chavalo/-a *LA* – Junge/Mädchen 8, 9a

chico/-a *Adj* – klein 12, 1c

chile *m* – Chili(-pulver, -schote) 6, 1b

chile poblano *m* – *spezielle Art von Chilischoten* Ev 3, L6a

chileno/-a *Adj* – chilenisch 7, 6a

chivo *m* – Ziegenbock 2, 16b

chupa chups *m* – Lolli, Lutscher 4, 1a

*ciego/-a *Adj* – blind 10, 1b

ciencia *w* – Wissenschaft 12, 6a

ciencia ficción *w* – Science Fiction 2, 7

*científico/-a *Adj* – wissenschaftlich 2, 4a

Alphabetischer Wortschatz

*científico/-a – Wissenschaftler/in 6, 1b
cientos de miles mPl – Hunderttausende 2, 2a
cierre m – hier: Abschluss, Ende 7, 2a
cigarro m – hier: Zigarre 7, 8
cilantro m – Koriander Ev 3, L6a
cinéfilo/-a Adj, Nom – kinobesessen, Kinoliebhaber/in 2, 3b
cinematográfico/-a Adj – filmisch Ev 6, L12c
circulatorio/-a Adj – Kreislauf-... 6, 14a
círculo vicioso m – Teufelskreis 8, 8c
*circunstancia w – Umstand, Situation 3, 2
cirugía estética w – kosmetische Chirurgie Ev 2, L3c
cisterna w – hier: Spülkasten 9, 7a
cita w – Zitat 1, 1b
ciudadanía w – Bürgerschaft 9, 10c
*claro/-a Adj – klar, deutlich 12, 11a
*clásicos mPl – hier: die klassische Literatur 2, 12
clasificar – klassifizieren 2, 16a
clavos (de olor) mPl – Gewürznelken Ev 3, L6a
cleptomanía w – Kleptomanie 5, 11a
*clima m – Klima 3, 10c
clima de trabajo m – Arbeitsklima 10, 6a
climático/-a Adj – klimatisch 5, 6
coca w – Koka(-blätter) 6, 7b
cocaína w – Kokain 6, 7c
cocer – kochen 4, 1b
cocido m – Eintopf R 1, 1
código m – Codex, Code 4, 3c
colesterol m – Cholesterin 6, 14a
colina w – Hügel 12, 4
colocar – aufhängen, platzieren 5, 1b
colombiano/-a Adj – kolumbianisch 1, 4
colonización w – Kolonisierung Ev 4, L7b
colono/-a – Ansiedler/in, Kolonist/in 7, 7b
coloquio m – Diskussion, Gespräch 9, 10b
colza w – Raps 6, 14a
en combinación con – gemischt, zusammen mit 6, 1b
comedia w – Komödie 2, 7
comensal m/w – Tischnachbar/in R 1, 3a
comercial m/w – Kaufmann/Kauffrau 8, 1b
*comercio m – Handel 6
comestible Adj m/w – essbar 6, 14a
*cometer un error – einen Fehler begehen, machen 7, 7b
cómic m – Comic 2, 6a
comienzo m – Anfang Ev 5, L10b
*como consecuencia (de) – als Folge (von) 6, 7c
como corresponde – wie es sich gehört 5, 7b
como si... + Imp Subj – als ob ... 11, 6b
como / cuando / lo que / donde / adonde quieras – wie / wann / was / wo / wohin du willst 12, 11b
comodidad w – Bequemlichkeit Ev 5, L10b; Gemütlichkeit 12, 8a
compañerismo m – Kameradschaft, Kollegialität 5, 10a
*en comparación con – in Vergleich mit / zu 2, 4a
compartimento m – Abteil, hier: Kammer Ev 1, L1b
compasión w – Mitleid 2, 2a
*compensar – kompensieren, ausgleichen 8, 5b
*competencia w – hier: Wettbewerb 6, 12
competitivo/-a Adj – wettbewerbsfähig 6, 13c

complacer – zufrieden stellen R 3, 2c
complacido/-a Adj Part – zufrieden 7, 8
complementario/-a Adj – zusätzlich 10, 4
complementos mPl – hier: Zubehör 10, 4
componerse de – bestehen aus Ev 1, L1b
*comportamiento m – Verhalten 7, 12a
comprador/a – Käufer/in 6, 7c
compresa w – Kompresse, Umschlag, Wickel 5, 1b
*comprometerse (a) – sich verpflichten 6, 7c
compuesto/-a por Adj Part – bestehend, zusammengesetzt aus Ev 5, L10b
*común Adj m/w – gewöhnlich, alltäglich 4, 4b
*en común – gemeinsam 2, 16a
*comunicación w – Kommunikation 4, 3c
comunicador m – Kommunikator, Vermittler 4, 3c
con antelación – im Voraus R 1, 1
con el tiempo – mit der Zeit Ev 4, L8
*con la cual Präp + Art + Relat – mit der 1, 1b
con motivo de – anlässlich 1, 5a
Con mucho cariño – Liebe Grüße 1, 13
*con quien Präp + Relat – mit dem 1, 1b
concentrado/-a Adj Part – konzentriert 6, 1b
*concentrarse – sich konzentrieren 5, 10a
concepción urbanística w – Stadtplanung, -entwurf 12, 6a
concepto m – Konzept Ev 6, L12c
concertado/-a Adj Part – vereinbart, organisiert 11, 2a
concertar – hier: vereinbaren 10, 9
concha w – Muschel 8, 1b
concienciación w – Bewusstmachung 9, 8b
concluir – abschließen, vollenden Ev 4, L8; beenden 11, 11a
*conclusión w – Schluss(-folgerung) 9, 4b
concretar – konkretisieren 2, 15a
en concreto – konkret 12, 5
*concurso m – Wettbewerb 10, 3b
*condición w – Bedingung 5, 4b
condicional m – Konditional 10, 12b
conectar – verbinden, einschalten 2, 6a
conferenciante m/w – Vortragende(r) 7, 2c
confesar – gestehen, beichten Ev 1, L2c
confiar (en) – vertrauen (auf) Ev 3, L5b
conformar – bilden 6, 12
congelado/-a Adj Part – gefroren 9, 2a
congreso m – Kongress 1, 4
conmemorativo/-a Adj – Gedenk-... 5, 1b
conmocionar – bewegen, berühren Ev 2, L3c
*conseguir – erreichen, bekommen 1, 4
conservación w – Erhalt(ung) 6, 12
conservador/a Adj – konservativ R 2, 2b
*conservar – hier: behalten Ev 2, L4a; hier: aufbewahren 12, 10b
constantemente Adv – ständig Ev 3, L6a
*construir – bauen 12, 6a
consultar – konsultieren, nachschlagen, ansehen 2, 15a
*consumidor/a – Verbraucher/in 6, 7c
consumista Adj m/w – Konsum-... 8, 5b
contabilidad w – Buchführung R 2, 2b
*contaminado/-a Adj Part – kontaminiert, verseucht 9, 1b
contemplar – beobachten, betrachten 11, 11a
contemporáneo/-a Adj – zeitgenössisch Ev 6, L12c
contenedor m – Container 9, 8a
*contener – beinhalten 6, 14a
*contenido m – Inhalt, Gehalt 6, 14a
contexto m – Kontext 12, 3b

continuidad w – Kontinuität 12, 8
contradecirse – sich widersprechen 1, 1c
*contrario m – Gegenteil 4, 12b
contraste m – Kontrast, Gegensatz 9, 2b
contratar – hier: beauftragen R 3, 2c
*control m – Kontrolle 5, 5a
convecino/-a – Nachbar/in 5, 1b
*convencer – überzeugen 2, 14b
convertirse (a) – hier: konvertieren, sich bekehren (zu) 12, 1c
convivencia w – Zusammensein, hier: Seminar 11, 2a
cooperativa w – Genossenschaft 6, 10b
de todo corazón – von ganzem Herzen 1, 12a
coreografía w – Choreographie Ev 6, L12c
corporación municipal w – hier: Kommunalvertreter 5, 1b
corregir – korrigieren, verbessern 3, 8b
*correr – laufen 1, 7b
correr un riesgo – ein Risiko eingehen 11, 11a
correspondencia w – hier: Entsprechung 9, 2a
*corresponder – hier: entsprechen, sich gehören 5, 7b
corriente Adj m/w – hier: fließend 9, 1b
cortado/-a (cortar) Adj Part – geschnitten Ev 3, L6a
corte w – Königshof, Gefolge 12, 1c
costero/-a Adj – Küsten-... Ev 5, L9b
costo m – Kosten 12, 12a
costura w – Nähen Ev 4, L8
cotidiano/-a Adj – alltäglich 4, 2a
creencia w – Glaube, religiöse Überzeugung 5, 6
crema w – hier: Creme, Likör 6, 10b
cristal m – Glas R 3 , 1b
cristianismo m – Christentum 12, 1c
*cristiano/-a – Christ/in 12, 1c
Cristo – Christus 6, 1b
criterio m – Kriterium 4, 11a
crítica w – Kritik 2, 2a
crítica literaria w – Literaturkritik Ev 1, L2c
*criticar – kritisieren 1, 1b
*crítico/-a Adj – kritisch 12, 1c
croqueta w – Krokette R 1, 2a
crudo/-a Adj – roh R 1, 3
cuaderno m – Heft 3, 5a
cuadro m – hier: Kästchen 4, 5b
*cual Rel Pron – hier: der (Dat Sg w) 1, 1b
*cualquier/a Adj – irgendein/e/r 4, 3c
*a cualquier hora – zu jeder Uhrzeit 1, 10c
*cualquiera IndefPron – jede/r/s beliebige, irgendeine/r/s 1, 1b
*en cuanto a – was ... betrifft 7, 4c
*cubierto/-a Adj Part unregl – bedeckt 9, 2a
cucharada w – Esslöffel (Maß) Ev 3, L6a
cuento m – Erzählung 2, 16b
cuerpo m – hier: Hauptteil 7, 2a
*cuidado m – hier: sorgfältiger Umgang 6, 12
*cuidar (a) – auf jdn aufpassen 8, 1b
*cuidar(se) – (auf sich) aufpassen 5
¡cuídate! Imp – Pass auf dich auf! 5
culebrón m – Serie, Seifenoper Ev 2, L3c
cultivo m – Anbau 6, 1b
cumplirse – sich erfüllen 3, 14a
cuota w – Quote Ev 5, L9b
cupón m – Kupon, (Lotterie-)Los 10, 1b
cura m – Pfarrer Ev 6, L11
*curar – heilen 5, 1b
currículum vitae (CV) m – Lebenslauf 10, 4

cursar estudios – studieren 12, 8a
cursi Adj m/w – kitschig 2, 8

D

dama w – Dame 6, 1b
*daño m – Schaden, Verletzung 1, 7b
danza w – Tanz Ev 6, L12c
dar a conocer – bekannt machen 6, 14a
dar la bienvenida a alguien – jdn will-
kommen heißen 7, 2a
*dar resultado – funktionieren, ein Ergebnis
zeigen 5, 11a
dar una conferencia – einen Vortrag halten
7, 5b
*darse cuenta (de) – etwas (be-)merken 5,
14b
datar (de) – zurückgehen auf … 6, 1b
*datos personales mPl – persönliche Daten
10, 4
deambular – herumziehen, sich herumtrei-
ben 8, 9a
debate m – Debatte, Diskussion 8, 5a
debatir (sobre) – diskutieren (über) Ev 2, L3c
*deber – hier: schulden 1, 1b; sollen, müssen
5, 11a
deberes mPl – Hausaufgaben Ev 2, L4b
deberías – du solltest 5, 11a
deberse (a) – zurückzuführen sein (auf) R 3,
2c
*debido a – aufgrund, wegen Ev 1, L1b; 9, 2a
*decidir – entscheiden 2, 4a
decir al oído – ins Ohr flüstern Ev 6, L11
decir que… + Subj – sagen, dass … 8, 4b
*decisión w – Entscheidung 2, 6b
declarar – erklären 9, 2a
declararse amor – eine Liebeserklärung
machen 4, 3c
*defender – verteidigen 11, 9
definir – definieren 4, 3d
definitivamente Adv – definitiv Ev 2, L3c
degustar – kosten, probieren 6, 1b
dejar claro – klar stellen 1, 5a
delicadísimo/-a Adj Superl – hier: sehr
empfindsam, feinfühlig 1, 1b
delicado/-a Adj – zart, fein, delikat 5, 7b
delicioso/-a Adj – köstlich R 1, 3b
*delincuencia w – Kriminalität 10, 1b
demanda – hier: Forderung 8, 12a
democracia w – Demokratie Ev 5, L10b
denominado/-a Adj Part – (so) genannt Ev 5,
L9b; 12, 4
dentro de – hier: unter 6, 12
departamento de personal m – Personalabtei-
lung R 2, 2a
departamento de producción m – Produktion
(-sabteilung) R 2, 2a
departamento de ventas y de márketing m –
Verkauf und Marketing R 2, 2a
departamento financiero y administrativo m –
Finanzen und Verwaltung R 2, 2a
*depende – das kommt darauf an 1, 9
*depender (de) – davon abhängen, abhängig
sein 8, 1b
dependiente/-a – Verkäufer/in 10, 4
depositar – hier: einwerfen 9, 8a
depresión w – Depression 5, 11a
derretir – schmelzen Ev 3, L6a
desacuerdo m – Meinungsverschiedenheit 1,
9
desalado/-a Adj Part – hier: entsalzt 9, 4b
desalmado/-a Adj – herzlos, skrupellos 10, 1b
desaparecer – verschwinden 5, 10a

desastre m – Katastrophe 9, 4b
descalzo/-a Adj – barfuß 11, 11a
descarga w – Spülung 9, 7a
descender – sinken, abnehmen 8, 5b
descolgar – abheben (Tel.) Ev 1, L1c
desconocido/-a – Unbekannte/r 10, 3b
desconocimiento m – Unkenntnis, Nicht-
wissen 6, 3b
descontento m – Unzufriedenheit 4, 6c
descontrolado/-a Adj Part – unkontrolliert 9,
4b
*descubierto/-a Adj Part unregl – entdeckt 1,
7b
*desde entonces – seitdem 6, 7c
desde hace mucho tiempo – seit langer Zeit
5, 10a
desde que sale el sol – von Sonnenaufgang
an 7, 8
deseable Adj m/w – begehrenswert Ev 2, L3c
deseado/-a Adj Part – gewünscht Ev 6, L12c
*desear – wünschen 1, 11
desembarcar – landen 6, 1b
*deseo m – Wunsch 1, 12b
desertización w – Versteppung 9, 1b
desesperado/-a Adj Part – verzweifelt 3, 6b
*desgraciadamente Adv – leider 5, 11a
desgraciado/-a Adj Part – unglücklich 12, 1c
desierto m – Wüste Ev 5, L9b
desierto/-a Adj Part – Wüsten-… 5, 6
deslumbrar – blenden, glänzen 2, 1a
desnudo/-a Adj – nackt Ev 6, L12b
desordenado/-a Adj Part – unordentlich,
ungeordnet 3, 9a
despedida w – Abschied, Verabschiedung 7,
2a
despido m – Kündigung, Entlassung 8, 5b
desplazarse – hier: (an-)reisen 11, 2a
despreciable Adj m/w – zu verachten, ver-
achtenswert Ev 5, L9b
después de que… + Subj – nachdem … Ev 1,
L2c; 12, 10
desterrar – verbannen, vertreiben 7, 7a
destinatario/-a – Empfänger/in 5, 11a
destrucción w – Zerstörung 12, 1c
*destruir – kaputt machen, zerstören 6, 7c
*desventaja w – Nachteil 4, 3b
detener – hier: festnehmen Ev 4, L8
*determinado/-a Adj Part – bestimmt 6, 13c
detestar – hassen, verabscheuen 1, 4
*devolver – zurückgeben 4, 6b
al día siguiente – am nächsten Tag 3, 9b
de día – tags(über) 3, 13a
diablo m – Teufel 7, 8
diapositiva w – Dia 7, 14a
diario m – Tagebuch 3, 5a
dibujante m/w – Zeichner/in 11, 9
dibujante técnico m/w – technische/r
Zeichner/in 10, 4
dibujos mPl – hier: Zeichentrickfilme 8, 1b
*diccionario m – Wörterbuch 5, 7a
diente m – Zahn 9, 7a
diente de ajo m – Knoblauchzehe Ev 3, L6a
difundir(se) – (sich) ausbreiten 12, 6a
Digamos… – Sagen wir mal … Ev 4, L7b
dignidad w – Würde 12, 1c
digno/-a Adj – würdig, angemessen 6, 10b
dinámica w – hier: Bewegung, Dynamik 11,
2a
dinastía w – Dynastie 12, 4
*Dios m – Gott 1, 12a
Dios la bendiga – Gott segne Sie (w) 1, 12a
diplomático/-a Adj – diplomatisch 7, 12b

diplomatura w – Diplom(-abschluss) 10, 6a
*dirección w – hier: Richtung 3, 9a
dirección general w – Geschäftsleitung R 2, 2a
directivo/-a – leitende/r Angestellte/r,
Manager/in Ev 5, L10b
*dirigido/-a (a) Adj Part – gerichtet (an) 9, 9a
*dirigirse a – sich an jdn wenden 6, 14a
disciplina w – Disziplin, hier: Lehrfach 12, 6a
*disco m – hier: Schallplatte 2, 4a
disculpar – entschuldigen 10, 13
diseñar – entwerfen R 2, 1b
diseño m – Design 10, 6a
disponible Adj m/w – verfügbar 9, 2a
distinción w – Vornehmheit 6, 1b
distraerse – sich amüsieren, sich zerstreuen 2,
7
distribución w – hier: Verteilung 9, 2a
diversidad w – Vielfältigkeit 12, 8a
diversión w – Vergnügen, Zeitvertreib 2, 7
divertir – unterhalten, Spaß machen 2, 1a
divisar(se) – sehen, erblicken, wahrnehmen
12, 4
documental Adj m/w – dokumentarisch 2, 7
domicilio m – Wohnort, Adresse 11, 8a
dominar – beherrschen, dominieren 6, 7c
dominio de… m – Beherrschen von … 10, 6a
dorada w – Goldbrasse R 1, 2a
dorado/-a Adj Part – goldene/r 12, 1c
dosis w – Dosis Ev 2, L3c
*droga w – Droge 8, 1b
drogadicto/-a – Drogenabhängige/r Ev 4, L8
*duda w – Zweifel 5, 7b
*durante Adv – während 7, 4c

E

echar a + Inf – anfangen etwas zu tun Ev 6,
L11
echarse encima – sich werfen auf Ev 6, L11
ecología w – Ökologie 9, 8b
ecologista m/w – Umweltschützer/in 9, 10b
ecologista Adj m/w – ökologisch 9, 10d
economista m/w – Volkswirtschaftler/in Ev 2,
L3c
*edad w – Alter 2, 2a
educador/a LA – Erzieher/in, Lehrer/in Ev 4, L8
efectivo/-a Adj – effektiv 4, 11a
*efecto m – Wirkung, Effekt 6, 1b
Egipto m – Ägypten 8, 1b
egoísta Adj m/w – egoistisch 8, 5b
*ejemplar m – Exemplar 1, 4
*ejército m – Heer 12, 1c
elaboración w – Herstellung 6, 7c
elaborar – erarbeiten 2, 16a
*electricidad w – Elektrizität, Strom Ev 5, L9b;
11, 12a
eléctrico/-a Adj – elektrisch Ev 2, L4b
elegancia w – Eleganz 6, 1b
elemento m – Element 6, 1b
élite w – Elite Ev 6, L12c
elixir m – Elixier 6, 1b
*ello PersPron – es 1, 1b
embalado/-a Adj Part – verpackt R 3, 2a
embalaje m – Verpackung R 3, 2a
embarazo m – Schwangerschaft 8, 5b
embudo m – Trichter 4, 1c
eminentemente Adv – herausragend 12, 8a
emitirse – senden Ev 2, L3c
emocionar – rühren, (emotional) bewegen 2,
1a
emparejar – Paare bilden 4, 12b
empeorar – sich verschlechtern 9, 4b
emperador/a – Kaiser/in 6, 1b

*empleado/-a – Angestellte(r) 7, 12a

empobrecer(se) – verarmen, arm werden 6, 7b

enamorado/-a – Liebhaber/in Ev 1, L1b

encargarse (de) – zuständig sein (für) R 2, 2b

encender – anzünden, einschalten Ev 2, L4b

enciclopedia w – Enzyklopädie 2, 4a

*encontrarse – hier: finden 11, 7a

encontrarse (en) – hier: sich befinden (in) 6, 1b

endibia w – Chicorée 12, 6a

énfasis m – Nachdruck, Begeisterung 7, 2b

*enfermedad w – Krankheit 5, 11a

enfrentarse (a alguien) – sich jdm entgegenstellen 5, 11a

enjuagar – spülen 9, 7a

*enormemente Adv – ungeheuer, enorm 6, 7c

enriquecer(se) – reich werden 6, 7b

ensuciarse – sich schmutzig machen 4, 1b

*entero/-a Adj – vollständig, ganz 3, 3a

enterrado/-a Adj Part – begraben 6, 2

entierro m – Beerdigung Ev 6, L11

entorno m – hier: Betriebssystem 10, 4

*entrada w – hier: erster Gang, Vorspeise R 1, 2a; hier: Eintrittskarte 12, 10b

*entre otros – unter anderen 2, 4a

entrenamiento m – Training, Übung 3, 10c

entretenido/-a Adj Part – unterhaltsam 2, 8

enumerar – aufzählen 5, 15a

envase m – Verpackung 9, 8a

envío m – Sendung R 3, 2a

*envolver – einpacken 4, 6b

episodio m – Episode, Folge 3, 13a

en aquella época – damals Ev 1, L2c

equitativo/-a Adj – gerecht 9, 2a

equivalente a Adj m/w – entsprechend Ev 5, L9b

*equivocado/-a Adj Part – falsch 11, 12a

era w – Ära 2, 2a

erosión w – Erosion 9, 4b

erótico/-a Adj – erotisch 2, 7

erupción volcánica w – Vulkanausbruch 3, 10c

es fundamental que… + Subj – es ist entscheidend, dass … 6, 9

*es normal que… + Subj – es ist normal, dass … 7, 12a

*es probable que… + Subj – es ist wahrscheinlich, dass … 7, 12b

es una lata ugs – es ist ärgerlich 4, 6b

escaparse (de) – entkommen, entfliehen 7, 7b

*escasez w – Knappheit 9, 1a

*escaso/-a Adj – knapp 9, 2b

escenario m – Bühne Ev 6, L12c

escudo m – Wappen, Schild 10, 1b

escuela superior w – Hochschule 12, 6a

esférico/-a Adj – kugelförmig, rund 2, 16b

esfuerzo m – Anstrengung, Mühe 6, 12

espacio vacío m – Lücke 2, 11

espárrago m – Spargel 12, 6a

especializarse (en) – sich spezialisieren (auf) R 2, 2b

en especial – besonders 1, 14

*especialmente Adv – besonders 5, 1b

*especie w – Sorte, Art 4, 2c

espectador/a – Zuschauer/in 2, 2a

*espejo m – Spiegel 5, 7a

Esperando su pronta respuesta – In Erwartung Ihrer baldigen Antwort R 3, 2c

En espera de su respuesta – In Erwartung Ihrer Antwort 9, 9a

*esperanza w – Hoffnung 2, 2a

esperanza de vida w – Lebenserwartung 5, 5a

*esperar que… + Subj – hoffen, dass … 1, 12a

espíritu m – Geist Ev 5, L10d

esplendor m – Glanz 12, 4

espuma w – Schaum 1, 1b

esquema m – Schema 2, 15a

establecer – einsetzen, errichten Ev 5, L9b

*estado m – Zustand 3, 2

estar a favor de que… + Subj – dafür sein, dass … 8, 7

estar a gusto – sich wohl fühlen 11, 3b

*estar atento/-a (a) – etwas beachten 10, 5

*estar de acuerdo – einverstanden sein, einer Meinung sein 2, 15a

estar de acuerdo con que… + Subj – damit einverstanden sein, dass … 8, 7

estar de fiesta – auf einem Fest, einer Party sein 4, 3c

estar de visita – zu Besuch sein 7, 5a

estar en contra de que… + Subj – dagegen sein, dass … 8, 7

estar harto/-a de – etwas satt haben, genug haben von 2, 6a

estar hecho/-a un lío ugs – ganz durcheinander sein 5, 14b

estar ligado/-a a – verbunden sein mit Ev 5, L10b

estar preocupado/-a (por) – besorgt sein (wegen) 5, 13a

*estar sentado/-a – sitzen 3, 1b

estética w – Ästhetik Ev 5, L10b; 12, 6a

estilo directo m – direkte Rede 8, 4

estilo indirecto m – indirekte Rede 8, 4

*estimado/-a Adj Part – sehr geehrte(r) 7, 2a

estimular – fördern, stimulieren 8, 5b

estratosfera w – Stratosphäre Ev 1, L1c

*estrella w – Stern, hier: Star 2, 2a

estrenar – (ur-)aufführen Ev 6, L12c

estribillo m – Refrain 8, 9b

*estropeado/-a Adj Part – defekt, kaputt 4, 6b

estructura w – hier: Vorrichtung Ev 2, L4a; Struktur 11, 9

estructurar – strukturieren 6, 8a

estudio m – Studie, Bericht 2, 4a

estudio anual m – Jahresbericht 2, 4a

estudios cursados mPl – hier: Ausbildung 11, 8a

estúpido/-a Adj – blöd 11, 7a

eterno/-a Adj – ewig 7, 8

etiqueta w – Etikett 6, 12

etnia w – Ethnie, Volk, Stamm Ev 4, L7b

etnólogo/-a – Ethnologe/-in 7, 2a

evaporarse – verdampfen 9, 2a

evasión w – Ablenkung 2, 7

*exagerado/-a Adj Part – übertrieben 1, 5c

excedente m – Überschuss 6, 7c

excepción w – Ausnahme Ev 5, L10b

excepcional Adj m/w – ausgezeichnet 6, 12 ; außergewöhnlich Ev 5, L10b

exclusivamente Adv – ausschließlich Ev 6, L12b

excremento m – Kot 9, 9b

*exigir – verlangen, fordern 9, 9b

exiliarse – ins Exil gehen 12, 1c

exilio m – Exil 12, 1c

exitoso/-a Adj – erfolgreich Ev 1, L2c

expedición w – Expedition 7, 7b

explicable Adj m/w – erklärbar 3, 10c

*explicación w – Erklärung 3, 10c

explotación w – Ausbeutung 9, 4b

explotar – ausbeuten 9, 4b

exponente m – hier: Vertreter, Exponent Ev 1, L2c

exponer – ausstellen 1, 14

exportador/a – Exporteur/in 9, 4b

*exportar – exportieren 9, 4b

*exposición fotográfica w – Fotoausstellung 2, 13a

exprés Adj m/w – Schnell-… 4, 1a

*expresión w – Ausdruck 1, 12b

expulsar (de) – vertreiben (aus, von) 12, 1c

exquisito/-a Adj – exquisit, fein, köstlich R 1, 1

extender(se) – (sich) verbreiten, ausbreiten 6, 1b

exteriormente Adv – äußerlich Ev 2, L3c

extra Adv – extra 11, 5a

extracto m – (Text-)Auszug 2, 11

*extrañar – befremden, erstaunt sein über 1, 3b

extremado/-a Adj Part – extrem Ev 1, L1b

*extremo/-a Adj – extrem 5, 6

F

fabricar – herstellen 6, 1b

*facilidad w – hier: Begabung, Talent 10, 4

*facilitar – erleichtern 4, 1c

factor m – Faktor 3, 10c

factura w – Rechnung 4, 3c

faldas wPl – hier: Tischdecke Ev 2, L4a

*falso/-a Adj – falsch 3, 6b

familia numerosa w – kinderreiche Familie 8, 5b

fascinar – faszinieren 6, 1b

*favorable Adj m/w – günstig, vorteilhaft 3, 10c

favorecer – fördern 6, 1b

fecha de nacimiento w – Geburtsdatum 10, 4

*femenino/-a Adj – weiblich 7, 4a

feminista m/w – Feminist/in Ev 2, L3c

fenómeno m – Phänomen 2, 2a

fértil Adj m/w – fruchtbar 8, 5b

ficción w – Fiktion Ev 1, L2c

ficha w – Kärtchen, Zettel 4, 11a

ficticio/-a Adj – fiktiv, erdacht Ev 4, L7b

fiera w – Raubtier, wildes Tier 7, 7a

*fíjese (fijarse) Imp – stellen Sie sich vor 10, 1b

fila w – Schlange 7, 12a

filmoteca w – Filmothek, Filmarchiv 2, 11

filosofía w – Philosophie Ev 5, L10b

filósofo/-a – Philosoph/in 12, 6a

final feliz m – Happy End Ev 4, L8

*a finales de – Ende … 6, 1b

finalidad w – Zweck, Absicht 1, 12b

finalmente Adv – schließlich 7, 2b

*firmar – unterschreiben 12, 1c

físico m – Aussehen 1, 6b

flecha w – Pfeil 4, 12b

flexibilidad w – Flexibilität 10, 6a

florecer – blühen, florieren 12, 8a

fluido/-a Adj – fließend R 3, 1b

fluvial Adj m/w – Fluss-… 9, 4b

fogata w – Lagerfeuer 7, 8

a fondo – sehr gut, gründlich Ev 4, L7b

en el fondo – im Grunde Ev 2, L3c

en forma de – in Form von 9, 2a

forma de venta w – Verkaufsform Ev 5, L10b

forma verbal w – Verbform 10, 2c

*formación profesional w – berufliche Bildung, Berufsausbildung 10, 4

*formal Adj m/w – förmlich, formell 9, 9b

*formar – bilden, formen 4, 3c
formar parte de – einen Teil bilden von, ein Teil sein von 4, 3c
fórmula w – Formel 10, 9
formular – formulieren 6, 13b
foto de satélite w – Satellitenaufnahme 9, 3
*fotocopia w – Fotokopie 2, 16a
*fotografía w – Foto 5, 1b
fracaso m – Misserfolg Ev 1, L2c
fragata w – Fregatte R 1, 1
fragmento m – Abschnitt, Fragment 12, 6a
fregadero m – Spüle, Spülbecken 9, 7a
fregar – abwaschen, wischen 4, 1b
fregona w – Wischmopp 4, 1a
freír – braten, frittieren R 1, 2b
*frente a – angesichts 6, 7c
frente a frente – gegenüber Ev 1, L1b
fruto m – Frucht, Ertrag 6, 2
fue inventado/-a por Passiv – wurde erfunden von … 4, 1a
*fuera – draußen, außerhalb 4, 10a
*función w – Funktion 4, 1b
fundación w – hier: Stiftung 6, 10b; Gründung Ev 5, L10b; 12, 1c
fundado/-a Adj Part – begründet 5, 11a
fundamental Adj – Haupt-… Ev 4, L7b
furioso/-a Adj – wütend 5, 9
fusión w – Fusion, Verschmelzung Ev 6, L12c
fusionar – verschmelzen Ev 6, L12

G

galleta w – Keks 6, 10b
gallina w – Huhn 7, 8
galopar – galoppieren 5, 10a
gán(g)ster m – Gangster 1, 5a
*ganar – gewinnen 4, 3c
*garantía w – Garantie 4, 3c
gasolinera w – Tankstelle Ev 4, L8
*gastar – ausgeben 2, 4a; hier: verbrauchen 9, 2b
*gatito/-a – Kätzchen 1, 7b
geisha w – Geisha 2, 16b
género m – hier: Art, Gattung, Genre 2, 7
genético/-a Adj – genetisch 5, 5a
genialidad w – Genialität 2, 1a
gentes wPl – Stämme, Völker 7, 8
geografía w – Geographie 12, 6a
gerente m/w – Geschäftsführer/in 6, 13a
germánico/-a Adj – hier: deutsch Ev 1, L2c
ginkana w – Ratespiel, Quiz 6, 10b
global Adj m/w – global Ev 5, L10b
globalizado/-a Adj Part – globalisiert 6, 7c
gobernante m/w – Herrscher/in, Regierende/r 12, 1c
gol m – Tor (Sport, z. B. Fußball) 2, 6a
gota w – Tropfen Ev 5, L9
gota a gota – Tropfen für Tropfen Ev 5, L9
*gracias a ello – dank dieses Umstandes 6, 7c
*gracioso/-a Adj – hier: lustig 11, 7a
*grado m – Grad 2, 9 ; hier: Schuljahr Ev 4, L8; 11, 8a
graduado escolar m – in etwa: Hauptschulabschluss 10, 4
gráfica w – Grafik 9, 2a
granada w – Granatapfel 12, 6a
granadino/-a – Bewohner/in Granadas 12, 1c
*grande Adj m/w – hier: großartig 1, 12a
grandote Adj m/w – (riesen-)groß 11, 7a
*gratuito/-a Adj – kostenlos 8, 8c
*grave Adj m/w – gefährlich, schwer 5, 11a
griego/-a Adj – griechisch 12, 6a
gritar – schreien Ev 6, L11

*guardería w – Kindergarten, Einrichtung zur Kinderbetreuung 8, 5b
*guerra w – Krieg 2, 7
guerrero/-a – Krieger/in 6, 1b
guerrero/-a Adj – kriegerisch 7, 3
guerrilla w – Guerrilla, Untergrundkampf 8, 1b
Guía del Ocio w – Veranstaltungskalender, -zeitschrift 2, 13a
guiri m/w ugs – Ausländer/in 12, 8a

H

habla w – Sprache, Sprechweise 1, 4
hablador/a Adj – geschwätzig 7, 8
hace poco – vor kurzem 4, 9a
*hacer preguntas – Fragen stellen 1, 1b
*hacer reír a alguien – jdn zum Lachen bringen 11, 7a
hacer un sacrificio – ein Opfer bringen 8, 5b
*hacer una propuesta – einen Vorschlag machen 2, 15a
*hacerse daño – sich wehtun 1, 7b
hacerse el muerto – den Toten spielen Ev 6, L11
hacerse realidad – wahr werden Ev 2, L5b
harina w – Mehl R 1, 2b
harto/-a Adj – satt, überdrüssig 2, 6a
hasta – hier: sogar Ev 5, L10b
*Hasta la próxima – Bis zum nächsten Mal 7, 2a
hasta que + Subj – bis Ev 3, L6a; 12, 10
hasta que se oculta (el sol) – bis Sonnenuntergang 7, 8
haz de luz m – hier: Lichtstrahl 3, 9a
*hecho m – Tatsache 2, 2a; hier: Ereignis 3, 3a
de hecho – tatsächlich 11, 11a
helado/-a Adj Part – gefroren, sehr kalt 7, 8
heredar – erben, vererben 12, 5
herencia w – Erbe 5, 5a
*herida w – Wunde, Verletzung 5, 1b
hermoso/-a Adj – schön hübsch Ev 2, L3c
*hielo m – Eis 9, 2a
higiene w – Hygiene Ev 5, L9b
higiénico/-a Adj – hygienisch 11, 11a
*hijo/-a único/-a – Einzelkind 8, 4a
hippy m/w – Hippie Ev 5, L10b
hirviendo (hervir) Ger – kochend Ev 3, L6a
*historia w – Geschichte 2, 4a
*histórico/-a Adj – geschichtlich, historisch 2, 7
*hoja w – Blatt 4, 11a
*hombre m – Mensch 4, 6b
hombre de negocios m – Geschäftsmann 3, 6b
homenajeado/-a – Geehrte/r 5, 1b
homenajear – ehren 5, 1b
en honor a – zu Ehren von 12, 9c
en su honor – zu seinen Ehren 1, 5a
horizonte m – Horizont 5, 7a
hortaliza w – Gemüse 9, 4b
*hotel de lujo m – Luxushotel 10, 1b
hoy en día – heutzutage 6, 1b
huerta w – Gemüsegarten 7, 1b
huevo pasado por agua m – gekochtes Ei Ev 6, L11
humano/-a Adj – menschlich Ev 5, L10b
*húmedo/-a Adj – feucht 9, 3
*humorista m/w – Humorist 11, 9

I

ibérico/-a Adj – iberisch 12, 8a
identificar – hier: identifizieren, benennen 9, 8a

*igual Adv – gleich 8, 1b
a mí me da igual – mir ist es egal 12, 11b
*al igual que – (eben-)so wie 6, 7c
*igual que – genauso wie 4, 3c
*ilegal Adj m/w – illegal 2, 2a
ilegible Adj m/w – unleserlich 7, 4b
*ilusión w – Traum, Illusion, hier: Freude 5, 1b
ilustración w – Illustration, Zeichnung 4, 5b
ilustrar – hier: zeigen, illustrieren 12, 6c
imaginación w – Fantasie, Vorstellungskraft Ev 1, L1c; 3, 13
imaginario/-a Adj – eingebildet 11, 11a
imperativo m – Befehlsform, Imperativ 5, 3b
imperio m – Reich, Imperium 12, 8a
impertinente Adj m/w – unverschämt Ev 5, L10b
*importar – importieren 9, 6a
imposible Adj m/w – unmöglich 9, 9a
impotente Adj m/w – hier: machtlos, ohnmächtig Ev 5, L9b
imprenta w – Druckerei 8, 1b
imprescindible Adj m/w – unentbehrlich 9, 2a
incapaz Adj m/w – unfähig Ev 1, L1b
incentivo m – hier: Anreiz 9, 10c
incomparable Adj m/w – unvergleichlich 6, 13c
incorporarse – sich aufrichten Ev 6, L11
India w – Indien 12, 8a
*indicar – angeben 1, 14
indicativo m – Indikativ 9, 6b
indiferencia w – Gleichgültigkeit 12, 11b
indígena m/w – Eingeborene(r) 7, 1a
indispensable Adj m/w – unerlässlich 9, 9a
*industrial Adj m/w – industriell 2, 2a
ineficiente Adj m/w – uneffektiv 9, 2a
INEM (Instituto Nacional de Empleo) m – Arbeitsamt 10, 5
inevitablemente Adv – unvermeidlich 9, 4b
infancia w – Kindheit 1, 7c
*influencia w – Einfluss 7, 4a
*influir – beeinflussen 2, 6b
informal Adj m/w – informell, hier: ungesichert, illegal 8, 8c
*informar(se) – (sich) informieren 2, 6a
informativo/-a Adj – informativ 4, 1c
informe m LA – Auskunft, Information 11, 9
infraestructura w – Infrastruktur 12, 6a
ingresos mPl – Gehalt, Einkünfte 10, 1b
iniciar – anfangen, initiieren 8, 5a
a inicios de – am Anfang, zu Beginn (von) 6, 1b
injusto/-a Adj – ungerecht 5, 6
innecesario/-a Adj – unnötig 9, 10c
innovador/a Adj – innovativ Ev 5, L10b
insalvable Adj m/w – unüberbrückbar Ev 1, L1b
inspiración w – Inspiration Ev 1, L1b
inspirado/-a en Adj Part – inspiriert von Ev 5, L10b
instante m – Augenblick 11, 11a
instituto m – Institut, Gymnasium 10, 4
instrucción w – Anweisung 4, 5b
integrado/-a por Adj Part – hier: bestehend aus Ev 4, L7b
intelecto m – Intellekt, Verstand 2, 6a
intelectual Adj m/w – intellektuell 1, 4
intensidad w – Intensität, Eindringlichkeit Ev 1, L1b
*intentar – versuchen 1, 4
interpretar – interpretieren, vorspielen 4, 9b
*interrumpir – unterbrechen 1, 9
intimidad w – Intimität 4, 3c

Alphabetischer Wortschatz

introducción *w* – Einführung 12, 6a
introducir – einführen 1, 9
inundación *w* – Überschwemmung 9, 1b
inútil *Adj m/w* – unnütz, zwecklos 2, 2a
*inventar – erfinden 4, 1a
invento *m* – Erfindung 4, 1a
invertir (en) – investieren (in) 8, 5b
investigación de mercados *w* – Marktfor-
  schung R 2, 2b
investigar – forschen R 2, 3
*invierno *m* – Winter Ev 2, L4b; 5, 7b
invisible *Adj m/w* – unsichtbar Ev 1, L1c
ir corriendo – laufen, sich beeilen 1, 7b
ir de copas – in eine Kneipe / etwas trinken
  gehen 2, 15a
ir de gira – auf Tournee gehen Ev 6, L12c
irreal *Adj m/w* – irreal, unwirklich 11, 6b
irritante *Adj m/w* – irritierend, unangenehm
  Ev 2, L3c
Islam *m* – Islam 12, 1c
Islas Canarias *wPl* – Kanarische Inseln 3, 9a
izquierdista *Adj m/w* – links(-gerichtet) 6, 7c

J

jíbaro/-a – Kopfjäger/in Ev 4, L7b
jitomate *m* – *besondere Tomatensorte* Ev 3, L6a
jornada *w* – Arbeitszeit 10, 1b
jubilación *w* – Pensionierung 10, 1b
jugar a las canicas – mit Murmeln spielen 8,
  3b
jugar al tabú – *Wortratespiel, bei dem das
  Wort selbst nicht genannt werden darf* 4, 2c
juguete *m* – Spielzeug 8, 1b
justo *Adv* – just, genau Ev 1, L2c

L

la mejor manera de + *Inf* – der beste Weg /
  die beste Art, ... zu + Inf 1, 1b
labor *w* – Arbeit, Aufgabe Ev 5, L10b
*laboral *Adj m/w* – Arbeits-... 10, 1b
laboralista *Adj m/w* – Arbeits-... 5, 11a
laborioso/-a *Adj* – fleißig, arbeitsam 6, 12
*lado *m* – Seite 9, 7a
lágrima *w* – Träne 3, 1b
lamentarse – sich beklagen 8, 9b
lanzar al mercado – auf den Markt werfen
  Ev 5, L10b
a lo largo de – entlang, im Laufe von 1, 5a
latino/-a *Adj* – aus Lateinamerika Ev 2, L3c
lavar – *hier:* abwaschen 9, 7a
lavarse los dientes – Zähne putzen 9, 7a
le gusta / le encanta que... + *Subj* – es
  gefällt ihm / ihr (sehr), dass ... 7, 10
Le/s pido (que) ... + *Subj* – Ich bitte Sie, ...
  9, 9b
*Le/s ruego (que)... + *Subj* – Ich bitte Sie, ...
  9, 9b
lector/a – Leser/in 11, 9
lectura *w* – Lektüre, Lesen 2, 3b
*legumbre *w* – Hülsenfrucht 4, 1b
lejanía *w* – Entfernung 3, 10c
lema *m* – Motto 8, 12a
Les envío adjunto – Ich schicke Ihnen anbei
  10, 9
les parece tonto / raro / horrible... + *Subj* –
  sie finden es blöd / seltsam / schrecklich,
  dass ... 7, 10
*Les saluda atentamente *formell* – Mit freundlichen Grüßen 9, 9a
letra *w* – *hier:* (Lied-)Text Ev 2, L5b; 8, 9b
Levante *m* – *hier:* Südosten Spaniens (Valen-
  cia, Murcia) 9, 4b

*ley *w* – Gesetz 7, 7b
leyenda *w* – Legende 12, 1c
liberar – befreien 2, 1a
libro de ficción *m* – belletristisches Werk Ev 1,
  L2c
licuadora *w* – Mixer Ev 3, L6a
ligar – flirten 4, 3c
línea *w* – (Produkt-)Linie 6, 10b
*lío *m* – Durcheinander 5, 14b
lista de referencia *w* – *hier:* maßgebliche Liste
  Ev 1, L2c
lista de ventas *w* – Verkaufsliste Ev 1, L2c
literario/-a *Adj* – literarisch 1, 4
*literatura *w* – Literatur 1, 4
liviano/-a *Adj* – leicht; *hier:* mit leichtem
  Gepäck 11, 11a
llamada *w* – Anruf Ev 1, L1b
*llamada telefónica *w* – Telefonanruf 3, 6b
*llamado/-a *Adj Part* – genannt 5, 7a
*llamar – *hier:* rufen 3, 3a
*llegar a un acuerdo – zu einer Übereinkunft,
  einem gemeinsamen Ergebnis gelangen 7,
  12a
llegar a una conclusión – zu dem Schluss
  kommen 9, 4b
*llegar a viejo/-a – alt werden 5, 3a
llenarse (de) – sich füllen (mit) 6, 7c
llevar + *Ger* – etwas seit einiger Zeit machen
  10, 1b
llevar a cabo – durchführen 4, 12b
*llorar – weinen 2, 7
lluvia de ideas *w* – Brainstorming 6, 1a
lo antes posible – so bald wie möglich R 3, 1b
lo bueno *neutrum* – das Gute 1, 12a
lo más pronto posible – so bald wie möglich
  9, 9a
lo mejor del mundo *Adj Superl* – das Beste
  der Welt 1, 13
*lo mismo *neutrum* – das Gleiche, dasselbe 4,
  6b
lo ocurrido *neutrum* – das Geschehene 5, 11a
lo peor *Adj Superl* – das Schlimmste 4, 3c
lo que pasa es que... – das Problem ist,
  dass ...; es ist nämlich so, dass ... 1, 9
*local *m* – Lokal, Kneipe 2, 13a
localidad *w* – Ort, Ortschaft 5, 1b
localizar – lokalisieren, finden 4, 3c
locutor/a – Sprecher/in 5, 5a
lógico/-a *Adj* – logisch Ev 5, L9b
logotipo *m* – Logo R 2, 1a; Ev 5, L10b
longevidad *w* – Langlebigkeit 5, 2a
lubina *w* – Wolfsbarsch R 1, 2a
*lucha *w* – Kampf 6, 7c
lugar de nacimiento *m* – Geburtsort 10, 4
lugar de residencia *m* – Wohnort 10, 3b
en tu / su lugar – an deiner / Ihrer Stelle 10,
  5
*lujo *m* – Luxus 6, 7c

M

madraza *w* – *hier:* Hochschule *(arab.)* 12, 6a
madrina *w* – Patin, Patenmutter 1, 12a
madrugada *w* – früher Morgen 8, 9b
maestro/-a *Adj* – meisterhaft 1, 4
mafioso/-a *Adj* – mafiös, Mafioso-... 1, 5a
magnético/-a *Adj* – magnetisch Ev 1, L1c
malaria *w* – Malaria Ev 4, L7b
malentendido *m* – Missverständnis Ev 6, L11
malgastar – verschwenden 9, 7
malla *w* – Netz Ev 5, L9b
mallorquín *m* – Mallorquinisch (Sprache) Ev 5,
  L10b

mallorquín/-ina *Adj* – aus Mallorca Ev 5, L10b
manada *w* – Herde 7, 8
*mandar – senden, schicken 5, 1b
mandarina *w* – Mandarine 9, 4b
manía *w* – Manie, Besessenheit Ev 1, L2c
*manifestación *w* – Demonstration 8, 12a
manifestar – äußern, zeigen Ev 1, L1b
manteca *w* – Fett Ev 3, L6a
*mantener – behalten, erhalten 1, 1b
mantener una conversación – ein Gespräch
  führen 7, 8
*manzana *w* – Apfel 11, 7a
maquinita *w* – Maschinchen, kleiner Apparat
  4, 3c
*maravilla *w* – Wunder 5, 14b
marca *w* – *hier:* Spur 5, 7b
marcha *w* – Marsch 6, 1b
marco *m* – Rahmen 3, 3a
marihuana *w* – Marihuana 11, 12a
marroquí *Adj m/w* – marokanisch Ev 5, L10b
más / menos de lo que le gustaría –
  häufiger / weniger, als Sie möchten 1, 2
más + Adj + posible *Superl* – am ...-sten, so +
  Adj + wie möglich 7, 2b
*más bien *Adv* – eher, vielmehr 9, 3
mascota *w* – Maskottchen 1, 7b
*matar – töten 8, 1b
matemáticas *wPl* – Mathematik 10, 4
matemático/-a *Adj* – mathematisch Ev 5, L10b
*materia prima *w* – Rohstoff 6, 7c
material de estudio *m* – Lernstoff 12, 6a
matizar – nuancieren Ev 6, L12c
*matrimonio *m* – Ehe, Ehepaar 5, 1b
*máximo/-a *Adj Superl* – maximal 2, 9 ; *hier:*
  herausragend, bekannteste/r Ev 1, L2c
mayor *Adj Komp m/w* – *hier:* höher 5, 5a
de mayor edad – älter Ev 4, L8
de mayores – als Erwachsene Ev 2, L4b
*me extraña que... + *Subj* – ich bin erstaunt,
  dass ... 1, 3b
*Me gustaría saber... – Ich hätte gern
  gewusst ... 11, 4
*me hace ilusión – es freut mich 5, 1b
*Me parece conveniente que... + *Subj* – Es
  erscheint mir angebracht, dass ... 9, 9b
Me parece indispensable que... + *Subj* – Es
  erscheint mir unerlässlich, dass ... 9, 9b
*me parece raro que... + *Subj* – ich finde es
  seltsam / merkwürdig, dass ... 1, 3b
*me sorprende que... + *Subj* – es überrascht
  mich, dass ... 1, 3b
mediano/-a *Adj* – mittelgross, *hier:* mittelalt
  2, 2a
de mediana edad – im reiferen Alter, mittelalt
  2, 2a
mediante *Adv* – mittels, mithilfe von 5, 1b
medicamento *m* – Medikament 6, 1b
medicinal *Adj m/w* – medizinisch, Heil-... 5,
  1b
medida *w* – Maß, Mengenangabe Ev 3, L6b,
  hier: Maßnahme 8, 5b
*medio ambiente *m* – Umwelt 6, 10b
*medio de comunicación *m* – Kommunika-
  tionsmittel 4, 3c
medir – messen Ev 4, L7b
*mejorar – verbessern 4, 2b
mejoría *w* – Besserung 1, 11
melancolía *w* – Melancholie, Niedergeschla-
  genheit 8, 9b
melómano/-a *Adj, Nom* – musikbesessen,
  Musikliebhaber/in 2, 3b
membrete *m* – Briefkopf R 3, 1a

memo-mapa *m* – Mind-Map 4, 11a
memorias *wPl* – Erinnerungen, Memoiren 2, 16b
memorizar – im Gedächnis behalten 4, 12a
memory *m* – Memory-Spiel 4, 12a
¡Menos mal! – *etwa: Gott sei Dank!* 10, 11
mensaje *m* – Nachricht 1, 11
mensaje corto *m* – Kurznachricht (SMS) 1, 11
mensual *Adj m/w* – monatlich Ev 5, L9b
mente *w* – Geist, Kopf Ev 3, L5b
menú *m* – Menü, Auswahlfenster 4, 5c
mercado exterior *m* – Außenmarkt Ev 5, L10b
***mercancía** *w* – Ware 6, 2
merienda *w* – Vesperbrot (am Nachmittag) 1, 7b
merluza *w* – Seehecht R 1, 2a
mestizaje *m* – *hier:* Stilmischung Ev 6, L12c
meta *w* – Ziel Ev 4, L8
metrópolis *w* – Metropole 12, 8c
mezclar(se) – (sich) mischen Ev 6, L12b
mezquita *w* – Moschee 12, 6a
microscópico/-a *Adj* – mikroskopisch klein Ev 5, L9b
***miedo** *m* – Angst, Furcht 3, 9a
miel *w* – Honig 6, 1b
***miembro** *m* – Mitglied 7, 7b
mientras + *Subj* – solange 9, 6a
***mientras que** + *Ind* – während 9, 2a
***militar** *Adj m/w* – militärisch 3, 10c
***mínimo/-a** *Adj* – minimale/r, mindestens 10, 6a
ministro de Exteriores *m* – Außenminister Ev 1, L2c
mirarse obligado/-a a *LA* – sich gezwungen sehen zu Ev 4, L8
***miseria** *w* – Elend, Not 8, 9a
misión *w* – *hier:* Aufgabe, Auftrag 11, 12a
mixto/-a *Adj* – gemischt Ev 6, L12b
mobiliario *m* – Einrichtung, Mobiliar 10, 6a
modelo *m* – *hier:* Muster 4, 12b
***modo** *m* – Art und Weise 3, 2 ; *hier:* Zeitform 8, 4
mojado/-a *Adj Part* – nass, durchnässt Ev 2, L4b
mole poblano *m* – *mexikanische Soße für Fleischgerichte, mit Schokolade* Ev 3, L6a
***molestar** – stören 9, 9c
***molestia** *w* – Belästigung, Störung, Behinderung 8, 5b
molido/-a (moler) *Adj Part* – gemahlen Ev 3, L6a
en cualquier momento – jederzeit 4, 3c
monitor/a – *hier:* Trainer/in 11, 2a
monja *w* – Nonne 5, 10a
monopatín *m* – Skateboard 8, 1b
montañoso/-a *Adj* – gebirgig 6, 7c
moralidad *w* – Moral(ität) Ev 2, L3c
morirse de la risa – sich tot / kaputt lachen 2, 11
moro/-a *Adj* – marrokanisch Ev 6, L12b
***moverse** – sich bewegen 3, 9a
móvil *Adj m/w* – beweglich Ev 2, L4a
***movimiento** *m* – Bewegung 5, 5a
***muerte** *w* – Tod 9, 2a
***muerto/-a** *Adj Part unregl v. «morir»* – gestorben, tot 5, 1b
mujercita *w* – junge Frau 1, 13
multicultural *Adj m/w* – multikulturell 12, 8a
***municipal** *Adj m/w* – Gemeinde-..., kommunal 5, 1b
murciano/-a *Adj* – von, aus Murcia 9, 4b
***muro** *m* – Mauer 11, 12a

***musical** *Adj w/m* – musikalisch 2, 7
musulmán/musulmana *Adj* – muselmanisch 12, 1c

N

***nacido/-a en** *Adj Part* – geboren in ... 1, 4
nacimiento *m* – Geburt 10, 4
***nacionalidad** *w* – Staatsgehörigkeit 11, 8a
Naciones Unidas (ONU) *wPl* – Vereinte Nationen (UNO) 9, 2a
***nadar** – schwimmen 11, 11a
narración *w* – Erzählung Ev 6, L11
narrar – erzählen 2, 9
natación *w* – Schwimmen 8, 1b
natal *Adj m/w* – Geburts-... 12, 8c
natalidad *w* – *hier:* Geburtenrate 8, 5a
***natural** *Adj m/w* – natürlich 9, 2a
naturalmente *Adv* – *hier:* natürlich, selbstverständlich 6, 14a
navegar – segeln Ev 3, L5b
nazarí *Adj m/w* – dem arabischen Volksstamm der Nasriden angehörig 12, 4
de ser necesario – wenn es nötig ist 5, 7a
***negarse a** + *Inf* – sich weigern 1, 4
negociar – verhandeln, aushandeln 2, 15b
neurótico/-a *Adj* – neurotisch 1, 5c
ni hablar – auf gar keinen Fall Ev 6, L11
ni un/a solo/-a – nicht einmal eine(n) 9, 9a
***nivel** *m* – Niveau, Stand 5, 6
No hay atajo sin trabajo – Ohne Fleiß kein Preis 10
***¡No me digas!** – Was du nicht sagst! 3, 4a
no pueden creer que... + *Subj* – sie können nicht glauben, dass ... 7, 10
noble *m/w* – Adlige/r 6, 1b
noble *Adj m/w* – nobel, *hier:* gut, ehrlich Ev 2, L3c
de noche – nachts 3, 13a
***nombrar** – nennen 4, 2c
***nota** *w* – *hier:* Note 5, 1 b; *hier:* Notiz 10, 12b
noticiero *m LA* – Nachrichten 8, 1b
***novela** *w* – Roman 1, 4
novela de amor *w* – Liebesroman 7, 6a
nuevamente *Adv* – noch einmal 11, 10a
numerar – nummerieren 3, 9a
***numeroso/-a** *Adj* – zahlreich, *hier:* kinderreich 8, 5b
nutritivo/-a *Adj* – nahrhaft 6, 1b

O

***o sea** – das heißt 7, 4c
oasis *m* – Oase 6, 7c
objetivo *m* – Ziel Ev 4, L7b
***obligar** – zwingen 7, 7b
obligatorio/-a *Adj* – obligatorisch Ev 2, L4b
obra maestra *w* – Meisterwerk 1, 4
***obtener** – bekommen, erreichen 6, 7c
en una ocasión – einmal 5, 1b
***occidental** *Adj m/w* – westlich 7, 4a
ocio *m* – Muße, Müßiggang, Freizeit 2, 2a
***ocurrírsele algo a alguien** – auf die Idee kommen, einfallen 11, 6b
***odio** *m* – Hass 11, 12a
***oferta de trabajo** *w* – Stellenangebot 10, 6a
Oficina de Empleo *w* – Arbeitsamt 10, 10a
***¡Ojalá!** + *Subj* – Hoffentlich ... 1, 12a
ojeras *wPl* – Augenringe 5, 7a
ola *w* – Welle 8, 1b
***oler** – riechen, *hier:* schnüffeln 8, 9b
olla exprés *w* – Schnellkochtopf 4, 1a
oloroso/-a (a) *Adj* – riechend (nach) 8, 9b

ONCE (Organización Nacional de Ciegos Españoles) *w* – *Span. Blindenorganisation* 10, 1b
onda magnética *w* – magnetische Welle Ev 1, L1c
opción *w* – Option, Auswahl 12, 11b
en su opinión – Ihrer Meinung nach 2, 8
***optimismo** *m* – Optimismus 5, 5a
***optimista** *Adj m/w* – optimistisch 5, 7b
***orden** *f* – Befehl, Anweisung 8, 4
orgánico/-a *Adj* – organisch, *hier:* biologisch 6, 13a
organigrama *m* – Organigramm R 2, 2a
Organización Mundial de la Salud (OMS) *w* – WHO (World Health Organization) 5, 5b
***orientación** *w* – Orientierung, Beratung 2, 6b
oriental *Adj m/w* – orientalisch 12, 11b
a orillas de – am Ufer des/der ... 7, 7b
ornamentación *w* – Verzierung, Schmuck 12, 1c
***oro** *m* – Gold 6, 1b
ortodoxo/-a *Adj* – orthodox, herkömmlich Ev 6, L12c
ovni (objeto volador no identificado) *m* – UFO (Unbekanntes Flugobjekt) 3, 9a

P

p.m. (post meridiem) – nachmittags (Uhrzeitangabe) Ev 4, L8
pacíficamente *Adv* – friedlich 12, 8a
padrino/-a – Pate/Patin, Fürsprecher/in Ev 1, L2c
página web *w* – Internet(Web)-Seite 8, 5a
***país en vía de desarrollo** *m* – Entwicklungsland 9, 2a
paja *w* – Stroh 7, 4a
***pájaro** *m* – Vogel 7, 1b
***palacio** *m* – Palast 12, 4
palo *m* – Stock, Holzscheit 7, 8
pancarta *w* – Plakat, Transparent 8, 12a
panel *m* – Kollektor, Fläche Ev 5, L9b
pantalla *w* – Bildschirm, Display (Handy) 4, 5c
***pantalones** *mPl* – Hose 4, 3c
pantera *w* – Panther 1, 7b
***pañuelo** *m* – Taschentuch 3, 1b
papagayo *m* – Papagei 7, 8
papel *m* – *hier:* Rolle 2, 15b
***para que** + *Subj* – damit 1, 5a
***para terminar** – zum Schluss, abschließend 2, 16a
***paraguas** *m* – Regenschirm 11, 11a
paralelo/-a (a) *Adj* – parallel (zu) 5, 8
paramilitar *m/w* – Paramilitär 6, 7c
pararle los pies a alguien – jdn bremsen, in die Schranken weisen 5, 11a
parchís *m* – Mensch-ärgere-dich-nicht Ev 2, L4b
pareja de enamorados *w* – Liebespaar Ev 1, L1b
parking *m* – Parken, Parkplatz R 1, 1
parrilla *w* – Holzofengrill R 1, 1
a ninguna parte – nirgendwohin 11, 11a
en otras partes – anderswo 8, 1b
participación *w* – Teilnahme Ev 4, L8
participante *m/w* – Teilnehmer/in 4, 11a
a partir de entonces – seitdem 5, 1b
pasa *w* – Rosine Ev 3, L6a
***pasado** *m* – Vergangenheit 5, 3a
***pasar por** – *hier:* vorbeikommen 10, 10a
***pasar un buen rato** – eine gute Zeit verbringen 2, 11

paseador/a de perros – Hunde-Ausführer/-in 10, 14

pasión *w* – Leidenschaft 4, 3c

paso *m* – *hier:* Verlauf 5, 7b

patito feo *m* – das hässliche Entlein Ev 2, L3c

pato *m* – Ente Ev 2, L3c

patria *w* – Heimat(-land) 12, 1c

Patrimonio de la Humanidad *m* – Weltkulturerbe 12, 4

patrocinar – sponsern, fördern Ev 4, L7b

patrón *m* – *hier:* Muster, Vorbild Ev 2, L3c

pavo *m* – Truthahn Ev 3, L6a

*paz *w* – Friede 6, 7c

pedido *m* – Bestellung, Auftrag R 3, 1

pedir – *hier:* betteln Ev 4, L8

pedir que... + *Subj* – (darum) bitten, dass ... 8, 4b

pegar – schlagen Ev 4, L8

peineta *w* – Einsteckkamm 4, 1a

pelado/a (pelar) *Adj Part* – geschält Ev 3, L6a

peliculón *m* – großartiger Film 2, 1a

*peligro *m* – Gefahr 12, 1c

*peluquero/-a – Friseur/Friseuse 10, 14

*pena *w* – Kummer, Leid 1, 1b

Península Ibérica *w* – Iberische Halbinsel 9, 3

*peor *Adj Komp m/w* – schlimmer, schlechter 4, 3c

percepción *w* – Wahrnehmung, Verständnis Ev 4, L7b

*perder – verlieren 1, 5a

*perderse – *hier:* verloren gehen 9, 2a

perderse de vista – sich aus den Augen verlieren 5, 14b

*perdona que... + *Subj* – entschuldige, dass ... 8, 7b

*perfecto/-a *Adj* – perfekt 11, 11a

perfil *m* – *hier:* Profil 10, 6b

*permitir – erlauben 6, 1b

permitir que... + *Subj* – erlauben, dass ... 9, 7a

*personal *Adj m/w* – *hier:* privat 7, 12a

perspectiva *w* – Perspektive, Aussicht Ev 5, L9b

*a pesar de – trotz + Nom 1, 4

a pesar de (que) + *Ind* – obwohl, trotz, obgleich 9, 2a

a pesar de todo – trotz allem 2, 2a

*pescador/a – Fischer/in 3, 14a

*pesimista *Adj m/w* – pessimistisch 5, 7b

petición *w* – Bitte 10, 12b

picado/-a (picar) *Adj Part* – gehackt Ev 3, L6a

al pie de – am Fuß von Ev 5, L10b

*de pie – aufrecht, im Stehen 4, 1b

pintada *w* – Graffiti 11, 12a

placa conmemorativa *w* – Gedenktafel 5, 1b

*placer *m* – Genuss, Vergnügen 7, 2a

plancha *w* – *hier:* heiße (Herd-)Platte aus Metall R 1, 2a

a la plancha – auf einer heißen Platte frittiert, mit wenig Öl R 1, 2a

*planchar – bügeln 8, 9b

planeta *m* – Planet, *hier:* Erde 1, 4

plantación *w* – Plantage 6, 7c

plasmar – äußern, zeigen R L12c

*plástico *m* – Kunststoff, Plastik 4, 1c

plata *w LA* – *hier:* Geld 6, 7c

plazo de entrega *m* – Lieferfrist R 3, 2a

a largo plazo – langfristig 8, 13b

pleno/-a *Adj* – voll Ev 5, L10b

poblado *m* – Dorf, Siedlung Ev 5, L9b

poblador/a – Siedler/in 12, 8a

*pobre *Adj m/w* – arm 8, 9a

poco a poco – Schritt für Schritt Ev 2, L3c

*poder *m* – Macht Ev 1, L2c; 11, 9

poderoso/-a *Adj* – stark 5, 11a

poesía *w* – Lyrik, Gedichte 2, 16b

poeta/poetisa – Dichter/in 11, 11b

policía *w* – *hier:* Polizei Ev 4, L8

*político/-a – Politiker/in 10, 14

en polvo – gemahlen, in Pulverform Ev 3, L6a

poncho *m* – Poncho, ärmelloser Überwurf 7, 8

*poner – *hier:* aufsetzen 4, 6b

poner atención (a) – aufpassen (auf) 3, 4c

poner boca abajo – umgedreht hinlegen 4, 12b

*poner en marcha – in Gang setzen 6, 7c

poner en práctica – verwirklichen, umsetzen 9, 4b

poner los medios – die Mittel zur Verfügung stellen 9, 9a

*ponerse + *Adj* – ... werden 5, 9

ponerse a + *Inf* – *hier:* anfangen, etwas zu tun Ev 1, L1b

*ponerse de pie – aufstehen, sich hinstellen 11, 6a

*por *Präp* – *hier:* von (Passiv) 4, 1a

por completo – vollständig 6, 7c

*por el cual – *hier:* auf dem 1, 10c

por el hecho de que + *Inf* – aufgrund der Tatsache, dass ..., weil 2, 4a

por encima de – über 3, 9a

por lo que – weshalb, weswegen 6, 7c

por lo tanto – deshalb, daher 6, 7c

por los suelos – am Boden, gleich null Ev 2, L3c

por medio de – durch Ev 1, L1c; 9, 8b

por motivos de – aus ... Gründen 10, 13

por si – (denn) wenn, falls 11, 11a

por última vez – zum letzten Mal 12, 1c

*por una parte – einerseits 1, 9

porqué *m* – das Warum, Grund 7, 12b

porrón *m* – Glas- oder Tongefäß für Wein oder Sangría 4, 1a

portátil *Adj m/w* – tragbar 10, 1b

portavoz *m/w* – Sprecher/in, Wortführer/in 9, 10b

portero/-a de coches – Portier, der die Gäste bei der Ankunft im Auto empfängt 10, 1b

posguerra *w* – Nachkriegszeit Ev 1, L2c

posiblemente + *Subj* – möglicherweise 7, 12b

*positivo/-a *Adj* – positiv 2, 8

posterior *Adj m/w* – spätere/r 12, 6a

postura *w* – Haltung, Einstellung 1, 5c

potable *Adj m/w* – trinkbar 9, 1b

en prácticas – im Praktikum 10, 4

precedente *m* – Präzedenzfall; Vorläufer Ev 1, L2c

preciarse (de) – sich rühmen 1, 5a

*precioso/-a *Adj* – *hier:* wertvoll, edel 7, 7b

preferencia *w* – Vorliebe 1, 1d

preferido/-a *Adj Part* – bevorzugt, Lieblings-... 2, 4a

premiar – belohnen 5, 1b; *hier:* mit einem Preis auszeichnen 7, 7b

Premio Nobel de Literatura *m* – Literatur-Nobelpreis 1, 4

premisa *w* – Prämisse 6, 12

*prensa *w* – Presse 2, 1b

de prensa – *hier:* gepresst 6, 14a

*preocupación *w* – Sorge, Kummer 5, 7b

preocupado/-a *Adj Part* – besorgt 3, 3a

*preparación *w* – Zubereitung, Vorbereitung 6, 1b

presencia *w* – Anwesenheit 12, 1c

en presencia de – in Anwesenheit von ... 5, 1b

presentación *w* – Präsentation R 2, 1b

presentador/a de la tele – Fernseh-Moderator/in 10, 14

*presente *m* – Gegenwart 5, 3a

presionado/-a *Adj Part* – unter Druck gesetzt 5, 10a

*prestar – leihen, *hier:* schenken, geben 5, 1b

prestar servicios – Dienstleistungen anbieten R 2, 3

prestigioso/-a *Adj* – angesehen, bekannt Ev 2, L3c

pretexto *m* – Ausrede Ev 6, L11

previsto/-a *Adj Part unregl* – vorgesehen R 3, 2a

*principal *Adj m/w* – Haupt-... 6, 1b

*principio *m* – *hier:* Prinzip 6, 10b

prisionero *m* – Gefangener 2, 16b

probabilidad *w* – Wahrscheinlichkeit 5, 14b

proceder – stammen, herkommen 10, 2c

procedimiento *m* – Vorgehensweise Ev 3, L6a

proceso *m* – Prozess Ev 3, L6b; 9, 4b

*producir – *hier:* verursachen 5, 11a; *herstellen, produzieren, hervorbringen 6, 1b

productor/a *Adj* – produktiv, Produktions-... 6, 10b

profundamente *Adv* – tief Ev 1, L1c

*profundo/-a *Adj* – tief 5, 7b

prohibido/-a *Adj Part* – verboten Ev 5, L10b

promedio *m* – Durchschnitt 2, 4a

*prometer – versprechen 3, 14a

promoción de ventas *w* – Verkaufsförderung R 2, 2b

pronto/-a *Adj* – baldig 1, 11

*de pronto *Adv* – plötzlich 3, 1b

propiedad *w* – *hier:* Eigenschaft 6, 14a

*propio/-a *Adj* – eigen 4, 3c

*proponer – vorschlagen 2, 15a

*propuesta *w* – Vorschlag 2, 15a

prosa *w* – Prosa 12, 6a

*protección *w* – Schutz 8, 5b

*proteger – beschützen 8, 10

provocar – hervorrufen 7, 13

proyector de diapositivas *m* – Diaprojektor 7, 14a

psicológico/-a *Adj* – psychologisch Ev 1, L1b

psicólogo/-a – Psychologe/-in 5, 11a

*publicar – publizieren, veröffentlichen 2, 16a

publicitario/-a *Adj* – Werbe-... R 2, 3

*público *m* – Publikum 7, 2a

pueblo *m* – *hier:* Volk 7, 2a

pueblo natal *m* – Geburtsort 12, 8c

puede ser que... + *Subj* – es kann sein, dass ... 7, 12b

puerco/-a – Schwein 7, 8

*punta *w* – Spitze; *hier:* Ende 3, 9a

en la otra punta de – *hier:* am anderen Ende von 3, 9a

punto de vista *m* – Sichtweise, Standpunkt 11, 12a

purismo *m* – Purismus, Reinheitskult Ev 6, L12c

puro/-a *Adj* – rein Ev 6, L12c

PYME (Pequeña Y Mediana Empresa) *w* – kleiner und mittelständischer Betrieb R 2, 2b

Q

¿Qué le sugiere? – Was fällt Ihnen dazu ein? 6, 7a

¡Que les vaya bien! – Alles Gute! 7, 2a

¡qué maravilla! – das ist doch wunderbar! 5, 14b

que no – nein, wirklich nicht 2, 14b

¡Que te / le vaya bien! – Alles Gute! 1, 13

¡Qué tontería! – Was für ein Unsinn! 5, 14b

*quedar – hier: sich verabreden 2, 13b

*quedarse – bleiben 3, 3a

*quedarse con – behalten 4, 12b

quedarse parado/-a – stehen bleiben 3, 9a

*quedarse sentado/-a – sitzen bleiben 5, 3a

queja w – Beschwerde, Klage 9, 9a

quemar – anbrennen, verbrennen Ev 2, L4b

querido/-a Adj Part – hier: beliebt 11, 9

químicos mPl – chemische Zusätze 6, 14a

quincena w – vierzehn Tage 6, 10b

Quisiera comunicarles que… – Ich möchte Ihnen mitteilen, dass … 9, 9a

*quitar – weg-, herausnehmen Ev 3, L6a; 11, 12a

*quizás + Subj – vielleicht 7, 12b

R

ración w – Portion, Ration 6, 2

racionar – rationieren 9, 6a

racista Adj m/w – rassistisch 7, 3

radiografía w – Röntgenbild Ev 6, L12c

radionovela w – Radio(fortsetzungs)roman 3, 13a

raíz w – hier: Stamm 10, 2c; Wurzel Ev 6, L12c

ranking m – Ranking, Aufstellung Ev 1, L2c

rayo del sol m – Sonnenstrahl 2, 2a

*real Adj m/w – wirklich, real 11, 11a

realismo mágico m – Magischer Realismus, lateinamerikanische Romangattung 1, 4

rebelde m/w – Rebell/in 6, 7c

rebozado/-a Adj Part – paniert und in Öl frittiert Rep1, 2a

*recado m – Nachricht 10, 11

receta w – Rezept 6, 1b

rechazado/-a (por) Adj Part – abgelehnt (von) Ev 4, L8

reciclar – wiederaufbereiten 9, 11b

*reciente Adj m/w – aktuell 10, 6a

reclamación w – Reklamation R 3, 1

reclamar daños y perjuicios – Schadensersatz beanspruchen R 3, 2a

recoger – hier: sammeln 9, 7a

recogida de residuo(s) w – Müllabfuhr 9, 8a

recolectar – sammeln Ev 5, L9b

*recomendar – empfehlen 2, 11

*reconocer – anerkennen 1, 5a

reconquistar – wiedererobern 12, 1c

reconstituyente m – Stärkungsmittel 6, 1b

reconversión w – Strukturwandel 2, 2a

recorrido m – hier: Verlauf 12, 10b

*recuerdo m – Erinnerung 7, 7b

recuperación w – hier: Nachhilfe 10, 4

recurso m – Ressource 9, 2a

red w – Netz 3, 14a

*redondo/-a Adj – rund Ev 2, L4a; 6, 13c

*reducir – reduzieren 6, 14a; hier: schrumpfen 7, 3

referencia w – Referenz R 3, 1b

*referirse a – sich auf etw beziehen 1, 10b

refinado/-a Adj Part – fein, verfeinert, exquisit 12, 6a

*reflejar – widerspiegeln, zeigen 9, 10a

reforestación w – Wiederaufforstung 9, 4b

refrán m – Sprichwort 12, 1a

refresco m – Erfrischungsgetränk Ev 1, L1b

refugiado/-a Adj Part – hier: versteckt 12, 1c

*regalar – schenken 4, 3c

registro formal m – hier: formelle Ebene 9, 9b

*regresar – zurückkehren 8, 9b

*regular Adj m/w – regelmäßig 10, 2b

reinado m – Regierungszeit 12, 1c

reino m – Reich, Königreich Ev 5, L10b; 12, 1c

reinvertir – reinvestieren 6, 10b

*relacionado/-a (con) Adj Part – …, die zu tun haben (mit) 6, 8c

relaciones públicas wPl – Public Relations (PR), Öffentlichkeitsarbeit R 2, 2b

religioso/-a – Mönch, Nonne 6, 1b

remojar – einweichen Ev 3, L6a

remuneración w – Vergütung 10, 6a

rentable Adj m/w – rentabel Ev 5, L10b

repentino/-a Adj – plötzlich, unerwartet 3, 2

repetición w – Wiederholung 1, 9

representativo/-a Adj – repräsentativ, hier: verbreitet Ev 4, L7b

requerir – erfordern, verlangen 1, 1b

requisito m – Erfordernis, hier etwa: gesucht 10, 6a

*reserva w – Reserve 9, 4b

*resfriado m – Erkältung 10, 1b

residuo m – Rest, Abfall 6, 1b

residuos sólidos mPl – Hausmüll 9, 8a

*respecto a – in Bezug auf 10, 3

*(con) respecto a – über, bezüglich 7, 2

*respetar – respektieren 7, 7b

respetuoso/-a Adj – rücksichtsvoll 6, 10b

restante Adj m/w – restlich 9, 2a

*resultar – sich ergeben, sich herausstellen als 1, 5a

resumir – zusammenfassen 7, 7b

retornable Adj m/w – Mehrweg-, Pfand-… 9, 10c

reunir todos los requisitos – alle Anforderungen erfüllen 10, 9

*reunirse – sich treffen, sich versammeln 2, 2a

al revés – umgekehrt Ev 6, L11

revivir – wiederaufleben Ev 5, L9b

*revolución w – Revolution 1, 9a

revolucionar – revolutionieren 4, 1c

revolver – umrühren Ev 3, L6a

Reyes Católicos mPl – „Katholische Könige" (Isabel von Kastilien und Fernando von Aragón, Gründer des spanischen National-staates) 12, 1c

riego m – Bewässerung 9, 2a

riesgo m – Risiko 5, 11a

riguroso/-a Adj – streng, hart, rigoros Ev 4, L7b

riqueza w – Reichtum Ev 4, L7b

risa w – Lachen 2, 11

de risa – zum Lachen 3, 8b

risoterapia w – Lachtherapie 11, 2a

ritual Adj m/w – rituell 7, 1b

*robar – rauben, (be)stehlen 5, 10a

*robo m – Raub, Diebstahl 5, 10a

*rodilla w – Knie 5, 7a

rojizo/-a Adj – rötlich 12, 4

romano/-a Adj – römisch 12, 8a

a la romana – paniert und in Öl frittiert R 1, 2a

romper – kaputt machen Ev 2, L3c; hier: unterbrechen Ev 5, L10b

rondar – umgehen Ev 2, L5b

ruego m – Bitte 8, 4

rural Adj m/w – ländlich Ev 5, L10b

ruta guiada w – Führung 12, 9a

S

S.L. (Sociedad Limitada) w – GmbH R 3, 1b

*saber m – Wissen 12, 6a

sabio/-a – Weise/r 12, 6a

saborear – genießen R 1, 1

sabroso/-a Adj – schmackhaft, köstlich R 1, 1

sacar fotocopias – Kopien anfertigen, kopie-ren 2, 16a

sacerdote m – Pfarrer, Geistlicher Ev 2, L3c

sacrificio m – Opfer 8, 5b

a la sal – in Salzkruste R 1, 2a

salario m – Lohn, Gehalt 6, 10b

*salida w – Ausgang 4, 6b

salir – hier: erscheinen 4, 5c

salir de pobre – der Armut entkommen 8, 9a

*salón m – Salon 6, 1b

salsa w – Soße Ev 3, L6a

saltar – springen Ev 1, L2c

de un salto – in einem Schwung Ev 6, L11

de salud – gesundheitlich 1, 12a

*saludo m – Begrüßung, Gruß 7, 2a

salvaje Adj m/w – wild 7, 3

salvar (de) – retten (vor) 12, 1c

salvo – außer Ev 1, L1b

sangre w – Blut Ev 1, L1b

sanitario/-a Adj – Sanitär-… R 2, 2b

sartén w – Bratpfanne Ev 3, L6a

satélite m – Satellit Ev 1, L1; 9, 3

se debería(n) + Inf – man sollte 8, 5b

se tendría(n) que + Inf – man sollte 8, 5b

secar – trocknen Ev 2, L4b

*seco/-a Adj – trocken 9, 3

secreto m – Geheimnis Ev 5, L10b

secreto/-a Adj – geheim 2, 13a

sector m – Sektor, Gebiet Ev 4, L7b

secuestrar – entführen 8, 1b

secundaria w – Sekundarstufe, weiterführende Schule Ev 4, L8

sede w – Hauptsitz Ev 5, L10b

seguir + Ger – etwas weiter(hin) tun 12, 8a

*según Präp – nach, gemäß, laut 5, 6

*según su gusto – nach Ihrem Geschmack 2, 7

seguridad w – Sicherheit R 3, 2c

seguro que… – sicher (, dass) … 11, 3b

selectivo/-a Adj – hier: getrennt 9, 8a

sello local m – lokaler Charakter Ev 5, L10b

selva w – Urwald 7, 7b

semanario m – Wochenzeitschrift Ev 1, L2c

sembrar – säen, pflanzen 6, 7c

semilla w – Same(-nkorn) 6, 1b

seno m – hier: Schoß Ev 5, L10b

*señoras y señores – meine Damen und Herren 7, 2a

sensibilidad w – Sensibilität, Feinfühligkeit 12, 1c

sensibilización w – Sensibilisierung 9, 8b

sentarse a la mesa – sich an den Tisch setzen 3, 3a

sentenciar – (be-)urteilen 7, 8

*sentido m – Sinn, hier: Sichtweise 1, 5a

*sentimiento m – Gefühl 4, 3c

sequía w – Trockenheit 5, 6

ser m – Wesen 3, 10c

serie w – Serie, Sendereihe Ev 2, L3c

seriedad w – Ernsthaftigkeit 11, 10a

*en serio – ehrlich, im Ernst 2, 14b

serrano/-a – *hier:* Bergbewohner/in 7, 10
servicio de voz *m* – Sprach-Kommunikation 4, 3c
servicio técnico *m* – Kundendienst 10, 10a
***servicio(s)** *m(Pl)* – *hier:* Toilette 5, 10a
sesión *w* – Sitzung 11, 2a
***sexo** *m* – Geschlecht 11, 8a
shock *m* – Schock 3, 3a
shuar *m/w* – Volk im Amazonasgebiet von Ecuador 7, 1a
sierra *w* – Gebirge, Bergkette 7, 7b
significado *m* – Bedeutung 2, 1a
signo *m* – Zeichen 6, 1b
silencio *m* – Stille Ev 2, L5b
silla de ruedas *w* – Rollstuhl 5, 1b
simbolizar – symbolisieren R 2, 1b
***simpático/-a** *Adj* – sympathisch, nett 1, 6b
simpatizar con – mit etw / jdm sympathisieren 1, 1b
simultáneo/-a *Adj* – gleichzeitig 9, 7
sin amarras – *hier:* unverbindlich, frei Ev 1, L1c
sin dar la cara – ohne dem anderen gegenüberzustehen 4, 3c
sin descanso – unermüdlich Ev 5, L10b
***sin embargo** *Adv* – trotzdem, jedoch, aber, dennoch 9, 2a
sin otro particular – nichts weiter (Schlussformel im formellen Brief) R 3, 1b
sin precedentes – *hier:* beispiellos, ohne Vorläufer Ev 1, L2c
***sin sentido** – sinnlos 2, 2a
sincerarse – sich aussprechen 4, 3c
sinónimo *m* – Synonym 10, 6b
sinopsis *w* – Zusammenfassung, Kurzfassung 2, 16a
sirena *w* – Meerjungfrau 3, 14a
***sistema** *m* – System 5, 6
sistema de riego *m* – Bewässerungssystem 9, 2a
sistema inmunológico *m* – Immunsystem 6, 14a
sistema planetario *m* – Planetensystem 1, 6a
sistema sanitario *m* – Gesundheitssystem 5, 6
sitio de interés *m* – *hier:* Sehenswürdigkeit 12, 9c
situarse – sich befinden 9, 4b
soberbio/-a *Adj* – arrogant, überheblich Ev 2, L3c
sobrevivir – überleben 5, 1b
Sociedad Anónima (S.A.) *w* – Aktiengesellschaft (AG) R 2, 2b
Sociedad General de Autores y Editores (SGAE) *w* – Span. Autoren- und Verlegerverband 2, 4a
sociólogo/-a – Soziologe/-in Ev 2, L3c
sofisticado/-a *Adj* – hoch entwickelt 12, 8a
***soldado** *m* – Soldat 6, 1b
soledad *w* – Einsamkeit 1, 4
solucionar – lösen 9, 4b
***sombra** *w* – Schatten 1, 1b
sombreado/-a *Adj Part* – schattiert 5, 3b
***sonar** – klingeln 3, 1b
***sonido** *m* – *hier:* Ton 10, 4
soporte técnico *m* – technische Ausstattung 7, 14a
sorprendido/-a *Adj Part* – überrascht 3, 1b
***sorpresa** *w* – Überraschung 3, 4b
***sospecha** *w* – Verdacht 5, 11a
***sospechar** – verdächtigen, vermuten 5, 10a
stand *m* – (Messe-)Stand 6, 10b

suavizar – mildern, abschwächen 2, 15
subasta *w* – *hier:* Abstimmung 6, 12
Subjuntivo *m* – Subjuntivo 9, 6b
subordinado/-a – Untergebene/r Ev 5, L10b
subterráneo/-a *Adj* – unterirdisch 9, 2a
subvención *w* – Zuschuss 8, 5b
suceder – geschehen, passieren Ev 1, L2c; 3, 13a
suceso *m* – Ereignis, Geschehen 3, 8a
suela *w* – Schuhsohle Ev 2, L4b
sugerir – vorschlagen, anregen 9, 10c
sugerir que… + *Subj* – vorschlagen, anregen, dass … 9, 11b
sujetar – befestigen, festhalten 4, 1b
sultán/sultana – Sultan/in 12, 1c
sumarse (a) – dazukommen 12, 8a
suministrar – liefern Ev 5, L10b
superar – übertreffen 2, 4a; *hier:* überwinden 5, 11a
***superficial** *Adj m/w* – oberflächlich, Oberflächen-… 9, 2a
superficie *w* – Oberfläche 9, 2a
superventa *w* – Verkaufsschlager, Bestseller Ev 1, L2c
suponer – *hier:* bedeuten, ausmachen Ev 5, L10b
supuestamente *Adv* – vermeintlich, angeblich 3, 12
surgir – *hier:* entstehen Ev 4, L7b
suspense *m* – Spannung 2, 7
susto *m* – Schreck Ev 2, L4b
sutilmente *Adv* – fein, subtil 11, 9

T
***tabaco** *m* – Tabak, Zigaretten 8, 9b
tablero *m* – Tischplatte Ev 2, L4a
tableta *w* – *hier:* Tafel 6, 1b
tablilla *w* – Tafel Ev 3, L6a
tabú *m* – Tabu 4, 2c
tacón *m* – (Schuh-)Absatz Ev 5, L10b
tal que – so, dass 1, 5a
***tal vez** – vielleicht 2, 4a
tal vez + *Subj* – vielleicht 7, 12b
tal y como – so wie 6, 1b
taller *m* – Werkstatt, Kurs Ev 4, L8
***tamaño** *m* – Größe 6, 14b
tantas veces como *Adv* – so oft wie 1, 2
***tanto… como…** – sowohl … als auch … 4, 3c
tapado/-a *Adj Part* – zugedeckt Ev 2, L4b
tareas del hogar *wPl* – Hausarbeit 5, 1b
tareas domésticas *wPl* – Hausarbeiten 8, 8c
tasa de natalidad *w* – Geburtenrate 8, 5b
taza *w* – Tasse Ev 3, L6a
tecla *w* – Taste 4, 5c
técnica *w* – Technik 7, 6a
***técnico/-a** *Adj* – technisch 7, 14a
telefonía móvil *w* – Mobilfunk 10, 4
telenovela *w* – Fernsehserie, Seifenoper Ev 2, L3a
televisión por cable *w* – Kabelfernsehen 8, 1b
temática *w* – Thematik 2, 4a
***temporada** *w* – *hier:* Saison 11, 5a
temporada alta *w* – Hochsaison 11, 5a
temporada baja *w* – Nebensaison 11, 5a
***temprano** *Adv* – früh 5, 7b
***tener en común** – gemeinsam haben 3, 10b
tener en cuenta – berücksichtigen 9, 4b
tener la suerte de – das Glück haben Ev 4, L7b
tener la vida por delante – das Leben vor sich haben 11, 11a

tener miedo de + *Inf – Angst haben 5, 13
tener miedo de que… + *Subj – Angst davor haben, dass … 5, 10a
tener prisa – in Eile sein, es eilig haben 3, 3a
Tenerife – Teneriffa (Kanarische Insel) 3, 9a
tenso/-a *Adj* – (an)gespannt 7, 8
terapia *w* – Therapie 11, 2a
tercio *m* – Drittel Ev 5, L9b
terminal de (auto-)buses *w* – Busbahnhof Ev 4, L8
en términos generales – im Allgemeinen 1, 2
termómetro *m* – Thermometer 11, 11a
territorio *m* – Gebiet 7, 1a
***terror** *m* – Terror, Schrecken 2, 7
testigo *m/w* – Zeuge/Zeugin Ev 4, L7b
testimonio *m* – Zeugnis, Aussage Ev 4, L8
tetería *w* – Teesalon 12, 11b
tictaquear – ticken, klopfen, schlagen 5, 7b
***a tiempo** – rechtzeitig 1, 13
tierno/-a *Adj* – zart, zärtlich 11, 9
tigre *m* – Tiger 1, 7b
tigrilla *w* – Ozelot(-Weibchen) 7, 7b
timidez *w* – Schüchternheit Ev 1, L1b
tímido/-a *Adj* – schüchtern Ev 1, L1b
***típico/-a** *Adj* – typisch 7, 12b
de un tirón – auf einmal, in einem Zug Ev 1, L2c
título *m* – Titel 1, 5a
***todo el mundo** – alle, jeder 2, 14b
todo lo demás – alles Übrige 1, 12a
todo/-a un/a + *Nom* – ein echter / eine echte + Nom 1, 13
tomar el trono – den Thron besteigen 12, 1c
tomar medidas – Maßnahmen treffen 8, 5b
***tomar notas** – Notizen machen 2, 9
tomarse algo con calma – etwas ruhig angehen 11, 10a
tomarse algún tiempo – sich Zeit nehmen 5, 11a
tonelada *w* – Tonne 9, 4b
***tontería** *w* – Quatsch, Unsinn, Blödsinn 5, 14b
***tonto/-a** *Adj* – blöd, dumm 7, 8
en torno a – rund um … (herum) 7, 8
torre *w* – Turm 12, 1c
torso *m* – Oberkörper Ev 6, L12b
tortilla *w* – *hier:* Maistortilla, Maisfladen Ev 3, L6a
tostado/-a (tostar) *Adj Part* – geröstet Ev 3, L6a
tostador/a – *hier:* Kaffeeröster/in 6, 7c
trabajador/a *Adj* – *hier:* berufstätig 8, 5b
***trabajo en equipo** *m* – Teamarbeit 10, 6a
trabajo ilegal *m* – Schwarzarbeit 2, 2a
***traducir** – übersetzen 7, 7b
traficante de drogas *m/w* – Drogenhändler/in Ev 4, L8
***tráfico** *m* – *hier:* Handel 6, 7c
trama *w* – *Handlung eines Romans oder Theaterstücks* Ev 4, L7b
tranquilidad *w* – Ruhe, Beruhigung 4, 3c
tranquilizar – beruhigen 5, 14b
transcurrir – *hier:* sich abspielen, spielen Ev 4, L7b
transformarse (en) – sich verwandeln (in) Ev 2, L3c
transmitir – vermitteln, übermitteln 3, 12
transportable *Adj m/w* – transportfähig Ev 5, L9b
transporte *m* – Transport R 3, 1b
trascender – überschreiten Ev 2, L3c
***trasladarse (a)** – umziehen, fortziehen 12, 1c

Alphabetischer Wortschatz

tratado *m* – Abhandlung 12, 6a
tratamiento *m* – Behandlung 5, 1b
tratamiento de texto(s) *m* – Textverarbeitung 10, 4
tratar – *hier:* behandeln 5, 11a
tratar de – *hier:* handeln von 2, 9
trato *m* – *hier:* Umgang, Kontakt 10, 1b
tres cuartas partes *wPl* – drei Viertel 9, 2a
tribu *w* – (Volks-)Stamm 7, 1a
triturado/-a (triturar) *Adj Part* – zerkleinert Ev 3, L6a
triunfar – triumphieren Ev 2, L3c
*trocito (trozo) *m* – Stückchen 6, 1b
trono *m* – Thron 12, 1c
tropa *f* – Truppe 6, 1b
truco *m* – Trick 4, 10b
trueque *m* – Tausch 6, 1b
tumba *w* – Grab 6, 1b
tupido/-a *Adj Part* – dicht Ev 5, L9b
tutear – duzen 4, 8c

U

*u (=o vor Wörtern, die mit o oder ho beginnen) *Präp* – oder 4, 2a
últimamente *Adv* – in letzter Zeit 9, 9a
un buen día – eines (schönen) Tages 7, 7b
*un cariñoso saludo – Einen ganz lieben Gruß 1, 12a
un cordial saludo – Mit herzlichen Grüßen 10, 9
*un fuerte abrazo – Viele Grüße (wörtl.: eine kräftige Umarmung) 1, 12a
una falta de + *Nom* – ein Mangel an … 5, 10a
UNESCO *w* – UNESCO (Kinderhilfswerk der UNO) 9, 7a
unidad *w* – *hier:* (Verpackungs-)Einheit R 3, 1b
unisex *Adj m/w* – unisex, für Männer und Frauen Ev 5, L10b
universal *Adj m/w* – universell Ev 6, L12c
universidad *w* – Universität Ev 4, L8
universitario/-a *Adj* – Universitäts-… 12, 8a

uno/-a mismo/-a – man selbst 3, 12
urbanismo *m* – Städtebau, -planung 12, 6a
urbano/-a *Adj* – städtisch 3, 10c
usar – benutzen Ev 1, L1c
utensilio *m* – Gerät 6, 1b
útiles escolares *mPl* – Schulsachen Ev 4, L8

V

va dirigido/-a (a) – ist gerichtet an 3, 9a
vacío *m* – Lücke 1, 7b
vainilla *w* – Vanille 6, 1b
*vale la pena – es lohnt sich 2, 11
*valer – wert sein, sich lohnen 2, 11
valerse por sí mismo/-a – für sich selbst sorgen 5, 1b
valoración *w* – Wertung, Bewertung 7, 10
valorado/-a *Adj Part* – geschätzt 12, 6a
variado/-a *Adj Part* – vielfältig, verschiedenartig Ev 6, L12b
*variar – variieren, verschieden sein 5, 6
variedad *w* – Vielfalt Ev 6, L12c
varón *m* – Mann Ev 4, L8
vasija *w* – Gefäß 6, 1b
vegetación *w* – Vegetation, Pflanzenwuchs 9, 4b
vehículo *m* – Vehikel, Träger Ev 1, L1c; Vehikel, Mittel 4, 3c
vejez *w* – Alter, Greisenalter 5, 7a
vena *w* – Ader, Vene 5, 7b
vencido/-a – Besiegte/r 1, 1b
*venga… *ugs Imp* – na komm schon 2, 14b
*ventaja *w* – Vorteil 4, 3b
ventrículo *m* – Herzkammer Ev 1, L1b
verbo *m* – Verb 9, 6b
verse obligado a – sich zu etwas gezwungen sehen R 3, 2c
versión *w* – Version, Fassung Ev 1, L2c; 3, 5a
vestir – *hier:* gekleidet sein Ev 2, L3c
*a la vez – gleichzeitig 11, 9
*en vía(s) de – im Begriff zu 9, 2a
vibración *w* – Vibration Ev 1, L1c
vicio *m* – Laster 1, 5a

víctima *w* – Opfer 6, 7c
victorioso/-a – Sieger/in 1, 1b
vida diaria *w* – Alltag 9, 7a
viejo/-a – Alte/r 7, 6a
viñeta *w* – Comic-Bild 8, 4a
*violento/-a *Adj* – gewalttätig 2, 8
virgen extra *Adj m/w* – *hier:* kaltgepresst R 3, 1b
visible *Adj m/w* – sichtbar 5, 1b
visigodo/-a – Westgote/Westgotin 12, 8a
visión *w* – Vision, Sichtweise Ev 4, L7b
visual *Adj m/w* – visuell 6, 14b
*vivo/-a *Adj* – lebendig 2, 2a
en vivo – live 2, 13a
vocación *w* – Berufung 11, 9
*volar – fliegen 3, 13
volcánico/-a *Adj* – vulkanisch 3, 10c
al volver – *hier:* beim Zurückfließen 9, 2a
volver atrás – zurückgehen; *hier:* noch einmal von vorne anfangen 11, 11a
*voz *w* – Stimme Ev 1, L1c; 4, 3c
vulgar *Adj m/w* – *hier:* gewöhnlich Ev 1, L1c

W

wáter *m* – WC 9, 7a
western *m* – Western 2, 7

Y

ya de una vez – endlich, ein für alle Mal Ev 1, L1b
yacimiento *m* – Fundort, Ausgrabung 6, 1b
*yo en tu / su lugar… – ich an deiner / Ihrer Stelle … 2, 11
yo que tú… – wenn ich du wäre … 2, 11
yuca *w* – Maniok 7, 1b

Z

zapatero/-a – Schuster/in Ev 5, L10b
zapatero/-a *Adj* – Schuh-… Ev 5, L10b
zapatilla *w* – Hausschuh Ev 2, L4b
*zona *w* – *hier:* Gebiet 5, 6 ; Fußgängerzone 12, 10b

QUELLENVERZEICHNIS

Abbildungen

Agencia EFE (S. 88 unten rechts; 90 unten; 195) – Archivo Oronoz (S. 56) – Ballesta Juan/Cambio 16 (S. 138) – BMG Spain (S. 64) – Brill, Thomas (S. 123) – Camper Germany (S. 105) – Chaplow, Michelle (S. 116; 118 Nr. 2) – dpa/pictura-alliance/Kochetkov, Yuri (S. 88 oben rechts) – Ecoembalajes España S.A. (S. 92) – Ecologistas en Acción (S. 172) – El Norte de Castilla/Pablo Crespo (S. 48) – Filmax/Sogedasa (S. 19) – Fragua de Pablo, Antonio (S. 76 oben) – Fragua de Pablo, Antonio/Fundación Germán Sánchez Ruipérez (S. 18) – Fundación Grupo Eroski (S. 60) – García Rodera, María Cruz (S. 106 oben, foto sacada del libro *El poder de la Risa* escrito por García Rodera, María Cruz, editado por M&T editores; 106, unten). – Gómez de Olea, Joaquín (S. 43; 94; 96 links) – Gómez de Olea, Lourdes (S. 34 oben 2., 3. und 4. von links, unten rechts; 37; 42; 53; 74 links; 76 unten; 101; 108) – Graf-Riemann, Elisabeth (S. 11; 34 mitte rechts.; 65; 74 rechts; 98; 139; 176) – Grupo Planeta (S. 137) – Heydel, Marlies (S. 8; 62; 130) – Illuscope/Pflügl, Gerhard (S. 50) – Knerr, Wilfried (S. 115; 173 links) – La Vanguardia (S. 136) – Lindenberg, Bettina (S. 72) – Lopez Pernía, Palmira (S. 34, 1. von links; 71; 96 rechts; 165; 187) – Manigua/Jarillo, Juande (S. 118 Nr. 3 und 4) – Mordzinski, Daniel (S. 82) – Navarrete, Oscar/LATINPHOTO (S. 58; 78) – Orth, Falk (S. 25) – Pan y Arte, Rothenburg 41, 48143 Münster; www.panyarte.org (S. 150) – Patzelt, Erwin (S. 66) – Payasos sin fronteras (S. 181) – Piffl Medien/Sogepaq (S. 16) –Prisacom S.A./Gutiérrez, Ricardo (S. 24) – © Quino, Joaquín S. Lavado (S. 109; 110; 180) – Rademacher, Cornelia (S. 118 Nr. 1) – Real Academia Española (S. 129) – Rheal Coupal (S. 90 oben) – Riemann Harald (S. 88 unten links; 104; 111; 161; 169; 173 rechts) – Solofoto/Siepmann, Klaus (S. 88 oben links) – Steidinger, Jürgen (S. 83) – Tejeda, Chema (S. 10) – Wehnert, Hans (S. 30)

Karten

Polyglott-Kartographie (S. 31; 118; 186; 202)

Texte

S. 10: La Revista de El Mundo, nº 124, 01/03/98 – S. 16: Revista Ocio, 2002 – S. 24: El País, 08/12/2002, – S. 25: La Vanguardia, 17/10/2003 – S. 42: El Mundo, 15/07/2001 – S. 48: Pablo Crespo, El Norte de Castilla, 18/08/2002 – S. 51: Gioconda Belli, *Desafio a la vejez*, © Visor libros, S.L. – S. 56: Revista Quo, Sept. 2002; Instituto del Cacao y del Chocolate, Barcelona – S. 58: Boletín de Información Solidaria, 09/02/2003 – S. 64: Musik und Text Consuelo Apo Batupa, Josefina Loribo Apo © El Retiro Ediciones Musicales S.L./Warner/Chapell Music Spain, S.A., Sony/ATV Music Publishing (Germany), Neue Welt Musikverlag GmbH & Co. KG – S. 70: Luis Sépulveda, *El viejo que leía novelas de amor*, que aparece en los créditos de nuestra edición, publicado originalmente por Tusquets Editores, Barcelona – S. 79: Luis Enrique Mejía Godoy, Nicaragua © Sony Music Costa Rica – S. 82: Entrevista al escritor D. Luis Sépulveda en el programa *El ojo crítico* del 30.03.1993, Radio Nacional de España – S. 83: Yasmina Lisseth Medina Olivas, León, Nicaragua; René Antonio Ortiz Madrigal, León, Nicaragua – S. 90: Revista Mundo Ecológico, 22/03/2004 – S. 96: Revista Ocio, 2003 – S. 104: Patricia Peña, Organización de Estados Iberoamericanos (OEI) para la Educación, la Ciencia y la Cultura: Servicio Información Iberoamericano – S. 112: Revista Ragazza/Hachette Filipacchi, 03/2003 – S. 122: *Yo dos y tú uno*, en *Cuentos al amor de la lumbre*, Antonio Rodríguez Almodóvar, Ed. Anaya, Vol. II, 1984, pág. 401 – Entrevista a Joaquín Cortés, Belén Sanchez, publicada en www.terra.es, 09/08/2000 – S. 128: Extractos del libro cedidos por cortesía de Editorial Gedisa, S.A. Francesco Alberoni, *La amistad*, Barcelona, Editorial Gedisa, 1985 © Editorial Gedisa, S.A., 1985 – S. 131: *El poder de la amistad*, Cuerpomente, nº 131, 03/2003 – S. 136: Revista Ocio, 2004 – S. 148: Revista Salud, 27/03/03 – S. 154: Revista Ocio, 2004